A MES ENFANTS

HISTOIRE DE LA FAMILLE LE VERDIER

Exemplaire offert à

M.

TIRÉ A CINQUANTE EXEMPLAIRES

UNE FAMILLE RURALE

HISTOIRE

DE LA

FAMILLE LE VERDIER

Par P. L. V.

Rouen

Imprimerie Cagniard -:- Léon Gy -:- Albert Lainé, successeur

5, rue des Basnage, 5

M D CCCC XXVI

UNE FAMILLE RURALE

A MES ENFANTS

Histoire de la Famille Le Verdier.

N'est-ce pas une bien ambitieuse entreprise que celle d'écrire « l'histoire » de notre famille ? Quels événements dignes de remarque, quelle « histoire » peut se rencontrer dans la destinée d'une famille d'origine paysanne et roturière ? Aucune, sans doute; mais observer le déroulement de ses générations pendant plusieurs siècles, fixer les naissances, les mariages, les décès, constater à chaque degré la condition des individus, le milieu où ils vivent, rechercher les occupations et les professions, rassembler les biens et noter les transmissions, entrer dans les maisons et dans les fermes, assister enfin à l'évolution de la famille, à son ascension finale, tout cela peut offrir les éléments d'une étude d'histoire sociale qui ne serait pas sans intérêt. Et, d'ailleurs, sans viser un si haut programme, tout simplement découvrir ses pères, les ressusciter en quelque sorte, faire connaissance et converser avec eux, n'est-ce pas un but suffisant ? Ç'a été un des bonheurs de ma vie de me livrer à ces recherches domestiques, de fréquenter chez mes aïeux, de me faire leur intime et leur familier, et je les connais si bien qu'il s'est créé entre nous un réel sentiment d'amitié et de reconnaissance; ne nous ont-ils pas faits ce que nous sommes ?

Je me figure, du reste, une lignée comme une entité dont tous les membres sont solidaires, où chacun a le devoir de faire, à sa façon, honneur à l'arbre qui l'a produit : travail, considération, honneur, vertus, services, dévouements privés ou publics, chaque degré doit, en inscrivant son nom, apporter son écot à l'héritage commun. Ai-je acquitté ma dette ? Je ne sais, je l'ai essayé. Ce que je sais bien, c'est tout ce que je dois à ceux qui m'ont précédé, la place où ils m'ont mis, l'aide qu'ils m'ont donnée.

Pour montrer leur œuvre, pour garder leur mémoire, il est temps de mettre mes notes en ordre. Je vous laisse celles-ci, mes enfants, et je voudrais que vous prissiez plaisir à les feuilleter.

BELMESNIL, septembre 1916.

CHAPITRE PRÉLIMINAIRE

Le titre V du livre XVI du *Code de Henri III*, rédigé par le vieux jurisconsulte Barnabé Brisson (1), traite des verdiers et autres officiers des forêts; l'article 1er est ainsi conçu :

« Créons et érigeons en titre d'offices formés les gruyers, verdiers, maistres de gardes, maistres sergents, forestiers... et autres quelconques officiers de nos eaux et forests. »

Le commentateur constate que gruyers ou verdiers désignent la même fonction, la dénomination variant suivant les régions. Pour lui gruyer vient de *quercus*, en passant par le grec *drus*, d'où vient druide. L'étymologie est risquée. Quant au verdier, le sens est certain et apparaît facilement. « La dénomination de verdier, dit Brisson, est assez entendue d'elle mesme : aussy j'ay leu en un vieil livre escrit à la main que le verdier, pour estre cogneu, portoit ordinairement à son chapperon une branchette de chesne verd, sont les termes dont il use ». Verdier dérive donc de *viridis*, vert. En bas latin, il se traduit par *viridarius*.

Un verdier était un officier préposé à l'administration d'une forêt : une verderie était le territoire soumis à sa juridiction. Il y avait des verdiers royaux et des verdiers seigneuriaux. La forêt Verte de Rouen, appartenant à l'abbaye de Saint-Ouen, était gouvernée par un verdier. Le verdier a sous ses ordres les sergents et les gardes des bois : *huic subsunt servientes et custodes forestarum* (Du Cange, v° *viridarius* (2). Le nom et la fonction se sont conservés jusqu'à la fin de l'ancien régime. Robert Leforestier était juge verdier et capitaine des chasses et forêts du comté de Louviers en 1700 (Arch. S.-Inf., G 4574). Les chartes, ordonnances, chroniques, où se rencontre l'expression verdier, sont innombrables; on en peut voir quelques exemples cités par Du Cange, *V*[is] *viridarius* et *viridaria*, et par Godefroy, en son *Dictionnaire historique de la langue française*, aux mots verderie et verdier. Je note seulement ceux-ci :

« Un nommé Guillaume Josel, verdier d'Arques, à Martin-Eglise, fait ordinairement toutes les semaines preches en sa maison, et, au lieu de tenir les plès et juridiction de la verderie qu'il fait termer, il fait faire auxdits jours les dits presches. » (Arrêt du Parlement de Rouen, 7 janvier 1563, Arch. S.-Inf., G 3780.)

Martial d'Auvergne a dit, de la « forêt de Désespérance » :

Toujours y fait obscur et noir,
Et n'a que trahison et que deuil,
Et en est verdier Désespoir.

(*L'Amant rendu cordelier*, 30.)

(1) Le *Code de Henri III, rédigé en ordre par Barnabé Brisson, augmenté des édits d'Henri IV et illustré d'observations et annotations par Charondas Le Caron*, Paris, 1601, 1603, 1609 (3e éd., chez Morel) ; enfin, nouvelle édition augmentée par De la Roche-Maillet, Paris, 1622, in-f°.

L'annotateur renvoie à des ordonnances de Charles V, 1376; François 1er, Lyon, 1515; Henri II, Paris, février 1554; Henri III, 1586.

(2) Sur les fonctions du verdier, on peut consulter Terrien, *Commentaires du droit civil observé au duché de Normandie*, etc. (Rouen, 1654, in-f°), au livre XIV, page 591.

Le premier qui porta ce nom patronymique était le fils d'un verdier, puisque le fils tirait son nom du surnom du père, ainsi que le montre l'usage d'exprimer le nom de famille au génitif : *Petrus Viridarii*, sous entendu *filius*, est l'exacte traduction de Pierre Le Verdier. Ce n'est qu'à la fin du XIIIe siècle ou au commencement du XIVe que les surnoms se firent héréditaires. On peut donc supposer que nous descendons d'un verdier exerçant sa fonction au XIVe siècle. En quel lieu ? Je ne sais; dans la région, je pense, où se sont perpétués les descendants. Au reste, le nom est répandu dans la contrée; je l'ai rencontré à Arques, à Longueville, à Auffay, à Belmesnil, dès le XVe siècle, même au XIVe.

Je ne parlerai pas d'un clerc, Jean Verdier, qui « tenoit à ferme l'escriptoire des lettres le roy en la vicomté d'Arches », et que désigne en ces termes un acte de 1330 des Archives de la Seine-Inférieure (1).

Je cite encore moins, je ne devrais pas citer du tout, un Robin Le Verdier, lieutenant du vicomte de Rouen, qui tenait les plaids de cette ville en 1434 et signait un vidimus en 1410 (2). Rien ne permet de supposer une consanguinité avec le greffier royal d'Arques, et encore moins avec le magistrat rouennais.

Il faut en dire autant à l'égard de honorable homme Damyen Verdier, paroissien de Cressy, qui signe ainsi, D. le Verdyer, un acte du tabellionage de Bellencombre le 22 juillet 1575, et de Loys Verdier, demeurant en la paroisse de Saint-Hélier, qui achète une pièce de terre le 24 août de la même année.

J'ai rencontré bien d'autres Verdier, dont il n'y a pas lieu de faire davantage état : Me Pierre Le Verdier, prêtre, chapelain de Mgr le Dauphin, chapelain de la chapelle de l'Essart et de Pubel-sur-Muchedent, et prieur de Saint-Martin-sous-Bellencombre (3) ; Jacques Verdier, présenté à la cure de Freulleville, 1530 (Arch. S.-Inf., *Inventaire*, G 1530) ; Pierre Verdier, curé de Vassonville, qui rend aveu au Chapitre de Rouen, 1564 (*ibid.*, G 3955) ; Robert Verdier, curé de Saint-Ouen-du-Breuil, qui a procès avec le même Chapitre pour des dîmes, 1591 (*ibid.*, G 4078), etc. Quoique habitant des paroisses relativement voisines de Belmesnil, tous ces homonymes me paraissent sortis d'autres souches que la nôtre. Il en faut dire autant du sieur Verdier, vicaire d'Arques, qui fut élu curé constitutionnel de Dampierre au mois de juin 1791 et qui refusa. Les forêts, les possessions des abbayes, des duchés ont suscité des verdiers, et, de là, d'assez nombreuses familles portent ce nom.

Bien entendu, il ne faut tenir aucun compte d'un « Adrien Verdier, demeurant à Rouen », anobli par lettres registrées à la Cour des Aides le 29 janvier 1573 (4).

Je dois signaler aussi qu'une famille du même nom, Le Verdier, habitait à Rouen, dont on trouve les membres souvent cités, marchands, demeurant aux paroisses Saint-Cande le Vieux, Saint-Etienne la grande Eglise, Notre-Dame de la Ronde, au XVIIe et

(1) *Inventaire sommaire*, par M. Ch. de Beaurepaire, G 4127.

(2) Arch. S.-Inf. : *Ibid.*, G 3702 et G 6071. La pièce inscrite sous la première de ces cotes conserve encore le sceau en cire de Robin Le Verdier, un peu fruste, sur lequel on remarque un écusson chargé de merlettes et autres meubles, avec la légende encore très nette : Scel de Robin Le Verdier.

Quittance par devant Robin Le Verdier, commis de Guy de la Villette, vicomte de Rouen, par Robert d'Alby, écuyer de François l'Arragonnois, chevalier et capitaine de Montargis (Loiret), de 20 saluts d'or, frais de son voyage à Rouen, aller et retour. Rouen, 1437. Pièce sur vélin, in-4° obl. (catalogue Saffroy).

(3) Ce personnage et le précédent m'ont été signalés par M. de Beaurepaire.

(4) Farin *(Du Souillet)*, t. I, 2e partie, p. 6.

au XVIIIe siècles (1) : c'est d'elle qu'était issu l'abbé Le Verdier, curé de Choisy-le-Roi, qui fut élu évêque constitutionnel de la Seine-Inférieuree n 1791 (2). A cette époque, ma famille ne s'était pas encore transportée à Rouen.

Enfin, il existait en cette ville, en plein XIXe siècle, un négociant, Félix Le Verdier, faisant, comme mes parents, le commerce des cotons filés, habitant, comme eux, la même rue de Le Nostre, et qui n'avait avec nous aucun lien de parenté (3). Dans le même temps, aussi, il y eut un Le Verdier, avocat à Caen, qui était l'un des rédacteurs du recueil intitulé : *Jurisprudence des Cours d'appel de Rouen et de Caen*, 1851 et années suivantes.

Tous ces personnages et toutes ces familles nous sont étrangers.

Mais, au contraire, je suis porté à croire que c'est de la même souche, qui fut la nôtre, que sont descendus plusieurs Verdier, que je rencontre à Longueville, aux environs, et à Auffay.

Le Nécrologe de Longueville, composé vers 1385, mentionne ainsi un bienfaiteur qui avait droit aux prières des religieux de ce prieuré : *9 septembris pro Henrico Verdier et uxore sua* (4). Un Henri Verdier est cité avec la qualité d'écuyer dans le terrier de Crosville de 1429, comme tenancier en cette paroisse (5).

Dans une enquête de 1457, concernant les nobles qui habitent ou possèdent des fonds dans la petite vallée du Dun, on lit : « Tous les nobles qui ont seigneuries au Val de Dun et en especial à Saint Pierre le Vigier sont demourants [savoir] :... Henriet Verdier, à Auffay » (6).

C'est, semble-t-il, le même personnage qui figure dans le rôle d'une montre de la vicomté d'Arques, tenue à Auffay le 3 janvier 1471, et insérée à la page 113 du *Traité du ban et de l'arrière ban* de Gilles-André de la Roque : « Estat de la monstre des nobles et tenans noblement ès bailliages de Caux et Gisors ». A la page 122, comparaît : « Henriet Verdier, armé de brigandine, ganteletz, sallade et vouge, pour ce I vouger ».

Ce ou ces Henriet Verdier étaient nobles : je ne crois pas que nous soyons issus d'eux, bornons-nous à les dire nos cousins. Quant à tirer profit de leur noblesse, abstenons-nous-en. Si ce ne sont que des collatéraux, en effet, pas de doute. Si ce sont des ascendants, pas de doute davantage : leur noblesse se serait perdue chez leurs successeurs, car aucune qualification nobiliaire n'a jamais paré, pendant plus de deux siècles, aucun de nos ancêtres connus.

(1) Arch. S.-Inf., G 6360, 6563, 7377, etc. On trouve des Le Verdier aux registres paroissiaux de Saint-Maclou à Rouen, dans la seconde moitié du XVIIe siècle : ils ne sont pas davantage des nôtres.

(2) Sur l'évêque Le Verdier, les références abondent. Un article du journal radical *Le Petit Rouennais*, du 28 janvier 1902, a paru vouloir insinuer (il pensait m'être désagréable) que ce malheureux évêque appartenait à notre famille. La chose ne valant pas la peine d'une réponse publique, je me bornai à écrire à M. Lefort (le futur député), auteur de l'article, que les apparences l'avaient trompé.

(3) Voy. par exemple, l'*Almanach de Rouen* pour 1865 (D. Brière et fils).

(4) D. Bouquet, *Recueil des Historiens des Gaules*, t. XXIII, p. 437. Le texte intégral se lit aussi au *Nécrologe*, ms. original à la Bibl. nat., f. latin, n° 5198, f° 42 : *Officium plenum fiat pro Henrico Verdier et uxore sua qui dederunt nobis ij m. ordei annui redditus* (5 des ides de sept.). Le texte fait mention aussi de la vente par Henri Verdier au prieur de Longueville de 22 s. 5 d. de rente.

(5) Arch. S.-Inf., fonds de l'abbaye de Saint-Ouen (renseignement communiqué par M. de Beaurepaire).

(6) Arch. S.-Inf., *Inventaire*, G. 1699.

Le Dénombrement du comté de Longueville, rédigé en 1316, après le supplice d'Enguerrand de Marigny, comte du lieu, mentionne plusieurs Verdier, notamment un Henri, parmi les vassaux du comté :

« Henri Verdier tient 5 vergées de terre à Dénestanville, par 5 sols de rente; une masure près Raoul Cauvet par 3 sols; une autre, près Raoul Chrestien, par 9 deniers; une autre auprès de celle où il demeure, « ou il maint », par 2 sols, 7 deniers; une autre encore, près d'Etienne Legris, par 6 deniers. Il tient encore cinq acres de terre sous « le bois du châtel », par 9 mines d'orge, et puis encore, « sans moyen, du roy », quatre autres acres de terre et enfin une acre et une demi-vergée. Quatre masures, sans compter celle où il habite, onze acres et demie de terre à Longueville, ce ne doit pas être tout l'avoir de ce propriétaire; il a sans doute des possessions sous d'autres mouvances. Mais il demeure à Longueville, peut-être à Belmesnil, car en ce temps-là, et pendant plus de deux ou trois siècles encore, la partie nord-est de cette paroisse, où était fixée notre famille, fut souvent désignée « l'enclos de Belmesnil, en la paroisse de Longueville ».

Dans le même dénombrement, je trouve un Jacques ou James Verdier, qui tient neuf acres et une vergée de terre à Sauqueville « hors bourgage », c'est-à-dire sans les exemptions de droits habituelles aux villes et bourgs, et il les relève par vingt mines d'orge. Enfin, se rencontre également à Sauqueville, un Lucas Verdier qui tient cinq vergées sous le même comté. Ce Jacques et ce Lucas, de Sauqueville (1), sont-ils étrangers à notre famille ? Je l'ignore (2).

Passons maintenant à Belmesnil même. Un aveu de 1480, rendu aux religieux de Jumièges en leur seigneurie de Saint-Mards par Guillemine, veuve de Raoullin Diacre, pour une aînesse ou tènement sis à Belmesnil, fait mention, parmi les sous-tenanciers, de Jehan Verdier pour deux pièces de terre. Le même Jean Verdier rend aveu en 1491 aux mêmes religieux pour une acre de terre sise au même lieu de Belmesnil; il y est demeurant. Il est cité encore en 1492.

Un aveu, que rend, en 1515, à noble homme Jehan de Lestre, seigneur du fief de Blainville-Belmesnil, Jehan de Thory, écuyer, pour une autre vavassorie assise à Belmesnil, cite parmi les propriétaires bornant divers articles du tènement, le même Jean Verdier, et puis un Bertin Verdier.

Etienne Verdier avoue aux religieux de Jumièges, le 12 décembre 1520, une pièce de terre de 7 vergées, sise à Belmesnil, et il en possède une autre à côté.

Un plan de la seigneurie de Blainville-Belmesnil, dite aussi fief du Quesnay, dressé à la fin du XVIIIe siècle, relate les noms des anciens possesseurs des parcelles figurées, avec des références aux anciens aveux. Il désigne ainsi comme antiques propriétaires :

Jean Verdier, suivant des actes de 1486 et 1492;

Mahieu Verdier, en 1508;

(1) Au lieu de Sauqueville, il faut peut-être lire Longueville.

(2) Ce dénombrement, dont l'original se trouvait à la Chambre des Comptes de Paris, n'existe plus qu'en copies médiocres du XVIIIe siècle. On en possède des exemplaires aux Archives de la Seine-Inférieure (C 2800, 2801), à la Bibliothèque de Dieppe, ms. 48, etc. M. de Beaurepaire possédait lui-même une copie du XVIIIe siècle du dénombrement de 1316 : je l'ai fait transcrire d'après cette copie, mais une copie de copie est encore moins sûre.

Dans la plupart des manuscrits sont réunis : le dénombrement ou information de 1316, l'aveu de Gaston de Foix, de 1419, l'information de 1495, après la mort de François Dunois; enfin, on possède aussi l'immense procès-verbal de 1695, après la réunion du duché à la couronne (Bibl. de Dieppe, ms. 47). Les originaux ont péri dans l'incendie de 1727.

Etienne Verdier, qui possède, en 1527 et 1547, les mêmes articles qui avaient appartenu à Jean;

Un autre Jean Verdier, suivant un acte de 1556;

Enfin, un François Verdier, qui avoue, en 1574 et 1584, d'autres pièces de terre (1).

Tous ceux-là sont évidemment nos parents. Je crois fort que nous descendons de Jean, cité en 1480, 1486, 1491 et 1492, que celui-ci fut le père d'Etienne qui l'a remplacé dans les biens désignés en 1527 et 1547 (2), et que cet Etienne est le même que Estienne Verdier qui était mort en 1567 et fut notre premier auteur connu et certain, ainsi qu'il apparaîtra plus loin.

Au reste, tous ces Verdier, ou d'autres, ont laissé à Belmesnil des postérités, ainsi qu'en témoignent les registres de catholicité de cette paroisse (3).

Ces postérités se sont longtemps perpétuées à Belmesnil, parallèlement à notre famille, lignes collatérales bien éloignées de nous, détachées du tronc antérieurement au milieu du XVIe siècle, époque où mourait Etienne précité, notre plus ancien aïeul, et à des dates reculées qu'il est impossible de déterminer.

Les Verdier de ces origines, rencontrés dans les registres de Belmesnil, m'ont permis de former les quelques groupements qui vont suivre, et qu'il est d'ailleurs impossible de souder les uns aux autres. Du reste, ces tableaux fragmentés n'ont pas la prétention de présenter des familles complètes, en raison même des lacunes de ces registres.

Jehan ROZEL = juill. 1546. Guillette VERDIER.

Jehan Rozel, 9 nov. 1549. — Jaquette, juill. 1554. — Claude, 1559.

Jehan a pour l'un de ses parrains (4) maître François Rozel; il a été propriétaire à Belmesnil. Claude est baptisée *die s. Catharinæ* (25 novembre) ; l'une de ses marraines est une Claude Verdier, son parrain est Jean Verdier, *omnes de Bellomesnillo.*

Adrien VERDIER = Marguerite.

Nobertus, 1559. — Barbara, 1565. — Maria, 1568.

(1) Toute cette énumération est tirée des Archives de la Seine-Inférieure, dossier intitulé Fonds de Quiefdeville (Série E).

(2) Arch. L. V., n° 194. « ...Isaac Le Verdier, lequel était fils de François, qui était fils d'Anthoine, qui fust Jean Le Verdier » : cette formule implique que Anthoine était un représentant de Jean.

Les biens que possède Jean en 1486 et 1492 sont à Etienne en 1527 et 1547 (Arch. S.-Inf., fonds Quiefdeville, plan).

(3) La création des registres de sacrements et sépultures, dits aussi registres de catholicité, date seulement de l'édit de Villers-Cotterets, de 1539. Pendant longtemps leur tenue a été bien imparfaite : longues et fréquentes lacunes, actes nombreux omis, actes réunis en listes très sèches, visiblement établies après coup, au lieu d'être inscrits jour par jour, actes très sommaires, écrits sans soin, tels sont les principaux défauts. Les qualités des comparants ne sont qu'exceptionnellement données; sauf aux baptêmes, les noms des père et mère ne sont pas fournis; le plus souvent, le nom patronymique de la femme manque, elle est désignée par son prénom suivi du nom de son mari, ou même par son prénom seul. Les individus n'ont alors qu'un seul prénom, et les homonymes ne sont pas rares. On voit la difficulté d'opérer avec des documents si médiocres. Les registres, au moins dans les paroisses rurales, ne commencent à offrir un peu de régularité qu'au temps de Louis XIII.

(4) Alors, un garçon a deux parrains; une fille, deux marraines.

Nobert est baptisé *12 aprilis 1559 ante Pascha*, c'est-à-dire le 12 avril 1560 (1); ses parrains sont *Nobertus de Larbre, scutifer*, et *magister Nicolaus Verdier, parrochiæ de Bellomesnillo*. Barbe, baptisée le 7 octobre 1565, a pour parrain *Franciscus Le Cler, scutifer*, et l'une de ses marraines est *domina Barbara de Larbre*. Enfin, Marie est baptisée *die s. Romani* (23 octobre), 1568. La seigneurie de Belmesnil est alors possédée par la famille de Larbre; elle passera bientôt à la famille Le Cler. Quant à Adrien, le père, il avoua, le 25 juin 1572, trois acres de terre relevant de la seigneurie de Belmesnil.

Colin VERDIER.
|
Katherine = 4 août 1555, François Révérend.

Les époux sont tous les deux paroissiens de Belmesnil.

Marguerite Verdier = 14 février 1568 (v. s.), Jacques Delaporte, de la paroisse de Bertreville-Saint-Ouen; je ne sais de qui l'époux est fils.

Estienne VERDIER
|
Luciane = 8 juill. 1555, Estienne Doré.

Ils sont tous deux de Belmesnil; nous sommes ici dans notre foyer. Voyez *infra*, p. 17.

Guillaume VERDIER = Agnès.

Michel, 23 juillet 1569.	Catherine, 8 janvier 1566 (v. s.).	Nobert, 1er novembre 1564.

Les parrains de Nobert sont *Nobertus de Larbre* et *Franciscus Le Cler, scutiferi, parrochiæ de Belmesnillo*. Celui de Catherine est un Nicolas Verdier. Guillaume, leur père, est cité comme parrain dans un acte du mois d'août 1555. Je ne sais comment se nommait Agnès.

François VERDIER = Jeanne [Homo].

Hector, 29 mai 1577.	Françoise, 4 décembre 1578.	Mariette, 22 août 1580.	Anne, 24 octobre 1581.	Antoinette et Gillette, 30 juin 1583.

Mariette eut pour parrain Me Pierre Verdier; l'une des marraines de Anne est damoiselle Anne Le Cler de Saint-Germain; damoiselle Anne de Larbre est marraine de l'une des jumelles; Hector est nommé par Hector Le Clerc, escuier.

Leur père, François, est cité comme parrain dans des actes de baptême de 1578 et 1579. Leur mère est marraine le 24 juin 1585. Cette Jeanne devait avoir pour nom patronymique Homo; le 10 juin 1614 fut inhumée Jeanne Homo, veuve de François Verdier. Je note, du reste, Adrien et Guillaume Homo parmi les parrains de leurs enfants.

Estienne VERDIER, de Belmesnil = 10 avril 1569 Laurence Richer, de Gonneville.

Jehan, 8 février 1578.	Anthoinette, 5 juillet 1581.	Jacqueline, 29 janvier 1585.

Anthoinette a pour marraine une autre Anthoinette Verdier.

(1) Jusqu'à l'ordonnance de janvier 1563, l'année commence le jour de Pâques,

Marguerin VERDIER = Isabeau.

Adrien, 6 juin 1603. — Marie, 20 juin 1608. — Anne, 18 août 1610.

Adrien a pour parrain maître Jean Verdier. Depuis 1606, il n'y a plus qu'un seul parrain et une seule marraine. Je ne sais pas le nom d'Isabeau.

Hector VERDIER = Jeanne.

Nicolas, 2 mars 1612.

Hector est mort le 8 juin 1614, et Jeanne, sa femme, le 19 novembre 1613. J'ignore le nom de celle-ci.

J'ai rencontré, toujours à Belmesnil, un Cardin Verdier, propriétaire foncier en 1506; une Marie Verdier, fille de N... Verdier et de Marguerite, baptisée en mars 1546 (v. s.) ; une Françoise et une Marie Verdier, marraines, l'une le 19 et l'autre le 20 janvier 1559 (v. s.) ; une Jacqueline Verdier, le 22 mars 1562 (v. s.) ; un François Verdier, parrain à Belmesnil, 3 mars 1566 (v. s.), qui demeure à Beaunay. Il y eut aussi des Verdier habitant à Lintot, à Gonneville et à Omonville (1).

Je pourrais continuer cette fastidieuse énumération, et noter, avec les registres de catholicité de Belmesnil, tous les Verdier qui passèrent dans cette paroisse pendant près de trois cents ans (2). C'est inutile, et cela importe peu à l'histoire de notre famille. En effet, si tous ceux que je viens d'inscrire étaient déjà, pour nos ancêtres leurs contemporains, des collatéraux sortis de branches séparées de la souche depuis un temps plus ou moins long, à plus forte raison ceux qui suivirent nous sont de plus en plus étrangers. De 1559 à 1612, j'ai recueilli ci-dessus huit ménages de notre nom; on ne sera pas surpris après cela que ce nom ait été porté, et longtemps, par nombre d'individus, à Belmesnil. C'étaient des artisans, des ouvriers, de petits propriétaires ou laboureurs, tous ces rameaux disparurent peu à peu; les représentants deviennent tout à fait rares dans la seconde moitié du XVIIIe siècle. Les derniers survivants paraissent être : Pierre Verdier, né en 1736 et mort en 1813, « vivant de son revenu », qui fut officier municipal de Belmesnil en l'an II, adjoint au maire de 1797 à 1806, et avait été, je crois, garde-chasse (3) de M. de Quiefdeville; il n'a laissé qu'une fille, mariée à un riche fermier de la commune, Pierre-François Mallet, morte seulement en 1858. Puis, enfin, Pierre-Adrien Verdier, mort à Belmesnil en 1842, « vivant de son revenu », âgé de soixante-trois ans, originaire, d'ailleurs, de Bacqueville. Et après ceux-là, plus rien. Tous nos homonymes, sortis du tronc avant 1567, ont disparu.

(1) Parmi tous ces homonymes, je n'ai pas cité Robinet Le Verdier, franc-archer noble à Belmesnil, mentionné dans un acte imprimé par Du Buisson de Courson, à la page 274 de son livre *Recherches nobiliaires en Normandie par un gentilhomme normand* (Biblioth. de Rouen, Norm., 255/20). Le document est un faux, fabriqué par le trop fameux Garet de Sainte-Catherine (où avait-il pris ce nom ?) qui compta l'honnête M. de Courson parmi ses victimes, et avait tenté, il y a quelque quarante ans, de me faire acheter cette pièce qu'il avait osé mettre sous mes yeux.

(2) A Rouen, paroisse Saint-Denis, au registre de catholicité, on trouve les 10, 15 et 22 juillet 1663, les bans du mariage de Jacques Marigny, fils de feu Nicolas et de Anne de Lespiné, de la paroisse de Belmesnil, et de Marthe Le Verdier, de cette paroisse Saint-Denis, fille de feu Estienne Le Verdier et de Marie Quevillon, de la paroisse dudit Belmesnil.

(3) Un acte du registre paroissial de Belmesnil de 1787 lui donne cette qualité.

Si l'on considère l'antiquité et l'abondance de ces générations de Verdier, on ne s'étonnera pas que le nom ait passé dans la topographie du pays.

A Belmesnil, une rue ou « ruette », subsistant encore dans la partie qui en a été conservée entre la route nationale de Dieppe où elle aboutit, à peu près en face d'une ancienne auberge, et la rue qui passe devant l'église, qu'elle rejoint au point même où cette rue, très anciennement grande route, a été bouchée, cette rue ou ruette portait le nom de « rue Verdier ». (Arch. S.-Inf., fonds Quiefdeville, terrier de 1563.)

Une pièce de terre, que je crois distinguer dans une de celles qui m'appartiennent, sur le territoire de Criquetot, sise vers l'est et à quelques pas de la cour de notre ferme patrimoniale, bornée « vers l'est par la sente de Belmesnil à Crespeville », est dite la « Queue Verdier ». (Aveu de 1770 à la seigneurie de Criquetot.)

A Longueville, est mentionné le lieu dit « terroir du bois Verdier » (Arch. S.-Inf., fonds de Longueville, mention écrite en 1559) (1).

A Lintot-sur-Longueville se trouvait un tènement ou « fief Verdier ». Ce tènement est mentionné en ces termes au XVIe siècle, époque où il paraît avoir été morcelé. C'était une simple aînesse ou vavassorie. En 1608, l'un des puînés était Jehan Verdier, demeurant à Omonville, que rien ne me permet de rattacher à notre souche. Des aveux de 1629, 1649, 1697, notamment, font mention du tènement dit « le fief Verdier ». Cette dénomination est complètement oubliée aujourd'hui.

On pourrait citer encore le « fief Verdier » à Colmesnil, mais il est peu probable qu'il doive son nom à l'un des nôtres. « Les héritiers de Thomas Basin sont tenus de trois portions de fief noble, assis à Colmesnil et ès environs, l'un nommé..., et le tiers nommé le fief Verdier, tenus du fief de Lanquetot, assis en la vicomté de Caudebec, tenu du roy par un plein fief de haubert » (2).

Avant de clore ce chapitre préliminaire, tirons des conclusions.

La famille Verdier, très anciennement répandue dans la région, se rencontre fixée à Longueville ou Belmesnil à la fin du XIVe siècle. Ceux du nom que l'on trouve à Auffay, à Crosville, à Longueville pourraient lui être rattachés. Il y a certitude pour ceux qui sont signalés à Belmesnil : Jean en 1480 et années suivantes, Cardin en 1506, Mahieu en 1508, Bertin en 1515, Estienne en 1527, etc... : ceux-là, et tous ceux qui viennent après eux sont nos consanguins.

Jean est très probablement notre ascendant, de qui est venu Estienne, notre premier auteur connu. Et nous voilà arrivés au temps à partir duquel la filiation pourra être établie.

C'est dans mes archives domestiques que je me documenterai le plus souvent. Quand la source d'un renseignement ne sera pas indiquée, c'est là qu'il aura été pris. Lorsque je voudrai me référer à mes archives, je le ferai ainsi : Arch. L. V.

La référence aux registres de catholicité de Belmesnil sera donnée ainsi : R. B. On conserve à la mairie les registres depuis 1672, on en trouve au greffe du tribunal civil de Dieppe, s'étendant, sauf très nombreuses lacunes, à la période comprise entre les années 1547 et 1646, et relatant le plus souvent les baptêmes seulement.

(1) Renseignement communiqué par M. de Beaurepaire.

(2) *Registre des fiefs et arrière-fiefs du bailliage de Caux en 1503*, publié par A. Beaucousin, Rouen et Paris, 1891, in-8° (Société de l'Histoire de Normandie), p. 85.

Jean Verdier,

cité aux années 1480, 1486, 1491, 1492, 1515, paraît avoir eu pour fils :

Premier degré :

Estienne Verdier, mort avant 1567 = damoiselle Marie Le Tellier, morte après 1567.

Deuxième degré :

Antoine, né vers 1518, mort entre 1577 et 1579 = Antoinette Le Fauquieur, née en 1549.	Macette = Nicolas Le Cler, écuier, vers 1548.	Lucienne = 1555, Estienne Doré.

PREMIER DEGRÉ

Estienne Verdier.

Notre premier auteur connu est Estienne Verdier; on ne dit pas encore Le Verdier. Je le crois fils de Jean, comme je l'ai dit *supra* p. 11), parce qu'il possédait en 1527 et 1547 des pièces de terre dont Jean avait fait aveu en 1486 et 1492 (1). Il est vrai qu'il aurait pu n'être qu'un collatéral et héritier de ce Jean. La première hypothèse est la plus plausible. Dans le doute, pourtant, nous commencerons l'arbre généalogique à Estienne.

Il demeurait à Belmesnil; il y était propriétaire, et, sans doute, laboureur de ses terres. Il épousa Marie Le Tellier. Il a laissé au moins un fils, Antoine, et deux filles, Lucienne et Macette. Vivant antérieurement à 1527, il était mort avant 1567.

Ces détails sont révélés par un acte du 22 juillet 1567, passé devant les notaires de Longueville. On y lit que « damoiselle Marie Le Tellier, veufve de deffunt Estienne Verdier, et Anthoine Verdier, son fils, demourantz en la paroisse de Belmesnil, de l'avis et délibération de noble homme Marin Dumont, s[r] du Boscfauvel (1), oncle dudit

(1) Arch. S.-Inf., Fonds Quiefdeville.

(1) Le Boscfauvel était un petit fief, sis en la paroisse de Sainte-Foy, au-dessus et à quelques centaines de mètres du château de Longueville. Le nom de ce lieu s'est conservé jusqu'à nos jours.

La recherche de la noblesse de la généralité de Rouen, par La Galissonnière, fait mention d'un Dumont, s[r] du Parc, demeurant à Notre-Dame-du-Parc, qu'elle déclare usurpateur (23 juin 1668), et qui présente ainsi ses armes et sa généalogie : « D'azur à une hache d'armes en cœur, acc. en chef de deux croissants et en pointe de deux molettes, le tout d'argent ».

Nicolas Dumont = 1° Catherine Delamare, 2° Huguette Le Roux de Touffreville.

Nicolas † sans enfants.	Renault n'a que des filles.	Marin † sans enfants	David = Louise Dujardin.	Jacques † en Angleterre.

Enfants de David Dumont et Louise Dujardin :

Jean = Madeleine de Montfort	Simon = Marie Meslin, a dérogé.
Jean = Anne Guérard.	Jean.

Il est bien probable que nous trouvons ici notre seigneur de Boscfauvel dans le Marin inscrit au second degré.

Anthoine, et Jacques Richomme, son oncle du costé paternel », constituent cinquante sols de rente en faveur de Me Estienne Senac, praticien en court laye.

Marie Le Tellier, veuve, est qualifiée damoiselle; c'est à cette époque ancienne, à la campagne, le signe d'une condition noble. Elle était, en effet, d'une famille de robe de Longueville. Ce petit bourg, siège d'un bailliage, était rempli d'officiers de justice, juges, avocats, procureurs. Le nom de Le Tellier s'y rencontre fréquemment. De qui Marie Le Tellier était-elle fille ? Je l'ignore. Elle était belle-sœur du sr du Boscfauvel, qui avait dû épouser une de ses sœurs. Elle était évidemment parente de Julian Le Tellier, lieutenant du vicomte de Longueville (1556) ; d'Adrien Le Tellier (1), licencié ès droits, avocat fiscal au bailliage du même duché, dont un fils, Nicolas, fut baptisé en 1582 à Longueville, ayant pour parrain honorable homme Me Pierre Delamare, bailli de Longueville, et dont un autre fils, François, fut parrain en 1584 à Vaudreville. Plus tard, j'ai rencontré encore Geneviève Le Tellier, femme de noble homme Me Nicolas Morice, conseiller du roy, lieutenant général en l'élection d'Arques, demeurant à Carcuit, et inhumée à Gonneville, le 14 septembre 1652 (2).

Le nom et les armes de Pierre Le Tellier, l'avocat fiscal, nous ont été conservés, gravés sur le fût d'une colonne de calvaire qui sert aujourd'hui de borne d'héritage dans le bourg. L'écu porte une bande chargée d'une pièce difficile à déterminer, et qui pourrait bien être un instrument servant au métier de toilier (3).

Estienne Verdier était donc de condition assez notable pour s'allier à une famille de profession libérale, noble ou paraissant telle.

Quelles pouvaient être les propriétés d'Estienne Verdier à Belmesnil ?

Parmi les énonciations portées au plan de la seigneurie de Belmesnil déjà signalé (1), nous l'avons vu mentionné en qualité de possesseur de quelques pièces de terre écalées, en 1527 et 1547. Or les articles dont il s'agit étaient situés vers le bas des avenues à l'ouest du château actuel. La configuration du sol est maintenant bien changée. A cette époque éloignée, la terre était bien plus morcelée qu'aujourd'hui; divisée en un grand nombre de parcelles, elle était répartie entre une infinité de tenanciers. Ce qui constitue aujourd'hui la ferme du château et ne forme plus qu'un seul tenant, la réunion étant déjà opérée au temps de la rédaction du terrier vers 1760, avait compris au XVIe siècle plus de cinquante morceaux et peut-être presque autant de propriétaires. Or là, et même en d'autres points où j'ai trouvé inscrits nos ancêtres, ce n'étaient pour eux que de petites

(1) Véhément ligueur, Me Adrien Le Tellier, lieutenant particulier du bailly de Longueville, présenta requeste au Parlement, à l'effet d'obliger tous les ministres de justice et de police au serment de la profession de foi, sous peine d'être appréhendés et capturés, et leur procès fait. Arrêt conforme, 9 décembre 1564 (*Cahiers des Etats de Normandie sous Charles IX*, par Ch. de Beaurepaire. Société de l'Histoire de Normandie, Rouen, 1891, p. 314).

(2) Registres de catholicité de Gonneville. Carcuit, hameau de Gonneville.

Gonneville et les autres paroisses citées, Notre-Dame-du-Parc, Vaudreville, sont voisines de Longueville; Vaudreville a été réunie à celle-ci.

(3) J'ai signalé ce petit monument dans mon étude : *Notes sur le dernier état et les derniers jours du Prieuré de Longueville* (Evreux, 1893), p. 20.

La famille Le Tellier ne figure pas à l'Armorial général de 1696; elle était éteinte ou déchue, ne remplissant plus de fonctions judiciaires, apparemment.

Quant aux Dumont, usurpateurs, je n'en trouve pas moins Jean Dumont, écuyer, sr du Parc, 1661 (Reg. de cathol. de Longueville).

(1) *Supra*, p. 10 (Arch. S.-Inf., fonds de Quiefdeville). Ce plan, malheureusement partiel, ne donne guère plus que la ferme du château actuel.

possessions éparses. Leur habitation, celle d'Estienne, était ailleurs. Je me figure et je crois pouvoir démontrer que la résidence de ce lointain aïeul était bien en la ferme patrimoniale que nous possédons encore, ou du moins en ce qui en constitua le noyau avant les extensions. Cette ferme, en effet, a été formée par le travail lent et successif des générations qui y ont passé, chacune arrondissant le bien. En ces siècles-là, le foyer est traditionnel, on n'en change guère, le fils remplace le père; les générations sont fixées à Belmesnil, pourquoi se seraient-elles transportées d'un lieu à un autre ? La ferme, d'après les aveux que j'ai pu trouver, rendus par François Verdier (1656 à 1662), contiendra au temps de celui-ci une cinquantaine d'acres et toutes étaient situées sur les territoires de Criquetot, Vaudreville, Dénestanville. Omonville. Le père de ce François, Antoine, troisième du nom, mort en 1656, en a acquis une vingtaine d'acres, d'après les actes de mon chartrier, toutes sur les paroisses précitées. Ainsi, le lieu de l'établissement de la famille est bien fixé, au nord-est de Belmesnil. Et l'on voit en même temps que c'est une trentaine d'acres que cet Antoine avait reçues de ses auteurs (1).

Cet Antoine s'est marié, mineur et chef de famille, tous ses ascendants étant morts, en 1612. Or, de la mort d'Estienne, arrivée avant 1567, à 1612, quarante-quatre ans environ se sont seulement écoulés, pendant lesquels se sont mariés trois degrés de génération. Antoine, premier du nom, qui était encore sous-âgé et célibataire en 1567; Antoine, deuxième du nom; Antoine, troisième, mineur, seul survivant, prenant femme en 1612; pour amener celui-ci à l'âge nubile, en 1612, il a fallu que, comme lui, les deux précédents se mariassent bien jeunes, et, comme lui, vers leur vingtième année. Et du reste cet empressement à s'établir doit faire présumer pour chacun d'eux des fins prématurées qui appellent une prompte reconstitution du foyer. On voit par là que, entre Estienne et Antoine, troisième, les intermédiaires jouissent peu de temps de leur bien et n'ont guère eu le temps de le grossir. D'où je conclus que la contenance de l'héritage n'a pas dû sensiblement changer depuis Estienne, vers 1567, jusqu'à son arrière-petit-fils, Antoine, le troisième, en 1612 : la famille est cinquante ans immobile.

Ainsi Estienne Verdier pouvait posséder à Belmesnil une trentaine d'acres de terre, comprenant sa maison et un corps de ferme. Avec ce, peu de capitaux, puisque sa veuve et son fils constituent cinquante sols de rente en 1567. Voilà sa fortune. Et sa ferme est assise là même où nous trouvons ses successeurs, l'agrandissant et en passant des aveux, là enfin où ses descendants se sont perpétués pendant près de quatre siècles, jusqu'à nos jours.

Estienne Verdier est mort avant 1567; je ne sais combien d'années Marie Le Tellier lui survécut.

Ils ont laissé trois enfants connus, Antoine, Lucienne, Macette.

A. — Antoine : Sa notice suit plus loin.

B. — Lucienne épouse, le 8 juillet 1555, à Belmesnil, Estienne Doré de la même paroisse. De ce mariage naissent : Nicolas, baptisé le 19 août 1564, avec Nicolas Le Cler, écuyer, pour l'un de ses parrains; Guillaume, 3 mars 1566 (v. s.) ; Jean, qui, mort avant 1615, laissa pour fils aîné Jehan Doré, qui demeurait vers ce temps à Rouen, rue du Vert-Buisson, paroisse Saint-Godard. (Arch. L. V.)

Lucienne Verdier vivait encore en 1615.

C. — Macette ou Massette, féminin de Macé ou Macet, diminutif de Thomas, épousa en 1548 ou 1549 noble homme Nicolas Le Cler, écuyer : leurs enfants naissent aux années 1550 et suivantes.

(1) Mes chiffres sont au-dessous de la vérité, parce que je n'ai pas tous les aveux, ni tous les contrats d'acquisition.

Macette Verdier n'était pas encore mariée en 1547; au 27 décembre de cette année, en effet, elle est marraine et désignée sous son nom de fille : *promater Thomassa* Verdier. (R. B.)

Je me suis demandé si elle était la fille ou la sœur d'Estienne Verdier; si elle en est la fille, elle est plus âgée que son frère Antoine d'au moins quinze ou vingt ans, puisqu'elle est mère en 1550 et que, sous-âgé en 1567, il est né au plus tôt en 1548. Si elle est sœur d'Estienne, elle devient une bien jeune tante de cet Antoine. Mais Lucienne s'est mariée en 1555, et ainsi elle sert de trait d'union entre cette aînée, Macette, et ce dernier-né Anthoine, et cette circonstance me décide pour la première hypothèse (1).

On aura donc le choix entre les deux tableaux suivants; le premier me paraît le plus vraisemblable :

Estienne VERDIER = Marie LE TELLIER.

Antoine, né vers 1548. | Macette = Nicolas LE CLER, éc., vers 1548. | Lucienne = 1555, Estienne DORÉ.

ou bien :

Estienne VERDIER = Marie LE TELLIER.

Antoine. | Lucienne.

Macette VERDIER = Nicolas LE CLER, éc.

Postérité.

Macette vivait encore en 1578, elle est marraine le 4 décembre de cette année à Belmesnil. Je ne connais pas la date de sa mort, ni celle de la mort de son mari, qui vivait encore en 1568.

Nicolas Le Cler était d'une très ancienne famille du pays « noble de nom et d'armes » ou « noble d'ancienneté », comme on disait, c'est-à-dire sans anoblissement connu. Dès le commencement du XIVe siècle, elle possédait les fiefs ou fieffermes de l'Epinay, à Belmesnil, et de Socquentot, à Saint-Mards. Elle s'est qualifiée quelque temps seigneur de Belmesnil; c'est l'un de ses membres, François Le Clerc, écuyer, s^r^ de Saint-Germain, et sa femme, Louise du Perron, qui sont peints sur un vitrail du chœur de l'église de Belmesnil, daté de 1573.

La descendance de Nicolas Le Clerc et de Macette Verdier s'établit comme suit :

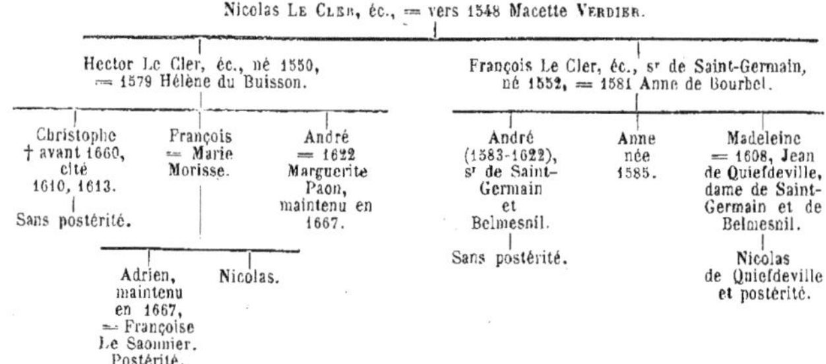

(1) Les registres de Belmesnil, ici comme souvent, ne permettent pas de fixer la filiation. Ils contiennent de nombreuses lacunes en effet. Commençant à l'année 1546 seulement, ils ne donnent pas 1548, ni 1550 à 1552. Manquent encore 1556, 1558, 1560, 1561, 1563, etc. Les années présentes sont souvent incomplètes, les mariages et sépultures font souvent défaut, les actes sont sommaires.

La famille a été maintenue en sa noblesse, en la personne d'André et Adrien, mentionnés en ce tableau, lorsqu'ils comparurent en 1667 à la recherche de La Galissonnière.

Le Cler portait : d'argent, à une bande endentée de sable, accompagnée en chef d'une merlette et en pointe de trois molettes du même.

On voit que de Macette Verdier, sœur de notre lointain aïeul, descendaient, par sa petite-fille Madeleine, tous les Quiefdeville qui, pendant deux siècles, ont été les seigneurs de Belmesnil, et que de la ferme des Verdier au manoir seigneurial on pouvait cousiner. Cela montre une fois de plus le rang honorable que tenait notre famille. Mais y a-t-il lieu de tirer vanité de cette parenté ? Non. Aux XVIe et XVIIe siècles (il commença peut-être à en être autrement au XVIIIe), la différence des conditions était encore dans nos campagnes bien moins accentuée qu'elle ne l'est de nos jours. Le gentilhomme rural ne payait point la taille, était exempt de certains devoirs, services ou contributions, il se montait aux emplois militaires et aux fonctions publiques, mais en la paroisse il était moins loin qu'on ne croit de ses vassaux. Les cadets, s'ils ne parvenaient pas à des charges qui les fissent vivre, étaient bons voisins du laboureur, leurs pareils et souvent leurs alliés.

La famille Le Cler, tant pour le rôle qu'elle a joué dans la commune de Belmesnil et celle de Saint-Mards, qu'au titre de notre alliée, mérite de trouver ici une notice particulière. Je me propose de lui consacrer une étude à la fin de ce livre.

Second degré :

ANTHOINE VERDIER, né vers 1547, † entre 1577 et 1579 = ANTHOINETTE LE FAULQUEUR, née en 1549.

Troisième degré :

Anthoine, né vers 1568 = Marguerite Quevillon, née 1570.

Jean, né en 1569, prêtre, curé d'Eurville.

SECOND DEGRÉ

Anthoine Verdier.

Anthoine Verdier était encore mineur en juillet 1567, et, comme dans l'ancien droit, la majorité se comptait à vingt ans, il est né au plus tôt dans les derniers mois de l'année 1547.

On trouve, à Belmesnil, un Anthoine Verdier, baptisé le 7 août 1546, ce ne peut être lui, puisque celui-là aurait cessé d'être sous-âgé en août 1566.

Il s'est marié tout jeune, vers l'âge de vingt ans, à la fin de l'année 1567 ou au commencement de 1568. Cela n'est pas pour étonner : son père était mort; il était devenu l'héritier, et il fallait assurer la famille et le bien. Sa femme fut Anthoinette Le Faulqueur, de la paroisse de Gonneville, où elle fut baptisée le 1er juillet 1549. Elle était fille de Jean Le Faulqueur, l'aîné (il y avait en même temps un Jean Le Faulqueur le jeune). Quelle était cette famille ? Evidemment, des propriétaires et laboureurs de Gonneville; les représentants de ce nom abondent sur les registres de la paroisse au XVIe siècle, mais, comme d'usage, les actes n'indiquent pas leurs professions; on peut cependant tenir pour certaine leur condition de propriétaires et cultivateurs.

Il n'est pas douteux qu'Anthoine Verdier fut, lui aussi, laboureur, exploitant sa ferme à Belmesnil. La contenance de celle-ci dut être sensiblement la même qu'au temps d'Estienne Verdier, son père, soit une trentaine d'acres (1). Il n'eut pas, d'ailleurs, à subir le partage ou une diminution, car il paraît avoir été un fils unique, n'ayant eu à supporter qu'un mariage avenant au profit de ses deux sœurs.

Il n'avait que trente ans lorsqu'il mourut, ou environ. En effet, il n'existait plus en 1579, car, à cette date, Antoine, son fils, sous-âgé, rendait aveu pour une pièce de terre sise à Belmesnil; mais il vivait encore en 1574 et en 1577, dates auxquelles il fait office de parrain en l'église de ce lieu.

Sa veuve figure comme marraine, en 1580, au registre des baptêmes de Belmesnil. Elle vivait encore en 1618, et alors elle n'était d'ailleurs âgée que de soixante-neuf ans. On lit, en effet, dans un contrat d'échange conclu entre son petit-fils, Anthoine, troisième de ce prénom, et Christophe Nepveu, cette clause, qu' « Anthoynette Le Faulqueur, aïeule dudit Verdier », jouira, pour la garantie de son douaire, d'une des pièces de terre échangées.

J'ai fixé le mariage d'Anthoine Verdier vers sa vingtième année, soit vers l'année 1567. En effet, il eut deux fils, Anthoine est l'aîné, dont je n'ai pas l'acte de baptême, mais Jean, le cadet, est né vers décembre 1569.

(1) Voir *supra*, p. 16, l'évaluation au temps d'Etienne Verdier.

D'Anthoine Verdier et Anthoinette Le Faulqueur sont venus deux fils :

A. — Anthoine, suivra tout à l'heure.

B. — Jean. Le registre de Belmesnil donne son baptême à la date du 27 décembre 1569, *in die S. Joannis;* il eut pour parrain son grand-père, Jean Le Faulqueur.

Un Jean Verdier est parrain à Belmesnil en 1582 et 1586, je pense que c'est lui, il avait alors treize et dix-sept ans. Il est encore parrain en 1603 ; cette fois, il est qualifié maître, car il est devenu prêtre.

Son frère aîné, Anthoine, étant, comme leur père, mort très jeune, il fut le tuteur principal de son neveu, le troisième Anthoine. En cette qualité, il représente ou assiste celui-ci à des racquits de rente en octobre 1610 et février 1611, et au contrat de mariage de cet Anthoine en août de la même année 1611. L'année 1616 est la date extrême à laquelle je le rencontre : il dut vivre au delà.

Jean Verdier fut prêtre ; il est ainsi qualifié dans des actes de 1600 et 1603.

Il était curé d'Eurville (canton de Tôtes) en 1607 ; à ce titre, il procède le 16 mai, en cette paroisse, à la publication d'un acte, et il la signe ainsi, Le Verdier. Il occupe encore la même cure en novembre 1612. Le dépôt du contrat de mariage de son neveu, en mars 1616, fut signé au « manoir presbytéral » du même lieu.

Dans ce contrat, on le verra renoncer, en faveur de son pupille, à la légitime qu'il eût pu prétendre sur la succession de son père : il est donc bien un cadet. Mais il stipulera la réserve à son profit d'une chambre dans la maison patrimoniale, avec droit au four et au jardin, « celle où il fait sa résidence ». Dans un acte de 1610, on le dit « demeurant à Belmesnil ». Apparemment, il est aussi souvent à Belmesnil qu'en sa paroisse ; il a le bénéfice, et semble ne pas le faire valoir.

C'est tout ce que j'ai pu apprendre concernant Jean Le Verdier, prêtre.

Fac-similé de la signature de Me Jean Le Verdier.

Troisième degré :

Anthoine VERDIER, né vers 1568 = Marguerite QUEVILLON, née 1570.

Quatrième degré :

Anthoine VERDIER, né vers 1592, † vers 1655 ; 1612 = Marthe DUCHEMIN, † entre 1656 et 1662.

TROISIÈME DEGRÉ

Anthoine Verdier.

Honorable homme Anthoine Verdier, deuxième de ce nom, a dû naître vers la fin de 1568, si l'on observe que Jean, son cadet, est né en décembre 1569, et que son père ne s'est pas marié avant le second semestre de 1567.

En 1579, « sous-âgé, fils aîné et héritier de défunt Anthoine », il rend aveu au duché de Longueville pour une pièce de terre sise à Belmesnil (1).

En avril 1593, il est partie, comme débiteur, à un acte de constitution de dix francs de rente.

Des actes de baptême à Belmesnil, en 1581, 1582, 1602, 1604, mentionnent Anthoine Verdier parrain. Même à la dernière date, c'est de lui qu'il s'agit plutôt que de son fils qui n'est encore qu'un enfant. Il vivait certainement encore en l'année 1600.

Mais il ne vivait plus en 1611, lors du contrat de mariage de son fils. A cette date, il aurait été âgé d'environ quarante-deux ans. Le registre de catholicité de Belmesnil, comprenant les années 1594 à 1615, paraît donner les baptêmes avec exactitude (aux années près 1597 à 1599, qui manquent) ; le registre des mariages est très incomplet ; quant au « registre des sépultures », il ne contient presque rien, et l'inhumation de Anthoine Verdier n'y a pas été recueillie.

Anthoine Verdier était laboureur et demeurait à Belmesnil. Je ne crois pas qu'il ait sensiblement modifié l'étendue de la ferme paternelle ; il a vécu trop peu de temps pour l'avoir pu.

Il épousa Marguerite Quevillon, de la paroisse de Gonneville, qui, je crois, était née en 1570 de Nicolas Quevillon et d'Anne (2). Nicolas Quevillon était laboureur à Gonneville. Quant à Marguerite, c'était une très jeune veuve ; elle avait, en effet, été mariée déjà à un nommé Meslin, dont elle avait eu une fille Anne. Ce Meslin avait eu lui-même un fils Jean, d'une première union.

On rencontre dans la contrée les deux noms Quevillon et Guérillon, qui s'y sont conservés jusqu'à nos jours. Si l'écriture peut quelquefois rester douteuse, le nom de la femme de Anthoine Verdier est certain, c'est Quevillon.

Marguerite Quevillon avait un frère, François, qui fut greffier en l'élection d'Arques (3).

(1) Renseignement communiqué par M. de Beaurepaire : Arch. S.-Inf., fonds de Longueville.

(2) Registre de Gonneville, 16 fév. 1570 ; l'acte ne mentionne pas le nom de l'épouse.

(3) La famille Quevillon, fixée à Gonneville, s'y est élevée à la façon de la famille Le Verdier, à Belmesnil. La note ci-dessous la montre à son apogée :

« Le château de la Vastine, agréablement situé dans les belles plaines de Gonneville, qu'il

Elle était présente au contrat de mariage de son fils, en 1611.

Elle est marraine à Gonneville en 1614 et en 1620. Je ne sais pas la date de sa mort.

Anthoine Verdier et Marguerite Quevillon, son épouse, ont laissé un fils, Anthoine, qui fut, semble-t-il, leur unique enfant.

« domine de toute sa hauteur, et d'où la vue jouit d'un magnifique horizon, est aujourd'hui « la propriété de M. d'Hardivilliers, ancien garde du corps des rois Louis XVIII et Charles X.

. . . .

« Le château de la Vastine a été construit, en 1777, par M. Joseph Quevillon. Emigré à « l'époque de la Révolution, il mourut à Schewerin, en Westphalie, le 8 mars 1800, après avoir « servi dans le corps des gendarmes de la garde du roi Louis XVI.

« Son épouse, Mme Quevillon de la Vastine, fut arrêtée et mise en prison, au moment de « la Terreur, comme suspecte en sa qualité de femme d'émigré ; Mme d'Hardivilliers, sa cou- « sine et mère de M. d'Hardivilliers actuel, la suivit dans sa prison pour la consoler et lui « prodiguer ses soins. Les biens de M. Quevillon, son mari, furent confisqués par la Nation « et vendus aux enchères publiques ; mais, son épouse, libérée, racheta le château de ses « deniers, et, en reconnaissance du dévouement et des soins charitables de Mme d'Hardivilliers « pour Mme Quevillon, celle-ci légua par testament à son filleul, M. d'Hardivilliers, le château « qu'il occupe si noblement aujourd'hui. »

Ces lignes sont extraites de : *Derniers souvenirs du bon vieux temps d'Auffay depuis 1793 jusqu'à 1840 environ*, par Isidore Mars (Dieppe, imprimerie Leprêtre, 1876, in-8°, à la page 165). L'auteur est consciencieux et d'ordinaire bien informé. Le nom Quevillon se rencontre encore de nos jours dans la contrée.

Quatrième degré :

ANTHOINE VERDIER, né vers 1592, † vers 1653, = 1612 MARTHE DUCHEMIN, † entre 1656 et 1662.

Cinquième degré :

1. Nicolas, 1621-1690, prêtre, curé de Boissy-le-Bois, et de Houdetot.	2. Marthe, 1623-1695, = François Nepveu, écuyer, s[r] de la Corbière, gentilhomme de la Fauconnerie.	3. François, 1627-1684, officier en la Fauconnerie, = 1° Marie Suzanne, 2° Catherine Le Balleur.	4. Antoine, 1629. 5. Antoine, 1630. 6. Antoine, 1632. 7. Isaac, 1634. — morts en bas âge.	8. Jean, né ?, † vers 1662, prêtre, Principal du Collège du Trésorier à Paris.	9. Jacques, né ?, † 1710, prêtre, curé de Bures et de Houdetot.

QUATRIÈME DEGRÉ

Anthoine Verdier.

Honorable homme Anthoine Verdier, troisième de ce nom, fut un personnage notable. Ses liens de famille, sa fortune, les fonctions électives qu'il remplit, fonctions élevées et rares, qui ne purent lui être déléguées qu'en raison d'une culture et d'une intelligence non communes, en même temps que de la considération dont il jouissait, tout cela le recommande à l'attention.

Il est né, au plus tôt, à la fin de l'année 1591 ; car il était encore mineur de vingt ans en août 1611. Les lacunes des registres de Belmesnil nous privent de connaître la date de sa naissance, ainsi qu'il est arrivé aux deux générations précédentes. Je crois fort qu'il faut la placer en novembre 1592.

Comme son père et son grand-père, il était encore mineur ou sous-âgé lorsqu'il recueillit la succession paternelle, et, en conséquence, comme eux, il se maria tout jeune.

Mariage. — Il épousa, le 26 novembre 1612, Marthe Duchemin, fille de honorable homme Nicolas Duchemin le jeune, laboureur, et de honneste femme Marguerite Le Prévost, demeurants à Anglesqueville-sur-Saâne, au hameau de Reniéville.

Son contrat de mariage, rédigé sous seings privés, porte la date du 20 août 1611 ; le dépôt aux minutes des tabellions de Basqueville, branche de Tôtes, en fut fait le 24 mars 1616, et passé au manoir presbytéral d'Eurville.

En raison de son état de minorité, Anthoine Verdier signa l'acte primitif de son contrat de mariage assisté de plusieurs parents ; « discrette personne maistre Jehan Verdier, « prestre, son oncle et tuteur principal, la dicte Quevillon sa mère, noble homme maistre « Pierres Delamare, escuyer, sieur d'Aouseville, bailly du duché de Longueville, cousin « dudict Verdier, André Le Cler, escuyer, sieur de Sainct Germain, Me François « Quevillon, greffier en l'élection d'Arques, son oncle maternel, et honorable homme « Pierre Trevet, aussy son oncle maternel, laboureur, demeurant en la paroisse de « Saint-Victor-en-Caux. »

Quant à l'épouse, Marthe Duchemin, elle était « conduicte et assistée de ses père « et mère, de honorables hommes maistres Nicollas Duchemin l'aisné, son oncle paternel, « recepveur du sieur de la Mailleraye, Nicollas Le Prévost, notaire et secrétaire de

« Monseigneur le cardinal de Joyeuse, archevesque de Rouen, oncle maternel, et Florent « Cley, advocat, cousin germain ».

On voit que des deux côtés on était honorablement entouré.

L'époux jouit de l'héritage paternel et cependant ne déclare pas d'apports, car c'est inutile : seigneur et maître, tout ce qui n'est pas excepté ou réservé lui appartient. Mais il promet à sa femme douaire, suivant l'usage (1), sur tous ses biens meubles et immeubles.

L'oncle et tuteur, Me Jean Verdier, prêtre, « pour la bonne amitié naturelle qu'il a « dict porter audict Anthoine Verdier soubzaigé son nepveu » renonce à la part « et « légitime qu'il pourroit pretendre à la succession de feu honorable homme Anthoine « Verdier, son père, ayeul dudict Anthoine Verdier soubzaigé » ; il se réserve seulement trente livres annuellement par usufruit, payables en un seul terme, le premier devant « echoir six mois après les épousailles; il se reserve encore « la chambre ou il faict sa « residence à present qui est derrière le feu, avec le grenier de dessus la dicte chambre « avec sa part du jardin aulx porez, lequel demeurera commun, comme aussy le four, « le tout par usufruit ». Mais, en revanche, il sera affranchi de toutes dettes et charges de la succession, et enfin Anthoine Verdier lui donne décharge de la gestion de ses biens et comptes pendant la tutelle, conformément à l'état présenté et remis aux mains de Me François Quevillon, l'un des tuteurs consulaires.

Marguerite Quevillon abandonne à son fils tout ce qui peut lui être dû des arrérages de son remport de mariage, consistant en trente-cinq livres de rente, et de son douaire. Elle réduit même à quinze livres par an son remport ou dot, mais son fils la recevra chez lui « et où ladicte vefve face sa residence et demeure avec ledict Verdier son filz, « soit nourrye, vestue, couchée et alimentée honnestement comme il appartient; en ce « cas elle ne prendra aulcuns arrierages desd. dot et douaire pendant qu'elle y fera « sa dicte demeure et sera nourrye, vestue, couchée et entretenue comme dict est, sans « que ladicte demeure qu'ilz pourront faire ensemble leur puisse apporter aulcune com- « munitté les uns aux aultres ny assubjectir aulx debtes les uns des aultres; et en cas « que ladicte vefve se voulsist retirer, ou que pour quelques considerations ilz ne peussent « demeurer ensemble et y vivre en bonne amitié, icelle vefve jouira et aura sesdictz dot « et douaire à la raison qui dessus est ». Tout cela est bien prévu, mais ce sont clauses habituelles.

Anthoine Verdier, enfin, en retour de ces abandons, se charge de payer 200 livres pour contribuer au mariage avenant de Anne Meslin, sa sœur utérine.

Quant à Marthe Duchemin, l'épouse, elle est dotée. Son père, en faveur du mariage, s'engage à prendre les futurs époux chez lui, « les nourrir, coucher, lever et heberger, comme il appartient », pendant deux ans, avec faculté réciproque d'y renoncer et, en ce cas, remplacement par une somme annuelle de cent francs, au prorata du temps écoulé. Avec ce, Nicolas Duchemin donne à sa fille « ung lict fourny, une mante ou manteau, une robbe ronde de drap noir, une cotte d'escarlatte brune et les aultres accoustrementz « à elle nécessaires et selon la vollonté de ses dictz père et mère, et du linge à la dis- « cretion de la dite mère, deux vaches et deux génisses ». Nous verrons plus loin en quoi consista ce trousseau laissé à la discrétion des parents.

Vient enfin le gros morceau, la dot, mille livres, payables deux cent cinquante-cinq livres quinze jours avant les épousailles, deux cent cinquante-cinq livres six mois après,

(1) J'ai exposé les droits et usages matrimoniaux de cette époque dans mon *Histoire de la famille Le Bas*, manuscrite, p. 249 et suiv.; je ne le répète pas ici.

et le reste, quatre cent quatre-vingt-dix livres, est aussitôt converti en une rente de trente-cinq livres au denier quatorze. Pourquoi cet emploi ? Pour suivre la prudente et libérale coutume : les espèces monnayées constituent le don mobile, c'est livré à l'époux, il en devient propriétaire et n'a pas de compte à en rendre; mais le surplus doit « tenir le coté et ligne de l'épouse », cela reste le propre de la femme, cela lui reviendra, à elle, ou à ses héritiers s'il n'y a pas d'enfants du mariage.

Après les père et mère, l'oncle maternel, Nicolas Le Prévost, fait un cadeau à sa nièce, toujours avec la formule habituelle « pour la bonne amitié qu'il a dict luy porter », c'est un coffre, demy coffre et bahut, le tout fermant à clefs. Ces meubles jouent toujours un rôle important dans les contrats de mariage de ce temps.

Ainsi que d'usage, Anthoine Verdier remit à son beau-père, après le mariage, une quittance de la dot et trousseau, cette quittance est inscrite comme toujours à la suite du contrat sur l'exemplaire resté aux mains du donateur. Je la transcris, car elle donne un état détaillé des plus intéressants :

« Moy dict Anthoine Verdier desnommé en l'aultre part confesses avoir receu dudict « Nicollas du Chemin le jeune, mon père en loy y desnommé, la somme de trois centz « soixante et dix huict livres en plusieurs paiementz, suivant le compte presentement faict « entre nous, à desduire et rabattre sur le don mobil dont mention est faicte en icelluy « aultre part; et sy tiens quicte ledit Duchemin du lict fourny et traversain couverture « et oreillers, mesmes des accoustrementz promictz par led. traisté, consistans en une robbe « ronde de sarge noire, une cotte d'escarlatte viollette, ung manteau noir, deux corps « ou brassières, l'un de drap et l'aultre de sarge viollette, ung aultre corps de sarge noire, « deux cottes, l'une de couleur de fleur de pescher, l'autre de coulleur de ramier, trois « devanteaux, l'un de taffetas et deux aultres de creseau raié; et le linge que son dict « père a voulleu donner à sa dicte fille, ensemble les coffres, demy coffres et bahut « promis donner et à nous livrer par le sieur Le Prévost, oncle de lad. Marthe, ainsy « qu'il est porté par led. traicté. En foy de quoy je signe ce present acquict et faict dosser « ung semblable sur le traicté dont je suis porteur, lesquelz endos ne vallent que pour un « acquict. Faict ce lundy vingt sixiesme jour de novembre, jour de nos espousailles, mil « six centz douze, en presence de discrette personne Me Jean Verdier p^bre^, curé « d'Eurville, maistre Nicollas Le Prevost, notaire appostolique, Me Florent Cley, « advocat, desnommés audit traicté de mariage. Ainsy signé Verdier, avec un merc, « seing ou paraphe. »

A la suite, une seconde reconnaissance de cent vingt-deux livres donne quittance du solde du don mobile (1).

Faisons maintenant une revue des parents présents qui « assistent, conduisent et conseillent » les parties.

C'est d'abord, du côté de l'époux, noble homme maître Pierre Delamare, escuyer, s^r^ d'Ausseville, bailli du duché de Longueville. La parenté était des plus honorables, et cette famille Delamare est à ce point intéressante qu'elle mériterait une notice spéciale à la suite de cette histoire. Disons seulement ici qu'elle me paraît issue des Delamare de Socquentot, près Belmesnil, qui possédaient les fieffermes dites de ce lieu au XIVe et au XVe siècles, qu'elle a fourni au siège de justice de Longueville plusieurs magistrats, dont l'un fut un érudit distingué.

Mais s'il fallait préciser par quel lien Anthoine Verdier se trouvait « cousin » de ce

(1) Tout cela est emprunté à l'acte notarié, dressé après le dépôt du sous-seing original, qu'il reproduit.

bailli de Longueville, je serais fort embarrassé; je n'ai trouvé aucun acte qui puisse fournir la solution. Je suis porté à croire que les deux familles Delamare et Le Tellier, toutes deux de robe, à Longueville, étaient alliées et l'on se rappelle qu'Anthoine Verdier est l'arrière petit-fils de Marie Le Tellier, femme d'Estienne Verdier. La parenté pouvait s'établir aussi par les Le Cler, de Socquentot et Belmesnil, si le bailli ou l'un de ses ascendants s'était marié à quelque descendante de Massette Verdier, la femme de Nicolas Le Cler, escuyer. Et puis, enfin, il y a peut-être une tout autre origine qui m'échappe.

André Le Clerc, écuyer, s[r] de Saint-Germain, quoique le contrat ne le dise pas en termes explicites, était aussi un cousin d'Anthoine Verdier. Si l'on veut bien consulter le tableau généalogique de la famille Le Clerc *supra*, p. 18, l'on verra que deux André Le Cler, tous deux petits-fils de Nicolas Le Cler et Massette Verdier, vivaient en 1611. Mais la qualification de s[r] de Saint-Germain permet de reconnaître qu'il s'agit du seigneur même de Belmesnil, André Le Cler, mort vers 1622, après qui cette seigneurie passa à sa sœur Madeleine, dame de Saint-Germain et de Belmesnil, la femme de Jean de Quiefdeville, et de là aux descendants de celui-ci, les Quiefdeville, seigneurs de Belmesnil jusqu'à la Révolution.

Me François Quevillon, greffier en l'élection d'Arques, n'est pas à dédaigner.

Honorable homme Pierre Trevet, laboureur à Saint-Victor-en-Caux, ne l'est pas davantage : nous verrons un petit-fils d'Anthoine s'allier à la fille d'un Trevet, de Saint-Victor, noble et vétéran de la garde du roi.

Je ne rappelle enfin que pour mémoire le curé d'Eurville, Me Jean Verdier, dont la notice a été donné *supra*.

Du côté de l'épouse aussi l'assistance est honorable. Auprès de ses père et mère, en effet, se tiennent de notables officiers ou gens de robe.

Je ne fais que citer Me Nicolas Duchemin, l'aîné de la famille, qui est le receveur de M. de la Mailleraye, un des grands seigneurs de la Haute-Normandie, et Me Florent Cley, *alias* Clair, avocat.

Je m'arrête davantage à Nicolas Le Prévost, « notaire et secrétaire de Mgr le cardinal « de Joyeuse, archevêque de Rouen », dit aussi « notaire apostolique en l'archevêché « de Rouen ». Ce notaire d'église, attaché à la cour d'un cardinal de Rouen, ne pouvait être qu'un homme cultivé. Marié à Marguerite Tillard, il eut un fils qui est resté célèbre dans l'histoire de l'érudition normande, Jean Le Prévost, chanoine de Rouen, bibliothécaire du Chapitre, le fameux commentateur du *De officiis ecclesiasticis* de Jean d'Avranches, l'éditeur des livres liturgiques de Rouen, etc. (1). Ce savant était donc le cousin germain de la mariée.

Nicolas Le Prévost,
Secrétaire de l'Archevêché de Rouen
et notaire apostolique,
= Marguerite Tillard.

Jean Le Prévost, né en 1600, † 1648, chanoine, curé de Saint-Herbland, 1641 ; Bibliothécaire du Chapitre, etc.	Jacques Le Prévost, Secrétaire de l'Archevêché, curé de Saint-Herbland, 1643-1659. Doyen de la chrétienté.

Marguerite Le Prévost,
= honorable homme Nicolas Duchemin,
demeurant à Anglesqueville-sur-Saâne.

Marthe Duchemin,
= honorable homme Anthoine Verdier.

(1) M. de Beaurepaire a écrit : *Notice sur le chanoine Jean Le Prévost, bibliothécaire du Chapitre de Rouen, 1600-1648*, opuscule in-8° de 23 pp., extrait de la *Revue catholique de Normandie*, 1897. Il est question aussi de Jean Le Prévost dans la *Notice des Manuscrits de la bibliothèque de l'église métropolitaine de Rouen*, par l'abbé Saas ; dans les *Recherches sur les bibliothèques des Archevêques et du Chapitre de Rouen*, par l'abbé Langlois ; le *Manuel du Bibliographe normand* de Edouard Frère, etc.

On voit que ces laboureurs, Anthoine Verdier et Nicolas Duchemin, étaient bien entourés.

Marguerite Le Prévost, femme de Nicolas Duchemin, vivait encore lorsque se mariait leur fille, en août 1611, mais elle décéda peu après, car Nicolas Duchemin se remaria en 1613.

Il s'alliait encore à une famille honorable, bien pourvue de gentilshommes et de gens de robe. Le mariage fut célébré le 18 juillet 1613. Le contrat, sous seings privés, du 14 juin précédent, fut déposé et reconnu devant les notaires d'Arques le 29 septembre 1620. Nicolas Duchemin épousait alors Marie Allais, fille aînée de Me Nicolas Allais, avocat en court laie, et de feu damoiselle Jeanne Delamare, demeurants au bourg d'Arques, et sœur de Me Guillaume Allais, enquêteur en la vicomté d'Arques, nous dirions juge d'instruction. Deffunte damoiselle Jeanne Delamare était fille de Me Simon Delamare, écuyer, vicomte d'Arques, alors décédé. Lui-même était issu d'une famille Delamare anoblie en 1577, dont on trouve des représentants établis en diverses paroisses de la vicomté d'Arques, notamment à Arques, à Braquemont, à Cent-Acres, etc. (1).

Fonctions publiques. — Dans ce milieu de gens de robe, où une certaine distinction s'alliait nécessairement à la culture intellectuelle, faut-il voir passer un Anthoine Verdier, laboureur, mal dégrossi et tenant difficilement sa place ? Assurément non. Et d'abord il avait reçu quelque instruction, chose rare en ce temps dans le tiers état rural ou la petite noblesse, qui n'en était guère séparée. J'en ai pour garant un mince arrêté de compte, signé et écrit de sa main et d'une excellente orthographe. Ecrire, alors, n'était pas donné à tout le monde, encore moins mettre l'orthographe, quand on ne se piquait nullement d'écrire correctement même dans les classes élevées. Et ce degré modeste de culture n'allait pas évidemment sans d'autres connaissances.

Voici ce petit écrit. C'est après la mort de Nicolas Duchemin, son beau-père : Nicolas Duchemin a laissé trois filles; l'aînée est la femme d'Anthoine Verdier; le don mobile, c'est-à-dire la somme que Nicolas Duchemin avait reçue de sa femme, Marguerite Le Prévost, passé par suite dans sa propre fortune, se retrouve aujourd'hui dans sa succession. Le don mobile avait été de mille livres; chacune des sœurs avait droit à un tiers ou trois cent trente-trois livres. Anthoine Verdier, mari de l'aînée, compte avec son beau-frère, Jean Bonté, mari d'Antoinette, la seconde :

« Conte et regard a esté faict entre nous, Jehan Bonté ayant espousey Anthoinette « Duchemin, et Anthoine Verdier ayant espousey Marthe Duchemin, touchant l'argent « mobil de feu Nicolas Duchemin quy s'est trouvé monter à trois centz trente trois livres « pour le tiers de lad. Thoinette Duchemin, tout conte compris, soysante trois livres pour « l'erbage de trois vaches et deux poullains, ensemble huict livres pour ungne mine de « vèche, dix neuf livres pour deux moutons, et soysante soulz d'argent, tout conte déduict « et rabastu, pour ledit argent mobil seulement led. Verdier est demeuré redevable à « la sôme de cent dix huict livres unze soulz. Faict ce premier de juillet mil six centz « trente sept.

« Verdier (2). J. Bonté. »

(1) On trouvera des renseignements sur les familles Duchemin et Delamare, d'Arques, dans mes notices *manuscrites* concernant ces familles.

(2) C'est le seul autographe, indépendamment de quelques signatures, que je possède de cet ancêtre. On remarquera la forme « espousey » qui traduit la prononciation cauchoise; les faiblesses orthographiques ne tirent pas alors à conséquence.

Une certaine instruction donc, mais aussi et surtout sa fortune, ses relations de famille, sa condition sociale en un mot, enfin la considération dont il jouissait avaient fait de Anthoine Verdier un notable, en évidence dans le monde des laboureurs et propriétaires, si bien qu'il fut appelé au très grand honneur de représenter le tiers état de la vicomté d'Arques aux Etats de Normandie. Il fut député à la session qui se tint à Rouen du 18 au 28 novembre 1643.

Le bailliage de Caux, qui comprenait la presque totalité de nos arrondissements du Havre, Yvetot, Dieppe et Neufchâtel, se subdivisait en cinq vicomtés, savoir : les vicomtés de Caudebec (qui comprenait le démembrement de Cany) ; Montivilliers, Arques, Gournay avec La Ferté-en-Bray, Neufchâtel. Le bailliage avait un député du clergé et un député de la noblesse, et chaque vicomté avait un député du tiers état. La vicomté d'Arques était formée de la presque totalité de notre arrondissement de Dieppe avec une partie de ceux d'Yvetot et de Neufchâtel (1) : c'est cette vaste circonscription qu'Anthoine Verdier eut mandat de représenter (2).

Le procès-verbal des séances, tenu par le greffier-commis des Etats (3), mentionne les vœux proposés ou adoptés, sans nommer les orateurs qui ont pu prendre part aux débats. Je n'y observe que fort peu de motions intéressant spécialement la vicomté d'Arques. Je note cependant une proposition tendant à la révocation du bailliage royal récemment institué à Dieppe; la proposition semble émaner du clergé rouennais qui voyait dans ce nouveau siège de justice un empiétement sur les droits de l'archevêque, seigneur temporel de Dieppe; elle était appuyée par les députés laïques, peu favorables à la création de nouveaux officiers à entretenir. Et puis, on avait imaginé de rattacher à ce bailliage la sergenterie de Saint-Victor-en-Caux, sans doute parce qu'elle était cauchoise, mais qui dépendait alors de la vicomté de Rouen : on protesta que Saint-Victor était plus rapproché de Rouen que de Dieppe, et que la première de ces villes était plus accessible que l'autre aux habitants de ce bourg (4). Le roi ajourna sa réponse au vœu, mais le Parlement de Paris s'opposa à la création; le Parlement de Rouen ordonna la démolition du local où les magistrats nouveaux tenaient leur Parquet, et ce fut la fin, un peu violente, du bailliage royal de Dieppe (5).

Le bailliage de Caux protesta contre l'impôt du sel, demandant que les habitants pussent acheter cette denrée suivant leurs besoins, au lieu de s'en voir imposer par taxe plus qu'ils n'en pouvaient consommer (6). C'était le grief légitime et général contre la gabelle si injustement établie. Les mêmes députés voulaient aussi qu'on pût librement puiser l'eau à la mer (7).

Toute l'assemblée demanda la réduction de moitié sur la contribution imposée à la province (8).

(1) La vicomté d'Arques était limitée, au sud, à la hauteur de Saint-Victor-l'Abbaye, Bosc-le-Hard, Saint-Saëns, qui appartenaient à celles de Rouen et Neufchâtel.

(2) Cf. *Cahiers des Etats de Normandie sous les règnes de Louis XIII et Louis XIV. Documents relatifs à ces assemblées, recueillis et annotés par M. de Beaurepaire* (Rouen, Métérie, 1878. Société de l'Histoire de Normandie, 3 vol. in-8°). Le cahier des remontrances présenté par ces Etats se trouve au tome III, pp. 75 à 128. Les documents relatifs à cette session se trouvent aux pp. 285 à 322.

(3) Ce procès-verbal occupe les pages 291 à 312 parmi les *Documents*.

(4) *Op. cit.*, p. 86.

(5) Dom Duplessis. *Description de la Haute-Normandie*, t. I, discours, n° CXLI.

(6) *Cahiers*, p. 119, n° LVI.

(7) *Ibid.*, n° LVII. C'est encore défendu de nos jours.

(8) Ils demandèrent aussi des modifications très sages à quelques articles de la Coutume de Normandie (*Ibid.*, pp. 123, 124 et 127).

En somme, pendant cette session, comme en la plupart, c'est à l'élévation des impôts, notamment la taille, et aux excès des traitants que s'attaquèrent les Etats.

Le cahier des remontrances fut achevé et adopté en la séance du 27 novembre. Le lendemain 28, on élut des commissaires chargés, suivant l'usage, de le porter au Roi. A cet effet, c'était la coutume que tous les députés donnassent à leurs députés délégués une procuration collective notariée. L'acte, conservé au registre du Tabellionage de Rouen (année 1643, Meubles), mentionne parmi les comparants « Anthoine Verdier, « délégué pour le tiers état de la vicomté d'Arques », et sa signature est, au bas de la minute, au milieu des autres (1) : « Du samedi avant midi 28e jour de novembre 1643, « à Rouen, en l'assemblée des Estats, furent présents Mre Louis de Roncherolles; « presbtre, hault doïen de l'église collégialle Notre Dame d'Escouis, président de « l'assemblée, délégué pour les gens d'église du bailliage de Gisors » [suivent quarante autres noms, sur cinquante et un députés appelés aux Etats de 1643] « ...Anthoine Verdier, délégué pour le tiers estat de la vicomté d'Arques..., lesquels ès-dites « qualités, suivant le pouvoir des procurations par chacun d'eux respectivement « portées, de leur bon gré, ont depputé, nommé et estably leurs procureurs généraux « et spéciaux, c'est asçavoir les dicts sieurs de Roncherolles et Dufour, pour les gens « d'église, les dicts seigneurs conte de Maulévrier et de Franquetot, pour les gens nobles, « et les dicts Mausçavoir et Guillaume Duval, pour les gens du tiers estat; et Me Jacques « Baudry, escuier, advocat en la Cour, procureur général des Estats de Normandie « [c'était le procureur syndic des Estats], ausquels et à chacun ou l'un d'eux portant la « présente lesdits depputés esdits noms et quallités ont donné et donnent plain pouvoir « puissance authoritté commission et mandement spécial de poursuivre vers la Majesté « du Roy et nosseigneurs de son Conseil la responce et expédition des articles du cahier « arresté et signé desdits depputés, sans aulcune chose augmenter ny diminuer... », etc., suivent les signatures des comparants. Ce document a été publié par M. de Beaurepaire dans son étude : *Les derniers Etats de la province de Normandie*, insérée au *Précis des travaux de l'Académie des Sciences, Belles-Lettres et Arts de Rouen*, année 1873-74, aux pages 333 et suivantes (2).

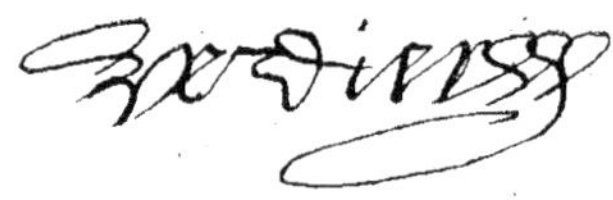

Parmi les représentants du bailliage de Caux aux Etats de 1643, Anthoine Verdier n'avait pas dû faire mauvaise figure, car, à quelques années de là, en 1651, des élec-

(1) Il y avait à Belmesnil, en ce temps-là, d'assez nombreux Verdier : si l'on était tenté de réclamer la preuve que le député de 1643 fut notre aïeul, on la trouverait dans la comparaison de la signature dont ce document est souscrit avec celles que fournissent diverses pièces de mes archives privées.

Je possède plusieurs actes revêtus de la signature d'Anthoine Verdier; je l'ai rencontrée encore au registre du tabellionage de Longueville, actes des 7 juillet 1637, 13 juin 1638, 22 novembre 1639, où « honorable homme Anthoine Verdier, demeurant en la paroisse de Longueville, enclos de Belmesnil », intervint comme témoin instrumentaire (Notariat de Longueville, registre 1636-1642, fos 78, 120, 121, 177).

(2) Il y a de cette étude un tirage à part, sans titre, s. l. n. d., voir à la page 65.

teurs le désignaient pour représenter le tiers état non plus de la seule vicomté d'Arques, mais du bailliage de Caux tout entier, aux Etats généraux du royaume qui faillirent se réunir à ce moment.

Au temps de la Fronde, en 1649, on résolut de convoquer les Etats généraux. On fit choix de Rouen, puis d'Orléans, pour la réunion, dont la date fut fixée au 15 mars. On ajourna au 15 avril, puis au 18 septembre et le Ministre donna l'ordre de convoquer enfin pour le 1er octobre, mais, sur ce, on abandonna le projet. On le reprit deux ans après : cette fois des lettres royaux adressées à tous les bailliages convoquèrent les députés à Tours pour le 8 septembre 1651.

Il y eut un commencement d'exécution; en nombre de villes, on procéda aux élections. La *Gazette de France* de 1651 donne de ces élections de nombreuses nouvelles, avec les listes d'élus; pour la Normandie, ou près de la Normandie, elle cite les bailliages du Perche, de Coutances, de Mantes et Melun (1).

La perte des archives du bailliage de Caux, à Caudebec, empêche de savoir si les élections s'y accomplirent, encore plus d'en connaître les résultats. Un fait certain, c'est que les électeurs furent convoqués à Caudebec pour le lundi 31 juillet. En ce temps-là, pour toute élection quelconque, politique, consulaire ou autre, le scrutin se tenait en un seul point, au chef-lieu de la circonscription; les électeurs étaient invités à s'y rendre par exploit d'huissier, et les défaillants étaient condamnés à l'amende. Les compétitions alors n'étaient pas très ardentes; les quelques électeurs ainsi réunis se mettaient facilement d'accord sur les noms qui leur étaient offerts.

Les électeurs de la vicomté d'Arques semblent avoir décidé de voter à Caudebec pour Anthoine Verdier, choisi pour leur candidat au nom du tiers état. Voici qu'en effet un électeur, le curé d'Auffay, malade et ne pouvant se rendre à Caudebec, désigne, pour le remplacer, un mandataire qu'il charge de déposer son bulletin de vote, et, pour ce faire, il lui donne, par devant notaire, procuration en ces termes (2) :

« Du samedy vingt neufième jour de juillet MVI[c] cinquante et ung, à Auffay, devant « Jean Le Parmentier, tabellion juré aud. lieu, et Robert Alexandre son adjoinct. Fut « présent en sa personne discrette personne M[e] Guillaume Gaillard, prestre, curé dud. « lieu d'Auffay, y demeurant, lequel vollontairement a faict, nommé et constitué pour « son procureur spécial la personne d'honorable homme Barthélemy Linand de lad. parr. « d'Auffay, auquel seul portant la présente il a donné pouvoir, puissance, et authoritté « de pour luy et en son nom soy presenter lundy prochain et autres jours ensuivans à « Caudebec par devant M. le bailly de Caux, pour, suivant l'assignation donnée au « constituant par Vaudieu, sergent royal en l'eslection d'Arques le vingt quatr[e] jour de « ce présent mois et an, aux fins de nommer par ycelluy constituant personnes capables, « pour assister en la ville de Tours au huitième jour de septembre prochain et autres « jours ensuivans, tant que besoin sera, aux Estatz ordonnés estre tenuz aud. lieu « suivant l'intention du roy nostre sire, comme il se void par les mandementz envoyez « à chaque paroisse, lequel sieur constituant a déclaré qu'il eslit la personne de « monsieur le curé de Tostes pour l'ordre ecclésiastique et le seigneur de Montpinson « Bourdel pour la noblesse, et pour le tiers estat Verdier de Belmesnil, lequel procureur

(1) *Gazette de France*, année 1651, pages 695, 767, 896, etc., etc. Voyez G. Picot, *Histoire des Etats généraux en France*, t. V, tables, p. 363. Rathery, *Histoire des Etats généraux en France*, Paris, 1845, p. 292 et suiv.

(2) Arch. S.-Inf., Duché de Longueville, Tabellionage, Auffay, 1651. J'ai publié ce document dans le *Bulletin de la Société de l'Histoire de Normandie*, tome XIII, p. 247.

« pourra nommer les personnes cy-dessus nommées au désir dud. sieur constituant et « faire comme sy en personne y estoit, jaçoit que le cas requist mendement plus spécial, « laquelle procuration led. s^r constituant à passée ne pouvant assister audit lieu de « Caudebec à cause de son indisposition, promettant led. s^r constituant tenir et avoir pour « agréable ce qui sera faict par icelluy son procureur sous l'obligation et en pré- « sence de Me Adrian Le Lingre, prestre, vicaire de Hugleville, y demeurant, et Robert « Parmentier, demeurant en la ville de Dieppe, tesmoins.

(Signé) « Gaillard. Le Lingre. Parmentier. Le Parmentier. Alexandre. »

Il est bien certain que Linand se rendit à Caudebec : du samedi au lundi suivant, le délai était trop court pour le passage d'un contre-ordre ; l'assemblée électorale dut se tenir, mais nous ignorons ce qui s'y passa.

Plusieurs actes, datés des années 1636 à 1649, donnent à honorable homme Anthoine Verdier le titre de « receveur », de cette manière : « Par devant... fut présent... lequel « recongnut... avoir vendu à honorable homme Anthoine Verdier, receveur, demeurant « à Belmesnil », ou en la paroisse de Longueville, enclos de Belmesnil, etc. Qu'est-ce que cette fonction ? Je n'en ai pas la détermination précise. Anthoine Verdier était-il aîné d'un tènement, et receveur au regard du seigneur dominant ? Cette hypothèse me fut suggérée par M. de Beaurepaire, qui n'y tenait pas d'ailleurs. L'explication est mauvaise, car, en ce cas, la qualité ne serait prise que dans des actes intéressant l'aînesse, puisqu'elle n'exprimerait pas une profession, un office, mais seulement une obligation de l'aîné ou porteur en avant. Or, cette qualité, je la vois inscrite dans des actes divers : ventes de bien dans la mouvance du fief de Dénestanville, dans celle du fief d'Omonville, aveu à ce dernier, revalidation de rente. Elle désigne donc une fonction professionnelle. Anthoine Verdier était-il donc, en même temps que laboureur, receveur d'une seigneurie ? Oui, tout simplement ; l'interprétation ne me semble pas douteuse. Mais de quelle seigneurie ? On ne le dit pas. Pourquoi ? N'avons-nous pas vu Nicolas Duchemin, l'aîné, qualifié « receveur de M. de la Mailleraye ». J'ai rencontré dans un acte de vente, un « honorable homme Jean Verdier, receveur du sieur de Brosses, demeurant à Omonville ». Voilà qui est complet. Pour qu'on se contente de la mention « receveur », sans plus, il a fallu que la fonction s'exerçât d'une façon tout à fait notoire et partant locale. Anthoine Verdier n'était certes pas receveur de Belmesnil, où alors il n'y avait pas de seigneurie, à proprement parler, ni d'Omonville, ni de Dénestanville, ainsi que j'ai pu le constater à l'occasion d'un contrat de 1642, qui lui donne son titre de receveur, et auquel interviennent les receveurs de ces deux seigneuries pour percevoir les treizièmes dus par l'acte. Peut-être était-il receveur du seigneur de Criquetot. Je croirais plus volontiers qu'il était receveur d'une maison religieuse, telle que le Prieuré de Longueville, où l'emploi plus important pouvait mériter qu'on s'en parât sans plus ample désignation (1).

(1) L'abbé J.-E. Decorde, dans son *Histore de Bures-en-Bray* (Rouen et Paris, 1872, in-8°), écrit : « Une déclaration d'Antoine Verdier (1618) nous montre qu'on payait aussi aux officiers du Prieur (Notre-Dame-du-Pré de Bonne-Nouvelle, à Rouen) un droit sur la vente des boissons... », etc. Je n'ai pas vu cette pièce, l'auteur ne dit pas où il l'a rencontrée. C'est bien un acte de receveur. S'agit-il de notre Antoine ? Aurait-il été receveur du Prieuré de Bonne-Nouvelle pour ses fiefs de notre région ?

L'acte cité concerne des redevances dans la paroisse de Bures ; l'un des fils d'Anthoine, Jacques, sera curé de Bures en 1668. La paroisse de Bures appartenait à l'abbaye de Fécamp. Anthoine aurait-il été receveur pour l'abbaye de Fécamp ; il aurait donné une attestation intéressant un droit de Bonne-Nouvelle dans cette paroisse ?

Propriétés, fortune. — Cette fonction n'empêcha pas Anthoine Verdier d'être laboureur. Il l'était, à Belmesnil, du bien paternel. Celui-ci n'avait guère changé d'étendue depuis le bisaïeul, Estienne Verdier, au temps duquel j'avais cru pouvoir l'estimer à une trentaine d'acres; les deux ascendants intermédiaires sont morts si jeunes qu'ils n'ont pas eu le temps de faire de gros gains et des accroissements (1). Il en fut autrement d'Anthoine, le troisième du nom, dont il s'agit en ce moment.

A consulter seulement les contrats que je possède, Anthoine Verdier a fait de nombreuses acquisitions qui témoignent d'abondantes ressources financières, et puis leur revue est une leçon d'histoire sociale.

Le territoire était en ce temps-là, je l'ai dit ailleurs, infiniment morcelé; ce qui constitue aujourd'hui notre ferme Verdier, si bien unifiée dans sa grande étendue, sans étrangers ni enclaves, fut longtemps distribué en de nombreuses parcelles possédées par des propriétaires divers, et ce fut le travail de nos ancêtres d'acheter et d'agglomérer tous ces champs pour en faire une seule et vaste pièce de terre. Ce travail d'agglomération n'a guère commencé qu'à la fin du XVIe siècle; il ne s'est terminé qu'au XIXe, avec mon grand-père. Pendant ce temps, ç'à été un phénomène très sensible et général dans toute la région cauchoise que cette transformation de la propriété petite et morcelée en propriété étendue, et il est bon d'en recueillir les exemples quand on les rencontre, car ils intéressent l'histoire économique du pays.

Anthoine Verdier achète donc coup sur coup des pièces de terre sur les territoires d'Omonville, Crespeville, Dénestanville, Vaudreville et Criquetot, toutes paroisses dont les extrémités se joignent dans l'étendue à peu près limitée aujourd'hui par la route nationale de Dieppe et la route départementale de Longueville, traversée alors par des chemins (ce sont les abornements fournis par les actes de vente qui les désignent) dont nous reconnaissons plusieurs encore, savoir d'Omonville à Criquetot, de Lintot à Belmesnil, d'Omonville à Belmesnil, de Longueville à Bacqueville, ou Lamberville. Je trouve neuf contrats; Anthoine Verdier achète :

Le 15 février 1615, onze vergées de labour à cent cinquante livres l'acre (2);

Le 30 septembre 1635, cinq vergées de labour à deux cents livres;

Le 26 octobre 1636, cinq vergées de labour à deux cent vingt-cinq livres;

Le 15 mars 1637, deux acres et demie à deux cents livres et vingt-quatre livres de vin;

Le 25 avril 1637, deux acres, à deux cents livres et six livres de vin;

Le 11 février 1638, une acre à deux cents livres et dix livres de vin;

Le 31 mai 1639, sept vergées en pré, closes, et une acre et demie de labour, au prix moyen de deux cent quarante livres l'acre et quinze livres de vin;

Le 14 mars 1640, environ trois vergées (contenance non indiquée) pour cent cinquante livres et six livres de vin;

Le 14 mars 1642, neuf vergées et quatorze perches pour six cent quatre-vingt treize livres et quinze sols.

Plusieurs de ces pièces étaient louées par bail sur le pied de douze à quinze livres l'acre; les prix de vente font ainsi apparaître des revenus de six pour cent.

Toutes ces acquisitions, qui comprennent douze pièces de terre, forment ensemble une contenance de dix-sept acres environ, et atteignent un prix total de trois mille trois cent soixante-huit livres.

(1) Voyez *supra*, p. 17.

(2) L'acre est de 68 ares 66 centiares.

Enfin, Anthoine Verdier se rendit acheteur, à une date qui semble être voisine du temps de sa mort, d'une certaine « ferme et héritage sise en la paroisse de Royville », dont j'ignore les contenances et dépendances, dont je sais seulement qu'elle était grevée d'une dette hypothécaire de six cents livres assurant les droits de dot et douaire de la femme du vendeur, Jeanne Mazire, veuve de Nicolas Guérard. Cette propriété, qui passa à ses descendants, ne paraît pas avoir été longtemps conservée par eux.

Si l'on possédait les divers aveux qu'Anthoine Verdier fut obligé de rendre aux seigneuries dont ses terres étaient mouvantes, on pourrait, par une simple addition, obtenir l'évaluation de sa fortune immobilière. Malheureusement, de même que je n'ai aucun des aveux que baillèrent ses prédécesseurs, je n'ai presque rien des siens. Les origines de propriété inscrites au terrier de la seigneurie d'Omonville, qui fut rédigé en 1776, mentionnent un aveu d'Anthoine Verdier rendu à cette seigneurie le 19 janvier 1598 pour cinq acres et trois vergées en quatre pièces. A cette date il doit s'agir d'Anthoine le second. D'Anthoine le troisième, il ne reste que deux aveux, l'un à la seigneurie de Dénestanville, d'une date illisible, qui doit être antérieure à 1615, et l'autre à la seigneurie d'Omonville, du 20 octobre 1639.

Le premier accuse sept acres et demie composant cinq pièces, relevant de Dénestanville, mais on n'y trouve pas celles des acquisitions que je viens de citer qui étaient mouvantes de cette seigneurie et dont le total atteint pareille somme de sept acres et demie, soit donc quinze acres tenues de Dénestanville.

L'aveu à la seigneurie d'Omonville enregistre sept pièces pour un total de treize acres; depuis le 20 octobre 1639, l'énumération des acquisitions qui précède fait apparaître une acre et demie à ajouter à la mouvance d'Omonville, d'où résulte la somme de quatorze acres et demie. Voilà déjà un ensemble de vingt-neuf acres et demie ou trente acres environ au regard des deux seules seigneuries considérées. A quoi il faut ajouter ce qui était tenu de Criquetot, et c'était très notable, des fiefs ou aînesses à Belmesnil, par exemple une acre à la seigneurie de Saint-Mards, appartenant à l'abbaye de Jumièges, sous le tènement ou aînesse Diacre (1).

Quoi qu'il en soit, si l'on ajoute aux vingt-cinq ou trente acres évaluées au temps d'Estienne Verdier les dix-sept acres résultant des acquisitions énumérées ci-dessus, on voit qu'avec Anthoine Verdier, le troisième, la ferme est passée à quarante-cinq acres ou presque. Nous suivrons l'accroissement progressif avec les générations suivantes, surtout à partir de la fin du XVIIe siècle, en commençant avec Isaac, le petit-fils d'Anthoine. Et cet accroissement, signe de l'ascension d'une famille rurale, est digne d'attention.

Outre ses immeubles, je ne crois pas que Anthoine Verdier possédât beaucoup de capitaux. Dans mes archives, je ne trouve guère d'actes concernant des rentes foncières ou hypothécaires, les valeurs mobilières du temps (2).

(1) Déclaration d'Anthoine Verdier du 26 juillet 1614 (Arch. L. V.).

(2) N'oublions pas qu'en 1651 il paya 2.700 livres pour la dot de Marthe Verdier, sa fille.

Suivant acte, au tabellionage de Longueville, du 25 avril 1637, noble homme Jean Giffard, s^r^ du Perray, archer de la porte du roy, demeurant de présent à Saint-Pierre-du-Pont-Saint-Pierre, reconnaît avoir été remboursé de la somme de 400 livres par honorable homme Anthoine Verdier, demeurant en la paroisse de Longueville, enclos de Belmesnil, en présence et du consentement de Nicolas Le Moyne, demeurant à Bertreville (notariat de Longueville, vol. 1636-1642, f° 57). Ce Giffard, s^r^ du Perray, était originaire des environs de Longueville.

Il acquiert, le 4 avril 1620, cinq livres de rente; le 11 mai 1629, de Robert Langlois, demeurant à Dieppe, fils aîné et héritier de feu Anthoine Langlois « commissaire au château et citadelle de Dieppe », deux parties de rente montant ensemble par an à onze livres. Ce sont de bien petits chiffres, et pourtant cela représente alors de notables valeurs puisque cela se traite par actes notariés.

Mais, en 1642, Anthoine Verdier se reconnaît débiteur d'une rente annuelle de sept livres deux sols et dix deniers envers son beau-frère Jean Bonté; en 1648, il se constitue en vingt-huit livres onze sols quatre deniers de rente annuelle, pour prêt de quatre cents livres, au profit de messire Jean Susenne, escuier, prêtre, demeurant à Longueville, sans doute pour payer quelque achat de terre.

Ce qui est plus grave, c'est que ses deux fils aînés, Nicolas et François, empruntent, en 1658, huit cent quarante livres d'un nommé Lefaucheur, de Rouen, dont six cents serviront à rembourser les droits de douaire et dot dont est grevée la petite ferme de Royville qu'il a achetée peu avant sa mort. C'est encore que les mêmes, en 1659, créent, en faveur de leur oncle Jean Bonté, une rente de quarante-deux livres dix-sept sols, pour lui tenir compte de six cents livres que leur père lui devait (1). Ainsi, il ne semble pas y avoir d'argent comptant dans la maison. Anthoine Verdier place en immeubles tout ce qu'il possède, au besoin il emprunte pour parfaire ses prix d'achat. Par là, je crois pouvoir conclure que sa fortune personnelle, c'est sa ferme, ce qui la nantit, les fonds de roulement et peu de chose en plus.

A cette fortune d'Anthoine Verdier, il convient d'ajouter celle de sa femme. On a vu que par mariage elle lui avait apporté un don mobile de cinq cents livres, mais cela est entré dans le patrimoine du mari. Elle s'était, en outre, constitué, pour représenter son côté et ligne, la somme de quatre cent quatre-vingt-dix livres, cela lui reste propre et passera à ses enfants.

Au nom de sa femme, Anthoine Verdier partagea avec ses deux beaux-frères, honorable homme Jean Bonté, demeurant à Auppegard, et honorable homme Anthoine Sauvalle, décédé, représenté par son fils mineur, demeurant à Belleville-en-Caux, la succession de Nicolas Duchemin le jeune, son beau-père. L'acte sous seings privés est du 5 mars 1636 et fut déposé le 12 aux minutes du tabellion de la sergenterie de Brachy. Marthe Duchemin était l'aînée; elle n'avait que deux sœurs; entre sœurs, pas de droit d'aînesse, on partage également, et la succession ne paraît comprendre que des valeurs mobilières. La part de chacune, composée de rentes foncières diverses, ou autres, formait un total de 121 livres 5 sols 8 deniers de revenu. Au dernier quatorze, alors habituel, cela représente un capital de dix-sept cents livres, ou un peu plus. On peut bien multiplier par dix pour obtenir la valeur équivalente de nos jours.

Voici, du reste, qu'une pièce de mes archives va nous fournir un élément de contrôle de la fortune immobilière et mobilière d'Anthoine Verdier et sa femme. En 1662, tous deux étant morts, et probablement Marthe Duchemin depuis peu, les deux fils aînés, Nicolas et François, convinrent de donner à leurs deux frères cadets Jean et Jacques,

(1) Par un contrat du 22 janvier 1656, les mêmes, Nicolas, curé de Houdetot, et François, officier pour le roi, alors demeurant à Dieppe, s'étaient constitués en cinquante livres de rente hypothèque, par un emprunt de sept cents livres, en faveur de Charles Toustain, écuyer, s[r] de Golleville, correcteur en la Chambre des Comptes de Normandie. L'acte ne fait pas mention de leur père; vraisemblablement, il venait de mourir, et l'on a besoin de capitaux, qu'on ne trouve pas dans sa succession. Ainsi voilà deux mille cent quarante livres d'emprunts en trois ans.

celui-ci était encore sous-âgé, ce qui pouvait leur appartenir dans les successions paternelle et maternelle « tant en meubles que héritages ». Et, par acte passé devant le tabellion de Bacqueville, le 12 juin 1662, on leur remit à l'amiable, pour tous les deux, huit acres de terre sises tant à Belmesnil qu'à Omonville, et comprenant d'abord une maison et masure, bâtie et plantée, close, contenant une acre et une demi-vergée, à Belmesnil, et deux pièces de labour de superficie, ensemble, de six acres et trois vergées et demie. Moyennant quoi, les deux puînés renonçaient à rien prétendre de plus sur les deux successions, et ils étaient exonérés de toute part aux dettes et charges pouvant grever celles-ci. En Caux, aux termes de la *Coutume de Normandie* (1), l'aîné prend d'abord le manoir paternel avec son enclos ou pourpris, par préciput et hors partage, le reste se partage avec les cadets, les deux tiers des immeubles pour l'aîné, le dernier tiers pour ceux-ci tous ensemble. Quant aux sœurs, elles n'ont aucune part aux immeubles.

Or, Anthoine laissa quatre fils : à l'aîné, Nicolas, les deux tiers des héritages, aux trois autres, François, Jean et Jacques, le tiers. On vient de voir que ce sont quatre acres qui échurent à chacun des deux derniers : cela fait douze acres pour trois puînés. Ces douze acres représentent le tiers des immeubles, ceux-ci étaient donc en totalité d'une contenance de trente-six acres. Si l'on ajoute le manoir et son pourpris réservés hors part à l'aîné, si l'on observe que, des huit acres abandonnés aux deux plus jeunes cadets, une partie était en nature d'herbage planté avec maison d'habitation et bâtiments, on voit que l'on arrive facilement à la quarantaine d'acres précédemment arbitrées, à quoi l'on ajoutera quelque fortune mobilière en nature et en argent.

Pour conclure, Anthoine Verdier et Marthe Duchemin étaient des laboureurs, propriétaires ruraux, de condition moyenne, qui n'étaient pas encore parvenus à la richesse.

Le tableau ne serait pas complet si je ne disais, qu'en bon Normand, Anthoine Verdier a entretenu quelques procès, même jusqu'en Parlement.

La matière, avec le peu de pièces dont je dispose, est obscure, et je ne ferai pas de longs efforts pour rechercher les causes ou l'objet des chicanes, aujourd'hui bien insignifiantes pour nous, et je me borne aux indications qui suivent.

Des pièces de terre, sises à Omonville et d'une contenance de sept acres et trois vergées, auraient été vendues autrefois par un certain Jean Cotelle à Anthoine Verdier, représenté par son tuteur, et elles auraient été le gage d'un certain Anthoine Hébert, créancier de Cotelle. En 1622, Hébert, n'étant pas payé, obtient un décret de saisie de ces biens, autrement dit pratique une saisie immobilière. Anthoine Verdier appelle dudit décret, en d'autres termes poursuit de nullité de la saisie. Arrivent au procès toutes sortes d'intéressés, un François Quevillon, s[r] de la Brière, qui avait acquis ces biens du même Cotelle en 1590, ou le croyait; un Nicolas Le Moyne, tuteur de son fils qui était légataire d'un oncle, Me Jacques Le Moyne, prêtre, curé de Bertreville, qui fait appel du décret exercé en même temps à l'égard d'autres immeubles du même Cotelle, etc. Et l'on plaide. Le Parlement rend plus d'un arrêt. Enfin, le dernier, du 8 août 1636, annule la saisie, mais Le Moyne et Verdier sont condamnés à rembourser à Hébert ce que lui devait Cotelle, six cent vingt-quatre livres, et à supporter les dépens : il y en eut pour 402 livres 16 sols et 2 deniers taxés.

A son tour, en 1637, honorable homme Anthoine Verdier actionne en clameur, autrement dit intente une action possessoire à l'occasion de deux acres de terre vendues par Nicolas Le Moyne à honorable homme Jean Giffard, s[r] du Perray, archer de la

(1) *Coutume de Normandie*, articles 279 et 295.

porte du roi, originaire du pays, mais résidant alors à Pont-Saint-Pierre. C'était aux plaids du bailliage de Longueville.

Inversement, en 1646, c'est Jean Le Moyne, le fils de Nicolas précité, qui appelle devant le même bailliage Anthoine Verdier pour ses entreprises sur des héritages qui lui sont venus de Jacques Le Moyne, le curé de Bertreville.

Anthoine Verdier savait que les arrangements, quand ils sont possibles, sont encore les meilleures solutions, et voici une preuve de son caractère conciliant. C'est en 1630 : Jean Giffard, déjà nommé, et lui-même, Anthoine Verdier, sont devant le bailli de Longueville, un procès est pendant entre eux « tant sur unes lettres de clameur de loy apparente (action possessoire) obtenues par ledit Giffard pour revendiquer quelque entreprise d'héritage prétendue avoir esté faite par ledit Verdier, que sur un dommage aussi prétendu avoir esté fait par les bestes dudit Verdier à une pièce de rabette appartenant audit Giffard ». Pourquoi plaider si l'on peut s'entendre ? On décide de terminer la querelle, et l'on mande le tabellion de la sergenterie de Brachy, duché de Longueville : à Belmesnil, en la maison dudit Giffard, le 8 juillet, l'on passe un bon acte notarié, on convient que Anthoine Verdier paiera tous les dépens exposés par Giffard, montant à dix-huit livres, et l'on plante bornes ; voilà pour l'immeuble. « Et pour nourrir repos et amytié entre eux », ledit Verdier promet fournir et livrer deux boisseaux de rabette ; voilà pour les bêtes. En même temps, on renonce à tous autres procès pouvant exister entre eux, « réservé le procès du décret Cotelle pendant à la Cour (c'est le gros procès au Parlement précité) et l'engrais et mâlage (marnage) de ladite terre Cotelle faitz par Giffard, à quoi il demeure réservé contre les défenses dud. Verdier ». Il faut bien garder quelque chose.

Anthoine Verdier était droit et loyal en affaires ; l'aurait-on choisi pour député s'il n'avait pas possédé à un haut degré ces deux élémentaires vertus ? Et en voici un témoignage. En 1655, il se trouvait devoir à son beau-frère, Jean Bonté, une douzaine d'années des arrérages d'une rente de 7 livres 2 sols 10 deniers, dont il était devenu débiteur comme acquéreur d'une terre qui pouvait la garantir ; on en avait négligé paiement depuis l'année 1642. Par un écrit sous seing privé du 30 juillet 1655, Anthoine Verdier déclare qu'il entend les payer entièrement, sans opposer, comme il le pourrait, la prescription. « J'ai soubzsigné Anthoine Verdier, laboureur, demeurant à Belmesnil, promectz « et m'oblige par le présent à honorable homme Jean Bonté mon frère en loy de ne m'aider « de la prescription de l'arrierage de sept livres deux sols dix deniers de rente ypotecque, « qui luy sont deulz par les herittiez ou representans feu Nicolle Heron dont j'aurois « esté chargé par le contrat d'acquisition que j'ay faitte de feu Charles Heron, filz et « herittier dud. Nicolle, ledit contrat passé devant les tabellions de Longueville, en « dabte du quatorz^{e} jour de mars mil six centz quarante-deux, et luy en payer tout « et aultant d'anneez d'arrierages eschues de lad. partye de rente que de ceulx qui « escherront à l'advenir suivant et conformément au contrat dessues dabté. Fait ce « trente^{e} jour de juillet m vi cents cinquante cinqt. Verdier » (1). D'une belle écriture qui révèle la main d'un praticien, cet acte ne semble pas autographe.

(1) Il s'agissait d'une « rente hypothèque » ou « constituée », c'est-à-dire créée à prix d'argent et garantie par tous les biens du constituant. Les arrérages s'en prescrivaient par cinq ans (articles placités du Parlement de Rouen, 6 avril 1661, article 147). La « rente foncière » perpétuelle, mais essentiellement rachetable, était celle qui, créée comme prix de l'aliénation d'un fonds, restait une charge grevant spécialement celui-ci. La première était meuble ; la seconde était immobilière.

Ces détails, je l'espère, ne sembleront pas trop longs; ils fournissent quelquefois des traits de mœurs, des tableaux intimes, toujours des aperçus sur la vie quotidienne, qui nous aident à pénétrer chez ceux qui ont passé avant nous et à les mieux connaître.

Anthoine Verdier est mort entre le 30 juillet 1655, date de la reconnaissance qui vient d'être transcrite, et le 24 juillet 1656, date à laquelle son fils, Nicolas Le Verdier, en a fait le dépôt aux plaids du bailliage de Longueville, pour la rendre exécutoire (1).

J'ignore la date de la mort de Marthe Duchemin, sa femme. Le règlement de compte des deux successions entre les aînés et leurs cadets, différé jusqu'à 1662, semblerait faire présumer qu'elle a vécu jusqu'à une date voisine de cette année (2).

De leur mariage sont nés de nombreux enfants; j'en rencontre neuf, parmi lesquels quatre sont morts en bas âge. Les sept suivants nous sont révélés par le registre des baptêmes de Belmesnil (3).

Nicolas. « Ce jourd'hui 27e de novembre 1621 il a été baptizé un fils à Anthoine et Marthe Verdier, ses père et mère, nommé Nicolas par Nicolas Nepveu, advocat, et Catherine Le Faucheur, ses parrain et marraine. »

Marthe. « Ce jourd'hui 15e de septembre 1623 a été baptizée une fille à Anthoine et Marthe Verdier, nommée Marthe par Nicolas Pidieu et damoiselle Magdeleine Le Cler. »

François. « Ce jourd'hui 18e apvril 1627 a été baptizé un filz à Anthoine et Marthe Verdier, nommé François par François de Quefteville, escuier, et damoiselle Anthoinette de Quefteville. »

Anthoine. « Ce jourd'huy 14e de mars 1629 a esté baptizé un fils à Anthoine et Marthe Verdier, nommé Anthoine par Anthoine Sauvalle et Isabeau Brohon. »

Anthoine. « Le 29 dudit moys et an (septembre 1630) a esté baptizé Anthoyne Verdier, fils d'Anthoine Verdier et Marthe, femme dudit, nommé par Nicolas de Quefdeville, escuyer, sieur d'Anglesqueville (4), et par Anne Nepveu. »

Anthoine. « Le 29 janvier (1632) a esté baptizé Anthoyne Verdier, fils de Anthoyne Verdier et de Marthe, femme dudit, nommé par André de Quefdeville, escuyer, et Jeanne Pidieu. »

Isaac. « Ce jourd'huy, premier jour de febvrier 1634, a esté baptisé par moy, curé de Belmesnil, un filz à Anthoyne Verdier et Marthe Duchemin, qui a esté nommé Isaac par Isaac Martel et damoiselle Marguerite de Montpellé ses parrain et marraine. »

Ces trois Anthoine et Isaac sont morts en bas âge. Après eux sont nés encore, mais je n'ai pas trouvé les actes de leurs baptêmes :

Jean, et enfin Jacques, qui était encore sous-âgé en 1662, donc né au plus tôt en 1642. Parlons de ceux qui ont vécu.

(1) L'emprunt du 22 janvier 1656, que j'ai signalé ci-dessus, page 35, note, semble impliquer qu'il était déjà mort à cette date.

(2) Elle vivait encore le 16 juillet 1656; cela résulte des termes suivants, que j'extrais du contrat de cession de biens convenu à cette date entre Nicolas et François Verdier, ses fils : « ... tout ce qui audict maitre Nicolas Verdier prestre peut estre succédé, tant de la succession de deffunct Anthoine Verdier leur père, que de celle *arrivant* de honneste femme Marthe Du Chemin leur mère... » Mais trois actes, des 11 mai, 12 juin et 27 août 1662, la mentionnent avec le qualificatif « deffuncte ».

(3) Aux archives du tribunal civil de Dieppe.

(4) Englesqueville, hameau de Glicourt.

A. — NICOLAS

Honorable et discrète personne Me Nicolas Verdier, l'aîné des enfants d'Anthoine Verdier et de Marthe Duchemin, fut prêtre. J'ai déjà dit qu'il était né le 27 novembre 1621.

Il fut d'abord curé de Boissy-le-Bois, au doyenné de Chaumont-en-Vexin, élection de Chaumont et Magny. Je note sa présence comme témoin dans un contrat du 14 septembre 1650, passé par son domestique devant le tabellion de Marines, gros bourg de l'élection de Pontoise, assez voisin de là. Tous ces pays faisaient alors partie du diocèse de Rouen. Nicolas garda cette cure jusqu'en 1651.

Le 3 mars 1651, Nicolas Verdier fut nommé à la cure de Houdetot, au doyenné de Canville, sur la résignation en sa faveur du dernier curé, Nicolas Goujet (1).

Je le vois, en 1654, en contestation avec son prédécesseur devant le bailli de Cany, au sujet du presbytère.

En 1662, il fait bail à un nommé Guillaume Pesquet d'une portion de dîmes sur le territoire de la paroisse d'Iclon, au lieu dit « le petit trait », moyennant 73 livres par an. Il dîmait donc aussi sur cette paroisse ? Pourquoi ? Cela importe peu.

Nicolas Verdier, en sa qualité d'aîné, héritait de la majeure partie des biens paternels et maternels, suivant la Coutume, mais sa condition de prêtre faisait obstacle à ce qu'il assurât la continuation de la lignée et la transmission du patrimoine familial; aussi prit-il la résolution de rester dans l'indivision avec François Verdier, le premier de ses frères puînés. Bien plus, une fois la part faite et remise aux puînés suivants, il lui fit la cession de sa fortune et de tous ses droits héréditaires.

Suivons d'abord les deux frères dans leur indivision, on les voit comparaître tous les deux pour la réalisation de divers contrats. Ensemble, le 22 juin 1656, ils se constituent par 700 livres débiteurs de 50 livres de rente hypothèque en faveur de Charles Toustain, écuyer, sr de Golleville, correcteur à la Chambre des Comptes; le 27 juillet 1657, ils échangent plusieurs pièces de terre avec Jacob Bontemps, écuyer, sr et patron d'Omonville; le 4 avril 1658, ils se font débiteurs de 60 livres de rente hypothèque en faveur de Nicolas Le Faucheur, demeurant à Rouen, par le prix de 840 livres, et, le 18 juillet 1659, de 42 livres 17 sols de rente, moyennant 600 livres, envers leur oncle, honorable homme Jean Bonté; le 12 juin 1662, ils comptent avec leurs deux frères, Jean et Jacques, et leur livrent leur légitime sur les successions paternelle et maternelle (2).

La démission de ses biens, consentie par Nicolas à François Le Verdier, est du 16 juillet 1656. Elle fut reçue par Allard, tabellion en la haute justice de Déville-lès-Rouen, qui appartenait à l'archevêque : « Discrette personne Maistre Nicolas Verdier, « prestre, curé de la parroisse de Houdetot en Caux, estant de present en ceste ville de « Rouen, logé en l'hostellerye où prend pour enseigne le cheval blanc rue Cauchoise, « lequel de son bon gré et vollonté, sans aucune force ny contraincte, pour la bonne « amityé fraternelle qu'il a et porte à François Verdier, officier en la grande fauconnerie « du roy, demeurant en la parroisse de Belmesnil en Caux son frère, aussy a ce present, « a ledict sieur Nicolas Verdier faict et faict par ces presentes delais remise et demission « audict sieur François Verdier, son frère, de tous et chascuns les biens immeubles et

(1) Arch. S.-Inf., *Inventaire*, G. 9592, Registre du Secrétariat de l'Archevêché, 1651-1653, fo 5.

(2) Arch. L. V.

« generallement tout ce que audict sieur Nicollas Verdier, prestre, peult estre succedé « et escheub tant de la succession de deffunct Anthoine Verdier, leur père, que de celle « arrivant de honneste femme Marthe Du Chemin leur mère » (1).

Cette démission de biens ne stipule aucune condition ni d'usufruit ni d'échéance. Il n'est pas probable pourtant que Nicolas Verdier se soit purement dépouillé dès ce jour et sans réserve. Il vivait évidemment dans une harmonie parfaite avec son frère, leurs biens restèrent indivis et cette convention devait avoir pour effet d'assurer d'avance la dévolution de la succession. Et de fait, on trouve parfois Nicolas Verdier accomplissant des actes tout seul, et comme s'il était encore le possesseur ou le gérant du patrimoine. C'est ainsi que lui-même, le 24 juillet 1656 (quelques jours après la cession), dépose aux minutes du notaire de Brachy la reconnaissance sous seing de Anthoine Verdier, son père, que j'ai signalée déjà et par laquelle celui-ci déclare renoncer à se prévaloir contre son beau-frère, Jean Bonté, de la prescription et s'engage à lui payer tous les intérêts échus et arriérés d'une rente dont il est débiteur envers lui. C'est encore Nicolas seul qui fait opposition devant le bailli de Longueville, le 30 novembre 1656, au décret des biens d'un François Le Moyne, en ce qui concernait une pièce de cinq vergées assise ès paroisses de Crespeville et Criquetot, achetée en 1635 par le même Anthoine Verdier, ou qui exerce, en 1679, le réméré d'une pièce de terre d'une demi-acre, sise à Omonville, et que François avait vendue l'année précédente à un s[r] Jacques Le Cler, de Dieppe (2).

C'est par un acte du 12 juin 1662, passé à Belmesnil devant le tabellion de Bacqueville, que les deux frères aînés firent à leurs deux cadets la délivrance de leurs parts héréditaires. Légalement les droits étaient ainsi fixés, et les attributions se réalisaient ainsi : l'aîné ayant pris le manoir et son pourpris ou enclos pour son préciput ou droit d'aînesse, en Caux, il enlevait encore les deux tiers des immeubles (3), et le dernier tiers se partageait entre les cadets. Pour y parvenir, l'un des cadets, le plus jeune d'ordinaire, préparait ou proposait des lots : il les présentait à son aîné, qui en choisissait deux, le dernier était pour les puînés ensemble, « par non choix », et ils procédaient à un sous-lotissement entre eux. Donc l'un des frères de Nicolas Verdier eut dû lui soumettre une division en trois lots, et celui-ci en eût pris deux. Sur le troisième lot, demeuré aux trois frères puînés, il aurait fallu exercer une nouvelle division en trois lots nouveaux qu'ils se fussent partagés. Procédé bien lent et bien compliqué, lenteur et complication plus regrettables encore quand l'un des puînés fait cause commune avec l'aîné, Nicolas. Il était bien plus simple d'évaluer amiablement les forces de la succession et de remettre tout droit aux deux plus jeunes frères des héritages désignés d'un commun accord, en équivalence de ce qui pouvait leur revenir, tout le reste demeurant aux deux aînés associés. C'est ce que l'on fit. De cette façon les deux cadets, Jean et Jacques Le Verdier, reçurent de leurs aînés, tous deux ensemble, je l'ai dit déjà (4), une maison

(1) L'expédition authentique que je possède, scellée du sceau de la haute justice de Déville (aux armes de l'archevêque François II de Harlay) a été délivrée, sous la signature du notaire, à la date du 6 novembre 1661 ; mais, par une erreur évidente du copiste, l'acte est daté du 16 juillet 1666, au lieu de 1656.

(2) Arch. L. V.

(3) On sait que les sœurs n'avaient aucune part dans les immeubles héréditaires ; elles prenaient toutes ensemble le tiers des meubles, à la condition encore qu'un tel partage ne constituât pas à chacune une part plus forte que celle d'un cadet, auquel cas il eût fallu subir une réduction ; c'est ce qui serait arrivé s'il n'y avait eu qu'une seule fille, par exemple, et qu'il y eut un bon nombre de frères.

(4) *Supra*, p. 33.

d'habitation avec cour masure contenant un peu plus d'une acre et environ sept acres de labour, le tout à Belmesnil.

« Pour esvitter aux lhostz (1) qu'ilz eust convenu faire de la succession de deffuntz « honorable homme Anthoine Verdier, vivant laboureur, demeurant à Bellemesnil et « de honeste femme Marthe Du Chemin, tant en meubles que hérittags, entre discreste « personne maistre Nicollas Verdier, presbtre, curé de Houdetot, honorable homme « Françoys Verdier, filz puisné demeurant à Belmesnil, et coherittiers en la succession « desdictz deffuntz Verdier Duchemin leur père et mère, et pour demeurer par eux « entierement quitte du partage que pourroit prestendre maistre Jean Verdier, presbtre, « et Jacques Verdier filz puysnez, aultres coherittiers en la succession desdictz deffuntz, « tant en meubles que herittages, ledict maistre Jean estant de present à Bellemesnil et « procureur et stipullant pour le dict maistre Jacques Verdier, son frère, demeurant de « present à Paris... lesdictz coherittiers en ont à l'amiable accordé entre eux, c'est asça- « voir, pour par ledict sieur curé de Houdetot et François Verdier demeurer entierement « quitte de ce qui peult competer et appartenir ausdictz maistre Jean Verdier, presbtre, « et Jacques Verdier, enffans puisnez; et leur a esté quitté et délaissé... », etc. Pour leurs parts à tous les deux, on abandonne une cour plantée avec maison et bâtiments, contenant une acre, bornée entre autres par le sr de Bellemesnil d'un côté, la maison du Rozaire d'un bout, et d'autre bout le chemin de Rouen, avec en plus deux pièces de labour, le tout d'une contenance d'environ huit acres. Et les deux frères se déclarent contents et renoncent à rien prétendre outre, tant au regard des meubles que des héritages des deux successions, la paternelle et la maternelle; enfin, l'on stipule qu'ils n'auront à supporter aucune des charges pouvant grever l'une ou l'autre. Notons encore deux remarques : d'abord, l'acte ne fait aucune mention de Marthe, sœur des copartageants; c'est qu'en se mariant, voilà onze ans, elle a reçu son « mariage avenant », c'est-à-dire toute la part que la loi lui accorde; enfin, ce partage amiable ne prouve-t-il pas qu'une parfaite concorde régnait entre les quatre frères ?

Nicolas Verdier céda sa cure de Houdetot à son plus jeune frère Jacques, en 1686. On lira plus loin l'acte de la nomination de Jacques, sous la date du 27 novembre 1686, après la résignation de Nicolas en sa faveur (2).

Que devint Nicolas après cette retraite ? Je l'ignore. Il est mort en 1690 (3).

B. — FRANÇOIS

(Sa notice suivra plus loin.)

(1) C'est un notaire qui écrit; l'orthographe est donc encore bien imprécise.

(2) Voyez *infra*, p. 47.

(3) J'ai trouvé aux registres de catholicité de Saint-Mards un Nicolas Verdier, prêtre, vicaire et sacristain de cette église, qui signe de nombreux actes de sacrements aux années 1684 à 1694. Mais la différence des signatures démontre que c'est un homonyme.

c. — JEAN

Jean Verdier, né au plus tôt en 1635, mort vers 1662, fut prêtre. Sa courte carrière s'écoula au collège du Trésorier à Paris (1).

Ce collège était l'un des nombreux établissements scolaires agrégés à l'Université de Paris. Il tirait son nom du fondateur, Guillaume de Saane, trésorier de l'église cathédrale de Rouen, qui l'avait institué en 1268; dans l'usage, et par corruption, on l'appelait le collège des Trésoriers, *collegium thesaurariorum*. Il était situé rue Neuve-Richelieu, au haut de la rue de la Harpe, paroisse Saint-Severin, en face de l'hôtel de Cluny, à peu près au point où se croisent aujourd'hui le boulevard Saint-Michel et le boulevard Saint-Germain. L'ouverture de ces deux voies a fait disparaître ce qui pouvait subsister de ses bâtiments (2).

Ce n'était point, comme nos collèges modernes, un établissement recevant des centaines d'écoliers. C'était un *collegium*, simple agrégat de quelques étudiants. Son fondateur l'avait pourvu de vingt-quatre bourses pour l'entretien de douze écoliers en théologie, et douze écoliers étudiant aux arts, tous originaires du pays de Caux, et désignés par les deux archidiacres du Grand Caux et du Petit Caux.

De temps immémorial le seigneur du fief de la Poterie-au-Buc, assis aux paroisses de Louvetot et Beaumont-le-Hareng, près Saint-Victor-en-Caux, était en droit de présenter aux deux archidiacres de Caux un candidat à l'une des bourses. C'était, évidemment, la condition d'une donation ancienne faite au collège. Celui-ci, en effet, ne possédait pas moins de trente acres de terre en ces paroisses. Aux confins du bailliage de Caux, le fief de la Poterie-au-Buc relevait du duché de Longueville.

Malgré de nombreux bienfaiteurs, les revenus du collège au temps où nous sommes arrivés, ne permettaient plus d'entretenir que douze boursiers : six théologiens, dits grands boursiers, et six artiens, dits petits boursiers. Les premiers jouissaient des grandes bourses, montant alors chacune à deux cent livres par an; les seconds n'avaient que les petites bourses, chacune de cent livres. Ils étaient tous soumis à la direction d'un Principal choisi par eux; c'était généralement le doyen des théologiens. Il paraît qu'en 1678 l'Université prit une délibération pour la réforme du collège, et, entre autres choses, elle institua un Principal nommé à vie par les deux archidiacres du Grand et du Petit-Caux (3). Mais, voisines de l'époque que nous avons à considérer, provoquées par les conditions intérieures que connurent Jean et Jacques Verdier, les modifications de 1673 et 1678 sont postérieures à l'existence du premier, concomitantes aux dernières années de scolarité du second.

(1) Sur ce collège, il faut lire la très intéressante *Notice sur le collège du Trésorier*, par le marquis de Belbeuf (Paris, impr. Lahure, 1861, in-8°, 82 pages). On trouve aussi des détails intéressants dans : Pommeraye, *Histoire de la cathédrale de Rouen*, p. 266; *Historia Universitatis parisiensis*, de Du Boulay (Paris, 1665, in-f°); *Histoire de l'Université de Paris jusqu'en 1600*, par Crevier (Paris, 1761, in-12); Félicien, *Histoire de la ville de Paris* (Paris, 1725, in-f°), p. 288; Ch. de Beaurepaire, *Recherches sur l'instruction publique dans l'ancien diocèse de Rouen*, t. I, pp. 203, 210, etc.; Jourdain, *Histoire de l'Université de Paris* (voyez *infra*); les *Almanachs royaux*, etc., etc.

(2) En 1673, l'administration du collège du Trésorier fut réunie à celle du collège Louis-le-Grand; néanmoins, il garda son existence propre, ses revenus particuliers, ses écoliers boursiers, son principal.

(3) Jourdain, *Histoire de l'Université de Paris au XVIIe et au XVIIIe siècles* (Paris, Hachette, 1862-66, in-f°; continuation de l'*Historia Universitatis parisiensis*, de Egasse du Boulay), au tome I, pp. 143 et 246.

L'Université de Paris comprenait quatre facultés : arts, théologie, médecine, décret ou droit canon; elle n'avait pas de faculté de droit civil. La faculté des arts prenait les enfants aux débuts, c'étaient les petites écoles qui les recevaient, et elle les conduisait au baccalauréat ès arts. C'était le plus haut degré dans cette faculté, qui ne possédait ni la licence, ni le doctorat. Le maître ès arts jouissait du droit d'enseigner, *licentia docendi*. L'enseignement des arts comprenait à peu près toutes les connaissances comprises sous le mot humanités, spécialement la langue latine, et la logique.

Le maître ès arts passait ensuite dans l'une des trois autres facultés, théologie, médecine, décret, et, tout maître ès arts qu'il fût, il y restait avec le qualificatif d'écolier : on était écolier en théologie, en médecine, etc., et l'on gagnait, dans la nouvelle faculté, ses diplômes de bachelier, licencié, docteur, le plus haut grade, auquel on ne parvenait guère que vers l'âge de trente ans. On comptait ainsi une quinzaine d'années d'études depuis le simple baccalauréat ès arts.

Ces renseignements généraux vont permettre de suivre et d'interpréter les notes biographiques recueillies tant sur Jean Verdier, qui nous occupe en ce moment, que sur Jacques Verdier, son jeune frère.

J'ai dit que le fief de la Poterie-au-Buc était en possession du droit de présenter à l'une des bourses du collège du Trésorier. Au XVIe siècle, le fief de la Poterie appartenait à un riche bourgeois de Rouen, Artus Ygou, dont la fille et unique héritière épousa vers 1578 Jean Godard, écuyer, seigneur de Saint-Aubin-la-Campagne et, depuis, de Belbeuf, maître des comptes à Rouen; et voilà qu'en leur qualité de propriétaires de la Poterie-au-Buc les Godart de Belbeuf se trouvèrent investis du privilège de présenter à une grande bourse.

Le 18 mai 1657, Jacques Godart, s^r^ de Belbeuf, présenta Jean Le Verdier. L'acte de la présentation était ainsi conçu : « Nous, Jacques Godart, écuier, sieur de Belbeuf, « du Busc-la-Poterie, et autres lieux, conseiller du roy en sa cour de Parlement de « Normandie, désirant favoriser et gratifier maistre Jean Le Verdier, étudiant au col- « lège du Trésorier, fondé en l'Université de Paris, et usant du pouvoir à nous appar- « tenant, avons nommé et présenté iceluy Le Verdier au droit de grande bourse fondée « audit collège, que nous avons le droit de pourvoir comme seigneur dudict fief du « Busc-la-Poterie, sis en la paroisse de Beaumont-le-Hareng, du Grand et Petit Caux, « doyenné de Cailly, consentant et voulant que ledict Le Verdier, vertu dudict pouvoir, « s'y fasse pourvoir et recevoir ainsi qu'il avisera bien estre » (1). La réception se fit aussitôt.

Il s'agit d'une grande bourse, donc une bourse de théologie. On voit que le candidat était, antérieurement, déjà étudiant au collège, et on le qualifie de maistre, mais on n'ajoute pas qu'il soit prêtre. Par tout ce qui précède on peut conclure qu'il avait, avec ou sans bourse, gagné le haut grade de maître ès arts, et qu'il poursuivait dans le collège ses études de théologie.

Cinq ans après, en 1662, il était encore dans le collège, étudiant toujours, mais en même temps Principal de la maison, ce qui donne à penser qu'il en était le doyen. Mais en même temps il avait avec lui, dans le même établissement, son jeune frère, Jacques, écolier et encore sous-âgé.

Nous avons vu Jean Le Verdier, en séjour à Belmesnil, signer le 12 juin 1662

(1) Marquis de Belbeuf, *Notice*, etc., p. 27. Le présentateur invoque prudemment le Grand et le Petit Caux, ne sachant lequel : en réalité, le lieu était aux confins et hors de Caux.

avec ses frères aînés, tant en son nom que pour son puîné Jacques, un traité concernant leurs droits héréditaires. Il rentra à Paris, mais il y tomba bientôt malade et sans doute d'une maladie aiguë, à en juger par la soudaineté. Car voilà que, le 8 août, moins de deux mois après ce grand voyage, alité, il dicte son testament aux notaires.

« Par devant les notaires garde nottes du roy nostre sire en son Chastelet à Paris, « soubzsignés, fut présent en sa personne Me Jean Verdier, prestre, principal du collège « des Trésoriers fondé en l'Université de Paris rue neufve de Richelieu, près la Sor- « bonne, parroisse de Sainct-Severin, gisant au lict, malade de son corps, en une « chambre au troisième estage d'un corps de logis dependant dudict college, aiant « veue sur la court, toutesfois sain d'esprit, memoire et entendement, comme il est « apparu aux notaires soubzsignez par ses parolles et actions. Lequel considérant qu'il « n'y a rien de si certain que la mort ny chose plus incertaine que le jour et l'heure « d'icelle en ce monde transitoire et passager, duquel ne desirant sortir ab intestat, pour « ces causes et autres bonnes considerations à ce le mouvant, il a faict son testament et « ordonnance de dernière volonté, qu'il a dicté et nommé de mot après autres ausd. « notaires soubzignés, au nom du Père, du Fils et du Saint-Esprit, ainsi qu'il ensuit. « Premièrement, comme bon chrestien, a recommandé son ame au Createur, le supliant « que par les mérites du sang precieux que son Fils unicque nostre sauveur et « redempteur Jesus Christ a repandu pour nous en l'arbre de la croix, et par les prieres « et intercessions de la saincte Vierge sa mère et de tous les saincts et sainctes de Paradis, « Il luy plaise luy pardonner ses pechez, et que lors qu'il luy plaira separer son ame « d'avec son corps, la mettre au rang des bien heureux, veult et ordonne son corps mort « estre enterré en inhumé en l'église de Sainct Séverin, sa parroisse, avec le moins de « frais que faire se pourra, Et pour ce qui est de ses obsèques et funerailles, service et « luminaire de son entèrement s'en remet et raporte à son executeur du present testament « cy après nommé. — Item donne et lègue à Jacques Verdier son frère, escolier, tous « et chacuns ses biens meubles et immeubles, acquetz et conquestz propres, dont les Cous- « tumes des lieux ou lesd. biens sont scituez lui permettent de disposer, en quoy ils se « puissent monter et consister sans aucune chose reserver ny en excepter, et à cette fin « nomme led. Jacques Verdier, son frère, son legataire universel en tous sesditz biens, « à la charge de par led. Verdier, frère dudict testateur, payer et acquitter entierement « les debtes qui se trouverront après le decedz dudit testateur, frais funeraires, pan- « sements et medicamentz. Comme aussy à la charge de faire dire et celebrer par ledict « Verdier legataire une messe de requiem par chacune semaine le jeudy, à perpetuité, « en la parroisse de Belmesnil, pays de Caux en Normandie, où les parens dud. testateur « sont inhumez; pour raison de quoy led. Verdier legataire universel donnera un fonds « à l'œuvre et fabrique de lad. parroisse, et dont il sera passé contract de fondation, « entre luy et les marguilliers d'icelle parroisse. Et pour executer et accomplir le present « testament a nommé et esleu Me François Nepveu, sieur de la Corbière (1), son « beau-frère, demeurant en la parroisse dudict Belmesnil, le priant d'en prendre la peine, « se dessaisissant en ses mains de tous ses biens, revoquant tous autres testaments et « codiciles qu'il pouroit avoir faict auparavant cettuy-cy, auquel seul il s'arreste, et « qui luy ayant esté par l'un desd. notaires soubzsignez, l'autre present, leu et releu a « dict l'avoir bien et au long entendu, en ladite chambre devant designée, l'an mil six « cens soixante deux, le vingt septiesme jour d'aoust, après midy. Et a ledict testa-

(1) Le notaire a écrit Corberie.

« teur signé, avecq les ditz notaires soubzsignez, en la minute des presentes demeurée par « devers et en la possession de Le Secq de Launay un d'iceux.

Le Secq de Launay. Quarré » (1).

De ces longues formules de style, il n'y a, en somme, à retenir que ceci : Me Jean Verdier recommande à Dieu son âme, demande des obsèques simples, institue légataire universel son frère, Jacques Verdier, écolier au collège des Trésoriers, nomme exécuteur testamentaire son beau-frère François Nepveu, sr de la Corbière, fonde à perpétuité dans l'église de Belmesnil une messe de *requiem*, le jeudi de chaque semaine, et demande que la sépulture lui soit donnée dans l'église de Saint-Séverin.

Me Jean Le Verdier succomba-t-il à la maladie qui le tenait alors ? Fut-il inhumé en l'église Saint-Séverin ? On peut le croire. Ni à l'église, ni au Palais de Justice, ni à l'Hôtel de Ville de Paris n'existe plus aucun registre des sépultures de Saint-Séverin. La Commune de 1871 a brûlé partout l'état-civil parisien.

Tels sont les seuls actes de la vie de Me Jean Le Verdier, prêtre, qui me soient apparus.

D. — JACQUES

Je dois observer, en commençant, que Jacques fut plus souvent appelé Le Verdier que Verdier. Il signait de la première façon. C'est, en effet, après le milieu du XVIIe siècle que le rappel des particules et articles accompagnant les noms patronymiques commença à être mieux observé.

Le Verdier curé de Houdetot

Jacques Le Verdier, lui aussi, fut prêtre. Il est né, au plus tôt en 1642, puisque l'on a vu qu'il était sous-âgé, c'est-à-dire mineur de vingt ans, quand son frère Jean traitait de leurs droits successoraux, à Belmesnil, en juin 1662.

Il faut observer que cet acte de partage le qualifie « Maître Jacques Verdier » demeurant de présent à Paris, et que le testament de Jean, transcrit ci-dessus et daté de la même année 1662, le désigne ainsi : « Jacques Verdier escolier ». A cette époque donc, il n'est pas encore prêtre, on n'eut pas manqué de le dire, et d'ailleurs il n'avait que vingt ans. Je doute même qu'il eût reçu le moindre ordre sacré, car fût-il seulement tonsuré, minoré, comme on disait, on eût certainement écrit cette qualité dans le partage notarié. Ce n'est pas sa simple qualité de clerc ou d'étudiant qui lui vaut l'honneur d'être dit « Maître », c'est en raison du grade de maître ès arts, qu'il avait déjà conquis ; il l'obtint en effet.

Donc, en 1662, il était maître ès arts, écolier en théologie, et ce dans le collège même dont son frère était principal. En effet, j'ai rencontré aux Archives Nationales, sous la cote S 6587, un bail consenti à la date du 7 février 1669 devant Claude Cavé et Guillaume Liot, notaires à Rouen, par « Me Charles Hautot, advocat, procureur spécialement

(1) Arch. L. V.

fondé de Mes Pierres Collet, Principal, Louis Hautot, procureur, Alphonse Houel, Jacques Verdier, prestres, Nicolas Belleve, Jacques Collange, boursiers tous du collège des Trésoriers », concernant les dîmes appartenant audit collège en la paroisse Saint-Martin-d'Oissel. La procuration avait été donnée à cet effet par les mêmes « boursiers théologiens, tous du collège des Trésoriers », devant les notaires du Chastelet de Paris le 29 février 1668.

Une autre procuration, aux mêmes fins, est donnée le 22 mars 1669 devant les notaires au Chastelet, par « Mes Pierre Collé, prestre, bachelier en théologie, Principal du collège des Trésoriers, Alphonse Houel, Jacques Verdier, Nicolas Bellelle, aussy prestres, et Jean Collenge, clerc, Charles Renault, tous boursiers théologiens, dudit collège... »

C'est donc bien dans ce collège que Jacques Verdier fut écolier, il y succéda à la bourse de son frère; écolier en théologie en 1662, il l'était encore en 1669; il n'avait pas encore reçu les ordres en 1662, mais il était prêtre avant février 1668.

Peu de temps après, il fut nommé à la cure de Bures, seconde portion (1). Les lettres de présentation par le Prieur de Fécamp (le patronage de Bures appartenait à cette abbaye) sont du 10 août 1668, elles proposent à l'agrément de l'archevêque « Me Jacques Verdier, prêtre, maître ès arts de l'Université de Paris », à la place de Me Nicolas Nepveu, décédé (2).

Il échangea la seconde portion de Bures contre la première, dix ans après : les lettres de présentation sont du 14 juin 1678 (3). L'abbé J.-E. Decorde, qui, dans son *Histoire de Bures-en-Bray* (4), a essayé de donner une liste des curés de cette église, inscrit bien Jacques Le Verdier à la seconde portion en 1668, à la première en 1678. Mais il mentionne en 1671 un curé, N... Le Verdier, dont il ne donne pas le prénom; cela me paraît une erreur, ou il s'agit d'un simple homonyme.

Jacques conserva sa cure, première portion, jusqu'à une date assez difficile à déterminer tant les renseignements sont contradictoires : 1° Nous allons le voir appelé à la cure de Houdetot en 1686; 2° Un document conservé aux archives de la Seine-Inférieure s'exprime ainsi : « Généalogie que donne maitre Richard Constantin Eudes, « prestre, curé de la première portion de la paroisse de Saint Aignan de Bures, Burettes « et autres hameaux en dépendant, de tous les curés tant de la première portion que de « seconde portion qui ont existé en laditte paroisse de Bures, depuis l'année mil six « cents soixante douze jusques et compris la présente année mil sept cents soixante douze, « qu'il compose cent ans, etc... Noms des curés de la première portion : 1° Maître « Jacques Le Verdier a existé jusques à l'année dix huit juillet mil six cents quatre « vingt huit; 2° Maître Nicolas Lefaucheur a succédé audict sieur Le Verdier et a « entré curé de ladite paroisse à Noel mil six cent quatre vingt dix (5) »; 3° Et puis on trouve aux Archives de la Seine-Inférieure, sous la date du 26 mai 1681, la nomination de François Nepveu à la cure de Bures, en remplacement de Jacques Le Verdier, qui avait résigné en sa faveur (6) : il doit s'agir de la seconde portion; 4° Enfin, l'abbé Decorde, place à la première portion en 1689 un Renault qui aurait précédé Nicolas Le

(1) On sait qu'en beaucoup de paroisses on comptait deux et quelquefois trois portions, avec autant de curés; ils s'entendaient sans doute pour célébrer l'un après l'autre.

(2) Arch. S.-Inf., *Inventaire*, G 1508.

(3) Arch. S.-Inf., *ibidem*, et G 9605, Registre 1676-1678, folio non numéroté.

(4) Paris, Derache, et Rouen, Le Brument, 1872, in-8°, à la page 102. Bures-en-Bray, canton de Londinières, ancien doyenné de Neufchâtel.

(5) Arch. S.-Inf.,G 1506.

(6) Arch. S.-Inf., G 6138, Insinuations ecclésiastiques.

Faucheux, qu'il inscrit bien en 1690; il ne porte François Nepveu à la seconde portion qu'en 1688, et il note deux intermédiaires : Lamaune en 1676, et encore Renault en 1686. Ne cherchons pas à expliquer. L'abbé Decorde doit surtout dresser sa liste au moyen des noms qu'il relève sur les registres de l'église, et tous ces curés et vicaires se suppléaient. Et puis n'oublions pas que maintes fois on se faisait pourvoir d'une cure ou autre bénéfice sans en pouvoir prendre possession; ou on la résignait en faveur d'un successeur éventuel et l'on y restait; ou encore, après avoir pris possession, un titulaire bien souvent ne paraissait plus en sa cure et déléguait en sa place un prêtre à qui il abandonnait une partie des produits. Ainsi, les annalistes demeurent dans un labyrinthe, et voilà de quoi expliquer les incertitudes qui précèdent.

Il faut conclure : Me Jacques Le Verdier fut curé titulaire de la seconde portion de Bures en 1668, de la première en 1678.

Nicolas Verdier, l'aîné de la famille, était curé de Houdetot, depuis 1651. C'est sur sa résignation qu'en 1686 Jacques le remplaça en cette paroisse.

A titre d'exemple, voici l'acte de sa nomination par les vicaires généraux de Rouen (1) ; on remarquera que le résignant devait d'abord faire approuver sa résignation en cour de Rome; c'était facile, avec le concours des notaires apostoliques, à qui appartenait la rédaction de ce genre d'actes.

« *Stephanus de Fieux, presbyter, monasterii de Bellozanna ordinis Premonstratensis* « *Rothomagensis diœcesis abbas commendatorius, ecclesiæ rothomagensis canonicus et* « *archidiaconus et officialis rothomagensis, et Franciscus Mascranny, presbyter, in sacra* « *theologia facultatis parisiensis doctor, dictæ ecclesiæ cancellarius et canonicus, necnon* « *Illus*mi *et Rev*mi *in Christo patris ac D. D. Francisci Rouxel de Medavy, archiepiscopi* « *Rothomagensis, Normaniæ primatis, in spiritualibus ac temporalibus vicarii generalis,* « *Universis præsentes litteras inspecturis salutem in Domino,*

« *Notum facimus quod, visa per nos ac diligenter inspecta certa quadam signatura* « *apostolica provisionis parochialis ecclesiæ Sti Petri de Houdetot, decanatus de Can-* « *villa, Rothomagensis diœcesis, vacantis per resignationem magistri Nicolai Le Verdier,* « *illius ultimi et immediati rectoris ac possessoris pacifici, in curia romana factam in* « *favorem magistri Jacobi etiam Le Verdier, presbyteri, rectoris primæ portionis* « *ecclesiæ de Bures, dicte diœcesis, signata concessaque, ut petitur, in præsentia D*ni « *nostri Papæ, cum clausulis, et dummodo super resignatione dictæ ecclesiæ antea data* « *capta* (sic) *et consensus extensus non fuerint aliàs præsens gratia nulla sit eo ipso, et* « *committatur archiepiscopo Rothomagensis sive ejus officiali in forma signum antiqua, sub* « *data Romæ apud sanctum Petrum nono calendas junii extenso die vigesima quarta* « *maii ultimo elapsi; postquam nobis legitime constitit hujusmodi signaturam esse veram* « *ac realem expeditam, eamque juxta edicta regia insinuatam ac verificatam, idcirco* « *hujusmodi parochialem ecclesiam, ut permittitur, vacantem præfato magistro Jacobo* « *Verdier, præsenti et acceptanti, tanquam sufficienter capaci et ideoneo, catholico, et* « *orthodoxe, auctoritate apostolica et præfati D*ni *Illus*mi *archiepiscopi, ad laudem et* « *gloriam Dei contulimus ac donavimus, sicuti per præsentes conferimus ac de ea pro-* « *videmus, et ita tamen, etc., quocirca, etc. Datum Rothomagi anno D*ni *m*o *sexcent*o « *octog*o *sexto, die vero septima novembris, præsentibus ibidem Nicolao Desquinnemare* « *clerico, et Joanne Pellerin, Rothomagi commorantibus, testibus.* »

(Signé) : « J. Pellerin, Desquinnemare, F. Mascranny », et une signature illisible, qui n'est pas celle de De Fieux.

(1) Arch. S.-Inf., *Invent.* G 9614. Secrétariat de l'Archevêché, registre 1686-1688, f° 23.

La vie de Jacques Le Verdier s'écoula à Houdetot, à l'ombre de son clocher, sans grands incidents probablement. Il y mourut le 7 janvier 1710, ayant reçu tous les sacrements, et fut enterré le lendemain, dans le cimetière, dit l'acte de son inhumation (1), au pied de la croix, pouvons-nous ajouter.

Il avait borné son ambition à enrichir son église, l'embellir et la doter; nous le savons par l'inscription que ses paroissiens reconnaissants firent placer dans l'église, où elle s'est conservée jusqu'à nos jours. L'épitaphe est gravée sur une plaque de cuivre de cinquante centimètres sur cinquante, environ, fixée dans la muraille, près de l'autel, côté de l'Evangile, où je l'ai copiée ainsi qu'il suit :

En haut, une tête de mort au dessus de deux tibias; aux quatre coins, une larme, et, enveloppée par ces ornements, cette inscription, en caractères romains, majuscules :

« Cy git (2) discrette personne maitre Jacques Le Verdier prêt || re curé de ce lieu « qui est mort le 7 janvier 1710 et a donn || é de son vivant au thrésor et fabrique de « Houdetot un calice av || ec sa patène, une croix, un encensoir avec une navette, et « un || bassin, et deux burettes le tout d'argent, comme aussy || 7 chappes trois cha- « subles, un devant d'autel noir, le d || aiz avec sa frange, quatre nappes, cinq aubes, « un missel || et les armoires de la sacristie qu'il a fait bâtir, plus ce || nt quatorze livres « qu'il a donnez pour la fonte de || la cloche, en outre a fait faire les trois autels, et « la || contretable, et lambrisser le chœur et la nef h || aut et bas et pâver et la chaire « du prédicateur a || vec la sacristie qu'il a fait faire, le tout à ses dépens || et est « inhumé aux pieds de la croix suivant sa derniè || re volonté et sur sa tombe est une « grosse pierre; ce || exécuté par le sieur Isaac Le Verdier de Belmesnil son || héritier « de sa bonne volonté et sans contrainte ne || demandant qu'un obit de deux messes « chantées || et trois nocturnes le jour de son decez tous les || ans à perpétuité ce que « son successeur et paroissiens || ont accepté avec un libera tous les dimanches après « vêpres || sur sa tombe.

« Priez Dieu pour le repos de son âme. »

L'obit avait été convenu avec ses paroissiens du vivant même du curé d'Houdetot. On n'en avait point passé d'acte, mais on avait relaté l'accord sur le registre paroissial. Après sa mort, on en remit une copie sur parchemin à son neveu et héritier Isaac Le Verdier, puis à la suite on constata l'approbation donnée à ces stipulations, et plusieurs paroissiens apposèrent leurs signatures. Au risque de répéter bien des détails qui se trouvent déjà dans l'épitaphe ci-dessus, je transcris encore cette pièce d'après l'original, en ma possession :

« Extrait des registres de Saint Pierre de Houdetot, ce qui suit. Nous soubssigné « Jacque Verdier, p^{bre} curé de la paroisse de St Pierre de Houdetot reconnoissons par « le present avoir donné à pur don et irrevocable au thresor et fabrique de l'eglise de « laditte paroisse de Houdetot, premièrement sçavoir le calice d'argent avecque sa « patene, la croix d'argent, un encensoire avecque la navette d'argent, un bassin et deux « burettes d'argent, comme aussy deux chappes blanches, trois chappes noires et deux « chasubles et le devant d'autel noir; deux autres chappes divers couleurs et un cha- « suble de la mesme couleur; le dais avecque la frange pour la feste du St Sacrement; « deux nappes de lin et deux grosses pour le maistre autel; quatre aubes de toille de « lin et une autre de toille baptiste et autres linges servant à l'eglise, un missel et les

(1) Registre de catholicité de Houdetot.

(2) Cette mention est approximative, elle ne s'accorde pas avec la sépulture « dans le cimetière aux pieds de la croix ».

« armoires pour mettre tous les ornements; comme aussy les cent quatorze livres que « j'aurois avancé pour la fonte de la moyenne cloche, ainsy qu'il est porté dans la sen- « tence du recours sur le thresor par sentence donnée au siège du bailliage de Cany le « lundy sixiesme de juin mil six cents quatre vingt quinze, en consideration de laquelle « remise les thresoriers et principaux paroisiens de ladite paroisse se sont obligez au nom « dudit thresor de faire dire et celebrer tous les ans un obit de deux grandes messes « avecque un nocturne des morts et un libera à la fin de la dernière messe à com- « mencer le jour de mon deceds et ainsy continuer à perpetuité, ce que nous avons « signé le dimanche deuxiesme jour d'octobre mil sept cents sept. Signé Le Verdier « p^bre^ curé de Houdetot; Mathieu de Momblaru avec un paraphe; H. de Roquigny « avec un paraphe; F. H. de Roquigny Caltot; Paul Follin avec un paraphe; Clémen « Le Peltier, avec un paraphe; Le Roy avec un paraphe; Guillaume Pallier avec un « paraphe; Charle Levesque avec un paraphe; Gruel, avec un paraphe; Adrien Petit, « avec un paraphe; Jacque Burette avec un paraphe; Jacque Auvray avec un paraphe; « le merc de Jean Goüet, le merc de François Pesquet, Charles Bachelet avec un « paraphe; Charle Yon p^bre^.

« De plus, nous avons fait faire les trois contretables de l'eglise, la sacristie, la « grande vitre de la muraille du cœur; fait paver le cœur, la moitié du lambry d'en « haut du cœur et tout le lambry d'en bas, comme aussy tout le lambry de la nef, « haut et bas, la chaire du predicateur, le confessionnal, le tout à nos depends sans « qu'il en ait rien cousté ny au thresor ny aux parroissiens; *ita tamen opus sit in publico « ut intentio maneat in occulto; ut proximis detur exemplum tu decorasti domum meam, « quam mercedem habebis non aliam nisi te domine et preces de fidelibus, amen.*

« Le Verdier curé de Houdetot, 1708.

« Et ce du consentement du sieur Isaac Le Verdier de Belmesnil son unique héritier, « de sa bonne volonté et sans contrainte, ne demandant qu'un *de profundis* tous les « dimanches après vespres à perpétuitté, ce que monsieur le curé et paroissiens ont « accepté tout le contenu cy dessus étant mis entre les mains des soubssignez specifiez « dans la donation de monsieur Jacque Le Verdier curé de Houdetot. Fait à Houdetot « ce quatorziesme avril mil sept cents dix.

« J'ay sousigné reconnois avoir veu livrer sur le fanc de lad. paroisse tous les meubles « mentionnés en la donation de monsieur Le Verdier dernier curé de cette paroisse et « m'oblige acquitter sa donation dans tout son entier.

« [Suivent les signatures] : Doinville, H. Le Mazier, Mathieu de Montblaru, « F. H. de Roquigny Calletot, Charlle de Roquigni, Jacques Auvray, Guillaume, « Clemen Peltier, Adrien Petit, François p^e^. »

Une autre pièce de mes archives révèle qu'à la date du 9 septembre 1706 le bon curé avait acheté de Jean-Charles Le Mazier, écuyer, s^r^ du Verger, demeurant à Houdetot, deux pièces de terre, contenant ensemble trois acres et demie, sises en cette paroisse même. Cette fois l'acquisition était faite pour lui-même et non pour son église, car le bien se trouvait encore dans les mains de son neveu Isaac Le Verdier en 1738.

Le curé de Houdetot fut une des innombrables victimes de l'édit de novembre 1696 qui prescrivait l'établissement d'un Armorial général de la France. On connaît l'objet de cette institution et le motif purement fiscal qui l'inspira. Tous ceux qui portaient des armoiries devaient les faire enregistrer en un bureau spécialement établi à cette fin en chaque élection; ceux qui n'en possédaient pas, pour peu qu'ils fussent notables, devaient en prendre, sinon en recevoir d'office. Les armoiries ne font pas le noble, en effet, mais, et c'était là le point important, tous devaient payer un droit d'enregistrement. Comme il arrivait souvent en matière d'impositions sous l'ancien régime, le roi afferma l'opération à des traitants. Or, ceux-ci, intéressés à faire rendre à l'édit le plus possible, ne manquaient pas d'enregistrer, faisant la chasse aux possesseurs d'armoiries, en imposant d'office au besoin à ceux qui en possédaient déjà et négligeaient de passer à leur bureau, — on cite comme exemple fameux de cet arbitraire les Polignac, — se mettant en quête de notables encore dépourvus d'un écusson et leur en affectant un obligatoirement avec taxe. Dans cette catégorie on rencontre une infinité de curés : à eux, en effet, il était difficile de se dissimuler; Jacques Le Verdier, titulaire d'une belle cure, n'échappa pas. L'Armorial général pour la généralité de Rouen a été récemment publié : l'éditeur a marqué d'un astérisque, pour les distinguer, toutes les armoiries allouées d'autorité; on peut y voir qu'elle s'abattaient comme mitraille sur les curés des paroisses rurales. Voici celles qui échurent au bon curé d'Houdetot, notre oncle : « Jacques Le Verdier, curé de Houdetot : d'argent à trois arbres de sinople rangez sur une terrasse de même » (1).

L'excellent homme ne put pas ignorer les armoiries qui lui arrivaient puisqu'il fallut en payer l'enregistrement. Ce dut être la seule occasion où il se rencontra en face de son blason. Il n'en usa pas, et ses héritiers n'eurent aucune idée de le recueillir après lui.

E. — MARTHE

Marthe Le Verdier, née le 15 septembre 1623, fut la seconde des enfants du mariage d'Anthoine Verdier et de Marthe Duchemin.

Elle épousa, en juin ou juillet 1651, noble homme François Nepveu ou Le Nepveu, s[r] de la Corbière, gentilhomme de la Fauconnerie du Roi, fils de honorable homme Christophe Nepveu (2) et de Anne Maynet (3), qui demeuraient à Belmesnil.

Leur contrat de mariage fut conclu sous seings privés le 25 mai 1651 et déposé aux minutes de Allain, tabellion à Longueville. J'en ai une simple copie, dont la fidélité n'est pas douteuse, transcrite en tête d'un exploit d'huissier de 1674 (4). On y trouve les clauses accoutumées.

L'époux promet à l'épouse le douaire, suivant la coutume, gagé sur tous ses biens

(1) *Armorial général de la France, généralité de Rouen*, publié par G.-A. Prévost, Rouen et Paris, 1910, in-8°, 2 vol. (Société de l'Histoire de Normandie), t. I, p. 266.

(2) Jacques Susanne appréciait ainsi cette famille Nepveu, dans son Livre de raison, en 1614, à propos de Marie Susanne, sa tante, qui avait épousé quelque cinquante ans plus tôt un Nicolas Le Nepveu : « l'une des meilleures maisons de la paroisse de Belmesnil ».

(3) Par contrat devant les notaires de Bacqueville du 14 septembre 1637, Anne Maynet a aumôné au trésor de Belmesnil trente-cinq livres de rente, à la charge de faire célébrer chaque semaine, à son intention, une haute messe, avec *libera*. Une ordonnance de l'archevêque de Rouen, du 24 juillet 1752, réduisit à vingt-quatre messes par an (Arch. S.-Inf., G 1710).

(4) Deux feuillets manquent à cette pièce, écrite sur huit pages; fort heureusement le traité sous seing est complet, ainsi que ses annexes, les récépissés de la dot. Il manque, avec la fin de l'acte de dépôt, la date de ce dépôt au tabellionage.

présents et à venir. Comme d'usage, il n'énonce aucuns apports : à quoi bon, en effet, puisque tout lui appartient, que sa femme ne peut prétendre sur sa succession aucun autre droit que son douaire et le remport de ses meubles et de sa dot, que les héritiers de celle-ci ne peuvent attendre que la part de dot réservée pour tenir son nom coté et ligne, qu'enfin, on ne stipule pas de société d'acquêts (1).

Anthoine Verdier promet donner à sa fille, en faveur du mariage, deux mille sept cents livres : il est riche, car c'est une grosse somme en ce temps-là ; mille huit cents livres seront payables, moitié immédiatement, et moitié au bout d'un an. En fait, tout fut payé moins de deux mois après la signature du traité. Le solde, soit neuf cents livres, le tiers, selon l'habitude, demeurait la propriété de l'épouse, c'était « son dot », représentant « son nom, côté et ligne », lui revenant à elle ou à sa famille en cas de décès sans enfants, tandis que les dix-huit cents autres livres passaient au mari en pleine propriété. C'était le droit du temps ; Anthoine Verdier assurait en outre à sa fille un trousseau détaillé.

Voici le texte intégral de ce contrat de mariage :

« A tous ceulx qui ces presentes lettres verront ou aurront, Jacques Suzenne, escuier, « sieur d'Espinay, licencié ès loix, lieutenant general de monsieur le bailli du duché de « Longueville, garde du scel aux obligations dudit duché, Salut. Sçavoir faisons que « par devant Jacques Allain, tabellion en la sergenterye de Longueville et Jacques « Bocquet, son adjoinct furent présents : noble homme (2) Anthoine Verdier, demeurant « en la paroisse de Longueville, d'une part, et noble homme François Nepveu, sieur « de la Corbière, demeurant en la paroisse de Belmesnil, d'autre part, lesquels instance « l'un de l'autre vollontairement ont respectivement confessé à leur fait et seing « apposé estant en un escript en papier en forme de traitté de mariage et (reçus) et « quittances estant au bas d'icelluy, demeuré par devers ledit Allain tabellion (sus- « nommé ?) pour servir de note et minute... quand besoin sera, dont la teneur ensuit.

« Traité de mariage qu'il au plaisir de Dieu sera fait en notre merre sainte Esglise « cathollique, apostollique et romaine, entre noble homme François Nepveu, sieur de « la Corbière (3), gentilhomme de la Fauconnerye du roy nostre sire, fils puiné de « feu honnorable homme Cristofle Nepveu et de Anne Maynet, ses père et mère, en « leurs vivant demeurans en la paroisse de Bellemesnil, d'une part ; et honneste fille « Marthe Verdier, fille puisnée de honnorable homme Anthoine Verdier et Marthe « Duchemin, ses père et mère, demeurans en la paroisse de Longueville, enclos de « Belmesnil, d'autre part ; de l'advis et consentement de leurs parens soubsignez, ont « esté faits les accords et promesses ainsi qu'il ensuit : c'est à sçavoir que ledit sieur « François Nepveu a promis prendre pour sa femme et legittime espouze ladite Marte « Verdier, comme aussi laditte Marte a réciproquement promis prendre ledit sieur Nepveu « pour son mary et légitime espoux. A ce moyen ledit Nepveu luy a gagé douaire sur « tous ses biens dès à present, presens et advenir, le tout suivant et conformement à la

(1) La *Coutume de Normandie* prévoyait la société d'acquêts entre époux : je n'en vois jamais stipulée dans les contrats de mariage ruraux de cette époque.

(2) Je dois signaler que le mot « noble » a été écrit, par erreur, pour honorable. C'est la seule fois que cette expression est employée soit dans cet acte, soit dans tous ceux que je possède. Le notaire a pu céder à la notoriété du personnage.

(3) La Corbière est un hameau sis à la fois sur les paroisses d'Heugleville-sur-Scie et d'Auffay ; le fief de François Le Nepveu n'était autre que la ferme située à gauche et à l'est ou nord-est du chemin qui, venant de l'église d'Heugleville, traverse le hameau du nord au sud, et à son entrée dans le hameau.

« Coustume. Et pour aucunement supporter les frais du present mariage a esté promis par
« ledit Verdier, perre, donner à la dite Marthe Verdier, sa fille, la somme de deux mil
« sept cent livres, payables, sçavoir, neuf cents livres huit jours avant les espousailles,
« et autres neuf cents livres au bout de l'an et jour du present mariage [et autres]
« neuf cents livres demeureront consignez especialement sur tous les biens dud.
« Anthoine Verdier au prix du roy en soixante et quattre livres de rente, pour estre le
« dot et consignation de laditte Marthe Verdier, pour tenir son nom, costé et lingne,
« sujette à reversion en cas de lingue estincte, laquelle rente ne prendra prise à courir que
« de deux annez après la consommation du present mariage, parce que ledit Verdier
« pourra franchir et racquitter laditte en deux ou trois fois selon la commodité dud. sieur
« Verdier, et après lequel payement led. sieur Nepveu a dès à present consigné sur tous
« ses biens meubles et heritages presens et advenir, pour tenir le nom costé et lingne
« de laditte Marte Verdier, ainsi que dit est. Oultre ce que dessus ledit Verdier lui a
« promis livrer un bahut, un coffre, un lit garni de plume, une castelongue, deux
« curtines avec les pendans, un habit complet pour le jour de ses noces, le tout suivant
« sa callité et à son choix, et du linge à la vollonté de sa ditte merre. Et, en cas ou que
« led. Nepveu allast de vie en deceds avant la ditte Marthe Verdier sans enfans vivans,
« elle remportera son lit fournis, coffre, bahut et coffre, habit, bacgue et joiaux, quitte
« en exemption de toute debte et charge, sans en prejudicier à ses autres droits suivant
« la Coutume. Et en cas ou il y eust enfans vivans, en ce regard elle aura seullement
« son bon habit et son linge à son usage et sa mante, oultre son douaire, sans qu'elle soit
« tenue en faire aucune demande en justice. En oultre luy a promis luy donner deux
« vaches toutte fois et quante. Fait et arresté à Bellemesnil le vingt cinquiesme jour
« de may m vi cinquante et un. Signé, Verdier, Le Nepveu, Marte Verdier, N. Ver-
« dier, Cocquerel et J. Nepveu, chaqu'un sein et paraphe.

« Et plus bas est escript :

« Je soubssigné François Nepveu, sieur de la Corbière, desnommé en l'autre confesse
« avoir receu de Anthoine Verdier mon perre en loy la somme de unze cents livres
« sur le contenu en l'autre [part] mis en compte. Et oultre je confesse qu'il m'a esté
« livré le lit fourny avec la castellongue, un siel de serge, avec [...] en lieu de courtine
« desnommez au présent en l'autre, les habis et coffre, et habit complet mentionnez
« à ce présente traitté. Fait ce unziesme de juillet mil six cents cinquante et un. Signé :
« Le Nepveu (1).

« Et au-dessous est escript.

« J'ay soussigné François Nepveu, sieur de la Corbière, confesse avoir receu de
« honnorable homme Anthoine Verdier la somme de sept cents livres. Fait le traiz[e]
« juillet m vi cinquante et un, signé Le Nepveu. »

La suite, qui comprenait la fin du procès-verbal de dépôt aux minutes du tabellion de Longueville, manque, on n'en lit que les premiers mots.

François Le Nepveu était « gentilhomme de la Fauconnerie du roi » : c'est le titre de sa fonction, et il figure en effet avec cette qualité sur les rôles de la fauconnerie royale, insérés dans un livre très rare, intitulé : *Estat général des Officiers Domestiques et Commençaux de la Maison du Roy*, etc. *A Paris, chez Marin Le Ché, au premier*

(1) François Nepveu ou Le Nepveu signait simplement *F. Nepveu*, ainsi qu'il résulte d'un acte en ma possession. L'acte transcrit ci-dessus mentionne sa signature *Le Nepveu*, mais cet acte n'est lui-même qu'une copie, qui n'a pas dû être fidèle en ce point.

pillier de la grande Salle du Palais, au Soleil d'or. M.D.C.LVII. Avec privilège du Roy, à la page 179. Ses gages y sont notés, 300 livres.

La Fauconnerie du Roy, qu'il ne faut pas confondre avec la Vénerie, réunissait, comme tous les services de la Maison du Roi, un personnel innombrable. Elle avait à sa tête un Grand Fauconnier, en ce temps-là c'était messire Dauvet, comte des Marets, dont le nom se retrouvera un peu plus loin avec François Le Verdier, aux gages de 1.200 livres, avec 3.000 livres pour ses frais. Elle se divisait en plusieurs vols, le vol pour milan, le vol pour héron, le vol pour corneille, le vol pour pie, le vol pour les champs (le lièvre), le vol pour rivière. Chaque vol était commandé par un « chef de vol » aux gages de 700 livres, et comprenait un maître fauconnier, des piqueurs aux gages de 250 livres, et puis des porte-duc, des porte-perche, garçons, etc. Les nombreux « gentilshommes servant dans la fauconnerie » accompagnaient le roi, peut-être en manière d'escorte, comme des officiers d'ordonnance, sans être, semble-t-il, spécialement affectés à aucun vol. Leurs gages étaient très variables; ils sont portés dans l'*Etat* précité tantôt à 300 livres et tantôt à 90 seulement.

François Le Nepveu habitait à Belmesnil. Comme tant d'officiers royaux, je pense que son service ne l'appelait chaque année qu'un quartier ou trimestre.

La famille Nepveu ou Le Nepveu était fort répandue dans le pays; j'en trouve des branches établies dans plusieurs paroisses, surtout à Belmesnil, Saint-Mards et Omonville. Plusieurs sont nobles ou le paraissent. Parmi ces branches, j'en distingue une à Belmesnil, qui, vers la fin du XVIIe siècle, s'est notablement élevée : c'est celle que représentent Mr Nicolas Nepveu, avocat au Parlement, demeurant à Rouen, puis son fils, Mr Nicolas Nepveu, écuyer, s^r d'Epinay (c'est un fief de Belmesnil) et d'Imbleval, auditeur à la Cour des Comptes, dont un fils, autre Nicolas Nepveu, écuyer, s^r d'Epinay et de Gruchet, sera Conseiller au Parlement, et dont la fille, Marguerite-Suzanne Nepveu d'Imbleval épousera en 1772 M. Charles-Adrien de Quiefdeville, s^r de Belmesnil, lieutenant général au bailliage d'Arques. Et comme l'auteur de cette branche me paraît être le même Christophe dont Marthe Le Verdier a épousé le fils, il suit de là, pour la seconde fois, une lointaine affinité entre notre famille et celle des Quiefdeville, seigneurs de Belmesnil.

Marguerite-Suzanne Nepveu d'Imbleval et son père avaient pour armes, d'argent, au chevron d'azur, accompagné d'un lion de sable en pointe et de deux roses de gueules en chef (1). Cette variété d'émaux me paraît une brisure. Je possède en effet trois grands plats d'étain du XVIIe siècle; deux d'entre eux, de cinquante et un centimètres de diamètre, sont armoriés, et il faut les blasonner, quoique les émaux des trois meubles soient difficilement apparents : d'argent, au chevron de gueules, accompagné de deux roses en chef et d'un lion en pointe du même. Ce devaient être les armes que portait François Le Nepveu, le gentilhomme de la fauconnerie; on remarquera d'ailleurs que les écussons gravés ne sont pas timbrés mais simplement entourés de lambrequins, et, d'autre part, nulle part François Le Nepveu, ni ses descendants, ne sont qualifiés écuyer. J'ai l'opinion que mes deux plats armoriés viennent de chez lui, donnés ou achetés lors de quelque vente mobilière, à Belmesnil, après sa mort ou celle de l'un de ses descendants. Il est de tradition chez nous, en effet, que ces plats sont dans notre famille depuis plusieurs générations (2).

(1) Généalogie manuscrite de la famille de Quiefdeville en ma possession.
(2) Voy. notamment, en 1763, l'inventaire après le décès de Jacques-Jean Le Verdier.

François Le Nepveu était fixé à Belmesnil. La cour-masure où il habitait, et qu'il tenait certainement de son père, a été conservée jusqu'à nos jours. C'est celle qui appartient aujourd'hui (1925) à M. Joseph Lefebvre et précédemment à la veuve Baptiste Biville. Elle est bornée, au midi, par la rue dite jadis rue du Moutier, qui tend vers l'est et la sépare de l'église, du presbytère et des maisons à la suite; à l'est, par l'ancien chemin du Roi, dit aujourd'hui rue de Belmesnil; à l'ouest, par la rue qui va de l'église à la route nationale, au cimetière communal et à Saint-Mards; à l'est, par l'ancienne propriété Dumanoir, ensuite Pinel, et aujourd'hui Courcelle. Elle contient actuellement deux hectares environ, je la vois mesurée à deux acres et une vergée en 1681, c'est sensiblement moins.

Avec cette masure, François Le Nepveu possédait un certain nombre de pièces de terre, tant en labour qu'en cours et masures. Quelle en était l'importance ? Je ne sais. Pourtant quelques aveux partiels, des actes de ventes, d'assez nombreuses mentions de son nom dans des abornements me permettent de croire que le bien pouvait s'élever à une quinzaine d'acres. Tous les éléments en étaient un peu disséminés et répandus, me semble-t-il, vers l'est ou le nord-est du village de Belmesnil, sur le territoire de cette paroisse et celui de Criquetot. J'en vois plusieurs aujourd'hui dans les mains de la famille Florentin Biville, le long de la rue ou sente qui se dirige vers Crespeville et fait suite à la rue nommée rue du Moutier.

Cette propriété se perpétua aux mains de ses descendants au moins jusqu'à la fin du XVIIIe siècle. Dans la suite, étant passée à de nouveaux propriétaires, elle s'accrut de nouvelles dépendances et ce fut une des grandes fermes de la commune, « ferme à troupeau », suivant l'expression usuelle. Aujourd'hui, si elle subsiste toujours, la vieille cour-masure patrimoniale des Nepveu est dépouillée de toutes terres et dépendances. Ce n'est plus qu'un herbage, planté, bâti d'une maison notable à un étage, d'époque moderne, sans caractère, avec quelques bâtiments communs, eux aussi dépourvus d'intérêt. Un mur enclot partiellement la propriété vers l'angle sud-est: là étaient les bergeries abattues.

Quant à la sieurie de la Corbière, le fils et le petit-fils de François Le Nepveu en portèrent le titre après lui, et, par là, semblent l'avoir possédée. Mais il m'est impossible de donner le moindre aperçu de sa consistance; aucun acte la concernant n'est passé sous mes yeux. En 1767, je rencontre un David Grandin (1) écuyer, s[r] de la Corbière : avait-il pris la place des Le Nepveu ? C'est probable.

Noble homme Me François Le Nepveu était né vers 1608. Il est mort à Belmesnil et fut inhumé dans l'église le 20 février 1677; l'acte mortuaire le dit âgé de soixante-huit ans.

Sa femme, Marthe Le Verdier, décéda également à Belmesnil et fut inhumée dans l'église le 12 février 1695; elle était dans sa soixante-douzième année.

Ils ont laissé plusieurs enfants, dont la condition sociale paraît avoir décliné, savoir :

1° François Le Nepveu était l'aîné. Il fut prêtre; un acte de 1681 lui donne cette qualité. J'ai rencontré la même année, 26 mars 1681, la nomination d'un François Le Nepveu à la cure de Bures, première portion, en remplacement de Jacques Le Verdier, qui avait résigné en sa faveur (2). Ce doit être lui. Il était mort en 1699.

2° « Nicolas Le Nepveu, sieur de la Corbière et bourgeois de Dieppe », fut maître

(1) Famille qu'on rencontre jusqu'à nos jours, notamment à Gonneville.

(2) Arch. S.-Inf., Inventaire, G 6138.

boulanger, demeurant en cette ville, Grande-Rue. Il est mort entre le 3 février et le 5 mars 1728.

Il a laissé deux fils :

A) Nicolas, mort à l'âge de vingt-deux ans, en 1718, et inhumé dans l'église de Belmesnil.

B) « Louis-Pierre Le Nepveu, sieur de la Corbière », bourgeois de Dieppe, où il demeura rue d'Ecosse (1734), rue du Marché-aux-Veaux (1739), puis rue de la Tête-de-Bœuf, au Pollet. Il est mort vers la fin de l'année 1743, sans enfants. Il avait épousé Louise d'Eu, qui décéda vers 1753.

La succession de Louis-Pierre Le Nepveu de la Corbière fut partagée, en octobre 1753, entre ses trois cousins germains, Jacques Auvray, Antoine Secard, Thomas Catteville, fils des trois sœurs de son père;

3° Marguerite Le Nepveu. Elle épousa, en octobre 1690, à Belmesnil, Jacques Auvray, fils de Nicolas Auvray et de Anne Dieutegarde, de la paroisse d'Houdetot. De ce mariage, je rencontre un fils, Jacques, et une fille, Marie-Angélique, qui est dite veuve d'Adeline en 1771, et qui se remaria en 1772 à Charles Decaux, lieutenant d'invalides à Dieppe.

La fille, née du mariage de Marie-Angélique Auvray avec Adeline, Marguerite-Angélique Adeline, possédait encore, à Belmesnil, la masure et une partie des biens de François de la Corbière, son aïeul à la quatrième génération, elle comprise, et elle en rendait aveu à la seigneurie de Belmesnil le 10 février 1789;

4° Catherine Le Nepveu. Elle se maria avec Anthoine Sécard, d'où au moins un fils, Anthoine;

5° Marthe Le Nepveu. Elle épousa, en novembre 1695, à Belmesnil, Thomas Cadeville, ou Catteville, fils de François et de Nicole Prévost, de la paroisse de Manéhouville, et de ce mariage naquit au moins un fils, Thomas Catteville.

Cinquième degré :

François Le VERDIER, 1627-1684,
officier en la Fauconnerie du Roi, laboureur à Belmesnil,
= 1653, 1° Dlle Marie Suzanne ; = 1666, 2° Dlle Catherine Le Bailleur.

Sixième degré :

François, né vers 1656, = 1685, Anne du Perron, meurt en 1685, archer du vice-bailli de Caux.	Isaac-Jean, né vers 1658, † 1739, archer du vice-bailli de Caux, = 1° 1693, Catherine Trevet, = 2° 1694, Marie Blondel.	Marie-Anne, = 1692, Paul Le François, sergent royal à Cany. Paul Lefrançois.

CINQUIÈME DEGRÉ

François Le Verdier.

François Verdier ou Le Verdier est né à Belmesnil, au mois d'avril 1627. Voici son acte de baptême, d'après le registre de la paroisse (1) :

« Ce jourd'huy 18e apvril 1627, a esté baptizé un filz à Anthoine et Marthe Verdier, nommé François, par François de Quefteville et damoiselle Anthonette de Quefteville (2). »

Il s'est marié deux fois.

Après les fiançailles célébrées, le 16 décembre 1652, en l'église Saint-Remy de Dieppe par maître Nicolas Verdier, prêtre, son frère aîné, il épousa le 23 février 1653, en l'église de Bertreville, Marie Susanne, née le 11 décembre 1629, baptisée le 14 à Saint-Remy de Dieppe (3). Celle-ci était fille de maître Nicolas Susanne, premier élu en l'élection d'Arques, échevin de Dieppe, et de Marguerite Jugan, fille d'un procureur de Dieppe.

Nicolas Susanne, ou Suzanne, ou Suzenne (le nom de cette famille se présente sous cette triple forme), était un important personnage de Dieppe et magistrat très considéré. Sa famille avait compté nombre de représentants dans la robe; elle tenait à la haute bourgeoisie, et même à la noblesse par une de ses branches anoblie en 1593 en la personne de Michel Susanne, receveur des tailles à Arques. Par sa mère, Marguerite Le Pesant de Boisguilbert, Nicolas Suzanne était cousin germain de Pierre et Thomas Corneille, fils de Marthe Le Pesant de Boisguilbert, sœur de Marguerite, et par là nous vient une proche parenté avec les deux illustres poètes.

La famille Suzanne a son berceau à Bertreville, au hameau du Bosc-l'Abbé; elle s'est divisée en plusieurs branches. Nicolas Susanne était issu de la branche de Lintot, paroisse voisine, où il possédait une ferme et une résidence que se sont transmises ses

(1) Au greffe du Tribunal civil de Dieppe.

(2) François de Quiefdeville, capitaine d'infanterie, était frère cadet de Jean de Quiefdeville, écuyer, qui épousa Madeleine Le Cler, dame de Belmesnil.

(3) Le parrain fut M. Paresy, lieutenant dans l'une des juridictions de Dieppe, et la marraine Anne de Gueutteville, femme du sieur de la Houssaye, lieutenant général de la vicomté d'Arques. Voir le *Livre de raison* de la famille Suzanne, branche de Lintot.

Jacques SUSANNE = Marie Revel, de la paroisse de Lintot, près Longueville, morte à Lintot, 1585.

- Michel Susanne (aîné), sr du Bois l'abbé, receveur des tailles à Arques, anobli en 1595, † en 1611. — Marguerite Diel.
  - — Postérité — (Branches du Bois-l'Abbé, par. de Bertreville et de Lespinay, par. de Criquetot-s.-Longueville).
- Jacques, puiné, † 1578, à Lintot, = Marguerite Despinay, fille de Martin, (par. d'Offranville). Il commence la branche de Lintot.
  - Jacques, 1560-1620, premier élu en l'élection d'Arques, 1583, = Marguerite LE PESANT (sœur de Marthe Le Pesant), † 1613. Quatre fils et trois filles (quatre morts en bas âge).
    - (Le Grand Corneille.)
    - Guillaume, né 1587, reçu en 1611 aux trois offices de avocat du roi en l'amirauté de Dieppe, procureur fiscal au bailliage de Dieppe, avocat du roi au grenier à sel de Dieppe, = 1614 Marthe Dubuc, fille de Paul Dubuc, échevin de Dieppe.
      - Jacques né 1615.
      - Nicolas, avocat du roi au grenier à sel de Dieppe, = Catherine Rousseau, fille de Christophe, bourgeois de Rouen. — Postérité —
    - Nicolas, 1595-1657, premier élu en l'élection d'Arques, échevin de Dieppe. = 1621 Marguerite Jugan, fille de Jean, procureur à Dieppe, † en 1670. Cinq fils et six filles (cinq morts en bas âge).
      - Nicolas, 1624-1676, bachelier en théologie de l'Université de Paris, curé de Bertreville.
      - Isaac, 1634-1707, sr du Clariel, élu en l'élection d'Arques, et procureur fiscal au bailliage de Longueville. — 1661 Anne Castel, fille de Me Leonard C. (Par. de Longueville). Il forme la branche du Clariel (par. de Cressy), et continue à résider à Lintot. Cinq garçons et six filles. L'aîné continue la branche du Clariel, qui reste fixée à Lintot, et sa postérité masculine s'éteint à la fin du xviiie siècle.
      - Michel, 1641-1681, prêtre.
      - Marguerite, 1622-1692, — Adrien Bosquillon, gendarme de la Compagnie du duc d'Orléans. — Postérité
      - Marie 1629-1664, = 1652 François LE VERDIER, laboureur, et officier en la fauconnerie royale, fils d'Antoine, laboureur à Belmesnil, et député aux États de Normandie pour le tiers-état de la vicomté d'Arques en 1643. — Postérité —
      - Anne, née 1627, — 1651 Me .... Coquerel, de Dieppe (par. Saint-Remy).
    - Ysabeau, née 1597, = 1611 Noble homme Vincent Le Cany, contrôleur au grenier à sel de Dieppe. — Postérité —
  - Jean, prêtre, né en 1571, curé de Bertreville, 1599.
  - Noel, né 1562, = 1586, Marie Manicher, fille de Nicolas, marchand drapier à Dieppe. — Postérité —
  - Marie, née 1564, = 1580, Guillaume Jean (par. de Machonville). — Sans postérité —
  - Marguerite, née 1566, = 1590 Loys Le Villain, (de Prémont, par. de Notre-du-Parc). — Postérité —
- Jean, prêtre, curé de Crespeville.
- Jacqueline, = Nicolas Fournier, (par. d'Offranville). — Postérité —
- Marie, = Nicolas Le Nepveu, (par. de Belmesnil). — Postérité —
- Marguerite, = Jehan Jean, (par. de Royville). — Postérité —

Guillaume LE PESANT = Marie LE CORDIER,

2 fils et 6 filles, parmi celles-ci : Marthe = Delamare, bailli de Longueville, et Marie = Jacques Frontin, auditeur des Comptes.

François LE PESANT, bailli de Longueville, avocat au Parlement, † à Rouen, et inhumé en l'église Saint-Patrice. (1) = Ysabeau Le Cullier, † à Rouen en 1612 et inhumée en l'église Saint-Patrice, sœur de Claude, de Nicolas, bourgeois de Rouen ; de Bartacleny (sic), de N..., mariée à Nicolas Febvrier, assesseur au bailliage de Rouen, qui tous laissèrent postérité.

- Pierre Le Pesant, secrétaire du roy en la Chancellerie, † d'une chute de cheval en 1614, inhumé en l'église Saint-Patrice, = Marguerite Collombel.
  - — Postérité — (Probablement, Pierre, sr de Beausse, reçu maître des Comptes en 1635, = à Fleurimonde de la Champagne).
- Ysabeau, = 1° Me Robert Berotte, lieutenant général en la vicomté de Rouen ; = 2° le capitaine Benoit, du Neufchâtel. — Sans postérité —
- Marguerite, † à Dieppe en 1613, = 1586 Jacques SUSANNE, premier élu en l'élection d'Arques, † 1620.
  - — Postérité —
- Marie, = 1° N.... Baudry, président en l'élection de Rouen ; = 2° N....., sr de Cotte Quotte (sic), bailli de Longueville.
- Marthe Le Pesant, † à Rouen en 1612, (sœur de Marguerite = François Le Verdier), = en 1602, Pierre Corneille, maître des Eaux et Forêts à Rouen.
  - **Le Grand Corneille.**

(1) Farin le dit mort le 7 avril 1599 et inhumé dans le chœur de l'église Saint-Patrice. M. Bouquet (*Points obscurs*, p. 4) est mal renseigné sur la famille Le Pesant.

Jacques Susanne, qui rédige en 1614, écrit : « Ledit sieur bailli Le Pesant décédé le ... jour de .... mil six centz et ... et inhumé dentz l'esglisse de St Patris, à Rouen, à la chapelle de ... Lad. damoyselle sa fême décédée le vendredy 17e aoust 1612 et inhumée à lad. esglisse à lad. chapelle, a la mesme tombe. »

descendants masculins jusqu'à la fin du XVIIIe siècle; il les avait reçues lui-même de son père et de son aïeul.

J'ai écrit une histoire particulière de l'intéressante et très notable famille Susanne.

Je ne possède pas le contrat de mariage de François Le Verdier et de Marie Susenne; je l'ai vainement cherché jusqu'ici dans les minutiers notariaux de la région. Mais je garde un précieux manuscrit que je dois à la générosité d'un ami (1) : c'est un livre de raison, ou plutôt un recueil en forme d'annales de la branche de Lintot, commencé par Jacques Susenne, père de notre Nicolas, et tenu successivement à jour par ses descendants, au cours des quatre générations qui suivirent.

Voici en quels termes ce *Livre de raison* relate la naissance, le mariage et la mort de Marie Susenne, notre aïeule. C'est Nicolas Susenne qui écrit.

Le baptême : « Dieu nous a donné une fille le mardy unziesme jour de decembre 1629 viron dix heures du soir; fut baptizée le jeudy ensuivant à l'eglize de Saint Remy par Me Hanyn p[bre] curé; M[r] le Lieutenant Paresy, parrain, Anne de Gueutteville, femme de M. le Lieutenant de la Houssaye, marraine. Elle fut nommée Marie.

« Dieu luy vueille faire la grace d'estre fille de bien. Amen. »

Le mariage : « Le lundy 16e decembre 1652 ma fille, Marie Susenne, a esté affidée à François Verdier, filz puisné de Mr Verdier, demeurant à Longueville, enclos de Belmesnil, en l'eglize de Saint-Remy, par Me Nicolas Verdier, curé de Houdetot, son frère aisné.

« Dieu vueille que ce soit en sa gloire et son honneur. Amen.

« Et mariée à Bertreville le dimanche gras 23e fevrier 1653 par M. le curé de Houdetot.

« Le bon Dieu vueille que ce soit en son honneur et sa gloire. »

Et puis, le décès, mais cette fois le rédacteur est Isaac Susenne, fils de Nicolas et frère de la défunte :

« Le lundy ... septembre 1664 ma sœur, Marie Susenne, femme de Mr Verdier, est décédée et a esté inhumée le lendemain en la parroisse de Belmesnil.

« Dieu luy face pardon s'il luy plaist et à tous nos amis trespassez. »

Marie Susanne, en effet, mourut prématurément en 1664, âgée seulement de trente-quatre ans. Elle avait donné à son mari trois enfants, François, Isaac et Marie.

François Le Verdier épousa en secondes noces, en 1666, damoiselle Catherine Le Balleur, fille de feu noble homme Charles Le Balleur, escuier, s[r] de Gueutteville et de feu damoiselle Claude Perret.

Leur contrat de mariage, sous seings privés et daté du 7 octobre 1666, fut déposé par les époux au tabellionage de la sergenterie d'Auffay le 29 avril 1673 (2). Suivant l'usage, François Verdier gageait douaire à sa future épouse sur tous ses biens. Celle-ci apportait 300 livres, outre son trousseau. Son frère aîné, noble et discrète personne Me Jacques Le Balleur, prêtre, curé de Vassonville, intervint au contrat et promit de payer aux futurs époux 700 livres, savoir 600 livres huit jours avant les épousailles et 100 livres deux ans après le mariage, avec un habit de mariage, et en outre « la part de ladite damoiselle Catherine en la succession de sa mère suivant les lots sur la maison des Maillets d'Escouis », sans doute une propriété de ce nom située en ce bourg. De l'apport, tant immobilier que mobilier, on stipulait que les deux

(1) M. Aymar Le Filleul des Guerrots, qui l'avait trouvé dans un lot de vieux papiers acquis dans une vente.

(2) Arch. L. V.

tiers tiendraient le nom, côté et ligne de l'épouse, c'est-à-dire reviendraient à sa famille en cas de décès sans enfants; et le surplus, soit le tiers, formerait le don mobil du mari, ce qui veut dire que celui-ci en acquerrait pour lui-même la pleine et définitive propriété.

Le contrat fut passé en présence non seulement du curé de Vassonville, mais encore en celle et du consentement des autres frères de l'épouse : un second Jacques Le Balleur, escuier, s^r^ de Gueutteville, et Georges Le Balleur, escuier, s^r^ de Nançais, et, du côté de François Verdier, en présence notamment de son aîné, Nicolas Verdier, curé de Houdetot, et de I. ou J. Susenne, sans doute Isaac Susenne, escuier, s^r^ du Clariel, frère de sa première femme.

Catherine Le Balleur était, lors de son mariage, âgée de vingt-neuf ans, étant née vers 1637. Antérieurement, et par un acte du 22 novembre 1659, passé devant le tabellion d'Escouis, au bailliage de Gisors, elle avait reçu, de noble homme Pierre Fortin, escuier, s^r^ de Sasseville, second mari de sa mère, et de celle-ci, Claude Perret, la promesse d'une rente annuelle de 100 livres pour son entretien, « en attendant une plus ample part de la succession de ses père et mère » (1). On vient de voir ses apports en mariage, ils ne devaient pas valoir beaucoup plus que la rente de 1659.

On trouvera toutes ces sommes bien menues, et pourtant c'était une fille de condition relevée que noble damoiselle Catherine Le Balleur. C'est qu'alors les filles n'héritaient guère, et pas du tout quand elles avaient reçu « leur mariage avenant ». Il ne faut pas oublier, d'ailleurs, qu'au milieu du XVIIe siècle, l'argent avait une valeur absolue nombre de fois plus grande que celle qu'il a aujourd'hui, et une valeur relative bien supérieure encore.

Aucun enfant n'est né de ce second mariage.

Je ne consacrerai pas de notice particulière à la famille Le Balleur, le mariage n'ayant pas donné de postérité. Voici quelques notes, et je les intercale ici.

Observons d'abord qu'il y avait en Caux deux familles de ce nom : l'une et l'autre inscrites à l'*Armorial général.*

L'une, qui fut protestante, a fait les s^rs^ de Froberville et de Boscherville; elle fut anoblie en 1589 en la personne de Nicolas, alors échevin de Dieppe et fidèle serviteur de Henri IV. (Voy. Guibert, *Mémoires pour servir à l'histoire de Dieppe*, t. I, p. 401, et t. II, p. 161 ; — Asseline, *Antiquités et Chroniques de la ville de Dieppe*, t. I, p. 34, et t. II, p. 10, 139, 222). Mrs Fiquet de Normanville et Fiquet d'Ausseville épousèrent, vers 1725, deux demoiselles Le Balleur de cette famille. Celle-ci avait pour armes, d'azur au chevron d'or, acc. de deux étoiles d'argent en chef et d'une molette du même en pointe.

L'autre famille, la nôtre, a porté les titres des sieuries de Gueutteville, de Nancé ou Nançais, du Mesnil; elle fut anoblie par lettres données à Paris en juillet 1583, vérifiées en la Chambre des Comptes le 25 octobre suivant et en la Cour des Aides le 1er juin 1584 (2). Ses armes sont : d'azur à trois besans d'argent, *aliàs* à trois balles d'argent.

Plusieurs de ses membres sont mentionnés ainsi qu'il suit en divers manuscrits :

« Robert Le Balleur, s^r^ et patron du Mesnil, demeurant en la paroisse de Com-

(1) Arch. L. V.

(2) Bibl. de Rouen, mss. Y 120 anc. f. ; Y 130 anc. f. ; Y 59, anc. f., f° 79.

manville (1), bailliage de Caux, par lettres données à Paris en juillet 1583, vérifiées en la Chambre des Comptes le 28 octobre ensuivant, moyennant vingt-cinq livres en aumônes (2), et à la Cour le 1er juin 1584 (3). »

« Robert Le Balleur, s^{r} et patron du Mesnil de Commanville en Caux, ennobli à Paris en juillet 1583, vérifiées le 23 octobre et registrées le 1er juin 1584. Finance, 600 livres (4). »

L'intendant La Galissonnière a eu trois fois à s'occuper de la famille parce que, de son temps, elle était représentée par trois frères, qui demeuraient dans trois élections différentes ; à mesure qu'il passait dans chaque élection, il vérifia et maintint la noblesse. Je résume et réunis, ainsi qu'il suit, ses divers procès-verbaux (5) :

« Jacques Le Balleur, esc., demeurant à Lanquetot, élection de Caudebec ; Jacques Le Balleur, esc., demeurant en la paroisse de Vassonville, élection de Rouen ; Georges Le Balleur, aussi escuier, demeurant en la paroisse de Bliquetuit, élection de Pontaudemer. Maintenus le 27 juillet 1667. »

Robert Le Balleur, sieur du Mesnil, paroisse de Commanville, sergenterie de Cany, anobli en 1583,
= Marie de Néville.

- Pierre, mort sans enfants.
- Charles = Claude Perret.
  - Jacques, demeurant à Vassonville.
  - Jacques, demeurant à Lanquetot.
  - Georges = Jeanne Fortin, demeurant à Bliquetuit.
- Jacques = Anne Nicole.
  - Jacques = Anne Tallebot.
    - Jean, s^{r} du Mesnil, demeurant à Claville.

Le tableau généalogique qui précède réunit les trois frères de Catherine Le Balleur mariée à François Le Verdier. Nous les avons vus assistant à son contrat de mariage ; nous les rencontrerons encore en 1684, au notariat de la sergenterie de Basqueville, procédant à un accord relatif à la succession de leur sœur, avec les fils nés du premier mariage de François Le Verdier leur beau-frère. En ce dernier acte, ils sont ainsi qualifiés : noble et discrète personne Me Jacques Le Balleur, prêtre, curé de Vassonville (c'est l'aîné) ; Jacques Le Balleur, esc., s^{r} de Gueutteville, Georges Le Balleur, esc., s^{r} de Nançay.

Jacques Le Balleur avait été nommé à la cure de Vassonville le 30 avril 1660 ; il succédait à un curé nommé Pierre Le Verdier, personnage qui pouvait être origi-

(1) Il n'existait pas de paroisse de Commanville au pays de Caux. Ce mot résulte d'une faute de lecture commise par un premier écrivain, et reproduite par toutes les copies subséquentes.

(2) Taxe qu'on imposait souvent à l'anobli en faveur des habitants de la paroisse de sa résidence, pour leur tenir compte de l'aggravation de taille résultant pour eux de l'anoblissement qui lui conférait l'exemption.

(3) *Noms des personnes nobles qui ont obtenu des lettres d'anoblissement commençant en 1515* : manuscrit en ma possession ; on rencontre d'assez nombreuses copies de cette ancienne compilation.

(4) Taxe au profit du trésor. — *Anciens et nouveaux anoblis de la province de Normandie*, manuscrit aux Archives de la Seine-Inférieure, cabinet de l'archiviste, partie intitulée : *Ennoblissements depuis l'an 1501.*

(5) Bibl. de Rouen, ms. Y 65, anc. f., f°s 88, 184 et 787. Mais ce manuscrit commet des erreurs de date : f° 88, Robert Le Balleur, anobli juin 1577 ; f° 727, Robert Le Balleur, anobli juin 1597 ; la vraie date est juillet 1583, avec enregistrement en juin 1584.

naire de Belmesnil, mais qui était étranger à notre famille (1) ; il fut plus tard curé de Saint-Victor-l'Abbaye.

En novembre 1693, Henry Le Balleur, esc., s[r] de Gueutteville, recevait le solde des remports de sa tante, au nom et par procuration du s[r] de Gueutteville, son père, et de Georges Le Balleur, son oncle (2).

Je n'ai trouvé aucun Le Balleur, ni à Gueutteville, près Tôtes, ni à Gueutteville-les-Grès, près Saint-Valery-en-Caux; il est vrai que les registres de ces paroisses ne remontent pas ou à peine aux dates où nous rencontrons Catherine Le Balleur et ses frères. Lanquetot, où demeurait le s[r] de Gueutteville, est près de Bolbec; Notre-Dame-de-Bliquetuit, résidence de Georges, s[r] de Nançay, est sur la rive gauche de la Seine, dans le canton de Caudebec. Mais je ne sais pas où se trouvait ce fief de Nançay, non plus que celui du Mesnil, dont Robert, l'aïeul, porte le nom.

Veuve de Charles Le Balleur, Claude Perret, mère de Catherine, avait épousé, en 1659, Pierre Frontin, esc., s[r] de Sasseville; elle n'existait plus en 1666.

J'ai noté, *supra*, que Catherine Le Balleur avait reçu en 1659 une rente, pour son entretien, de Claude Perret, sa mère, et de noble homme Pierre Frontin, esc., s[r] de Sasseville, et que l'acte de cette constitution fut reçu par le tabellion d'Escouis. On a vu aussi que Catherine Le Balleur avait à faire valoir des droits sur la « maison des Maillets à Escouis », dépendant de la succession de sa mère. Or, j'ai rencontré une famille Frontin dans le bailliage de Gisors : Achille Frontin, vers l'an 1600, demeurait à Gisors; son frère Jacques Frontin était auditeur des Comptes; ils étaient enfants de Jacques Frontin et de Marie Le Pesant de Boisguilbert, et celle-ci était une sœur de François Le Pesant, le bailli de Longueville, et par suite une tante de Marguerite Le Pesant, femme de Jacques Suzanne, grands parents de Marie Suzanne (3).

François Verdier ou Le Verdier fut laboureur de ses terres à Belmesnil.

Tous les actes, et jusqu'à sa mort, le qualifient officier en la Fauconnerie du roy, ou officier chez le roy. Il obtint en effet un office de Piqueur en la Fauconnerie royale. Voici le texte de ses lettres de provision, d'après l'original en ma possession. Elles portent la date du 15 février 1653, à Paris; le sceau, dont on voit l'attache, a été perdu.

« Nicollas Dauvet, Grand Faulconnier de France, comte Desmarestz, baron de « Boursault, Trelon et de Ruperreux, seigneur de Frocourt, Vitry le Croisé, Blay, « Villemereuil, et autres lieux, Conseiller du Roy en ses Conseils, Gouverneur de « la Ville de Beauvais, et Lieutenant général pour le Roy en l'Isle de France, A tous

(1) Arch. S.-Inf., G 6127.
(2) Arch. L. V.
(3) Voy. *supra*, les tableaux généalogiques hors texte.

« ceux qui ces presentes lettres verront Salut. Sçavoir faisons que suivant le pouvoir « attribué à notre charge de pourveoir à tous les offices de la grande faulconnerye du « Roy, Nous à plain confians de la personne de François Verdier, et de son sens, « suffizance, affection au service de Sa Majesté, et experience en ladite faulconnerye, « A icelluy, pour ces causes et autres considerations, avons donné et octroyé, donnons « et octroyons par ces presentes, l'estat et charge de Picqueur au Vol pour corneille « de la grande faulconnerye du Roy, a present vacant par la mort de Simon Duret, « dernier paisible possesseur d'icelluy, Pour led. office avoir, tenir et doresnavant « exercer par led. Verdier, en jouir aux honneurs, aucthoritez, privilleges, gaiges, « exemptions qui y appartiennent, et tout ainsy qu'en jouissent les aultres officiers de « lad. grande faulconnerye pourveus de semblables charges. En tesmoing de quoy « Nous avons signé ces presentes de nostre main, icelles faict contresigner par notre « secretaire, et y appozer le cachet de nos armes. A Paris le quinzième jour de febvrier « mil six cent cinquante trois.

« Desmarestz Dauvet.

« Par Monseigneur, Girard. »

Et au bas, on lit : « Registrées ès registres de la Cour des Aydes de Normandye, suivant l'arrest d'icelle de ce jourd'huy dix septième jour de may mil six cens cinquante sept. — Becu. »

Comme l'indique la pièce même, ces lettres furent enregistrées à la Cour des Aides de Rouen le 17 mai 1657 seulement. François Verdier n'avait pas attendu cet entérinement pour prendre possession de sa fonction; certaines énonciations de l'arrêt permettent en effet de constater qu'il s'acquitta de sa charge, notamment aux quartiers de janvier 1653 (son brevet n'était pas encore signé !), 1654 et 1655. Voici, au surplus, cet arrêt; il est rendu entre François Verdier et les habitants de Belmesnil. Pourquoi ? C'est que cette charge allait conférer notamment l'exemption de la taille en faveur de l'officier pourvu, et faire retomber sur les habitants celle qu'il pouvait avoir payée jusque-là : la taille, en effet, était un impôt de répartition. Les habitants étaient donc toujours interpellés de sister comme parties aux arrêts d'enregistrement des charges royales, des lettres de noblesse, etc.

On va voir que les habitants de Belmesnil ne contredirent pas l'enregistrement, au contraire consentirent en déclarant que ledit Verdier n'avait jamais été couché au rôle de la taille. Cette constatation est très intéressante. Notre aïeul n'était pas noble; il n'avait jamais rempli une fonction qui le dispensât de l'impôt. Je ne vois à cette exemption étonnante qu'une seule explication : en fait, François Verdier, et, avant lui, Anthoine Verdier, son père, avaient dans la paroisse une situation confinant à la noblesse, en raison de leurs alliances, de leur fortune, de leur rang. Et de cette considération dont ils jouissaient l'on trouve une confirmation lorsque Nicolas Suzanne, dans son *Livre de raison*, qualifie le père de son gendre, Monsieur Verdier, un titre qu'on ne donnait pas communément en 1652.

« Extrait des Registres de la Cour des Aides de Normandie. Entre François Verdier, « demeurant en la paroisse de Belmesnil pourveu de l'estat et charge de piqueur au « vol pour corneille en la grande Fauconnerie de France, impétrant de l'arrest et « mandement de la Cour du huitième novembre dernier, et demandeur en adjournement « en vertu d'icelluy aux fins de l'entherinement de ses lettres de provision de ladite « charge, pour par luy jouir des privilleges et exemptions y attribuez, d'une part.

« Et les habittans de ladite parroisse, adjournés pour consentir ou contredire le dit « entherinement, d'autre; veu par la Cour lesdites lettres de provision obtenues....; « arrest de la Cour des Aides de Paris du traize. juin ensuivant, donné sur la presen- « tation des dites lettres de provision, par lequel est ordonné que ledit Verdier sera « cousché et emploié sur l'estat des officiers de ladite grande fauconnerie, estant au « greffe de ladite Cour, au lieu et place dudit deffunt Duret.....; Extraict de l'estat « des officiers de ladite grande fauconnerye faict et dressé en l'année mil six cent « cinquante [trois], auquel ledit François Verdier est emploié suivant le susdit arrest « au lieu dudit Duret aux gaiges de deux cens quarante livres; — trois certifficatz « du sieur Dauvet, Grand Fauconnier, des 10e janvier 1653, 2e avril 1654, et 2e dudit « mois 1655, que ledit Verdier est cousché et employé sur l'estat des officiers de lad. « grande fauconnerie à cause de sadite charge et [a] rendu service à Sa Majesté « pendant les quartiers de janvier, febvrier et mars de chacune des dites années, le dit « arrest et mandement cy devant dabté obtenu par ledit Verdier, ...; — exploit du « dimanche 14e dudit mois de novembre dernier de signiffication d'iceluy et assignation « faite à son instance auxd. habitants pour sur ce procedder; — arrest d'icelle du « 11e de ce mois donné par expedier entre les parties sur la dite impetration, par « lequel, après déclaration d'iceux habittans qu'ils n'empeschent ains consentent « l'entérinement desdites lettres de provision pour n'avoir esté ledit Verdier jamais « imposé aux roolles à taille de la dite parroisse, appointé est que... le dit Verdier « communiquerait ses pièces au procureur général...; — coppies des roolles à taille de « ladite parroisse, pour les années 1651 et 1652, ausquels ledit François Le Verdier « n'est comprins ny imposé; — Veu aussy trois autres certificats, le premier signé De « Bourlon, trésorier des véneries, thoilles de chasses et fauconnerie du 12e feb- « vrier 1655, que ledit Verdier en ladite quallité est couché et employé sur l'estat « expedié en ladite année ausdits gaiges de deux cens cinquante livres et par luy payés « d'iceux, et les deux autres dudit sr Dauvet, Grand Fauconnier, des services rendus « à Sa Majesté par ledit Verdier, à cause de sa dite charge, pendant les quartiers de « janvier, febvrier et mars de l'année dernière et presente, en dabte des 2e avril 1656 « et 30e janvier an present; — la conclusion du Procureur général du Roy, et Oy le « rapport du Conseiller commissaire; — tout considéré, La Cour a accordé acte audit « Le Verdier de la présentation des dittes lettres de provision, lesquelles seront regis- « trées ès registres d'icelle, pour jouir des privillèges et exemptions attribuées à ladite « charge suivant les arrests et reglements de ladite Cour, en servant actuellement sans « commettre desrogeance, et satisfaisant aux esditsz et declarations des années 1614 « et 1634 données pour les reglemens des tailles. Et sera employé au roole à taille « de ladite parroisse au nombre des exempts; — les parties envoyées sans despens; « payera ledit Le Verdier les espices. Faict en ladite Cour des Aides, à Rouen, le « 17e jour de may 1657. — Becu. »

Il arrivait souvent qu'on achetait de petites charges, qui n'engageaient pas à grand' chose, pour les avantages qu'elles comportaient, en premier lieu l'exemption de la taille, celle du logement des gens de guerre, la dispense des tutelles et autres : tel ne fut pas le but de François Le Verdier, puisque l'on vient de voir qu'il jouissait déjà du privilège de ne pas payer la taille. On constate aussi, avec l'arrêt de Rouen, qu'il s'acquittait réellement de sa fonction et s'en est acquitté aux années 1653 à 1657; son service l'appelait annuellement pendant le trimestre ou quartier de janvier à mars. Il a gardé son office jusqu'à la fin de sa vie : j'ai des actes, datés d'années voisines de celle de sa mort, où il est qualifié « officier chez le roi » ; on lui donne encore ce titre dans l'acte du 31 octobre 1684, qui a réglé les droits de sa veuve et dont je parlerai plus loin.

L'Estat général des officiers de la maison du roi, livre fort rare, publié à Paris chez Marin Le Ché en 1657, ne fait pas mention de François Le Verdier ; mais on trouve, à la page 177, dans l'état de la grande fauconnerie, parmi les officiers du vol pour corneille, Simon Duret, piqueur, aux gages de 250 livres. C'est le prédécesseur. Quoique l'auteur imprime son livre en 1657, il donne le tableau des officiers et l'état des dépenses arrêté pour 1651 (1).

La Grande Fauconnerie du roy comprenait, sous le gouvernement du Grand Fauconnier, messire Nicolas Dauvet, comte des Marets, deux vols pour milan, deux vols pour héron, trois vols pour corneille, un vol pour les champs (la perdrix), un vol pour rivière, un vol pour pie. Chaque vol formait un service complet, organisé en vue d'un seul gibier à poursuivre, et, par suite, comprenait toute une légion d'officiers. Le vol pour corneille, auquel était attaché Simon Duret, et après lui François Verdier, comptait un chef du vol aux appointements de 700 livres, avec son aide, payé 300 livres, un maître fauconnier aux gages de 300 livres, vingt-quatre piqueurs, à 250 livres chacun, quatre garçons de fauconnerie, six garde-perches, et trente oiseaux ; la nourriture et l'entretien des garçons coûtait 15 sols par jour pour chacun, la nourriture des oiseaux 3 sols par tête. A ce vol était ouvert par le rôle un crédit de 11.212 livres 5 sols. C'était d'ailleurs le vol le plus considérable de tous. Fort heureusement, je constate avec l'*Estat général* que les autres vols étaient loin de coûter aussi cher. N'empêche que la dépense totale pour la grande Fauconnerie était prévue par le rôle pour 1651, au total effroyable de 620.254 livres 2 sols, monnaie du temps. Je dois ajouter que le cadre comprenait, à côté des officiers des vols, les « gentilshommes servants », sorte d'escorte, d'officiers d'ordonnance ou de porteurs d'ordre du roi, payés quelques-uns 300 livres et tous les autres 90 livres seulement, parmi lesquels François Verdier a pu rencontrer son propre beau-frère, François Nepveu, s^r de la Corbière (2).

François Le Verdier fut trésorier de l'église de Belmesnil, il l'était, notamment, en 1678 : c'est une humble fonction que les notables d'une paroisse, les seigneurs exceptés, remplissaient tour à tour.

François Le Verdier et Catherine Le Balleur, sa femme, sont morts à huit jours d'intervalle. L'époux fut inhumé le 1er octobre 1684, dans l'église de Belmesnil ; il était dans sa cinquante-huitième année ; l'épouse fut inhumée le 9, également dans l'église de Belmesnil ; elle était âgée, dit l'acte, de quarante-sept ans environ. Succom-

(1) Je trouve dans l'*Etat de la France*, édition de 1702 (à Paris, chez Omont, 3 vol.), au tome I, p. 191 : « François Verdier, pour achat d'oiseaux et garnitures d'iceux, 490 livres 19 sols ». S'il s'agit de notre ancêtre, il faut remarquer qu'il y avait alors dix-huit ans qu'il était mort, et son nom aurait été conservé dans les états annuels par l'effet de l'habitude. Mais ne serait-ce pas un homonyme ? A remarquer aussi que les oiseaux dont il s'agit ne sont pas destinés à la grande Fauconnerie du Roy », où servit François Le Verdier, mais aux petits équipages que l'on appelait les « Vols de la Chambre du Roy », ou « Les Oiseaux de la Chambre ». Le même était peut-être, après tout, chargé des achats d'oiseaux pour tous les services et Vols.

(2) François Nepveu était l'un des cinq gentilshommes payés 300 livres. Un oncle de François Verdier, ou plutôt de sa femme, noble homme Vincent Le Canu, qui avait épousé, en 1611, Ysabeau Susanne, sœur de Nicolas, avait été gentilhomme ordinaire en la fauconnerie royale, avant de devenir contrôleur au magasin à sel de Dieppe.

bèrent-ils aux suites d'un accident subi en commun, ou plutôt à une maladie contagieuse ou épidémique ?

Après le décès de Catherine Le Balleur, noble et discrète personne, Me Jacques Le Balleur, curé de Vassonville, Jacques Le Balleur, écuyer, sr de Gueutteville, Georges Le Balleur, écuyer, sr de Nançay, opérèrent le règlement de la succession de leur sœur avec François et Isaac Le Verdier, enfants issus du premier mariage de François Le Verdier. La convention est du 31 octobre 1684, signée à Belmesnil, devant le tabellion de la sergenterie de Basqueville. On y lit que « pour la bonne amitié qu'ils ont les uns pour les autres et pour nourrir la paix entre eux », les droits de la veuve furent fixés à 500 livres, plus son habit de mariage, et furent payés, savoir 100 livres comptant et le reste en quatre annuités. On entendait liquider ainsi « tant le rapport de mariage que toutes autres prétentions. »

Quelle put être la fortune de François Le Verdier ? Est-il possible de l'évaluer ?

On a déjà vu, aux lignes consacrées à Nicolas Verdier, prêtre, le frère aîné de François, qu'en faveur de celui-ci, il avait fait la démission de ses biens (acte du 6 juillet 1656, à Rouen, devant Robert Allart, tabellion en la haute justice de Déville).

C'était, évidemment, dans le but d'assurer la transmission des biens patrimoniaux. François Le Verdier se trouvait ainsi investi en droit de l'héritage paternel; en fait, c'est de concert que tous deux, François et Nicolas, passèrent ensemble d'assez nombreux actes.

C'est ainsi qu'on les voit tous les deux conclure, en 1657, un échange de terre avec noble homme Jacob Bontemps, écuyer, sr et patron d'Omonville et du fief Allo, une douzaine d'acres de chaque côté; constituer, en 1659, une rente de 42 livres 17 sols par le capital de 600 livres au profit de Jean Bonté, leur oncle maternel; créer, en 1658, une rente de 60 livres au profit de Nicolas Le Faucheur, maître cordonnier à Rouen.

François Le Verdier avait-il des capitaux ? J'en doute, quand je le vois faire ces emprunts en 1658 et 1659, trois et quatre ans après la mort de son père. D'ailleurs, je ne rencontre pas, dans mes archives, de contrats qui le fassent créancier de revenus mobiliers. Cependant, il avait dû débourser le prix de son office de piqueur au vol (il n'y avait pas d'office qui ne s'achetât), sans doute à l'aide de capitaux avancés par son père : c'était en 1653, et celui-ci vivait encore. A cela près, l'avoir de François Le Verdier me semble avoir consisté dans sa ferme de Belmesnil.

Nous avons vu qu'aux mains d'Anthoine, son père, elle pouvait contenir une quarantaine d'acres. Si l'on interroge les quelques aveux qui nous restent, baillés par François Le Verdier, on fait les constations suivantes :

1° Vers 1656 (date illisible), un aveu à la seigneurie de Dénestanville relève dix-sept acres et demie;

2° En 1656, un aveu à la seigneurie de Criquetot relève quatre acres;

3° En 1657, un aveu à la châtellenie du Petit-Beaunay relève cinq acres et un quart;

4° En 1662, un aveu à la seigneurie d'Omonville relève un total de quinze acres et demie.

Tout cela donne un ensemble de près de quarante-deux acres de terres et masures. Or, ces quatre aveux déclarent tous que les biens relevés sont échus au tenant, tant par le décès de ses père et mère qu'au droit de la donation que lui en a faite Me Nicolas Verdier, prêtre, son frère aîné. Nous avons là, les dates le montrent d'ailleurs, l'héritage paternel, à peu près sans changement.

Cependant, on dut, en 1662, distraire huit acres de masures et terres en faveur de Jean et Jacques Le Verdier, les frères puînés, pour leur tenir compte de leur part héréditaire (1), ce qui réduisit gravement les possessions des aînés et les abaissait à trente-quatre environ.

Mais, quoique je n'en possède pas les actes, François dut arrondir le bien au moyen de quelques achats. Sa première femme était de famille riche et dut lui apporter des espèces qui purent y être employées; l'apport de sa seconde femme vint s'y ajouter. Il n'eut pas à doter sa fille unique qui ne s'est mariée que plusieurs années après sa mort.

Or, voilà que Isaac Le Verdier, son fils, avouera à son tour lorsqu'il recevra l'héritage : on rendait aveu à chaque mutation de propriétaire. Et rien qu'aux seigneuries d'Omonville et de Dénestanville, en 1685 et 1687, il déclarera tenir, par héritages de son père et de son frère aîné, morts en 1684 et 1685, quarante-deux acres : ces deux seigneuries, en 1656 et 1662, ne s'en voyaient avouer ensemble que trente-trois acres; c'est donc qu'il y a eu, là notamment, des accroissements du chef de François. Si l'on ajoute à ce total ce qui était dans la mouvance de Criquetot, du Petit-Beaunay, de Belmesnil et Saint-Mards, on dépasse cinquante acres; telle est la fortune immobilière laissée par François Le Verdier. Et j'inscris ici une conclusion que je reprendrai à chaque génération : François laisse et transmet grossi le domaine qu'il avait reçu.

Constatons en même temps que le morcellement de la propriété rurale tend à s'atténuer.

Parlons procès, pour n'en pas perdre l'habitude : François Le Verdier eut le sien, qui fut, à défaut d'autre mérite, au moins dispendieux.

C'était avec un propriétaire foncier de Belmesnil, marchand, bourgeois de Rouen, y demeurant, Guillaume Varin, que la querelle était née. Quelle en fut l'origine ? Il semble bien que François Le Verdier, et avant lui Anthoine, son père, avaient pris à loyer quelques terres appartenant à ce Varin, et l'on devait être en conflit à propos des fermages. Une sentence fut rendue au bailliage de Longueville, contradictoirement, le 9 août 1658, qui condamnait François Verdier à payer à Varin un principal de 55 livres et vingt-trois poulets estimés à 15 sols pièce, soit en tout 72 livres et 5 sols. Mais voilà que le bailli ne mit à la charge de notre ancêtre que les dépens à partir du jour de la sentence, laissant chacun supporter ceux qu'il avait faits jusque-là. Sur ce, pas content, Varin appela et porta l'affaire au Parlement. Pour la seconde fois, il triompha : un arrêt, contradictoire aussi, du 19 janvier 1659, confirmant la sentence de Longueville sur le principal, condamna Le Verdier aux dépens de première instance et d'appel. Ces dépens s'élevèrent à 120 livres 12 sols et 6 deniers, presque le double de l'enjeu du procès, sans compter l'honoraire de l'avocat. Mais François s'entêta et ne paya pas; si bien que, d'abord le 30 janvier 1659, il se vit signifier un exécutoire des dépens, et, le 5 février, Guillaume Varin marchand, bourgeois de Rouen, étant de présent en sa ferme de Quatre-Vents, paroisse de Bonnetot, près Tôtes, « lui fit sommation par huissier, parlant à sa femme et demoiselle, de payer comptant le principal, livres et poulets, et les dépens, ensemble cent quatre-vingt douze livres dix-sept sols ». Bien entendu, l'épouse refusa : pouvait-elle faire autrement, le maître absent ? Séance tenante, saisie. « Sur son refus, écrit le suppôt de justice, j'ai saisi trois vaches que j'ai enlevées de la maison, fait conduire au bourg d'Auffay en l'hôtellerie du surnommé Le Bas, pour icelles vaches être vendues demain, deux heures après midi, au bourg d'Auffay, sans préjudice des submissions, prétentions

(1) *Supra*, p. 40.

et demandes contenues aux baux de deffunt son père ». Heureusement, tout va s'arranger; les vaches, sans doute, n'étaient pas parties bien loin, quand survint, comme un *deus ex machina*, un homme de paix et de bon conseil, le frère aîné de François Verdier, le curé de Houdetot. « Et tost après, continue l'huissier, comme estions prêt à m'acheminer et aller au bourg d'Auffay, est survenu Me Nicolas Le Verdier, prêtre, curé de Houdetot près Fontaine, frère dudit François Le Verdier, auquel, à la prière qu'il en a faite aud. sr Varin, les dites trois vaches ont été rebaillées audit François son frère..., ledit sr curé de Houdetot s'étant engagé payer dans lundi prochain à Rouen en la maison dudit Varin la somme de cent quatre-vingt douze livres dix-sept sols », ce que signèrent à la fois l'huissier et Nicolas Le Verdier. Et l'on tint parole : le dossier contient un reçu de 192 livres 17 sols « par les mains de M. de la Corbière », beau-frère de François Le Verdier, signé de Guillaume Varin, qui tient quitte son débiteur, et, en conséquence, se dessaisit de l'expédition de l'arrêt du Parlement et la lui remet. Ce trophée est, lui aussi, joint aux pièces de mes archives.

Sont issus du mariage de François Le Verdier avec Marie Suzanne, trois enfants :

A. — François Le Verdier.
B. — Isaac-Jean Le Verdier.
Leurs notices suivront plus loin.

C. — Marie-Anne Le Verdier.

C. — MARIE-ANNE

Je n'ai pas la date de son baptême : les registres de Belmesnil manquent au temps où se place sa naissance, entre 1652 et 1666, dates du mariage et de la mort de sa mère.

Elle épousa, en 1692, Paul Le François, « fils puîné de Jacques et d'Anne Le Vasseur, de la paroisse de Doudeville », qui était ou allait être sergent royal au bailliage vicomtal de Cany. Les bans ont été publiés à l'église de Belmesnil le 26 novembre; ils font l'époux paroissien de Saint-Martin-de-Canville.

Le traité de mariage, antérieur de quelques mois, est sous seings privés, daté du 12 juin 1602, en un lieu qui n'est pas désigné. Il est très court. Aucun détail des apports. Comme d'habitude, le futur époux gage douaire sur tous ses biens meubles et immeubles, présents et à venir. Quant à l'épouse, ses père et mère, « Maître François Le Verdier et Marie Suzanne », étant décédés, sa part héréditaire ne paraît pas avoir encore été évaluée, encore moins payée certes, aussi ne stipule-t-elle qu'une promesse de principe : elle « donne audit son futur époux pour don mobil et pour plus aisément supporter les frais de leur mariage la moityé de ses immeubles ». Cette clause est à remarquer. On se rappelle ce que c'est que le don mobil : c'est la partie de l'apport qui est abandonnée définitivement au mari, qui le gardera pour lui et les siens quoiqu'il arrive, par opposition au reste de l'apport, qui doit « tenir le nom, côté et ligne » de l'épouse, et reviendra à sa famille s'il n'y a pas d'enfants du mariage. Or, on sait quel intérêt l'ancien droit et les mœurs attachaient aux immeubles, aussi le don mobil est-il presque toujours constitué en argent. Ici, Marie-Anne Le Verdier l'assoit sur la moitié de ses immeubles : il doit s'agit d'immeubles d'origine maternelle, les seuls qu'elle pût posséder.

C'est à son frère Isaac, seul vivant en 1692, qu'il appartint de lui donner sa part des successions paternelle et maternelle, ou mariage avenant qui en tenait lieu. Le règlement en était, paraît-il, difficile et lent, car, ne l'ayant pas encore obtenu en 1694, Paul Lefrançois avait cité son beau-frère en justice au bailliage de Longueville. Ne nous étonnons pas de ces procès en famille : en ce temps-là, cela ne tirait pas à conséquence, c'était une manière fréquente de terminer ses affaires, quand on ne pouvait ou ne savait pas les conclure. Toujours est-il que, le 25 août 1694, les deux beaux-frères, conduits sans doute par leurs procureurs ou avocats, qu'on devine derrière le rideau, arrangèrent leur débat, suivant acte passé devant le tabellion de Bacqueville.

« Pour terminer le proceds pendant en justice, au siège de Longueville, entre le « s^r^ Ysaac Le Verdier, fils et héritier de feu François Le Verdier, vivant officier de « la maison du Roy, et de damoiselle Marie Susenne, demeurant en la paroisse de « Belmesnil, et le s^r^ Paul Le François, demeurant à Canville, ayant espouzé damoi- « selle Marie Le Verdier, sœur dudit sieur Ysaac Le Verdier, au subjet de la liqui- « dation du mariage advenant de lad. damoiselle Marie Le Verdier sur les successions « de sesd. père et mère, et pour sur ce qui pourroit lui revenir de la donation à elle « faitte par deffunt Maître Nicollas Le Verdier, prètre, curé de Houdetot, leur oncle « commun, les parties en ont transigé ainsy qu'il ensuit, c'est assavoir que pour par « ledit sieur Le Verdier demeurer quitte dudit mariage advenant de lad. damoiselle sa « sœur sur lesdites successions paternelle et maternelle, ainsy que de ladite donattion « dudict feu sieur curé de Houdetot, ledict sieur Le Verdier » cède en propriété à Paul Lefrançois quatre acres de terre, sises sur la paroisse d'Omonville, en exemption, d'ailleurs, de toutes dettes et charges pouvant grever tant les successions paternelle et maternelle que celle du feu curé de Houdetot; et, en outre, il paiera au sieur Le François la somme de 100 livres en deux fois, 50 sous huitaine et 50 à la Toussaint. Ainsi sont allées les parties hors de cour et de procès, sans intérêts ni dépens. J'ai omis de dire que, la convention stipulait aussi que, en cas de mort sans enfants, « ligne éteinte », les quatre acres de terre seraient « sujettes à réversion », sauf les droits du contrat de mariage, c'est-à-dire seraient susceptibles de faire retour au giron Le Verdier: ce devait être, en effet, le point grave de la discussion (1).

Je ne sais si l'hypothèse se réalisa; toujours est-il que, Marie Le Verdier étant décédée, Isaac Le Verdier reprit les quatre acres, en les payant. Ce fut l'objet d'un acte du 27 octobre 1713, passé devant le notaire de Cany : aux termes de cette convention, Me Paul Le François, sergent royal au siège de Cany, demeurant à Angerville, reçut de Me Isaac Le Verdier la somme de 1.200 livres et lui en donnait quittance, moyennant quoi il remit en ses mains les dites quatre acres de terre qui lui avaient été ci-devant cédées pour la légitime de ladite feue damoiselle Marie-Anne Le Verdier (2).

Je remarque, avec cette quittance, que Paul Le François habite maintenant à Angerville, et qu'il est qualifié de sergent royal, fonction qui n'était pas mentionnée dans les actes de 1692 et 1694, analysés tout à l'heure. Je ne saurais dire à quelle époque il entra en charge.

Observons aussi qu'à cette époque l'acre de terre vaut chez nous 300 livres.

Une autre observation encore : Marie-Anne Le Verdier est dite *damoiselle*; c'est

(1) et (2) Arch. L. V.

un titre que l'on réservait précédemment à une personne noble. Isaac, son frère, est appelé *Maître* et, ailleurs, nous le verrons désigné *monsieur*. Honorable homme est une expression qui tombe en désuétude; damoiselle, monsieur, ces titres ne sont plus réservés à la noblesse, on commence à les étendre un peu, timidement, sans doute, à titre exceptionnel (au moins à la campagne), et on les applique à de rares notables. C'est le temps aussi où l'on invente de transporter l'appellation *Maître* des clercs, prêtres, gradués, gens de robe et de savoir, à des propriétaires ruraux et laboureurs, parce que monsieur semble encore ambitieux. Il faudra gagner le XIXe siècle pour que les mots monsieur, dame, demoiselle, s'appliquent démocratiquement à tout le monde, au point qu'ils sont devenus d'une superlative banalité. Est-ce pour cela que dans nos campagnes on a conservé, en faveur des cultivateurs, propriétaires ou fermiers, le séculaire usage de les appeler maîtres ? Eux, au moins, se distinguent ainsi du *vulgum pecus* : puissent-ils garder longtemps ce nom vénérable, et surtout ne pas l'échanger pour celui de patron, ce titre adopté de nos jours à la ville, qui l'a profané en le traînant dans le langage populaire.

Je n'ai pas la date de la mort de Marie-Anne Le Verdier; ce doit être vers 1713, puisque ses représentants réglaient sa part au mois d'octobre de cette année.

De son mariage avec Paul Lefrançois, il semble être né un fils, prénommé aussi Paul, qui vivait en 1720.

Sixième degré :

A. — FRANÇOIS LE VERDIER,
archer de M le vice-bailli de Caux,
né vers 1656. † 1685,
= 1685, damoiselle ANNE du PERRON.
|
Sans postérité.

SIXIÈME DEGRÉ

A

François Le Verdier.

François Le Verdier fut le fils aîné de François et de Marie Susanne. Son acte de baptême nous manque. Il est né vers 1656.

Les bans de son mariage furent publiés à Belmesnil, le 11 mars 1685. Il épousait : « Anne Duperron, de la paroisse de Saint-Martin-du-Vivier, fille de feu Charles et de Marie Dufour ». Succinct, comme toujours, le registre ne donne pas d'autres énonciations. Je n'ai pas le contrat de mariage, et je n'ai pas trouvé l'acte de mariage ni aux registres de Saint-Martin-du-Vivier, ni à ceux de Belmesnil. L'union est antérieure au 7 avril, date à laquelle François Le Verdier « et Marie-Anne, femme dudit sieur Le Verdier », sont parrain et marraine en cette église de Saint-Martin-du-Vivier.

Quelle était cette famille Duperron ?

Je crois que c'était une famille noble, car les actes donnent à l'épouse le titre de damoiselle, et nous ne sommes encore qu'en 1685. Si je n'ai pas trouvé l'acte de mariage, ni même les bans à Saint-Martin-du-Vivier, c'est bien là pourtant qu'habitait la famille de l'épouse, car j'ai rencontré, au 30 avril 1682, le mariage de sa sœur Marie du Perron, fille du sieur Charles du Perron et de damoiselle Marie Dufour », de cette paroisse, avec Guillaume Le Comte, fils de Benoit et de Anthoinette Taillefer, de la paroisse Sainte-Croix Saint-Ouen, de Rouen. Cet acte fait mention des bans qui ont été publiés dans cette paroisse, à Saint-Martin-du-Vivier et à Héberville; je retiens ce dernier nom.

Je me suis demandé si Marie-Anne ne serait pas sortie des Du Perron, s^rs^ de Bénesville, et née de quelque cadet de cette famille parlementaire.

Remarquons, d'abord, que Bénesville est une paroisse toute voisine de celle d'Héberville, où les bans ont été publiés.

On trouve, dans l'arbre généalogique des Du Perron de Bénesville, un Charles du Perron, qui eut, parmi ses enfants, une Marie-Anne. Il est vrai qu'on lui donne pour femme Françoise Brocheron (1) et non Marie Dufour; mais, marié une première

(1) La Galissonnière, Bibl. de Rouen, Y 65, anc. fonds ;

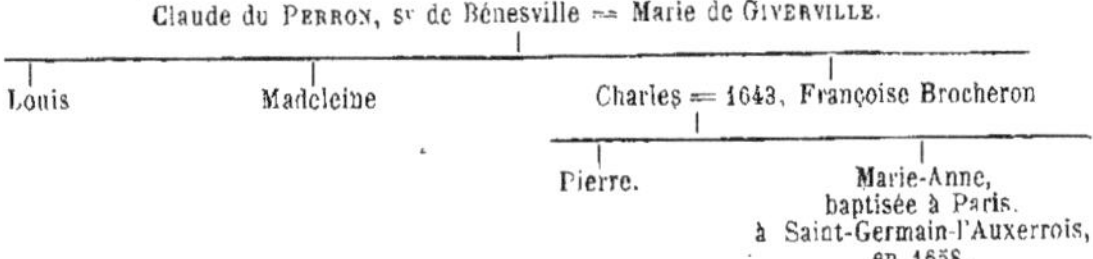

fois en 1643 à Françoise Brocheron, il a pu épouser en secondes noces une Marie Dufour qui aurait donné une fille, nubile et se mariant en 1685.

En 1691, une Marie-Anne Du Perron fait publier une vente de terre à Bénesville : il est vrai que l'acte ne paraît pas indiquer si elle est fille ou veuve (1).

Rien d'étonnant à ce qu'un Du Perron, de Bénesville, se soit transporté à Saint-Martin-du-Vivier s'il y a été appelé par son mariage avec une Dufour : on trouve, en effet, à Fontaine-Châtel, près de cette paroisse, une famille noble de ce nom (2).

François Dufour s[r] de Fontaine-Châtel, eut pour fils Jacques Dufour, s[r], de Sermonville, et celui-ci fut le père de Charles, s[r] du même lieu, marié en 1681 à Françoise Susanne : Susanne est une famille dont les branches diverses habitent près de Belmesnil, et qui est alliée à François Le Verdier (3). Un troisième, Charles Dufour, issu de ce mariage, demeurait à Longueville en 1744 (registres paroissiaux de Saint-Godard, de Rouen, 16 septembre 1744).

Tout cela, sans doute, n'est qu'une hypothèse; il faut convenir qu'il se rencontre des concordances curieuses.

François Le Verdier, deuxième de ce nom, continua sa résidence dans la ferme de Belmesnil après la mort de son père; il est probable qu'il la fit valoir (4). Mais, en même temps, il fut pourvu d'une charge d'archer en la maréchaussée, dans la compagnie du vice-bailli de Caux. Je n'ai pas les provisions; j'en ignore la date et les circonstances : les actes lui donnent cette qualité.

Trois mois après son mariage, François Le Verdier décédait : il fut inhumé dans l'église de Belmesnil. L'acte, qui le dit âgé de vingt-huit à trente ans, est du 1er juillet 1685; il est signé de Jacques Le Verdier, curé de Bures, son oncle, et d'Isaac Le Verdier, son frère cadet.

Quelques jours avant de mourir, il écrivait, en faveur de sa femme, un testament dont voici la teneur :

« J'ay soubzsigné François Verdier, archer dans la compagnye de monsieur le vis-
« baillif de Caux, demeurant en la paroisse de Belmesnil, ayant espouzé damoiselle
« Anne du Perron, confesse que laditte Anne du Perron ma femme a faict aport a ma
« maison les biens meubles cy apprès, sçavoir un bahut de cuir rouge plain et garny
« de dix douzaynne de serviette, six peres de draps, duquel nombre li en a quatre de
« toille menue et deux de grosse, deux toillette garnies d'ouvrage, la garnitture d'un lit
« d'etoffe rouge, six doubliers, trois neuves et les autres estans plus gros, un miroir à
« glace, une douzaynne de plats d'estain de moyenne grandeur qui n'ont point encorre
« servy, deux flambeaux, un pot de chambre, et deux sallières d'estain, deux posts,
« une chopinne, un demyon, saize assiette d'estain neufve, un plat à fairre la barbe,
« un benesquier d'estain, le tout de fin estain, un lit de plume, un mattelas garny de
« laynne, et deux loudiers (5), unne couverture de laynne blanche, un traversain garny
« de plume, deux couche, l'unne cloze et l'autre qui ne l'est point, une cavalle rouge
« et une vache aussy soubz poil rouge, une cramaillée et trois cramailleres, deux grand

(1) SIMON, *Histoire du doyenné de Doudeville*, t. II, p. 346.

(2) Voyez notamment La Galissonnière, même manuscrit, Y 65, au folio 64.

(3) D'après une ancienne généalogie de Dufour, trouvée au notariat de Longueville, communiquée par le comte d'Estaintot sans autre référence, et que je n'ai pu voir.

(4) A sa mort, en juillet 1685, la ferme n'était pas louée.

(5) Loudier, sorte de couverture en grosse toile.

« chenest, une grande armoirre fermant à clef, une paille à brasser, deux ponçons « vidange, un petit coffre, et la somme de soixante livres provenant de meubles vendus « à St-Martin du Vivier, et six chemize de lin et un lit de toille blanche, — tous les « quels cavalle et vache, biens meubles cy dessus sepesifyés et les dictes soixante livres « je consens et acorde que ladittes Anne du Perron, ma femme, au cas que le Bon « Dieu m'apelle de ce monde a l'autre allant de vye en deceds de la malladye dont « je suis de presens agitté, que la dittes ma femme remporte tous les dicts cavalle et « vache meuble en ainsy qu'elle advisera bien, sans que cella la puisse aucunnement « prejudicier a tous ses droits a elle atribué par nostre contract de maryage entre elle « et moy et a ses autre drois suivant la Coustume. En tesmoing de quoy j'ay signé a « Belmesnil ce vingt et uniesmes jour de juin seize cent quatre vingt cinq, et le present « escript faict en consideration de la bonne amityé que je porte à madittes femme. « F. Verdier. »

La signature se devine très nettement : le papier semble avoir été volontairement frotté pour la faire disparaître. L'écrit paraît autographe.

L'énumération des meubles ainsi reconnus par François Le Verdier n'aurait pas suffi à sa femme, s'il faut en croire les accusations d'Isaac Le Verdier, frère et héritier de François : elle aurait diverti, de concert avec la damoiselle Marie Dufour, sa mère, une partie notable de l'actif mobilier. Voici, en effet, que je trouve dans mes archives l'étrange requête qui suit, présentée au bailli de Longueville :

« Sur la requeste judiciairement faitte par Isaac Verdier, frère unique et héritier de « feu François Le Verdier, ledit François coherittier avec luy du feu sieur Verdier leur « père, present en personne, remontrant aux fins d'icelle qu'après le deceds dudit feu « sieur Verdier leur père la damoiselle sa veuve (1) serait demurée seulle maîtresse « de ses meubles; cependant ils ont sceu qu'après led, deceds il a esté soustrait or, « argent et autres bons meubles portés chez des voisins et autres personnes; de plus « qu'après le deceds dudit François son frère, la damoiselle Duperron sa veuve se « seroit retirée avec la damoiselle Dufour sa mère dans la maison dudit deffunt pendant « l'espace de plus de deux mois, sous prétexte de vouloir prendre connaissance des « forces et charges de la succession pour prendre une quallité; après lequel temps passé « elle auroit desclaré renoncer à laditte succession, ce qui aurait esté cause que le su- « pliant auroit fait une transaction avec ladicte Duperron sa belle sœur; mais depuis « ladicte transaction, il a eu l'advis que, pendant la demeure de la dicte Duperron et « la dicte damoiselle Dufour sa mère dans la maison dudit deffunt son frère, il a esté « enlevé et soustrait quantité de bons meubles de valleur de plus de trois mil livres « portez chez des voisins dans la parroisse de Bellemesnil et ailleurs, et comme il luy « est important d'avoir connoissance par quy et chez quy tous les enlevements et sous- « tractions tant du temps de ladicte damoiselle sa belle mère que du temps de « ladicte damoiselle Duperron sa belle sœur et de la damoiselle Dufour sa mère, ce « qu'il ne peut avoir, pour avoir esté le tout fait en son absence, pour quoy demande « estre permis informer desdits enlevements et soustractions... », etc.

(1) Catherine Le Balleur, seconde femme de François Le Verdier, mais ce ne fut pas elle la coupable, car elle mourut huit jours après son mari.

J'ai observé plusieurs cas de morts simultanées dans notre maison de famille; faut-il en voir la cause dans des conditions épidémiques. Je viens de citer un exemple; en voici un autre : Isaac mourut le 20 juillet 1739, et sa fille le 22.

Faisant droit sur la requête, le juge autorisa l'enquête demandée. Je ne connais pas la suite de l'affaire. On aime à croire que Isaac, trompé par les apparences ou des récits de voisinage, se résolut un peu vite à une démarche qui n'aurait pas été justifiée. Je n'ai pas non plus la transaction à laquelle la requête fait allusion.

Quoi qu'il en soit, après son veuvage, Marie Duperron dut se retirer dans sa famille et laisser la place à Isaac devenu héritier de son frère, décédé sans postérité. Je n'ai rien recueilli sur ce qu'elle devint.

Sixième degré :

B. — ISAAC LE VERDIER,
archer de M. le vice-bailli de Caux ; bourgeois de Dieppe,
né vers 1658, † 1739.
= 1° 1693, D[lle] CATHERINE TREVET, 2° 1694, MARIE BLONDEL.

Septième degré :

Jacques,	Isaac,	Marie,	Marie-Marguerite,	François,	Marie-Madeleine,	N...,
1695-1763,	1697,	1699-?	1700-?	1703-?	1710-1739,	1713.
= 1741,	† vers 1741,	=1724, A. Paon.	=1732, J. Brunet.	= 1729,	célibataire.	
M.-S. Brunet.	prêtre.			Th. Ragot.		

SIXIÈME DEGRÉ

B

Isaac Le Verdier.

Isaac Le Verdier est né vers 1658 ; cette date résulte de son acte mortuaire de 1739 qui le dit âgé de quatre-vingt-un ans. On se rappelle que les registres paroissiaux de Belmesnil manquent pour une période qui s'étend de 1646 à 1672.

A voir ce prénom insolite, on pourrait croire que Isaac Le Verdier l'avait reçu de parents huguenots ou teintés de réforme. Il n'en est rien. François Le Verdier et Marie Susanne, ses père et mère, étaient de bons catholiques : leurs baptêmes, mariages et inhumations se firent catholiquement, et ils reposent dans l'église de Belmesnil. Il en fut de même de leurs enfants. Je crois que Isaac fut ainsi nommé par son oncle Isaac Susanne, écuyer, sieur du Clariel, frère de sa mère, qui vraisemblablement fut son parrain. Celui-là fut aussi un pieux catholique, je n'en veux pour preuve que les mentions qu'il a inscrites dans le *Livre de raison* de sa famille, dont je conserve le manuscrit. Mais, à lui, d'où vint ce curieux prénom ? J'ai dit ailleurs que j'ai observé un certain nombre d'Isaac dans la contrée, et, par exemple, le lieutenant d'Election Isaac Morisse (1). Je puis signaler encore : Isaac de Civille, écuyer, s[r] de Saint-Mards, un réformé notable ; Isaac Dumont, écuyer, s[r] du Bostaquet et de la Fontelaye, autre huguenot, très connu, auteur de *Mémoires*, et qui tenait prêche chez lui ; Isaac Martel, de la puissante maison de Bacqueville, s[r] de Lindebeuf, religionnaire actif au temps d'Henri IV, et bien d'autres : c'est peut-être de lui que le prénom est venu d'abord. De tous ces huguenots, par l'effet du voisinage et de l'imitation, le prénom se répandit et passa aux catholiques.

Isaac Le Verdier s'appelait d'ailleurs, semble-t-il, d'un second prénom, Isaac-Jean.

I. — *Ses mariages.* — Isaac Le Verdier s'est marié deux fois.

En premières noces, il épousa, le 27 novembre 1693, en l'église de Saint-Maclou de Folleville, damoiselle Catherine Trevet, fille de feu noble homme Laurent Trevet, écuyer, s[r] de Montmirel, garde vétéran de Sa Majesté, et de feue Catherine Racine, de la paroisse de Saint-Victor-l'Abbaye.

Les familles Trevet et Racine étaient des meilleures de ce petit bourg.

(1) *Aliàs* Nicolas : *supra*, p. 16.

On était déjà allié, car nous avons rencontré, en 1611, au mariage d'Anthoine Verdier, troisième du nom, parmi les parents présents, honorable homme Pierre Trevet, laboureur, demeurant à Saint-Victor-l'Abbaye, « oncle maternel dudit Verdier ».

On trouve à Saint-Victor-l'Abbaye, une aînesse Trevet, dont était aîné ou porteur en avant en 1664 et 1665 le même Laurent Trevet, garde du roi, qui reçoit des aveux de ses puînés (1).

Dom Jehan Trevet était prieur de l'abbaye de Saint-Victor-en-Caux, en l'an 1500 (2). Il était frère de Pierre Trevet, demeurant au même lieu.

Guillaume Trevet, archer des gardes du corps du roi, obtint des lettres de vétérance le 4 janvier 1612, vérifiées en la Cour des Aides de Rouen le 18 septembre 1626 (3) : il devait être de la même famille.

Un Jean Trevet, prêtre habitué ou vicaire de la même paroisse de Saint-Victor, en 1675 et en 1693, était frère de Laurent, le garde du roi précité.

En 1655, Laurent Trevet avait succédé dans son office de garde du roi à François Racine, qui l'avait précédemment exercé (4).

Dom Guy Racine était religieux de l'abbaye de Saint-Victor en 1580.

Un Jacques Racine est procureur et receveur de l'abbaye de Saint-Victor en 1630.

François Racine, le jeune, est garde du roi en 1657, en 1666, et encore en 1673 : c'est le prédécesseur de Laurent Trevet.

Jacques Racine et *Catherine* Jourdain, sa femme, ont des enfants en 1673 et 1675, et François Racine, garde de S. M., est parrain de l'un d'eux. Observons que la mère de Catherine Trevet, Catherine Racine, porte le même prénom.

Jean Racine, s[r] de Sainte-Marguerite, est parrain d'un Nicolas Trevet, frère de notre Catherine, à Saint-Victor, en 1671 (5).

Jeanne Trevet « veuve de M. de Pleinesève, écuyer, demeurant à Grigneuseville », est inscrite à l'*Armorial* de 1696, et porte, d'azur à trois étoiles d'argent : je ne sais si c'étaient les armes de sa propre famille (6). Grigneuseville est voisin de Saint-Victor-en-Caux.

Revenons à Catherine Trevet et à ses parents.

Laurent Trevet, son père, était né à Montreuil-en-Caux, près Saint-Victor, le 27 août 1635 ; il avait obtenu des lettres de provision de Garde de la Porte du roi, le 25 mars 1655, sous les ordres du sieur Bautru, comte de Nogent, capitaine des Gardes de la Porte, au lieu et place de François Racine.

En 1668, Laurent Trevet et Jean, son frère, ayant été portés sur le rôle des tailles de Saint-Victor, Laurent Trevet assigna les habitants de cette paroisse afin d'obtenir contre eux décharge de l'impôt. Un arrêt de la Cour des Aides de Rouen, du 8 août 1669, lui donna gain de cause, laissant un tiers de la contribution à la charge de Jean, son frère (7) : d'où l'on doit inférer que la famille n'était pas noble, et que Laurent ne possédait que la noblesse personnelle résultant de sa fonction.

Il obtint des lettres de vétérance datées du camp de Cambrai le 3 août 1677, ayant

(1) et (2) Arch. de la S.-Inf. : notes communiquées par M. de Beaurepaire.

(3) Bibl. de Rouen, ms. Y 129, anc. fonds, au folio 635. Cité aussi par l'abbé Lebeurier, *Etat des anoblis en Normandie, 1545-1661*, n° 593.

(4) *Etat général de la France*, etc. (Paris, Mariu Le Ché, 1657), p. 89.

(5) Registres paroissiaux de Saint-Victor-l'Abbaye.

(6) *Armorial général*, Généralité de Rouen (édition de la *Société de l'Histoire de Normandie*, G.-A. Prévost), t. 1, p. 35.

(7) Arch. S.-Inf., B, Cour des Aides, Conseil, 1669, P. 167.

servi plus de vingt-un ans; elles furent enregistrées à la Cour des Aides de Rouen le 28 février 1679 (1).

Ces deux arrêts le qualifient : Laurent Trevet, s^r de Montmirel (2). Les actes en ma possession ajoutent le titre d'écuyer, et celui de noble homme.

Marié à damoiselle Catherine Racine, il en eut un fils, Nicolas, né à Saint-Victor-l'Abbaye en 1671 (je l'ai dit tout à l'heure), qui mourut et fut inhumé dans l'église du même lieu, l'année suivante, et puis deux filles, Catherine et Elisabeth.

Laurent Trevet perdit sa femme, Catherine Racine, prématurément : elle décéda à Saint-Victor, le 20 janvier 1676, à l'âge de quarante ans (3). Lui-même mourut à une date que j'ignore, entre 1679 et 1693.

Les deux sœurs, Catherine et Elisabeth, par une coïncidence bizarre, se marièrent le même jour, 27 octobre 1693, la première, à Saint-Maclou de-Folleville avec Isaac Le Verdier, l'autre, à Saint-Godard de Rouen avec Bonaventure Varengué ou de Varengué, fils de feu Me Charles Varengué et de Catherine Fontaine. Ce Bonaventure de Varengué était chevau-léger de la garde du roi; il fut plus tard vice-bailli de Caux. On peut être sûr qu'aucune des deux sœurs n'assista au mariage de l'autre. L'étrangeté de cette réciproque absence s'augmente encore si l'on considère qu'elles n'avaient plus ni père ni mère, qu'il en était de même de l'un des époux, Isaac Le Verdier, et que l'autre, Bonaventure de Varengué, n'avait plus que sa mère. J'ai souvent constaté que, contrairement à l'idée que l'on se fait parfois des fêtes et plantureux repas de noces cauchoises, les cérémonies du mariage s'accomplissaient souvent jadis sans assistance, ni pompe, avec les seuls témoins, à une heure matinale et parfois même nocturne. C'est de nos jours que la cérémonie du mariage a pris une grande ampleur.

Voici les actes des mariages des deux sœurs; Catherine était l'aînée.

Saint-Maclou-de-Folleville, 1693.

« Le 26e dudit octobre, par permission de discrète personne Me Jacques Le Balleur, « p^tre, curé de St-Victor l'Abbaye, Me Isaac Le Verdier, de la paroisse de Belmesnil, « et Catherine Trevet, de la paroisse dudit St-Victor, se sont fiancés en l'église de « céans aux présences et du consentement de leurs parents et amis soussignés.

« Le Verdier, Catherine Trevet. Le merc de Nicolas du Crocq; Lecocq, Anne « Lamy, Jean Maudré, Nepveu.

« Les dits Le Verdier et Catherine Trevet se sont mariés le lendemain vingt septième

(1) Arch. S.-Inf., B, Cour des Aides, Conseil, 1679, p. 515.

(2) Je ne sais d'où Laurent Trevet tirait ce nom : il y avait un fief de Montmirel à Varvannes, un lieu dit de ce nom à Déville-lès-Rouen. Il doit s'en rencontrer d'autres. Par une singulière coïncidence, il y avait à Saint-Aubin-sur-Gaillon des Trevet : Nicolas Trevet et Benjamin, son frère, s^rs de Couvincourt, en cette paroisse, furent maintenus de noblesse en 1668. Et dans la même paroisse de Saint-Aubin-sur-Gaillon se trouvait un fief de Mont-Mérel. Je crois qu'il n'y a aucun rapprochement à faire avec Laurent Trevet, s^r de Montmirel (Cf. CHARPILLON, *Dict. de l'Eure*, v° Saint-Aubin-sur-Gaillon), et BLOSSEVILLE, *Dict. topogr. de l'Eure*.

Il existait encore d'autres familles Trevet, sans rapport avec celle qui nous intéresse; on en cite une notamment dans l'élection de Neufchâtel. Farin (édition *Du Souillet*, t. I, 2e part., p. 13), mentionne un Etienne Trevet, conseiller au bailliage de Rouen, anobli en 1652 : il me paraît n'avoir rien de commun avec ses homonymes de Saint-Victor-l'Abbaye et environs.

(3) 21 janvier 1676. « A été inhumée dans notre église damoiselle Catherine Racine, « âgée de quarante ans, femme de noble homme Laurens Trevet, sieur de Montmirel, garde « du roy, décédée le jour d'hier en la communion de l'Eglise. » (Registres paroissiaux de Saint-Victor.)

« dudit mois et an en lad. eglise de ceans, après les ceremonies d'icelle sur ce requises et « necessaires deument faites et accomplies, par une dispense de deux bans obtenue de « M. Clement, official et grand vicaire de Mgr l'archevesque de Rouen, en dabte du « 26 octobre et insinuée le même jour au greffe des insinuations ecclesiastiques du « diocèse dudit Rouen, y recours, en la presence et du consentement de leurs parens « et amis soubsignés.

« Le Verdier, Catherine Trevet, Du Chastel, Le merc de Catherine Trevet veuve « de Louis Lamy, Anne Lamy, Le merc de Nicolas du Crocq, Barre. »

(Registres paroissiaux de Saint-Maclou-de-Folleville.)

Paroisse Saint-Godard de Rouen, 1693 :

« Le mardi 27 octobre 1693, a esté marié par Me Jean Trevet, prêtre habitué de « la paroisse de St-Victor l'Abbaye, du consentement de Me Thomas Vallée desservant « de cette paroisse, Bonaventure Varengué, fils de feu Me Charles Varengue et de Cathe- « rine Fontaine, de cette paroisse, avec Elisabeth Trevet, fille de feu Laurens Trevet « et de feue Catherine Racine, de la paroisse de St-Victor l'Abbaye, après les publi- « cations de trois bans faites dans les susdites paroisses, sans empêchement, et en pré- « sence de Me Charles Varangue, de Me Leonard Dupuys, prestre, et du sieur Pierre « Labarbe, témoins, soussignés.

« De Varangue. Elisabeth Trevet. J. Trevet. Dupuys. Labarbe. De Varangue. »

Les renseignements qui précèdent sont résumés dans le tableau suivant :

Laurent TREVET, éc., sieur de Montmirel,
né en 1635, garde de Sa Majesté,
= Catherine Racine, † 1676.

Jean TREVET,
prêtre à Saint-Victor,
1675, 1693.

Nicolas, né ?, † en bas âge.	Catherine, née vers 1665, † 1694, = 27 octobre 1693, Isaac Le Verdier, né vers 1658, archer de M. le vice-bailli de Caux.	Elisabeth = 27 octobre 1693, Bonaventure de Varengue, l'un des deux cents chevau-légers, plus tard, vice-bailli de Caux.

Catherine Trevet est morte sans enfants, moins d'un an après son mariage : « le 16 de « juillet (1694) a esté inhumée dans l'église Catherine Trevet, femme de sr Isaac « Verdier, aagée de viron vingt neuf ans, laquelle a rendu l'âme à Dieu, après avoir « receu les saints Sacrements de Pœnitence, Eucharistie et Extrême-Onction. Le Ver- « dier, P. Ladvenue, curé. » (Registres paroissiaux de Belmesnil.)

Je n'ai pas le contrat de mariage de Isaac Le Verdier et de Catherine Trevet. Il m'est resté seulement quelques pièces relatives à son maigre apport et aux contestations auxquelles il donna lieu après sa mort.

Veuf, sans enfants, Isaac Le Verdier gardait pour lui le don mobile et rendait le reste à son beau-frère, Bonaventure de Varengue et à la femme de celui-ci, Elisabeth Trevet, unique héritière de Catherine. En 1696, le règlement n'était pas encore opéré, et l'on était devant le juge, au Présidial de Caudebec : « Sur l'assignation donnée par « le sr Le Verdier au sr Bonaventure de Varengue, les 18 septembre et 4 octobre », etc. La procédure avait suivi. On se décida à transiger : « Pour terminer le procès entre... », etc. Afin de demeurer quitte de toutes les demandes et prétentions du sieur Le Verdier, sur la succession du feu sr de Montmirel, le sr de Varengue abandonna à son beau-frère un capital de 150 livres payées, savoir 50 livres en espèces et 100 livres au moyen du transport d'une rente de 5 livres 12 sols, due par le sieur Berthelot, fermier de feu Laurent Trevet, et constituée en faveur de celui-ci pour fermages arriérés.

Cette transaction est écrite sous seings privés, avec les signatures de Isaac Le Verdier et de Bonaventure de Varengue. Si cette somme de 150 livres représente le don mobile, on peut croire que tous les droits de Catherine Trevet sur les successions paternelle et maternelle n'avaient été que de 450 livres environ, puisque le don mobile était, d'après l'usage, le tiers de l'apport. Ainsi, le Garde de Sa Majesté n'était pas riche : on ne fait pas fortune à l'armée (1).

En secondes noces, Isaac Le Verdier épousa, à la fin de l'année 1694, Marie Blondel, fille de feu Pierre Blondel, en son vivant marchand à Bacqueville, et de Marie Jolette, sa veuve, demeurant à Dieppe, paroisse Saint-Rémy. Les bans furent publiés à Belmesnil le 14 novembre de cette année; l'acte de mariage doit se trouver à l'état-civil de Dieppe.

J'ai leur contrat de mariage, ou du moins une copie contrôlée, datée de 1755. Le traité était sous seings privés; il fut conclu le 9 novembre, quelques jours avant les bans. « Honneste fille Marie Blondel » était assistée de sa mère, « honneste femme Marie Jolette », du sieur Pierre Blondel, « greffier en la maréchaussée de France pour le bailliage de Caux », son frère aîné et tuteur principal, du sieur Jean Martel, son oncle maternel et tuteur consulaire. Isaac Le Verdier avait de son côté, pour témoin, Monsieur Isaac Susenne, s[r] du Clariel, conseiller du roi, élu en l'Election d'Arques et procureur fiscal du duché de Longueville, son oncle.

L'époux, suivant l'usage, gageait douaire sur tous ses biens présents et à venir; il promettait aussi à sa future épouse « sa part aux acquêts et conquêts qu'ils feront constant leur mariage » : c'est une clause que je n'ai pas encore rencontrée dans les contrats précédents.

Quant à l'épouse, elle reçut de son frère aîné 3.500 livres pour demeurer

(1) Ce serait ici un hors-d'œuvre que d'exposer la condition des gardes du roy. On trouvera des développements intéressants dans l'*Etat de la France* (édition de 1702, au tome I, ch. v). La garde du roy, au Louvre, comprenait : 1° les quatre compagnies des gardes du corps; 2° les Cent Suisses; 3° les gardes de la Porte; 4° la compagnie de la Prévôté de l'Hôtel. Hors du Louvre, et aux armées, la garde comprenait, en outre : la compagnie des gendarmes du roi, celle des deux cents chevau-légers, les deux compagnies de mousquetaires, et les régiments des gardes françaises et suisses.

La Garde de la Porte (celle à laquelle appartenait Laurent Trevet) comptait un capitaine, qui avait rang de colonel, quatre lieutenants et cinquante gardes, qui servaient par quartier. Les gardes avaient deux cents livres de gages. « Ils portent des juste-au-corps « bleus garnis de boutons d'orfèvrerie, avec un large galon d'or et d'argent sur toutes les « coutures et sur le parement des manches, qui est de velours rouge ou d'écarlate, et leurs « bandoulières et ceinturons sont entièrement couverts de ce même galon or et argent ». Ils étaient armés du mousqueton. Ils montaient la garde au Louvre, ou autre logis du roi, et, comme les gardes du corps, ils faisaient faction aux portes extérieures et intérieures. Ils étaient exempts de taille, de gabelle, de la taxe de franc-fief, etc. Un arrêt du Conseil privé de 1668, confirmé par un autre de 1694, leur confère le titre d'écuyer avec tous les privilèges de la noblesse. Ils ont la préséance, aux honneurs d'église et de tous autres lieux, sur les officiers des élections et greniers à sel et tous juges non royaux, etc. (*Ibidem*, p. 469 et suiv.).

quitte, lui et ses puînés, de toute part qu'elle pourrait prétendre sur la succession de Pierre Blondel, leur père, et sur celle de leur aïeul, autre Pierre Blondel. Elle reçut, en outre, de sa mère, 500 livres, moyennant lesquelles elle renonçait aussi à rien demander sur la succession maternelle quand elle écherrait. On ne parle pas de trousseau ; il y en avait un pourtant puisqu'on stipulait qu'en cas de décès de son mari, la veuve reprendrait « son lit fourni, hardes et linges à son usage avec deux coffres », formule de style, ou 600 livres à son choix, sans préjudice de tous autres droits. Les gains de survie du mari prennent ici une forme moins usuelle : au lieu qu'un tiers lui soit abandonné en pleine propriété comme don mobile, ce droit consistera en l'usufruit, sa vie durant, sur la totalité des 4.000 livres, qui tiendront en totalité nom, côté et ligne de l'épouse, et ce, soit qu'il reste en veuvage, soit qu'il convole en nouvelles noces. 4.000 livres de dot ! Nous n'avions pas vu encore, dans notre arbre, une grand'mère si largement pourvue. Avouons aussi que l'argent s'est déprécié depuis les précédentes générations. Quoi qu'il en soit, les 4.000 livres étaient, en 1694, une belle somme.

Le marchand de Bacqueville était riche : j'en trouve la preuve dans cette circonstance que sa famille s'est élevée, aux degrés qui l'ont suivi ; c'est un signe de fortune. Son fils aîné laisse le commerce et prend une charge : il est greffier de la maréchaussée pour le bailliage de Caux. La charge est encore modeste, sans doute, mais nous rencontrerons les personnages suivants :

1° En 1724, un Blondel de la Haittrais met sa signature à l'acte de mariage d'une fille de Isaac Le Verdier et Marie Blondel, épousant, à Bertreville, Adrien Paon. (Registres paroissiaux de Bertreville.)

2° En 1763, Laurent-César Blondel, s[r] des Vallons, chevalier de Saint-Louis, demeurant à Dieppe, prend part, à titre de cousin, à la délibération du conseil de famille des enfants mineurs de Jacques-Jean Le Verdier, fils des mêmes Isaac et Marie Blondel, les petits-enfants, par conséquent, de ceux-ci. (Arch. L. V.)

3° En 1776, François-Auguste Blondel, chevalier de Saint-Louis, demeurant à Sainte-Foy, signe, comme témoin, avec la qualité de « parent », l'acte de mariage de Jacques-Jean-Michel Le Verdier, l'un de ces petits-enfants. (Registres paroissiaux de Belmesnil, 1776.) Il semble se confondre avec le suivant.

4° En 1782, un Blondel des Noyers signe de ce nom l'acte mortuaire de Marie-Suzanne Brunet, veuve de Jacques-Jean Le Verdier précité. (Registres de Belmesnil.) Et l'on trouve aux rôles des tailles de la paroisse de Longueville, de 1759 à 1761, au chapitre des exempts, un Blondel des Noyers, capitaine des milices garde-côtes, demeurant en ce bourg (1).

« Honorable homme », *aliàs* « Maître Adrien Blondel », laboureur, demeurant au Quesnay, paroisse de Lamberville, est un frère de notre Marie Blondel ; cité en 1719 et 1741.

Maître Isaac, et *aliàs* Jean Blondel, prêtre, curé de Saint-Maclou-de-Folleville, mentionné dans des actes de 1741 et 1744, est un autre frère. Le prénom Isaac, rencontré une fois, doit être une faute de copie.

(1) M. Blondel des Noyers, sous les titres différents de capitaine de milices, officier aux invalides, capitaine de grenadiers provinciaux, capitaine invalide ou des invalides, et capitaine des canonniers garde-côtes, habite Longueville de 1759 à 1761 ; il habite à Sainte-Foy de 1762 à 1788. Il est dit chevalier de Saint-Louis aux années 1785 et suivantes. (*Rôles des tailles de Longueville et de Sainte-Foy*, Arch. S.-Inf., C 1840 et 1916.)

A l'inventaire dressé le 22 juillet 1739, après la mort d'Isaac Le Verdier, assiste comme témoin et parent Nicolas Blondel, sergent royal à Bacqueville. (Arch. L. V.)

Le contrat de mariage d'Isaac Le Verdier, complété par des notes recueillies dans d'autres actes, fournit le groupement suivant :

Pierre Blondel.

Pierre Blondel, marchand à Bacqueville, † avant nov. 1694,
= Marie Jolette ; veuve, elle réside à Dieppe.

Pierre Blondel, greffier en la maréchaussée pour le bailliage de Caux ; vit en 1694.	Jean Blondel, curé de Saint-Maclou-de-Folleville.	Me Adrien Blondel, laboureur, au Quesnay (Lamberville).	Marie, = 1694, Isaac Le Verdier.

Le terrier de la seigneurie d'Omonville, rédigé en 1776 (1), mentionne parmi les tenanciers à cette date « le sieur Jacques Blondel, bourgeois de Paris » : il est fils puîné de Me Pierre Blondel, conseiller du roy, élu en l'Election d'Arques, et celui-ci est fils et héritier d'un autre Pierre Blondel. D'où le tableau :

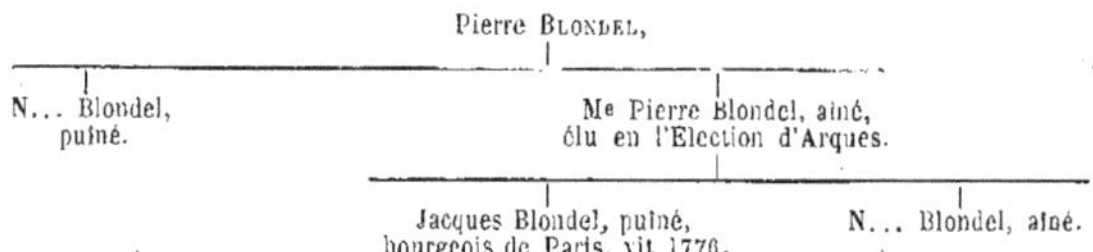

Ne serait-on pas tenté de souder ce tableau au précédent, en l'accrochant au greffier de la maréchaussée, dernier de l'un, premier de l'autre ? Pourtant, ne méconnaissons pas que, malgré les apparences, il peut s'agir de deux familles différentes.

Un Pierre Blondel, marchand, ancien receveur de la ville de Dieppe, est inscrit à l'*Armorial général* de 1696, avec les armes suivantes : D'azur, à trois étoiles d'or, 2 et 1, surmontées en chef d'une foy de carnation parée d'or (2).

C'est un Blondel, greffier, « garde et conservateur des registres des baptêmes, mariages et sépultures », qui paraphe, de 1692 à 1696, les registres destinés à recevoir ces actes dans l'Election d'Arques. Il paraît opérer au nom d'un traitant qui a affermé la fourniture de ces registres et de leur timbre pour la Généralité de Rouen.

Voilà encore des Blondel, dont les professions, marchand ou greffier, dont les prénoms et même la résidence à Dieppe rappellent assez ceux qui composaient la famille où Isaac Le Verdier a pris femme. Je dirai, comme tout à l'heure, ceux-ci peuvent être parents de ceux-là : rien ne permet de l'affirmer.

II. — *Ses emplois.* — Isaac Le Verdier n'était qu'un cadet. La mort de François, son frère aîné, décédé sans postérité aux derniers jours de juin 1685, neuf mois seulement après leur père, en fit un chef de famille. Elle le trouva demeurant à Dieppe. Qu'y faisait-il ? On le dit bourgeois de la ville; on n'ajoute pas marchand. Il était alors âgé de vingt-sept ans environ, célibataire et ne devait même se marier que huit ans plus tard;

(1) Arch. S.-Inf. ; manuscrit que j'ai recueilli et offert à ces archives.

(2) Edition de la *Soc. de l'Hist. de Normandie*, t. I, p. 262. On peut s'étonner que le greffier de la maréchaussée ne figure pas à l'*Armorial*. Les deux Blondel, chevalier de Saint-Louis, durent, suivant l'usage du XVIIIe siècle, adopter des armoiries.

malgré l'héritage de la ferme, il n'alla pas d'abord en prendre la direction, mais continua de résider à Dieppe : il devait y être retenu par une occupation. Laquelle ? Je l'ignore. Toujours est-il qu'aussitôt, et par bail du 5 septembre 1685, il loua cette ferme et pour six ans à compter de la Saint-Michel suivante ; le prix était de 14 livres et 10 sols l'acre, pour une contenance, à mesurer, de quarante-cinq à quarante-six acres environ. Il comptait bien venir à Belmesnil pour de fréquents séjours, car la convention lui réservait « la chambre de derrière la cheminée de la cuisine », et la cave au-dessous d'icelle (on reconnaît la disposition des lieux maintenue de nos jours), avec une petite écurie attenante au pressoir.

Donc, bourgeois de Dieppe et peut-être marchand, il fut aussi laboureur à Belmesnil, et archer de la maréchaussée.

La qualité de bourgeois de Dieppe lui est donnée par des actes de 1685 et de 1693, puis, de nouveau, après un long intervalle, par des actes datés de 1723 à 1737, alors même que sa résidence principale est à Belmesnil. En 1685, il demeure rue de l'Epée ; en 1693, tout qualifié de bourgeois de Dieppe qu'il est, on ajoute qu'« il demeure à présent en sa ferme de Belmesnil ». Laboureur à Belmesnil, il a une demeure à Dieppe, rue des Halles, en 1724, rue Pelleterie, paroisse Saint-Remy, en 1727 et 1728, et Grande-Rue, paroisse Saint-Remy, en 1737. Quoiqu'aucun de ces actes, et j'en ai six, n'ajoute à la qualité de bourgeois celle de marchand, comme il était d'usage le cas échéant, je me figure que cet homme ne s'en allait pas à Dieppe en simple citadin. Il devait y être appelé par des intérêts tels que le commerce ou quelque emploi public.

Une des raisons de le penser, c'est l'extension de sa fortune, qui ne doit pas résulter seulement des bénéfices de son agriculture (1) et de l'apport de sa femme. Je montrerai plus loin, en effet, l'important accroissement de la ferme de Belmesnil dans ses mains, passant de quarante-six acres à soixante-douze, les rentes amorties par lui, le chiffre notable des dots remises à ses enfants, et l'importance relative de sa succession mobilière.

Laboureur et demeurant à Belmesnil, il l'était en 1693. Sans doute, il commença à l'être en 1691, à l'expiration du bail de 1685. C'est la même résidence qui est exprimée dans de très nombreux actes des années 1693 à 1739, en celui de sa mort, et partant, même profession agricole à conclure, ce n'est pas douteux. La qualité de laboureur est mentionnée dans deux actes de 1736 et 1739 ; un autre, de 1741, le désigne « en son vivant laboureur ». Notre ancêtre fut donc, comme tous avant lui et après lui, un laboureur à Belmesnil. Sa résidence et sa bourgeoisie à Dieppe n'ont été, dans sa vie, qu'un accessoire.

Enfin, Isaac Le Verdier fut archer de la maréchaussée de 1693 à 1720, jusqu'à cette dernière date seulement, la charge ayant été supprimée par l'édit de mars 1720.

Il ne succéda pas à la charge semblable de son frère aîné, qui lui échut en 1685, et qu'il a dû vendre (2). C'est seulement en 1693 que, « bourgeois de Dieppe et demeurant à présent en sa ferme de Belmesnil », il acquit une charge pareille par acte du

(1) Pourtant, j'ai déjà constaté des fortunes faites par des ruraux au commencement du XVIIIe siècle. (Voir mon *Histoire de la famille Le Bas*, en la « Notice sur la famille Le Sauvage ».) Jean Le Sauvage, qui meurt en 1715, est le premier de la famille qui apparaisse avec une condition transformée : il était laboureur.

(2) Je possède un aveu de Isaac Le Verdier à la seigneurie d'Omonville, du 28 septembre 1685, où il est déjà désigné « archer commis de M. le vice-bailli de Caux ». Mais le prénom Isaac a été substitué à un autre visiblement gratté, celui de François probablement, en vue de qui l'acte avait été préparé ; mais, François étant venu à mourir avant d'avoir baillé l'aveu, le nom d'Isaac, son successeur, fut écrit, et l'on oublia de gratter la profession.

14 août, passé à Belmesnil devant le notaire royal au bailliage de Caux pour la noble sergenterie de Bosguillaume (1). Le vendeur était « Pierre du Pray, escuier, conseiller et procureur du roy en la mareschaussée de Caux, demeurant en la paroisse d'Ingouville ». La fonction est dite « une charge d'ancien archer dans la compagnie de M. le vice-bailli de Caux ». Elle appartenait au vendeur comme l'ayant héritée de son père, feu Noël Dupray. Le prix stipulé était de 1.500 livres, payables savoir : 400 comptant, 200 sur les gages des deux premières années, et pour le surplus, soit 900 livres, l'acquéreur se constituait en 50 livres de rente au denier dix-huit, racquittables à sa volonté. Quelques années plus tard, ce vendeur transportait sa rente à Me François de Rougeville, avocat au Parlement, demeurant à Rouen, entre les mains de qui s'opéra plus tard le racquit.

Cette vente, bien entendu, ne suffisait pas à investir l'acquéreur de sa fonction. Il lui fallait obtenir du roi des lettres de provision. Celles-ci furent accordées le 10 septembre 1693; l'entérinement s'en fit au Bureau des Finances, à Rouen, le 26 octobre suivant. Je ne possède pas les lettres de provision; elles sont intégralement insérées dans l'arrêt d'enregistrement rendu par la Cour des Aides, le 7 décembre 1718 seulement (2).

Voici le texte de l'arrêt du Bureau des Finances, transcrit sur l'original, et revêtu des signatures des magistrats du siège, en ma possession :

« Les Présidents Trésoriers de France, Généraux des finances et grands voyers en « Normandie au Bureau des finances de la généralité de Rouen. Veu par nous les « lettres patentes du Roy données à Paris le dix septembre dernier, par les quelles Sa « Majesté, pour les causes y contenues, et en agréant et confirmant la nomination et « presentation du sieur Simon vis-bailly au bailliage de Caux, a donné et octroyé à « Isaac Le Verdier l'estat et office d'archer d'antienne création en la compagnie dud. « vis-bailly, au lieu et place de Pierre du Pray, dernier possesseur, pour en jouir aux « gages et droits y attribués, Nous mandant Sad. Majesté les luy faire payer ainsy « que plus au long est contenu ausd. lettres; l'acte de lad. nomination et reception dud. « Le Verdier a luy expédié par led. sieur Simon vis-bailly le dix neufe aoust aussy « dernier; et la requête à Nous presentée à ce qu'il nous plust voir lesd. lettres « et ordonner le registrement d'icelles ès registres du bureau, pour jouir desd. gages « et droits; Ouy le raport du sieur Conseiller Tresorier général de France raporteur, « NOUS AVONS ORDONNÉ que lesd. lettres patentes seront registrez ès registres du « bureau pour jouir par led. Isaac Le Verdier, les gages, droits et apointemens attribuez « aud. office d'archer d'antienne creation dud. bailliage, au lieu dud. Du Prey, lesquels « gages et droits mandons aux Receveurs des tailles de l'élection de Caudebec, chacun « en l'année de son service, payer et delivrer comptant aud. Le Verdier doresnavant « par chacun an aux termes et en la maniere accoustumée, a commencer du jour de « sa reception, et raportant, par celuy qui en faira le premier payement, copie colla- « tionnée desd. lettres et des présentes pour une fois seulement avec quittance d'iceluy « Le Verdier suffisante, seront par Nous lesd. gages et droits passez et allouez en la « depense de leurs estats au vray et partout qu'il appartiendra sans difficulté. Donné « à Rouen, au bureau des finances, le xxvie octobre xvie quatre vingt treize.

« De Hanyvel. Gauyer. Tharel. Boullays. »

(1) Cette noble sergenterie est un dernier débris d'un fief du même nom, sis aux paroisses de Cropus et Notre-Dame-du-Parc, qui ne fut pas sans éclat aux temps anciens.

(2) Arch. de la S.-Inf., Mémoriaux de la Cour des Aides, t. L, f° 273.

La fonction n'était pas rétribuée par des gages bien élevés : de 200 livres par an en 1592, ils avaient été successivement augmentés et portés à des chiffres, qui variaient suivant les provinces et ne dépassaient pas 300 livres, et dernièrement encore, par un édit du 6 mai 1692. Mais l'archer jouissait du sérieux privilège de l'exemption de la taille, levée de deniers ordinaires ou extraordinaires, logement des gens de guerre, tutelle et curatelle, etc. C'est ainsi qu'au « rôle et assiette de la taille de la paroisse de Belmesnil », Isaac Le Verdier est couché parmi les trois ou quatre exempts de la paroisse (1).

Isaac Le Verdier était titulaire d'un office d'*archer d'ancienne création*, ce qui fait qu'il est appelé quelquefois *ancien archer*, et ce par opposition aux offices d'archers créés par des édits postérieurs. Les anciens offices étaient préférés aux autres; ils étaient moins exposés au rachat que des offices créés pour des besoins passagers ou quelquefois injustifiés.

La maréchaussée, à laquelle notre ancêtre était agrégé, n'était autre chose que ce que nous appelons aujourd'hui la gendarmerie, avec cette différence qu'elle jugeait elle-même certains délinquants après les avoir arrêtés. Il y avait dans ce temps-là, dans chaque province ou prévôté, un prévôt général qui avait sous ses ordres des vice-baillis et lieutenants, des assesseurs, procureurs et greffiers. Le vice-bailli commandait une région, un bailliage, avec un certain nombre d'archers sous ses ordres. Et de là vient que le titre donné à Isaac Le Verdier varie un peu dans son énoncé. On trouve : ancien archer, archer de la maréchaussée de Caux, archer au vice-bailliage de Caux, archer dans la compagnie de M. le vice-bailli de Caux, archer dans la prévôté de Normandie sous le vice-bailli de Caux; et, le plus souvent, la forme abrégée, archer de M. le vice-bailli de Caux. Les prévôts, vice-baillis, lieutenants, assesseurs ou procureurs en la maréchaussée possédaient la noblesse personnelle, avec le titre d'écuyer (2). Quant aux simples archers, ils devaient se contenter, et c'était déjà très beau, de leurs exemptions d'impôts.

La fonction était assez modeste pour que les archers pussent échapper aux traitants de l'*Armorial général* de 1696 : Isaac Le Verdier ne se vit pas imposer d'armoiries et n'y figure pas. Du reste, on n'y voit pas de militaires : l'armée fut affranchie des obligations de cette opération fiscale.

A cela près que leur nombre était très restreint, ce qui grandissait leur situation, les archers, recherchant les délinquants, les poursuivant, enquêtant et instruisant les délits, se rapprochent sensiblement des gradés de notre gendarmerie moderne. Ils avaient, du reste, rang « de bas officiers », comme on disait. Mais l'assimilation était loin d'être complète avec leurs successeurs. Ils ne vivaient pas en caserne; ils résidaient chez eux-mêmes, dispersés dans les campagnes, séparés par de grandes distances. Montés, ils étaient astreints à des chevauchées dans la zone qui leur était confiée; leur fonction les appelait aussi à des services momentanés auprès du vice-bailli ou du tribunal de la maréchaussée. Tout cela, à la campagne, leur donnait le prestige de représentants locaux de l'autorité.

La maréchaussée des provinces souffrait d'un vice grave : cent édits locaux avaient modifié l'organisation du corps, le nombre, la condition, les gages des officiers, suivant

(1) Arch. S.-Inf., C 1747; années 1695 à 1716. En 1717 et 1718, Isaac Le Verdier est inscrit à la taille, taxé 30 livres seulement par l'Intendant de la généralité, alors qu'au même rôle des laboureurs de fermes analogues sont imposés à des chiffres bien supérieurs. Il dut réclamer pourtant, car il est replacé parmi les exempts en 1720.

(2) Déclaration du 6 mai 1692.

les provinces ou les fractions de province; les « contestations étaient fréquentes entre les officiers sous prétexte d'indépendance les uns envers les autres », la « modicité des gages des archers et le peu d'exactitude dans leurs paiements » les obligeaient à s'attacher à d'autres emplois, d'où résultait un grand relâchement dans leur service : une réforme s'imposait. Elle fut accomplie par l'édit du mois de mars 1720 : il supprima tout ce qui existait, les offices d'ancienne et de nouvelle création, et il créa une maréchaussée uniforme pour tout le royaume (1).

L'office d'Isaac Le Verdier fut ainsi aboli. Rentra-t-il dans les 1.500 livres qu'il avait déboursées pour son acquisition ? Assurément non. Le roi remboursa la finance : quelle finance ? Celle qui avait été primitivement versée au Trésor au moment de la création de l'office, sans considération pour la différence de la valeur de l'argent, ni pour les prix majorés avec les années, que les possesseurs successifs étaient obligés de payer : c'était la pratique royale du temps. C'est ainsi qu'Isaac, par arrêt du Conseil du 12 octobre 1720, obtint « pour remboursement d'office supprimé » une rente perpétuelle de 15 livres (2). Le certificat est établi au nom de Jean Le Verdier, soit qu'Isaac portât aussi ce prénom, soit que l'auteur du titre ait commis une erreur. Cette rente était encore payée aux descendants d'Isaac en 1763.

III. — *Isaac Le Verdier, laboureur : Sa ferme de Belmesnil.* — En 1685, Isaac Le Verdier avait succédé à son père et à son frère aîné dans la ferme patrimoniale. Le bail qu'il signait aussitôt en déterminait la contenance, quarante-cinq à quarante-six acres (3). A sa mort, un pacte de famille évaluera sa succession immobilière à « soixante-douze acres labourables et clos évalués à deux pieds pour un ». Comme il faut entendre par là que les herbages ont été comptés pour une contenance double, afin de pouvoir calculer l'ensemble avec un prix de base uniforme; comme, d'autre part, quatre ou cinq acres en masure sont le maximum de ce qu'il pouvait avoir (il ne possède qu'une demi-douzaine de bêtes à cornes), même si l'on tient compte des bâtiments et places perdues, on peut considérer que les possessions immobilières d'Isaac Le Verdier ont été poussées à soixante-huit acres au moins.

Ses acquisitions furent nombreuses, en effet; j'en ai la plupart des contrats.

Si j'entre ici dans quelques développements, c'est qu'ils me permettent d'établir l'assiette de notre vieux bien de famille au premier tiers du XVIIIe siècle. J'ai noté une première étape avec Anthoine Verdier, le troisième de ce nom, vers 1655, et une seconde avec François, vers 1684; j'en marque une troisième. Puis le bien s'agrandira encore jusqu'à la Révolution : sa contenance s'augmentera de vingt acres d'Isaac à Pierre-Jean Le Verdier, mon aïeul; enfin, celui-ci la portera au double de ce qu'il aura reçu, et ce sera la dernière étape. Cette ascension est un phénomène social qui mérite d'être noté.

(1) L'organisation nouvelle a été en grande partie imitée par notre gendarmerie. Les hommes étaient groupés par brigades et cantonnés dans des casernements, mais en bien plus petit nombre que de nos jours. Si l'on considère l'ancien pays de Caux, il y avait des brigades à Caudebec, Saint-Romain, Cany, Dieppe et Tôtes; c'est tout.

(2) Le *Mémoire sur la généralité de Rouen*, de Voysin de la Noiraye (1665), publié par Edmond Esmonin (Paris, Hachette, 1913), contient un tableau des officiers de la maréchaussée en Normandie, à la date de 1665. Au bailliage de Caux, il n'y a que neuf archers; les archers « anciens » reçoivent 150 livres de gages; leur office est évalué 1.200 livres (page 232). Isaac Le Verdier avait acheté son office par 1.500 livres.

(3) *Supra*, p. 65, j'ai évalué les possessions de François, son père, à une cinquantaine d'acres : cette quantité dut être réduite par le mariage avenant de Marie, sœur d'Isaac.

Voici donc les contrats que m'offrent mes archives :

1° 6 octobre 1697, au tabellionage d'Arques, vente par les représentants Giffard, demeurant à Dieppe : une maison avec masure, de la contenance d'une vergée et demie et trois pièces de terre en labour, le tout situé à Belmesnil et lieux circonvoisins et occupé par un fermier Hesbert, ensemble quatre acres moins une vergée. La vente est faite à fieffe moyennant 40 livres de rente foncière, que l'acquéreur aura le droit d'amortir à sa volonté sur le pied du denier quatorze, soit par 720 livres de capital.

Je veux observer que la maison et masure est bornée d'un côté par l'acquéreur, de l'autre par la rue tendant de Bacqueville à Criquetot, d'un bout en pointe par la même rue, et d'autre bout par la rue tendant de Belmesnil à Lintot : cet immeuble semble donc une partie de l'actuelle cour de ferme, un triangle à prendre à l'angle des chemins tendant l'un à Criquetot et l'autre à Lintot, à moins que ce ne soit à prendre à l'angle ouest des deux chemins, c'est-à-dire de l'autre côté de celui qui mène à Criquetot et, dans ce cas, ce ne serait pas une parcelle de la cour actuelle.

2° 23 juin 1701, vente par Jean Rousselin, demeurant à Gonneville; une demi-acre en labour sur le trait d'Epinay, c'est-à-dire dans les champs entre Belmesnil et Criquetot; prix, 100 livres.

3° 9 juillet 1701, au notariat d'Auffay, vente par le même; encore une demi-acre au même lieu, pour le même prix de 100 livres.

4° 18 février 1702, au même notariat, vente à fieffe par Guillaume Varin, bourgeois de Rouen, y demeurant, rue Cauchoise, paroisse Saint-Vigor, « étant de présent en sa ferme de Bonnetot », *aliàs* dite des Quatre-Vents; quatre pièces de terre en labour, sises tant à Belmesnil qu'aux paroisses voisines (1), contenant ensemble sept acres et une vergée, moyennant une rente foncière de 100 livres racquittables par le capital de 2.000 livres; le contrat stipule aussi 21 livres de vin. Les Varin (c'étaient des réformés) ont possédé divers biens à Belmesnil; on y connaît encore le Clos Varin, au nord de notre cour de ferme. Au temps du fils d'Isaac Le Verdier, en 1763, nous verrons cette rente revalidée au profit d'une fille de ce Guillaume Varin, Suzanne Varin, veuve d'un Pyramus de Candolle, de la célèbre famille genevoise, demeurant à Rouen.

5° 12 juillet 1710, aux notariats de Bacqueville et Brachy, encore une vente à fieffe, mais cette fois-ci à rente foncière perpétuelle et irracquittable, par François Nion, demeurant à Criquetot : deux pièces de terre à Omonville et Criquetot, deux acres par 10 livres de rente; au denier vingt, cela ferait seulement 200 livres : c'est peu pour deux acres, et la terre est très bonne à l'endroit indiqué, la plaine d'Omonville. Y eut-il quelque contre-lettre ou convention accessoire ?

6° 9 septembre 1710, au tabellionage de Bacqueville, vente par Nicolas Nepveu de la Corbière, bourgeois de Dieppe : quatre acres de terre moins onze perches, sur le pied de 300 livres l'acre, soit 1.180 livres; elles sont louées à un fermier au prix de 16 livres l'acre.

7° 26 janvier 1712, au même notariat, vente par honorable homme Adrien Blondel,

(1) Je signale, une fois pour toutes, que les terroirs de Criquetot et Omonville s'avancent l'un et l'autre jusqu'à une très faible distance du village de Belmesnil, et que, à l'exception de la cour de ferme et d'une étroite zone vers le nord et l'est, toutes les dépendances de notre ferme sont sises sur ces deux paroisses voisines, qu'elles s'étendent même sur Lamberville pour une faible partie, au voisinage de la route de Dieppe.

demeurant au Quesnay, paroisse de Lamberville, deux acres et un peu plus d'une vergée, à Criquetot, 438 livres et 10 sols.

8° 30 mars 1712, au même notariat, vente par Foliot, bourgeois de Dieppe, maître menuisier, y demeurant : une acre à Omonville, 250 livres.

9° 15 avril 1712, devant les notaires à Rouen, vente par Jacques Le Cler, demeurant à Rouen : une maison et masure bâtie, plantée et close, sise à Belmesnil, contenant une demi-acre, et deux acres en labour, au terroir de Dénestanville, par le prix de 600 livres et la charge de plusieurs rentes montant ensemble à 15 livres 2 sols 2 deniers, et dont l'une, de 111 sols et 1 denier, était due au Trésor de Belmesnil. Au denier dix-huit, chiffre auquel l'une d'elles est rachetable, ces rentes représentent un capital de 272 livres, soit ainsi un prix total de 872 livres. Détail de mœurs : Isaac Le Verdier, venu à Rouen, est logé au Petit-Cerf, place du Vieil-Marché, paroisse Saint-Sauveur. Appelé à Rouen, en 1695, pour une autre affaire, il était descendu rue Cauchoise, « en la maison où pend pour enseigne l'Echiquier ».

10° 28 mars 1713, au notariat de Basqueville, « vente par honneste femme Catherine Giffard, veuve La Caille, et son fils, demeurant à Bénesville : une acre de terre sise à Lamberville, bornée d'un bout par le grand chemin de Dieppe à Rouen (passant alors à quelque trente mètres à l'est de la route nationale actuelle), louée sur le pied de quatorze livres l'acre; prix, 250 livres. Cette extension de la commune de Lamberville s'est conservée jusqu'à nos jours, au delà et au nord du village de Belmesnil.

11° 27 octobre 1713, au notariat de Cany, rachat de quatre acres de terres sises à Omonville, que Isaac Le Verdier avait cédées en 1694 pour les droits successoraux de sa sœur, Marie Le Verdier, à son beau-frère, Me Paul Le François, sergent royal au siège de Cany; prix, 1.200 livres.

12° 14 mai 1714, au notariat de la vicomté d'Arques, à Dieppe, vente par Pierre Le Moyne, marchand tonnelier, demeurant à Dieppe, une acre de terre sise à Lamberville et bornée, comme tout à l'heure par le grand chemin de Dieppe à Rouen, louée sur le pied de quatorze livres l'acre; prix, 297 livres.

Si l'on procède à des additions, on constate que toutes ces acquisitions coûtèrent ensemble 7.607 livres 10 sols, et qu'elles réunissaient une somme de contenances montant à vingt-neuf acres et trois vergées. Retranchons les quatre acres qui avaient été prélevées sur la ferme au profit de Marie Le Verdier et son mari en 1694 et qui viennent d'y rentrer, l'accroissement reste à vingt-cinq acres et trois vergées, et, si l'on ajoute cette quantité aux quarante-six acres évaluées lors du bail de 1685, on arrive à un total de soixante-douze acres : c'est à peu de chose près la contenance inscrite dans l'acte de famille que j'ai signalé ci-dessus et qui interviendra à la mort d'Isaac Le Verdier entre ses héritiers; c'est deux ou trois acres de trop, il a pu lui-même aliéner quelque partie. N'est-ce pas une belle progression apportée au domaine partrimonial par ce laboureur, évidemment sage, ménager, travailleur, qui a été un bon ouvrier de l'honneur familial ?

Envisageons maintenant ce domaine au point de vue des seigneuries dont ses éléments relevaient. Je dispose d'un certain nombre d'aveux rendus par Isaac, il n'en manque guère, je crois; passons-les en revue.

1° Mouvance de la seigneurie d'Omonville : 28 septembre 1685, aveu rendu au seigneur, Jacob Bontemps, écuyer, bailli de Longueville et capitaine du château. L'aveu énumère neuf pièces, dont une en masure, close et sans bâtiments, le tout pour une contenance voisine de vingt acres. Elles sont situées dans la plaine d'Omonville, depuis le voisinage des clos de Belmesnil, entre le grand chemin de Dieppe à Rouen, qui traverse l'une d'elles, et le chemin de Belmesnil à Lintot. L'une est appelée La Sablonnière, nom conservé de nos jours; une autre est dite Le Suret, lieu aujourd'hui oublié. On reconnaît l'assiette actuelle d'une grande partie de nos terres. De toutes ces mêmes pièces de terre, Isaac rendit un nouvel aveu à la seigneurie d'Omonville le 22 octobre 1733; je ne sais pourquoi. Je n'y vois de changement que l'addition d'une pièce de sept vergées;

2° Mouvance de Dénestanville, aveu du 4 juin 1697, seigneur Thomas-Charles de Becdelièvre, chevalier, seigneur et châtelain de Dénestanville, Lintot, Brumare, Criquetot, etc..., marquis de Quevilly, conseiller du roi en ses Conseils et Président à mortier au Parlement de Rouen; sept pièces de terre en labour, sises à Omonville et « Vaudreville, terroir de Belmesnil », pour une contenance totale de dix-neuf acres et demie; à noter, le droit de banalité au moulin de Dénestanville sur sept acres.

3° Mouvance du fief du Quesnay, à Saint-Mards, appartenant à l'abbaye de Jumièges; aveu du 9 juin 1697 : une maison et masure contenant cinq vergées, sise à Belmesnil, bornée notamment par le chemin de Rouen à Dieppe;

4° Mouvance de Criquetot, le seigneur est le même que celui de Dénestanville; aveu du ... 1706 (les jour et mois manquent) ; une énumération de onze pièces de terre donne une quinzaine d'acres; elles sont situées à Criquetot et Belmesnil, une partie même sur Omonville. L'une d'elles est dite La Queue Verdier, à Criquetot, bornée d'un côté, à l'est, par le chemin ou sente de Belmesnil à Crespeville : ce lieu dit est oublié. Une pièce, « en partie en masure plantée et bâtie d'écurie, bergeries et autres petites étages », n'est rien moins qu'une portion de la cour de ferme même, vers la partie sud ou sud-est, semble-t-il;

5° Mouvance du Petit-Beaunay, messire Louis de Mathan, chevalier, s[r] et patron du grand et Petit-Beaunay, Sainte-Geneviève, Biville, les Hameaux, etc., seigneur; aveu du 28 octobre 1717 : une acre de labour et une demi-acre en masure logée et bâtie, acquise par le tenant, sise à Belmesnil, et bornée entre autres par la grande rue de Belmesnil ou chemin de Rouen à Belmesnil, et par le chemin des forières. Cela me paraît être une petite cour avec maisons que j'ai vendue, il y a quelque vingt-cinq ans, à un brave homme qui l'habitait, le charron Dufour;

6° Mouvance de Lintot, même seigneur que celui de Dénestanville. A la date de cet aveu, la seigneurie est passée à Louis de Becdelièvre, marquis de Cany, conseiller au Parlement, neveu de Thomas-Charles, cité tout à l'heure à Dénestanville et Criquetot. Aveu du 26 avril 1719 : deux acres de labour, assises à Omonville;

7° Aînesse ou fief de Bosrocourt à Belmesnil, M. de Quiefdeville, seigneur : 8 juillet 1719, c'est un exploit à la requête du seigneur pour obtenir une déclaration; une demi-acre, avec maison et masure, que borne d'un côté la rue de Criquetot à Bacqueville;

8° Mouvance de Criquetot, le seigneur est Claude de Becdelièvre, marquis de Quevilly, président à mortier, frère de Louis qui vient d'être cité à Lintot; 2 avril 1721, aveu de sept acres et une vergée acquises depuis l'aveu précédent, de 1706. Ce sont les pièces achetées de François Nion, Nicolas Nepveu de la Corbière, Adrien Blondel en 1710 et 1712 (n°s 5, 6 et 7 de l'énumération des acquisitions ci-dessus);

9° Seigneurie de Crespeville, Louis de Becdelièvre, marquis de Cany, déjà nommé, seigneur. Aveu du 25 juin 1726 : une demi-acre, sise à Vaudreville, achetée de Rousselin, et qui paraît différente des acquisitions inscrites sous les n°s 2 et 3 ci-dessus;

10° Mouvance de Lamberville, Samuel-Gabriel Dumont, chevalier, qui se dit seigneur de Lambervillé, Saint-Mards, etc. Aveu du 30 octobre 1736 : deux acres de terre en deux pièces, acquises en 1713 et 1714 de la veuve La Caille et son fils. L'une d'elles est le n° 10 de mon énumération des acquisitions.

Tout cela fait un total de soixante et onze acres. Il ne doit rien manquer, car si je considère toutes les seigneuries ou fiefs environnants dont nos terres pouvaient relever, je n'en vois pas d'oubliés. La seigneurie de Belmesnil n'est pas représentée, mais il n'y avait pas de seigneurie de ce nom : ce qu'on qualifiait ainsi n'était qu'une vavassorie relevant de Saint-Mards, sans vassaux.

Mais il y a quelque chose que l'on ne trouve pas dans les aveux qui précèdent, avec quelque soin qu'on les lise : c'est la maison d'habitation de la ferme de nos parents et son pourpris. On a bien vu, sous le n° 1 des acquisitions, une vergée en masure avec maison, louée à un fermier, qui aurait peut-être été depuis englobée dans notre cour de ferme, mais ce n'était pas là évidemment la maison familiale, puisqu'elle était occupée par un fermier. On a bien vu aussi, sous le n° 4 des aveux, une partie de « masure bâtie d'écurie et de bergerie », qui est encore une autre fraction de la cour de ferme, vers son autre côté. Mais entre les deux, je vois la maison d'habitation; or, de son emplacement et d'elle-même, rien, aucun aveu. Et je m'en étonne. La chose est curieuse et rare qu'une maison et masure ne relevât d'aucune seigneurie, vavassorie ou aînesse. Faut-il croire que, à la faveur de la longueur du temps, à la suite d'une omission, cet isolement se soit fondé et puis consolidé ?... Je ne vois pas d'autre explication. Un bourgage ou franc-bourgage, dans un village, ne me paraît pas probable. Toujours est-il que la maison patrimoniale n'est comprise dans aucun aveu.

Voilà donc la ferme Verdier vers l'an 1740. Une maison d'habitation, à simple rez-de-chaussée, comprend cuisine, quatre chambres et sous-sol; un inventaire la décrira en 1739; on la reconnaît dans celle qui existe aujourd'hui; elle est bâtie en colombage, à la mode du pays, sur solage de maçonnerie. Environ soixante-dix acres de terre, divisées en un grand nombre de pièces (1), quelques-unes situées contre le village, au nord de la cour, les autres répandues tant dans la vaste plaine qui s'étend entre la route actuelle de Dieppe et le chemin de Lintot, qu'au delà de celui-ci, vers le sud, jusque dans les fonds de Criquetot, le tout moins aggloméré que maintenant, avec des enclaves que le XIXe siècle fera disparaître : tel est, suivant une expression qui a cours encore et sans prétention, l'apanage de la maison (2).

Comme avaient fait ses pères, comme feront ses descendants, Isaac Le Verdier demeurait là et cultivait là. Les rôles des tailles de la paroisse, que j'ai déjà ouverts pour constater qu'elles l'inscrivent comme exempt jusqu'en 1721, nous apprennent qu'il avait, en 1695, trois chevaux, deux vaches et une charrue avec trente (?) acres environ; en 1696, trois chevaux, trois vaches avec quarante acres; en 1702, encore quarante acres; en 1706, c'est cinquante; en 1708, c'est soixante; en 1720, c'est soixante-dix; en 1721, il a quatre chevaux, quatre vaches; en 1739, quatre chevaux, deux vaches, une charrue. Mais ces données-là ne peuvent nous renseigner sérieusement, ce ne sont que des valeurs locatives, des bases fiscales et conventionnelles. A sa mort un inventaire nous fixera de manière certaine à cet égard.

En 1717, l'Intendant l'a imposé à 30 livres de taille, puis il redevient exempt. Son

(1) La terre, dans notre région, était autrefois infiniment morcelée et divisée en quantité de petits propriétaires; ç'a été le travail du XVIIe siècle, et surtout du XVIIIe, d'agglomérer ces parcelles et constituer les cultures compactes de nos belles fermes cauchoises.

(2) Apanage, de *apaner*, donner du pain.

office supprimé, il est taxé par les collecteurs de la paroisse : en 1723 à 120 livres, en 1729 à 240, en 1739 à 201. On payait bien d'autres impôts directs : la capitation (notre impôt personnel), la contribution du dixième, véritable impôt sur le revenu, etc. En 1742, Jacques, fils et successeur d'Isaac Le Verdier, taxé pour le dixième à 150 livres, obtiendra, sur requête à l'Intendant, une réduction à 100 livres; la même année, sa taille sera de 230 livres, au total 330 livres. Si l'on tient compte de la valeur comparative de l'argent, l'impôt direct d'une ferme était plus lourd en 1740 qu'il ne l'était aux années qui ont précédé la guerre de 1914 : un fermier de soixante-dix acres, avec une cote mobilière de 250 livres, n'aurait pas payé naguère beaucoup plus de 5 à 600 francs.

Je disais tout à l'heure que les bases fiscales n'avaient qu'une valeur conventionnelle; ainsi, les collecteurs ne l'imposent que sur deux à quatre vaches et trois chevaux : à sa mort, on trouvera, chez Isaac Le Verdier, huit bovins dont cinq vaches et cinq chevaux. Cependant, il est incontestable qu'à cette époque, les bestiaux d'une ferme étaient en nombre infiniment inférieur à celui qu'elles portent aujourd'hui; la proportion de terres en herbages était minime. L'inventaire qui sera dressé à la mort d'Isaac me fournira l'occasion de revenir sur cette question. En voilà néanmoins assez pour donner une idée de la consistance de son petit domaine.

Je devrais maintenant essayer de supputer la fortune mobilière d'Isaac Le Verdier, mais elle apparaîtra mieux à l'occasion du règlement de sa succession. Si de fréquents achats ont absorbé un honorable chiffre de capitaux, ses opérations en valeurs mobilières sont édifiantes et achèvent de montrer ses ressources.

En 1697, il racquitte ou amortit par 600 livres une rente de 42 livres 17 sols, qu'il devait à Jean Bonté, un oncle de son père ou représentant.

En 1702, il amortit par 24 livres 8 sols 6 deniers une rente Le Cler de 24 sols 6 deniers.

En 1710, il éteint par remboursement une rente due au conseiller Boullais de Golleville, et créée en 1656 par 700 livres; la même année encore, une rente Le Nepveu par 900 livres; la même année encore, par 900 autres livres, la rente de 50 constituée pour partie du prix de son office d'archer, et due à ce moment, par suite de transport, à l'avocat de Rougeville, à Rouen.

En 1711, il achète de Langlois une rente de 111 sols pour 100 livres, et, en 1713, de Giffard, une rente de 11 livres 2 sols 3 deniers par 200 livres.

Voilà donc, s'ajoutant aux 7.607 livres employées en acquisitions immobilières, une nouvelle sortie de fonds de 3.424 livres 8 sols 6 deniers, par libérations ou placements.

Pour ne rien omettre de ce qui est venu à ma connaissance, je note encore qu'il possédait une rente de 5 livres 12 sols 6 deniers, à prendre sur Berthelot, et qui lui était venue de la dot de Catherine Trevet, sa première femme.

Mais il devait annuellement : aux Jésuites de Dieppe, une rente de 32 livres 2 sols 10 deniers, et à Lefaucheur, à Rouen, une rente de 60 livres créée par son père et racquittable par 840 livres.

Ajoutons maintenant à ces débours les dots constituées à ses enfants (j'y reviendrai) :

A Isaac, séminariste, en 1719, une dotation de 90 livres de pension; au denier dix-huit habituel, cela représente 1.620 livres;

A François, son fils aîné, en 1729, 100 livres de rente, qui feraient au même taux 1.800 livres;

A Marie, en 1724, un capital de 1.300 livres;

A Marie-Marguerite, en 1729, un capital de 2.000 livres.

Voilà encore 6.720 livres trouvées.

Si l'on additionne toutes ces impenses, on trouve une sortie totale de fonds qui dépasse 17.700 livres. On peut bien multiplier par six, et peut-être davantage, pour obtenir la valeur correspondante de nos jours. Cela représenterait donc plus de 100.000 francs, en cette année 1917, en supposant le franc à la parité de l'or.

IV. — *Sa mort; succession et partages.* — Isaac Le Verdier est mort le 20 juillet 1739, à Belmesnil. Il fut enterré le lendemain dans l'église. Il était âgé de quatre-vingt-un ans.

Un inventaire de sa succession mobilière fut fait les jours suivants; les quatre-vingt-six pages en sont intéressantes à feuilleter, ainsi que celles de la prisée qui suivit, toutes remplies qu'elles sont de renseignements sur les meubles d'un gros fermier, sur le matériel et la consistance d'une ferme de ce temps.

J'ai déjà décrit la maison : une cuisine, à laquelle sont contiguës quatre salles ou chambres; une cinquième pièce est la chambre de l'un des fils du défunt, monsieur Le Verdier, prêtre; auprès de celle-ci se trouve la laiterie; au-dessous, une cave en sous-sol; au-dessus, un grenier; au bout, attenant à la maison, étaient d'une part un cellier, de l'autre une écurie. Il semble qu'une seconde maison, comportant deux pièces, soit contiguë ou voisine immédiate, où la mère de famille paraîtrait se retirer. Ce point reste un peu obscur. Devant la maison, près de la porte, était un banc et un « seuil » de bois, bons pour les soirées d'été. Près de là, « un chien mâtin », à la chaîne, complète la description des lieux. Suivant l'usage cauchois, les bâtiments d'exploitation sont dispersés dans la cour ou masure; nous les verrons tout à l'heure au cours de l'inventaire.

Voici le composition du mobilier que le notaire trouve dans la chambre du défunt : « à la cheminée, un landier et un porte-bûche en fer, deux fusils à giboyer, un grugeoir « à sucre, deux vieilles chaises à fond de paille, trois autres vieilles chaises de tapisserie, « deux vieux fauteuils; un lit et traversain garnis de plume, une paillasse, bois de couche « avec les rideaux de vieille serge verte, et verge de fer et carrure; l'habit, veste et « cullotte de drap vieux, une paire de bas, un manteau rouge, deux bonnets, un blanc « et l'autre rouge, une paire de guêtre d'étoffe; — Item un drap plein de laine déclarée « estre vendue du vivant dud, deffunt à Viard à Bolbec par quarante-cinq livres, ladite « laine contenant viron cinquante livres; autour de ladite chambre plusieurs morceaux de « vieille tapisserie; deux petits paniers d'osier; un petit cadre; un chapeau; une vieille per-« ruque; un manteau; une vieille selle à chevaucher; un pot de chambre d'étain; une « petite table ronde; une pièce de grosse toille de viron huict aulnes à l'écru; un panier « plein d'œufs; un petit bahut plein de livres de différentes grandeurs et espèces qu'on « a déclaré être à monsieur Le Verdier, prêtre; une petite armoire, le haut fermant à « deux battants, ouverture faite... : trouvé (suit le détail des monnaies) trois cent trente-« six livres sept sols; — Item une petite armoire de bois blanc, à deux battants et deux « tiroirs fermant à clef, ouverture faite... : vingt deux assiettes, trois grands plats (1) « et deux petits, le tout d'étain; deux petits chandeliers de cuivre; deux rideaux de lit « bruns; et une soutanne (au fils prêtre) ; — Item une douzaine de cuillières et four-

(1) Je conserve trois grands plats d'étain, de cinquante centimètres de diamètre environ, dont deux aux armes de la famille Le Nepveu, de Belmesnil : il est de tradition qu'ils sont d'ancienneté dans la famille : ce sont peut-être ceux-là,

« chettes d'argent marquées Le Verdier, dont une n'ayant qu'un bout de manche, et les « autres marquez A. V. (*sic*) ; — Item un autre bahut couvert de cuir, garnye de cloües « jaulnes, fermant à deux clefs (l'ouverture est ajournée par suite d'un scellé) ; — Item, « une armoire à deux battants... dans laquelle s'est trouvé un petit sac de toille dans « lequel s'est trouvée la somme de neuf cent soixante-huit livres ; — Item un autre sac « de toile, s'est trouvé la somme de mille neuf cent cinquante-huit livres sept sols ; plus « trouvé un petit coffre... dans lequel s'est trouvé la somme de mille deux cent quarante « et une livres en espèces ayant cours (1)... ; plus trouvé un petit pot d'étain avec le « couvercle rompu ; plus une petite caisse de bois sans clef (ouverture ajournée par suite « d'un scellé) ; un petit paquet de fil d'étoupe à l'écru de neuf pièces ; au sommier, une « planche ; — Item un petit coffre sans clef... dans lequel s'est trouvé dix-huit chemises « vieilles, usage du deffunt, deux paires de draps de grosse toile. »

Et l'on passe dans une autre pièce. Se peut-il qu'il se trouve tant de choses dans une chambre. Le notaire a su donner à sa description l'apparence de la boutique d'un bric-à-brac. Avec un peu plus d'ordre dans son énumération, il aurait fait voir qu'il y a une cheminée garnie, un lit à baldaquins, complet, des chaises et fauteuils, une table (tout cela n'est pas neuf, mais l'occupant a quatre-vingts ans) ; aux murs des tapisseries, vieilles comme les meubles ; trois armoires, grande et petites, à deux battants, contenant coffres et caisses ; et puis un bahut ; enfin, près du sommier, une planche ou placet qui porte notamment un petit coffre ; — tout cela garni d'objets à énumérer.

Continuons l'inspection du mobilier.

Dans une « salle » avec cheminée, « entre la cuisine et l'écurie », on trouve un rare mélange d'instruments de travail divers, et, mêlés à tout cela : crémaillère, garde-cendre et pincette ; deux rouets à filer ; quatre vieilles chaises, dont trois tapissées ; un prie-Dieu ; une table ronde, avec son pied de sap ; cinq tableaux, une petite glace, une paire d'avalloirs ; une armoire, dont on détaille le contenu, le plus varié, notamment « une paire de pistolets d'arçon » ; une autre armoire est consacrée au linge : trente et une chemises à usage de femme, dix paires de draps, vingt serviettes (il y en aura ailleurs), « une nappe à pain bénit de dentelle », et « huit paires d'habits complets de différentes « coulleurs et espèces » ; un lit, dont voici la description : « un bois de lit de chesne, « sur lequel trouvé une paillasse, un lit et traversain garni de plume, deux matelats « garny de laine, une couverture de laine vieille jaulne, et une courtepointe de taffetas, « une paire de draps de lin, les rideaux et pentes d'en haut de vieille serge rouge ; « un ciel de lit garny de rubans de serge avec ses verges de fer tournantes attachées « à la muraille. »

La cuisine est abondamment fournie. Je note seulement la crémaillère à trois branches, une pendule avec ses poids et caisse de bois ; *La Vie des Saints ;* un bois de cerf (2) ; une écuelle à bouillon en argent et six tasses en argent ; une « couche close « tenant nature de fonds », avec deux matelas et un lit de plume, etc. ; six chaises à fond de paille et un « fauteuil de bois ». Sur « le paslier » (c'est un dressoir), on inventorie une abondante vaisselle d'étain : « six pots, deux chopines, trois demions, dix cuillières, « six écuelles, dont une couverte, trois sallières, un gobelet et une tasse, quatre jattes, « six grands plats, dix autres plus petits, six autres plats de même, deux coulloires, une « autre percée dont une à âme, un pot à l'eau, un [...], un vinaigrier, trois flambeaux,

(1) Cela fait un joli bas de laine de 4.504 livres 14 sols.

(2) D'après la tradition, c'est ce bois de cerf dix cors qui se trouvait encore, il y a quarante ans, dans la cuisine du château.

« un autre chandelier, vingt neuf assiettes, le tout d'étain. » Je continue : « trois mar- « mites; sur les planches : quatre grandes chaudières, plus une moyenne et une petite, « deux tourtières, deux bassins, passoire, écumoire (1) », etc., le tout de cuivre et airain.

On passe dans la petite chambre à côté de la cuisine : c'est une chambre avec sa literie; là aussi du linge : dans « une armoire ou coffre, dix paires de draps, seize « chemises tant d'hommes que de femme, serviettes, essuie-mains, » etc.

Et puis, dans une autre chambre, encore à côté de la cuisine (celle-ci était vaste : toutes les pièces sont à côté d'elle), un bahut, couvert de cuir et clous, contient : « six « douzaines de serviettes de toille et doubloeuvre, vingt nappes tant de toile de lin « qu'étoupe »; dans un autre bahut, couvert de cuir et clous de cuivre : « cinq ser- « viettes et deux nappes de toille, et douze livres », en pièces de menue monnaie. Enfin, dans « une caisse de bois, une douzaine de cornettes et une douzaine de béguins garnys « de dentelles, six mouchoirs à col, usage de la fille (2), une petite bourse dans la- « quelle trouvé une bague à teste de diamant, réclamé par ladite veuve dudit deffunt, « une croix d'or, une paire de boucles d'argent, un capot, cinq mouchoirs ou fichus « de coton, plus dix cornettes partie garnyes de dentelle, six tabliers de différentes « espèces et couleurs à usage de la fille, plus quatre chemises à usage de la fille ».

Dans le grenier, au-dessus de la maison, différentes choses, sans intérêt.

Dans la cave de la maison, dix futailles; dans un cellier, sous la charreterie, dans le pressoir, et encore ailleurs : seize futailles, seize ponçons. La laiterie est garnie de ses terrines, « poelles de terre à lait ». A côté de la laiterie, « une petite étage » ou chambre est celle de monsieur Le Verdier, prêtre, fils du défunt, avec ses meubles qui lui appartiennent.

Visitons, maintenant, le corps de ferme, et voyons de quel matériel, de quelles récoltes se composait alors une ferme en Caux.

D'abord voici la composition des bâtiments : une grange à blé, une autre grange; et deux petites granges; une écurie, au bout de la maison, et une petite écurie : elles sont pourvues de deux literies complètes et très abondantes, sans doute pour les servi- teurs; une étable; une étable à porcs, un poulailler (3) ; une charreterie, une seconde dite petite charreterie; un pressoir avec cellier au bout et grenier au-dessus; un autre petit cellier; la boulangerie; enfin un puits, avec sa carrure couverte d'un toit, comme aujourd'hui. Avec la maison, nous avons inscrit la laiterie, et encore un petit cellier.

Dans les écuries, étables, etc., on compte : quatre chevaux ou cavalles et une bidette;

(1) Ces marmites et ces chaudières, ces tourtières, passoires, écumoires, donneraient envie de savoir comment se nourrissaient nos ancêtres, ce qu'était leur cuisine cuisinée. Parmi les archives qu'ils m'ont laissées, il ne s'est pas trouvé une pièce sur le sujet, ni menu, ni recette, ni compte, ni mémoire de fournisseur. Mais le genre de l'alimentation de nos anciens ruraux est connu de reste : des soupes, des bouillies surtout, faites de farines de blé, d'orge ou même d'avoine, les produits du jardin et de la ferme, laitages, beurre, œufs, pigeons et volailles en abondance, légumes verts ou secs (la pomme de terre n'était pas connue), confi- tures bouillies au cidre, poisson, hareng en la saison. Quant à la viande de boucherie, elle était peu usitée dans les campagnes. Les redevances aux abbayes, aux seigneuries, ne consis- taient-elles pas à peu près uniquement en rentes, en grains, œufs, gélines et chapons ?

Ajoutons que nos ancêtres, comme nos fermiers d'aujourd'hui, mangeaient dans leur cuisine, à une table voisine et séparée de celle de leurs gens; la salle à manger n'existait pas pour eux.

(2) Marie-Madeleine Le Verdier, fille du défunt, célibataire.

(3) On écrit alors « poulier ».

cinq vaches, une génisse d'un an, un veau de lait et un taureau; vingt et un moutons, qui sont « dans le troupeau de M. de Belmesnil » : celui-ci n'en a lui-même que soixante, l'on se réunissait apparemment pour faire un troupeau qui valût la peine d'entretenir un berger; on peut remarquer, en effet, qu'aucun bâtiment n'a été désigné à usage de bergerie.

Il y a encore deux porcs, quarante poules, douze canards et deux oies; enfin, cinq essaims. On peut s'étonner de la petite quantité de volaille : la consommation, en effet, en dépassait celle de la viande de boucherie.

Le matériel mort comprend : un chariot, une charrette, un banneau; dans les champs, une charrue; dans les greniers, il y a encore (et nous sommes à la fin de juillet) douze boisseaux de blé, deux cents gerbes de blé à battre, quarante boisseaux d'avoine, cent gerbes de pois; dans les celliers, quantité de cidre et de « gros sildre » et deux ponçons de poiré.

Aux champs, où l'on va commencer à moissonner, il y a : vingt-quatre acres de blé, formant trois pièces, dont une de dix-huit à dix-neuf acres; en avoine, pois, vesce, dragée, orge, il y a vingt-deux acres et demie, réparties en sept pièces, mais le rédacteur n'a pas indiqué la quantité de chaque céréale prise séparément. Ce total ne donne que quarante-six acres chargées : la ferme contient environ soixante-six à soixante-huit acres à labour; mais il y a des terres déjà dépouillées, et puis l'on sait qu'en ce temps-là, où l'on fumait fort peu, on laissait beaucoup de terres en jachères. On voit, d'après la sole de blé, que l'on pratiquait l'assolement triennal.

Remarquons que le nombre des bestiaux est infiniment réduit; que les instruments aratoires sont moins nombreux et variés qu'aujourd'hui : charrue, rouleau et herse, pas d'autres. On le sait, l'agriculture était alors peu perfectionnée. Sa faiblesse tenait à une cause principale, le peu de fumure : pourquoi donc si peu de bêtes ? C'est que, par suite de l'éloignement des villes, de l'insuffisance des chemins (1) et de la difficulté des transports rapides, les débouchés manquaient pour les animaux de boucherie, pour les beurres et produits animés de la ferme; on travaillait pour soi et les marchés voisins seulement. Partant, pas de bêtes à l'engrais, peu de vaches à lait. L'agriculture était toute dirigée vers la production du blé, qui pouvait s'exporter : c'est ainsi que le si riche pays de Bray, dont les terres sont impropres à la culture des céréales, était autrefois un pays des plus pauvres.

L'inventaire ne s'arrête pas là; on avait consacré deux vacations au matériel mort et vif; on en consacra trois au dépouillement des papiers, trouvés dans divers coffres. Le notaire ne fit pas moins de cinquante-quatre cotes ou liasses, comprenant près de trois cents pièces. Une récapitulation m'a montré qu'environ les deux tiers se trouvent aujourd'hui dans mes mains. Parmi celles qui manquent, je n'en vois guère qui eussent apporté des compléments notables à mes informations. Je ne possède qu'une seule pièce datée avant l'année 1600 : j'observe qu'alors déjà il n'y avait plus d'archives antérieures à ce millésime. On a dû, à un moment donné, peut-être à celui-là, faire un triage et supprimer tout ce qui était plus âgé.

Ce long inventaire n'avait été que descriptif; quelques jours plus tard on procéda à une prisée. La comparaison des prix des choses aux différentes époques intéresse vivement l'histoire. Notons les objets principaux.

(1) Nos routes nationales datent du milieu du règne de Louis XV et n'ont été achevées que sous le règne suivant.

L'acre de blé sur pied (on est au 4 août) est estimée 100 livres l'acre (1) : on arpente, et l'on trouve vingt et une acres; les pois, vesce, orge et avoine sont comptés à 35 livres 5 sols l'acre, l'un dans l'autre, et l'on mesure vingt et une acres et trois vergées; le blé, au grenier, 3 livres 2 sols 6 deniers le boisseau.

Un chariot vaut 120 livres, une charrette 70 livres, un banneau 50; ce sont des prix très élevés dont j'ignore la cause : la main-d'œuvre était à bas prix et le bois abondant. Mais le bétail est estimé à des chiffres abaissés : quatre chevaux valent 450 livres; la bidette, 24 livres; cinq vaches, un taureau, une génisse, un veau de l'année, ensemble 315 livres; vingt et un moutons, 280 livres; cinquante poules et douze canards, 36 livres.

Dans la maison, je glane des évaluations, mais difficilement parce qu'elles sont données globalement à des amalgames d'objets divers. Un buffet et une armoire, 10 livres; une armoire à deux battants, en bois blanc, 15 livres 2 deniers (parce qu'elle était neuve, sans doute, et la précédente, ancienne) : on ne paraît pas s'intéresser aux antiquités. Les couverts et autres pièces d'argenterie montent à 536 livres 1 sol; la vaisselle en fin étain est prisée 21 sols la livre pesant, et le gros étain 18 sols, et il y en a pour 226 livres; une montre à boîte de cuivre, 4 livres; une petite paire d'Heures, 1 livre 10 sols; un habit et veste de vieux drap, une culotte de peluche, un habit de vieux drap, une paire de bas, un manteau rouge, deux bonnets (de nuit), « une paire de guestres, deux vieilles vestes, un gilet et une culotte de pinchinat, 30 livres; une selle à chevaucher, une bride à haut mords, 18 livres; un bois de couche, une paillasse, un lit et traversain garny de plume, deux matelats, une couverture de laine jaune, une courtepointe de toille peinte, deux courtepointes picquées, et les rideaux de vieille serge rouge, et ciel de lit de bois, deux draps de toille de lin, un ciel de lit garny avec ses verges tournantes, 97 livres; huit paires d'habits usage de fille, de différentes couleurs et étophes, et une nappe (sans doute une enveloppe qui les recouvre ?), et les jupes, 203 livres; six douzaines de serviettes et doubliers, 32 livres; un bahut couvert de cuir, 4 livres ». Beaucoup de choses seraient bonnes à retenir, mais on ne peut les distinguer des lots où elles sont réunies. Le diamant n'est pas estimé, parce qu'il est repris par la veuve.

La prisée monte à 7.368 livres 11 sols.

Voilà donc, maintenant comptée, toute la fortune que Isaac Le Verdier possédait au jour de sa mort :

1° Sa ferme de Belmesnil, comprenant soixante-huit à soixante-douze acres, car il y a en labour trois soles de vingt et une acres, la cour de ferme, quelques maisons et masures ailleurs, tout cela ne doit pas dépasser soixante-dix acres; si on compte l'acre à 400 livres, on obtient une valeur de 28.000 livres;

2° Un actif mobilier, meubles et matériel agricole, récoltes en terre, grains, évalué à 7.368 livres;

3° Des espèces trouvées au domicile du défunt pour 4.504 livres. Tout cela, même en tenant compte des charges de la succession évaluées à 550 livres, et de quelques rentes, tant actives que passives, tout cela représente un ensemble de 40.000 livres.

De nos jours (2), ce serait une fortune d'environ 250.000 francs d'or.

Encore une fois, Isaac Le Verdier n'avait pas hérité tout cela de ses père et mère. François Le Verdier, l'officier de la Fauconnerie, son père, mort seulement en 1684, tant par lui-même que comme associé aux biens de son aîné, Nicolas, le curé de Hou-

(1) J'aurais dû rappeler depuis longtemps que notre acre mesure soixante-huit ares soixante-six centiares.

(2) Ceci est écrit en 1917.

detot, avait joui de l'héritage paternel pendant trente ans et avait dû le grossir. Isaac avait hérité aussi en grande partie de son oncle, l'autre curé de Houdetot, Jacques, mort en 1710, que ses libéralités font présumer avoir été riche. Mais tous ces avantages n'ont pas pu produire, et tant s'en faut, le total que je viens d'enregistrer. La conclusion s'impose : Isaac s'est enrichi dans son agriculture, peut-être y a-t-il joint les profits d'un commerce exercé momentanément à Dieppe. N'oublions pas, d'ailleurs, que c'est pendant cinquante-quatre ans qu'il a été chef de famille, avec toutes les ressources qui en résultent. Fortune agricole, ascension de la famille : dans une monographie sociale, comme celle que je m'efforce de tracer, ce sont des constatations à noter.

Et alors nous en venons à nous représenter ce paysan, ce laboureur cauchois, gros propriétaire, autour de l'an 1700. Propriétaire et laboureur d'une belle étendue de terre, possédant en même temps une demeure à la ville; fils et petit-fils d'hommes qui avaient marqué dans le pays, allié à nombre de familles notables de la contrée, seigneurs du voisinage, gens de robe de Longueville, d'Arques et Dieppe; représentant dans une mesure modeste de l'autorité publique (et même encore de nos jours on ne peut nier le prestige dont elle jouit dans nos campagnes) ; pourvu des mêmes exemptions fiscales que le seigneur du lieu, Isaac Le Verdier était un personnage. D'instruction rudimentaire sans doute, de formes même un peu agrestes, ne redoutant pas de mettre à l'occasion la main sur la charrue, ayant part au travail de ses gens, on lui donnait pourtant du monsieur (1) dans les relations privées : bref, c'est un roturier qu'on aurait pu prendre pour un gentilhomme campagnard.

Après lui, le rang de ses successeurs me semble s'être un peu abaissé : ce seront encore de riches laboureurs, mais diminués de condition, par cette simple raison que, dans la société, qui ne monte pas descend.

Les héritiers de Isaac Le Verdier procédèrent, le 23 septembre 1739, à la liquidation de sa succession immobilière : c'étaient sa veuve et ses trois fils : Jacques l'aîné, Isaac, prêtre, et la veuve du troisième, François, tutrice de leur fille mineure. On ne parle pas de ses filles, puisqu'elles ne succèdent pas aux immeubles. Le règlement est consigné dans un accord sous seings privés.

Cette succession comprend, dit-on, soixante-douze acres, en comptant les masures « à deux pieds pour un »; dix-neuf sont des conquêts, il en reste cinquante-trois. La veuve a droit à l'usufruit de la moitié des conquêts, soit de neuf acres, puis, à titre de douaire coutumier, à l'usufruit du tiers des biens propres de son mari; le tiers de cinquante-trois est dix-huit : en ajoutant sa part de conquêts, neuf acres, on trouve vingt-sept acres, dont elle aura la jouissance. On estime le revenu de l'acre à 15 livres. Ainsi, elle aura un revenu de quinze fois vingt-sept, soit 405 livres de revenu. L'usufruit du tiers du préciput du fils aîné lui appartient encore, on l'estime à 50 livres; on lui reconnaît encore sa part dans le loyer d'une maison non comprise dans les évaluations précédentes, 11 livres 13 sols. En tout, sa part va monter à 467 livres. Mais, le don mobile déduit de sa dot de 4.000 livres, elle a des reprises à exercer pour les deux tiers de cette somme, soit 2.666 livres, qui au denier vingt font 133 livres de revenu. Qu'on les ajoute aux 467 livres supputées tout à l'heure, on obtient une somme de 600 livres de rente. Voilà son droit.

(1) « J'ai reçu trente-huit livres de monsieur Le Verdier » (1697), « fieffe à monsieur Le Verdier » (note marginale, 1697) ; « rente sur monsieur Le Verdier » (*idem*, 1702) ; « mémoire pour monsieur Le Verdier » (1739). Maintes fois aussi, les annotations en marge ne portent que son simple nom, sans titre.

Afin de rester en possession de tout l'héritage immobilier, son fils aîné s'engage à lui servir une pension égale, sa vie durant; même il lui donnera une chambre, plus exactement une partie de maison dans la maison de ferme qui va être la sienne.

Reste la division entre les trois frères. La masse à partager se compose des deux tiers des cinquante-trois acres propres paternels, la veuve en ayant pris le tiers, il en reste trente-six, à quoi s'ajoutent l'autre moitié des conquêts, soit neuf acres, ensemble quarante-cinq acres. D'après la Coutume, l'aîné prend deux tiers, soit trente acres, et il a en plus son préciput d'aîné, qui comprend la maison avec son enclos. Il reste donc quinze acres pour les deux cadets, que se partageront Isaac et la veuve de François pour sa fille. Mais, eux aussi, consentent à ne pas réclamer leur part en nature, et à recevoir de l'aîné le revenu correspondant sur le pied de 15 livres l'acre, comme tout à l'heure, soit, pour quinze acres, 225 livres de rente, ou 112 livres 10 sols pour chacun d'eux. Ainsi le domaine ne sera pas morcelé, il restera tout entier aux mains de l'aîné : mais celui-ci sera grevé de 600 livres de rente viagère pour sa mère, de 225 livres de rente perpétuelle pour ses frères.

D'ailleurs, à la mort de la mère de famille, son usufruit sur sa part des conquêts cessant, on procédera à un nouveau partage.

Restait à partager la succession mobilière. On ne la régla qu'au bout de deux ans ou peu s'en faut. Ce fut l'objet de deux actes sous seings privés du 30 mai 1741. L'un fixa la part de la veuve, l'autre les comptes des héritiers entre eux, et cette fois les filles partagèrent.

Mais, dans l'intervalle, depuis la mort du père de famille, deux enfants étaient décédés, Isaac, le prêtre, et Marie-Madeleine, célibataire : celle-ci, en sa qualité de fille non mariée, ne laissait rien, mais celui-là avait recueilli sa part de l'héritage paternel. Or, il eut, pour unique héritière aux meubles, sa mère, suivant la Coutume de Paris, sous l'empire de laquelle son domicile et le lieu de sa mort l'avaient placé. Les deux filles survivantes vont arriver : mais non, elles sont mariées, et leurs contrats de mariage leur ont donné, suivant la formule d'usage, tout ce qu'elles peuvent prétendre sur les successions de leurs père et mère. Ainsi, le règlement va encore s'opérer entre la veuve, Marie Blondel, et ses fils seuls.

La succession mobilière, charges déduites, était de 11.317 livres 4 sols 11 deniers.

La veuve prit le tiers, soit 3.772 livres 8 sols 4 deniers. Et elle reçut pour son deuil et en représentation de sa chambre garnie, suivant l'usage et la stipulation de son contrat, 900 livres.

Après quoi, la succession mobilière fut réduite à 6.644 livres 16 sols 8 deniers, et même à 6.519 livres 16 sols 8 deniers, en retranchant le coût des deux inhumations, du père et de la fille, qui avaient coûté ensemble 125 livres.

La succession se partageait par tiers entre les trois frères : ce fut pour chacun 2.173 livres 13 sols 8 deniers. Mais la veuve prit la part de son fils décédé (Coutume de Paris) ; la part de François, décédé, alla à sa fille mineure, et Jacques, l'aîné, eut l'autre tiers. N'oublions pas de signaler que cette digne aïeule, Marie Blondel, ne sait pas signer; c'est la seule. Sur les actes, elle appose d'ordinaire son « merc », auprès des signatures des autres membres de la famille.

V. — *Veuvage de Marie Blondel.* — Veuve, Marie Blondel se retira dans une modeste maison, ou plutôt dans une partie de sa propre maison que lui louait Jacques, son fils aîné. Son loyer n'était que de 60 livres par an. Son revenu dépassait 800 livres; sa vieillesse était largement assurée.

Elle décéda à Belmesnil le 21 avril 1743, et fut inhumée le lendemain dans l'église du lieu. Elle était âgée, dit l'acte mortuaire, d'environ soixante-six ans.

A la requête des deux seuls héritiers, le fils aîné Jacques, et la veuve du puîné, François, tutrice, on procéda, le 22 avril 1743, à l'inventaire et répertoire des meubles, et, le 2 mai, à la vente de ce qu'on ne gardait pas en nature. La « vendue », comme dit le procès-verbal, produisit 605 livres 10 sols.

Les deux filles survivantes ne paraissent toujours pas, car elles ont, en se mariant, reçu tout ce qu'elles peuvent prétendre et renoncé à rien demander de plus.

Je n'entrerai pas, comme tout à l'heure, dans le détail du mobilier inventorié ou vendu. Il est moins abondant que celui de 1739, et, à si peu d'années d'intervalle, il n'y a rien de nouveau à tirer au point de vue soit des habitudes ménagères, soit du prix des choses. On trouve une cinquantaine de livres latins et français, un *Journal des Savants*, *Le Voyage d'Espagne*, *Corneille*, *Conférences ecclésiastiques* : ils furent évidemment au fils, prêtre. Je remarque un rouet, un peu d'argenterie, marquée I. V. et V. D., parmi elle une écuelle « autour de laquelle est écrit Marie Blondel », de la vaisselle d'étain, deux chapelets; plusieurs armoires, et quantités de coffres ou bahuts, du linge en abondance, etc.; enfin, placés dans les bâtiments de la ferme, une vache et une cavalle : cette bonne vieille montait toujours sa bidette.

Suivant un acte sous seings privés, du 4 juillet 1744, Jacques Le Verdier fit le partage de la succession maternelle avec la fille de son frère, toujours représentée par sa mère tutrice. La succession mobilière, y compris le produit de la vente des meubles, s'élevait nette de dettes et charges, à la somme de 1.397 livres 19 sols 6 deniers. Ils en prirent chacun la moitié.

Quant à la succession immobilière, elle se composait de la part que Marie Blondel avait recueillie dans les conquêts du mariage. Au partage de 1739, Jacques l'aîné avait tout gardé et remplacé les droits de sa mère par une rente correspondante, mais cette rente n'en avait pas moins nature d'immeuble. Donc, les deux tiers passent à l'aîné, le tiers aux cadets. Mais la situation se complique : l'un des fils, Isaac, est mort ayant recueilli une part d'immeubles paternels. Leur mère en a pu jouir, il en était nu-propriétaire. Cette nue propriété est échue à ses frères survivants. Or, là encore, l'aîné prend les deux tiers. A lui donc d'abord les deux tiers de son chef, et, sur le troisième tiers qui s'est partagé en deux pour les deux cadets, il lui revient les deux tiers d'une moitié ou d'un sixième de l'ensemble. A la fille de François donc un sixième et un tiers d'un sixième. Pauvres cadets, c'est le *væ victis*.

Les droits immobiliers ainsi établis, on trouve en totalité pour cette nièce une part de 150 livres de rente. Mais, comme précédemment, on consent que l'aîné reste propriétaire de l'intégralité du bien de famille et il se constitue débiteur d'une rente de pareil chiffre au profit de sa copartageante.

Je note, pour finir, quelques détails intéressants dans les dettes grevant la succession :

« Pour frais d'inhumation de ladite dame Verdier, pour viande, cuisinier, repas,
« et du pain d'huile qui était dû, 51 livres 18 sols 6 deniers,
« .....,
« au Sr Lamy, prestre, pour messes, 16 livres 13 sols 4 deniers,
« pour cercueil, 4 livres,
« pour la tombe, 20 livres,
« au collecteur du sel, 4 livres 10 sols,
« au collecteur de taille, 12 livres 1 sol 8 deniers,

« à Marie-Madeleine Hébert, 12 livres, pour ses gages,
« à Jacques Blondel, 23 livres, pour le luminaire, »...

De leur mariage, Isaac Le Verdier et Marie Blondel eurent sept enfants, savoir :

A. — Jacques, né le 7 décembre 1695;
B. — Isaac, né le 10 juillet 1697;
C. — Marie, baptisée le 19 février 1699;
D. — Marie-Marguerite, baptisée le 27 mai 1700;
E. — François, baptisé le 11 mars 1703;
F. — Marie-Magdeleine, née le 19 avril 1710;
G. — N..., née le 25 octobre 1713.

A. — JACQUES-JEAN

Il continuera la lignée. Sa notice suivra.

B. — ISAAC

Isaac Le Verdier est né à Belmesnil le 10 juillet 1697, selon son acte de baptême en date du 14 du même mois. Il fut prêtre. En 1719, il était séminariste à Rouen, et il allait être promu aux premiers ordres. Son père lui constitua, à cette époque, la rente ou pension dont devait justifier, aux termes des règlements diocésains, tout candidat à la prêtrise. Par acte passé devant le notaire de Bacqueville le 20 novembre 1719, le père de famille, Isaac Le Verdier, constitua donc 90 livres de rente et pension viagère en faveur de son fils, « maistre Isaac Le Verdier, acolitte tonsuré minoré, étant de present dans le seminaire de Rouen..., à compter du jour qu'il aura reçu les saints ordres de sous-diacre ». Les témoins de l'acte étaient empruntés aux familles des deux femmes du constituant : c'étaient le sieur Bonaventure de Varengué, conseiller du roi, vice-bailli de Caux, qui avait épousé la sœur cadette de Catherine Trevet de Montmirel, la première femme de Isaac Le Verdier, et Me Pierre Blondel, greffier en la maréchaussée, frère de la seconde et, d'ailleurs, parrain de l'ordinand : constatons ainsi en passant que le convol en secondes noces n'avait pas séparé Isaac Le Verdier de ses premiers alliés.

Isaac fut ordonné diacre à la Saint-Mathieu 1720. Le « registre des pensions des ordinands » du séminaire Saint-Vivien l'inscrit parmi les ordinands qui ont payé « la pension des six semaines » en 1720 (1). Il fut admis à la prêtrise avant 1724.

(1) Arch. S.-Inf., G 8967, f° 81. Il paie 42 livres. Les séminaristes, alors, n'étaient pas astreints à des années d'internat, à la façon moderne, au moins lorsqu'ils étaient parvenus aux premiers ordres. Avant qu'il fût promu à un ordre sacré, l'ordinand était obligé de faire une retraite de plusieurs semaines dans un séminaire, et il payait une pension pour son entretien pendant cette période d'épreuve.

On trouverait d'intéressants renseignements sur le régime ancien des séminaires dans *Les Séminaires normands du XVIe au XVIIIe siècle*, par G. Bonnenfant (Paris, Rouen et Caen, 1915).

Dans la suite, le jeune prêtre paraît s'être attaché au diocèse de Paris; il y exerçait au moins le ministère en 1733. Il s'était mis alors au service du curé de Chastillon, près de Sceaux, et celui-ci contesta le règlement de ses honoraires. L'abbé dut assigner son curé devant l'official du diocèse de Paris, et, par sentence du 9 janvier 1734, celui-ci condamna Me Louis Bonard, prêtre, curé de Chastillon, à payer au demandeur 170 livres pour l'honoraire de ses services pendant six mois et demi.

Je ne sais pas ce que devint dans la suite l'abbé Isaac Le Verdier. J'ai rencontré pourtant une obligation sous seing privé de 50 livres, souscrite par un sieur J. Cavillet, demeurant à Paris, au profit du sieur abbé Le Verdier, en date du 24 octobre 1739. Il semble donc être resté à Paris.

Quand décéda son père, en 1739, l'inventaire que l'on dressa à Belmesnil fait mention, dans le domicile mortuaire, d'une chambre qui est dite celle de M. Le Verdier, prêtre, fils du défunt, et elle est garnie de meubles et de livres qui lui appartiennent. L'abbé revenait donc souvent à la maison paternelle. Mais, quand mourut sa mère, en avril 1743, il l'avait précédée dans la tombe. Il était mort déjà en mai 1741, lorsque les héritiers réglaient la succession de leur père. C'est d'ailleurs dans la région parisienne qu'il décéda, car sa mère hérita de lui « selon la Coutume de Paris », disent les accords de famille. J'ignore le lieu et la date exacts de ce décès (1).

* c. — FRANÇOIS

François Le Verdier a été baptisé à Belmesnil le 11 mars 1703. Sa biographie se se réduit à son mariage.

Après contrat de mariage du 22 janvier 1729, reçu par Grandcamp, notaire à Dieppe, il épousa Thérèse Ragot, fille de Jean et de Geneviève Le Febvre, qui était veuve de Pierre Paré. Cette Thérèse Ragot, dit l'acte, était cabaretière, demeurant à Dieppe. Elle apportait à son mari, tant en meubles, marchandises qu'en or et argent, une valeur de 4.000 livres, somme respectable en ce temps-là. Quant à François Le Verdier, son père lui assurait, en faveur du mariage, et par avancement d'hoirie, une rente de 100 livres par an. Le terme cabaretier n'était pas jadis aussi bas qu'aujourd'hui.

François Le Verdier était mort en 1739, lors du décès de son père, et c'est sa veuve, tutrice, qui, au nom de leur fille mineure, le représenta au partage.

De leur mariage, François Le Verdier et Thérèse Ragot n'eurent qu'un seul enfant, Marie-Madeleine, qui épousa un sieur Pierre-Louis-François Beauval, bourgeois de Dieppe, marchand drapier, y demeurant, Grande-Rue, puis rue d'Ecosse. Ce Beauval tomba en mauvaises affaires en 1757.

Jacques Le Verdier, l'aîné de la famille, payait à sa nièce, la dame Beauval, une rente annuelle de 401 livres, représentant les droits de celle-ci dans la succession de Isaac Le Verdier et Marie Blondel, ses aïeuls, par représentation de son père. Jacques-Jean-

(1) *La Semaine religieuse* de Rouen (n° du 13 octobre 1900, p. 1002) a donné quelques notes biographiques sur un P. Jean-François Le Verdier, jésuite, qui fut professeur de rhétorique à Amiens, né en 1714, † en 1751 : on voit que les dates aussi bien que les prénoms s'opposent à toute velléité d'identification.

Michel Le Verdier, fils de Jacques, racquittera cette rente en 1779, moyennant un prix de 8.000 livres, aux mains d'un autre Beauval, Pierre-François-Louis, fils de Pierre-Louis-François, qui exerçait à Dieppe le métier de limonadier, sous les Arcades, en ce temps-là, comme aujourd'hui, le quartier des tavernes. La dame Beauval, née Le Verdier, était morte en 1779.

D. — MARIE

Marie Le Verdier fut baptisée à Belmesnil le 19 février 1699.

Elle épousa « honneste homme Adrien Paon, laboureur, fils d'Adrien et de feue Françoise Auzou, demeurant en la paroisse de Bertreville-Saint-Ouen ». Le contrat de mariage, sous seings privés, est du 17 février 1724. L'épouse apportait en mariage 1.300 livres, deux vaches, et un trousseau que lui promettaient ses père et mère. C'est l'abbé Isaac Le Verdier, son frère, qui bénit le mariage en l'église de Bertreville-Saint-Ouen, le 29 du même mois. L'un des témoins fut Blondel de la Haittrais.

Qui étaient ces Paon ? Une famille de simples laboureurs et modestes propriétaires : Philippe Paon est laboureur à Saint-Ouen-prend-en-Bourse en 1618; François Paon, fils de Philippe, l'est en 1645.

Je rencontre encore à Bertreville-Saint-Ouen, en 1774, Michel-Antoine Paon, fils aîné d'Adrien, lequel était fils d'autre Adrien. Ce sont les nôtres évidemment; c'est un enfant du mariage.

Des notables du même nom se rencontrent dans la contrée : étaient-ils de même souche ? C'est vraisemblable.

A Saint-Ouen-prend-en-Bourse, je trouve un François Nion, qui acquiert, en 1714, une pièce de terre des frères Mignonneau, bourgeois de Paris, lesquels en avaient hérité de damoiselle Catherine Petit, leur cousine, et celle-ci était la veuve de François Paon, écuyer, s^r de Saint-Amand, fils et héritier de Pierre Paon, écuyer, garde du corps de S. A. monseigneur le duc d'Orléans, précédents possesseurs du même fonds.

A Belmesnil, Jacques Le Verdier avoue au Prieuré de Longueville, en 1750, entre autres biens, une masure sous le tènement ou aînesse de Jean Bonté, fils de Jean, au droit de Pierre Paon, s^r du Perray (1) ; « sous le tènement ou aînesse ci-devant Bonté, au précédent Pierre Paon, s^r du Perray », écrira la veuve de Jacques Le Verdier dans un autre aveu en 1770 (2).

Dans les anciens titres des vavassories ou fieffermes d'Epinay ou Lépinay, à Criquetot, j'ai noté que celles-ci furent anciennement, au milieu du XVIe siècle, à Richard Paon, s^r du Perray, puis à Pierre Paon, s^r du Perray, son frère (3).

(1) Terrier de la seigneurie d'Omonville, « 3e partie, paroisse de Saint-Ouen-prend-en-bourse, enclos de Bertreville et Omonville », n°s 5 et 32. (Arch. S.-Inf.)

(2) Arch. L. V., n°s 194 et 229.

(3) Aveu au Prieuré de Longueville, 1750, par Jacques Susanne de la Motte du Buc, demeurant en sa terre dud. lieu d'Epinay, paroisse de Longueville, enclos de Criquetot, ledit seigneur neveu de Jean Susanne, fils aîné de Pierre, fils de Jacques, fils de Michel, qui représentait, en 1563, Guillaume Fiquet, cohéritier à cause de Laurence Nepveu, sa mère, de maître Pierre Paon, s^r du Perray, frère et héritier de maître Richard Paon, aussi s^r du

On peut noter qu'on voit au cadastre de cette commune de Criquetot un triage ou quartier désigné sous le nom de la Croix-Paon.

Enfin, on lit au *Registre des Fiefs de Caux en 1503* que « les hoirs Jean Paon tiennent 1/8 de fief nommé le fief Paon-Mine-d'Orge, assis à Cropus » (1).

Il y a certainement affinité entre ces divers Paon, anciens et modernes. Est-ce à dire que Adrien Paon, le mari de Marie Le Verdier, fût d'extraction noble ? Non. Telle branche s'anoblissait et telle autre restait roturière, et parfois le redevenait. Dans nos campagnes cauchoises, il n'est guère de familles nobles dont je ne voie le nom porté, aux lieux mêmes qu'elles habitaient, par des gens de modeste ou de basse condition. Adrien était donc et resta simplement laboureur, propriétaire, et bien apparenté (2).

J'ignore l'époque de la mort de Marie Le Verdier; son mari n'existait plus en 1741. Ils ont laissé au moins un fils, Louis Paon, qui, en 1763, était qualifié « marchand négociant, en la ville de Dieppe, rue des Jésuites, paroisse St-Remy ». J'ai une lettre de lui, datée de 1768, sans grand intérêt (3).

Une de mes pièces d'archives, le procès-verbal de la nomination des tuteurs aux enfants de Jacques Le Verdier, en 1763, dont il sera fait mention plus loin, nomme en ces termes l'un des membres présents à ce conseil de parents : « Charles Le Toucq, laboureur, demeurant à Gonneville, oncle desdits mineurs, au droit de Marie Le Verdier, sa femme ». Qui est celle-ci ? Je ne vois aux registres paroissiaux de Belmesnil aucune autre fille d'Isaac Le Verdier et de Marie Blondel, que celles qui précèdent ou qui suivent. S'agit-il de Marie, femme de Adrien Paon, qui, veuve, aurait convolé en secondes noces ? S'agit-il d'une autre autre fille qui serait née hors de Belmesnil et ne s'y serait pas mariée ? Je ne sais; la première hypothèse n'est pas invraisemblable.

E. — MARIE-MARGUERITE

Marie-Marguerite a été baptisée à Belmesnil le 27 mai 1700.

Elle épousa, en 1732, Jacques Brunet, fils aîné de Jacques, laboureur, demeurant à Offranville, et de feue Anne Mutel. L'acte de mariage ne se trouve pas aux registres de Belmesnil. Mais le contrat de mariage, déposé aux minutes de Blanpain, notaire à Bacqueville, fut conclu sous seings privés, en la maison de Isaac Le Verdier, à Belmesnil, le 21 février 1732.

Comme presque toujours, l'époux n'annonce aucuns apports; il suffit bien qu'il

Perray, c'est à savoir deux vavassories, dépendantes du fief d'Epinay, composées de vingt-six pièces de terre assises au terroir d'Epinay, hameau d'Epinay, paroisse de Criquetot. (Anciens titres de la ferme, sise à Criquetot, vendue en 1874 par M. Narcisse Crépet à M. Jacques-Isidore Le Verdier, communiqués par celui-ci.)

(1) *Registre des fiefs et arrière-fiefs du bailliage de Caux en 1503*; publié par A. Beaucousin (*Société de l'Histoire de Normandie*), Rouen, 1891, pp. 137 et 153.

(2) Il va de son qu'il n'y a aucun rapprochement à faire avec la famille Paon, fixée à Etalleville, près Saint-Laurent-en-Caux, dont la noblesse a été reconnue en la personne de Louis Paon, issus d'un François, par La Galissonnière (Bibl. de Rouen, mss. Y 65 et Y 129, anc. fonds). Ce n'est pas la même région.

(3) Arch. L. V., n° 232.

déclare qu'il est « fils aîné et présomptif héritier » de Jacques Brunet, etc. Et celui-ci était un riche cultivateur. Marie-Susanne, sa fille, épousera, quelques années plus tard, Jacques Le Verdier, le frère aîné de Marie, l'épousée de ce jour.

Marie Le Verdier reçoit de son père une dot de 2.000 livres, dont 800 constitueront le don mobil habituel et le reste représentera son nom, côté et ligne. Le contrat énonce, en outre, « un lit garni, des habits et linges convenables à son état », suivant la formule en usage, et deux vaches à lait. A la suite du contrat, Jacques Brunet a donné quittance à son « beau-père », le 21 juin 1732, des 2.000 livres « et généralement de tout ce qu'il m'a promist ».

Du mariage de Jacques Brunet et Marie-Marguerite Le Verdier, est né, au moins, un fils, Jacques, qui était laboureur à Rouxmesnil, paroisse de Saint-Aubin-sur-Scie, en 1763.

C'est tout ce que je sais de Marie-Marguerite Le Verdier. Mariées, les filles disparaissaient du foyer paternel; elles passent dans la paroisse de leur mari. Il n'est même pas question d'elles au partage des successions de leurs parents, puisque la délivrance de leur mariage avenant leur tient lieu de tous droits. Sur elles donc les renseignements biographiques font le plus souvent défaut.

Jacques Brunet et sa femme paraissent s'être fixés à Saint-Marguerite-de-Quèvremont ou Sainte-Marguerite-sur-Mer.

F. — MARIE-MADELEINE

Marie-Madeleine Le Verdier, née le 19 avril 1710, à Belmesnil, y fut baptisée le lendemain. Jacques, son frère aîné, âgé de quatorze ans, fut son parrain.

Elle demeura célibataire, et vécut à Belmesnil, apparemment avec ses parents, auprès de qui elle s'employa, semble-t-il.

Elle est morte à Belmesnil le 23 juillet 1739 et fut inhumée dans l'église. Il est à remarquer que son père était mort deux jours auparavant : simple coïncidence ou cause épidémique ? Il avait quatre-vingt-un ans; elle en avait vingt-huit seulement.

Aucune pièce de nos archives ne fait mention d'elle, sinon l'inventaire dressé après la mort de son père (1).

G. — N...

Le 27 octobre 1713 fut inhumée dans l'église de Belmesnil une fille, née, la veille, du mariage d'Isaac Le Verdier et de Marie Blondel, qui ne reçut aucun prénom. « Baptisée à la maison, dit l'acte mortuaire, elle alla de vie a deceds aussitost après son baptesme ». C'est tout ce qui la concerne sur le registre paroissial : cet acte lui tient lieu à la fois d'acte de naissance et d'acte de décès. Elle ne put recevoir de prénom.

(1) *Supra*, p. 91.

Septième degré :

Jacques-Jean Le VERDIER,
né en 1695, † en 1763.
= 1741, Marie-Susanne Brunet, née vers 1714, † en 1782.

Huitième degré ;

Jacques-Jean Michel, 1756–1810, = 1776 Marie-Catherine Masse.	Marie-Anne, vers 1747 – ? = vers 1773, Pierre Hertel.	Marie-Rose, 1760 - ?	Marie-Suzanne-Madeleine, 1742-1743.

SEPTIÈME DEGRÉ

Jacques-Jean Le Verdier.

Jacques-Jean Le Verdier était le premier né des enfants d'Isaac Le Verdier et de Marie Blondel. Né à Belmesnil le 7 décembre 1695, ondoyé le même jour par la sage-femme, dit l'acte paroissial, il reçut les cérémonies du baptême le lendemain, maître Jacques Le Verdier, curé de Houdetot, son grand-oncle, étant son parrain, et Marie Jolette, sa grand'mère maternelle, sa marraine.

Fils aîné et présomptif héritier, il cultivait la ferme de Belmesnil avec et pour son père, pendant que celui-ci partageait son temps et sa résidence entre cette ferme et sa maison de Dieppe. Quoique dans sa quarante-quatrième année, il n'était pas encore marié quand mourut son père, en 1739.

Il se fixa seulement en 1741, par son mariage avec Marie-Susanne Brunet, de dix-huit ans environ plus jeune que lui, « fille de maitre Jacques Brunet, marchand laboureur, demeurant en la parcisse d'Offranville, et de honneste femme Anne Mutel », dont le frère aîné avait déjà épousé Marie-Marguerite Le Verdier.

Le contrat de mariage est sous seings privés, et daté du 10 janvier 1741. Du côté de l'époux, comme toujours, pas d'apports inscrits; il gage douaire coutumier à sa future épouse, et c'est tout. Du reste, on sait qu'il est à la tête de la ferme patrimoniale, et comme exploitant et comme propriétaire. D'autre part, maître Brunet, en faveur du

Jacques Le Verdier *Marie Brunet*

mariage, promet payer au futur époux 1.200 livres, deux vaches, douze moutons, avec un trousseau, linges, hardes, à l'usage de l'épouse, qui consisteront « en trois paires d'habits complets, dont un sera de drap noir, et un viollet aussi de drap, et l'autre à la volonté du père », avec cela deux armoires, coffres, lit garni, quatre douzaines de serviettes, douze paires de draps, « moitié de toile de lin et moitié d'étouppes ». Le tout fut livré, selon que le reconnaissent les quittances de l'époux, inscrites à la suite du traité de mariage.

J'ai peu de renseignements sur la famille Brunet; je n'en ai pas été chercher, je l'avoue, aux paroisses qu'elle habitait, Offranville, notamment. Marie-Suzanne Brunet, fille de Jacques, laboureur à Offranville, doit être née en cette paroisse; sa mère, Anne Mutel, était morte dès avant 1732. Elle avait au moins deux frères : Jacques, l'aîné, fut laboureur à Sainte-Marguerite-sur-Mer, épousa Marie-Marguerite Le Verdier en 1732, et fut père, notamment, d'un troisième Jacques, qui était laboureur en 1763 à Rouxmesnil, paroisse de Saint-Aubin-sur-Scie. L'autre, Louis, fut laboureur à Offranville, à la place de leur père, semble-t-il.

Jacques-Jean Le Verdier n'a rempli aucune fonction : il s'est contenté d'être laboureur de son bien.

Avec la génération que lui, ses frères et sœurs représentent, la famille ne s'élève pas; elle marque le pas, pourrait-on dire; elle est franchement roturière dans sa condition et dans ses alliances. Jacques ne semble même pas avoir sensiblement élargi sa fortune. Ses acquisitions consistent uniquement en deux pièces de terre, susceptibles d'un revenu de 84 livres, dont je n'ai pas les contrats d'acquisition, et qu'il achètera d'Adrien Blondel, son oncle, demeurant à Saint-Mards, en 1744. C'étaient une acre et trois vergées au terroir du Quesnay, paroisse de Lamberville, et quatre acres au territoire de la même paroisse : j'en trouve des baux consentis à Charles-Philippe et à Guillaume Le Prince en 1752 et 1753. Il possédait sa ferme de soixante-quinze acres (soixante-douze au temps de son père a-t-on vu), les quelques acres de terre que je viens de mentionner, et deux petites cours-masures dans Belmesnil. Tout cela montait à quatre-vingt-une acres trois quarts environ. Je donnerai à ce sujet quelques détails à l'occasion du règlement de sa succession en 1776 et 1777.

Jacques-Jean Le Verdier ne paraît pas avoir fait de placements en rentes. Je trouve, au contraire, qu'il se constitua débiteur d'une rente de 50 francs, en 1762, en faveur de Michel Blondel, son cousin, laboureur au Montcandon, hameau de Bacqueville; déjà, en 1760, il avait emprunté 150 livres de son beau-frère, Jacques Brunet. Ces opérations dénoteraient qu'il était rien moins qu'au large. La cause s'en trouverait dans ce fait, renouvelé à chaque génération, que l'aîné se charge de la ferme tout entière et qu'il lui faut payer aux cadets leur part, aux filles leur mariage, si elles ne l'ont pas reçu déjà, un tiers de la succession en somme, alors que celle-ci, peut-être, ne comprend pas de capitaux suffisants. Pendant un certain nombre d'années et jusqu'à ce qu'il ait fait des gains, cet aîné risque de se trouver endetté; Jacques n'a d'ailleurs commencé à jouir de sa fortune qu'en 1739, époque de la mort de son père, et il avait déjà quarante-quatre ans. En 1760, au bout de vingt années, il semble subir encore cette condition. De son temps, d'ailleurs, l'agriculture était-elle prospère ? Outre qu'elle produisait peu, à cause des méthodes employées, elle subissait lourdement le poids des impôts : alors, en effet, se superposaient à la taille, la capitation, les dixièmes et les vingtièmes.

Passons en revue les actes que nos archives conservent de lui.

En juillet 1742, il présente une requête à l'Intendant de la Généralité afin d'obtenir que l'impôt du dixième auquel sa ferme était taxée fut abaissé de 150 livres à 100 livres : la réclamation fut accueillie par une ordonnance du 6 août 1742. Il est à remarquer qu'à sa mort le conseil des parents louera cette ferme à sa veuve par le prix de 1.000 livres de fermages, et que, dans le règlement successoral, on estimera la valeur à 1.300 livres de revenu : la requête était donc fondée, et très fondée, vingt ans plus tôt.

Je trouve qu'il rend aveu aux religieux de Jumièges en leur seigneurie de Saint-Mards,

28 décembre 1741, pour une maison et masure de cinq vergées à Belmesnil, bornée entre autres par le chemin de Rouen à Dieppe, du côté de l'orient;

A la seigneurie du Petit-Beaunay, pour une maison et masure contenant une demi-acre, à Belmesnil, limitée par le même chemin du côté de l'occident et de l'autre côté par le chemin ou sente des forières : c'est le petit immeuble que j'ai vendu à mon charron, Armand Dufour, vers 1890 : elle avait été acquise par mon ancêtre, Isaac Le Verdier, en 1712 (aveu du 28 décembre 1741) ;

A la seigneurie de Belmesnil (1), pour trois articles, dont l'un est une parcelle de la cour de ferme (une vergée et demie), ensemble quatre acres et une fraction (25 juin 1749) ;

A la seigneurie d'Omonville, pour dix-neuf acres environ en neuf pièces (14 juillet 1749) ;

Aux religieux du Prieuré de Longueville, en leur fief de Vaudreville, deux parcelles de la cour de ferme, ensemble une acre et trois vergées et demie, et une pièce de terre de deux acres, à la chasse ou rangée de pommiers, du chemin de Lintot (15 janvier 1750) ;

A la seigneurie de Criquetot, pour dix-huit articles formant un total de vingt-neuf acres et demie (25 septembre 1755) ;

A la seigneurie de Belmesnil, pour quatre articles, contenant ensemble cinq acres et demie, parmi lesquels, chose étrange, se retrouvent la petite cour-masure d'une demi-acre avouée en 1741 à la seigneurie du Petit-Beaunay, la parcelle de la cour de ferme (une demi-acre au lieu d'une vergée et demie) et sept vergées en labour, dit clos Varin, déjà compris l'un et l'autre dans l'aveu à la même seigneurie de Belmesnil de 1749 (14 octobre 1755).

En 1740, 1754, 1763, Jacques Le Verdier fait bail de ses petites maisons et masures du chemin de Rouen à Dieppe à divers, par des prix annuels de 40 et 54 livres; en 1752 et 1753, il loue par 25 et 50 livres ses deux pièces de terre, récemment achetées, sises au voisinage du Quesnay à Lamberville.

En 1760 et 1762, il contracte les deux emprunts que j'ai signalés.

En 1745, il baille une reconnaissance ou titre nouvel de la rente Varin ou Candolle (100 livres) ;

Quelques pièces montrent Jacques Le Verdier aux prises avec la procédure en trois circonstances :

En 1745, il saisit les fermages d'un nommé Bénard, fermier des héritiers Berthelot, de Notre-Dame-du-Parc, pour avoir paiement de cinq années d'arrérages d'une rente de 5 livres 17 sols et 6 deniers que ceux-ci lui devaient. Son père avait dû agir de même à l'égard des mêmes débiteurs en 1727;

En 1757, au cours de la déconfiture du sieur Beauval, mari de sa nièce, il vit arrêtés et saisis dans ses mains les arrérages de la rente de 401 livres qu'il devait à celle-ci;

Un procès plus curieux fut celui que lui fit le seigneur d'Omonville, à la suite de son aveu précité du 14 juillet 1749. Volontairement, il n'y avait pas compris certaine masure, plantée, vide de bâtiments, bornée du côté du levant par le chemin de Belmesnil à Lintot, contenant environ deux acres, qui avait été employée, au contraire, dans l'aveu rendu par son père le 22 octobre 1733 (2). C'est que la mouvance de ce terroir était

(1) Peu à peu, les possesseurs de la vavassorie antique de Belmesnil se sont dits seigneurs de Belmesnil; il y eut même une érection en fief de Belmesnil-Blainville.

(2) Arch. L. V., n° 171.

en discussion, réclamée à la fois par les seigneuries d'Omonville et Belmesnil, et qu'il venait d'en passer aveu au seigneur de Belmesnil dans son aveu du 25 juin 1749 (1). Le seigneur d'Omonville fit bel et bien prononcer, véritable confiscation qu'autorisait le droit coutumier et féodal, la réunion au domaine non fieffé de sa seigneurie de l'immeuble litigieux, « faute d'hommes, aveux, déclarations non baillées, rentes seigneuriales non payées, et autres droits et debvoirs seigneuriaux non faits suivant la coutume », et ce, par une sentence rendue par le sénéchal du fief, aux pleds tenus le 17 octobre 1749 au manoir seigneurial. Que se passa-t-il ? La main-levée fut accordée évidemment, puisque nos ancêtres continuèrent à posséder cette masure, mais l'on dut payer une somme transactionnelle pour se rédimer, 24 livres, je crois, si je comprends bien une annotation inscrite en marge de la sentence par le seigneur d'Omonville lui-même, « messire Jean Baptiste Le Batailler, éc., seigneur et patron d'Omonville, du fief d'Alo et de La Berquerie, conseiller du roi et son auditeur ordinaire en sa Cour des Comptes, aides et finances de Normandie ».

Jacques-Jean Le Verdier est mort le 12 juillet 1763 : il n'avait que soixante-huit ans. Il fut inhumé deux jours après dans l'église de Belmesnil (2).

Il laissait trois enfants mineurs, un fils et deux filles :

Marie-Anne, née vers 1747;

Jacques-Jean-Michel, né en 1756;

Marie-Rose, née en 1760.

A sa veuve ,Marie-Susanne Brunet, incomba la tâche de leur éducation : elle paraît avoir été une femme accomplie, énergique, laborieuse, vigilante, digne en tous points de sa mission.

Tutelle de Marie-Suzanne Brunet. — Le Conseil des parents lui déféra immédiatement la tutelle de ses enfants.

Cette assemblée se tint à Dieppe, au bailliage royal, siège d'Arques, le 19 juillet 1763. Le document est rédigé au nom du grand bailli d'épée de Caux, Paul-Hippolyte de Beauvilliers, duc de Saint-Aignan, pair de France, etc. On peut être surpris de cette solennité; j'aurais cru que le nom du lieutenant général du siège aurait suffi, style nouveau, semble-t-il. Les parents se réunirent au nombre prescrit de douze, et, par une heureuse coïncidence, le lieutenant général qui les présidait fut Charles-Adrien de Quiefdeville, seigneur et patron de Belmesnil. C'étaient, du côté paternel, Charles Le Toucq, laboureur à Gonneville, oncle des mineurs au droit de Marie Le Verdier, sa femme; Louis Paon, marchand négociant à Dieppe, rue des Jésuites, cousin germain; Jacques-Philippe Blondel, marchand chandelier ou cirier à Basqueville, cousin; Adrien Blondel, laboureur et marchand, demeurant à Tourville-sur-Arques, cousin; Laurent-Cœsar Blondel des Vallons, chevalier de Saint-Louis, demeurant à Dieppe, rue Peltrie; Michel Blondel, laboureur, demeurant au Montcandon, paroisse de Basqueville; du côté maternel : Jacques Brunet, laboureur, demeurant à Sainte-Marguerite-de-Quèvremont, oncle; Louis Brunet, laboureur, demeurant à Offranville, oncle; François Saffray, laboureur, demeurant à Ribeuf, cousin germain; Etienne Delaporte, laboureur, demeurant à Gueures, cousin germain, comme ayant épousé Rose Saffray; Louis de Dieppe, laboureur, demeurant au hameau

(1) Arch. L. V., n° 191.

(2) On paya « 20 livres pour la tombe » ; c'était le droit que réclamait la fabrique pour l'inhumation dans l'église; pour le luminaire, 30 livres; pour la viande, le jour de l'inhumation, 6 livres 4 sols.

de Tessy, paroisse d'Ouville-la-Rivière, cousin; Jacques Brunet, fils, laboureur à Roux-mesnil, paroisse de Saint-Aubin-sur-Scie, cousin germain.

Unanimement, Marie-Susanne Brunet est nommée tutrice principale; Jacques Brunet, oncle maternel, est nommé tuteur consulaire. Le même Jacques Brunet et Jacques-Philippe Blondel sont délégués pour assister à l'inventaire des meubles et à leur vente, louer les biens à la veuve ou sister aux baux qu'elle consentirait, liquider ses droits, arbitrer les pensions et dépenses d'entretien des mineurs, d'une manière générale, pour autoriser tous actes de tutelle qu'il appartiendrait. Même, on nommait Me Bourdon, avocat en ce bailliage, pour défendre toute affaire litigieuse qui surviendrait.

L'inventaire des meubles, grains, récoltes et bestiaux, papiers et écritures, fut dressé le 26 juillet, en présence des tuteurs consulaires ou délégués, par le notaire de Longueville, Panié. La prisée monta à 4.991 livres 16 sols. Le mobilier offre peu d'articles à signaler. Je note un « palier à quatre étages », sur lequel se sont trouvés vingt et un plats, trente-quatre assiettes écuelles, chopines, cuillers, etc., le tout en étain, du poids total de cent soixante-cinq livres; ailleurs, quatre chaudières d'airain de différentes grandeurs; un bois de cerf; trois rouets à filer avec leurs têtes; une malle couverte de cuir rouge, garnie de clous de cuivre; une petite caisse de bois de frêne, dans laquelle il y a quinze béguins à l'usage de la veuve; une petite caisse de bois peint, qui contient huit cornettes, dont trois garnies en dentelles et les cinq autres en toile; un livre d'église, avec partie de sa garniture en argent; un livre de piété in-4°; une image de la Sainte Vierge, avec sa carrure dorée; une armoire en bois de chêne à quatre battants, dont on détaille le linge qui y est renfermé; etc. Voici la garde-robe de la veuve : quatre corps, dont un de drap brun, un de drap de couleur olive, un autre de drap brun, un autre de drap gris; une juge bleue de serge de Londres, une autre jupe violette, une autre de froc ras de couleur écarlate, une autre bleue de serge de Basqueville, une jupe de calmande, une jupe d'étamine; deux tabliers d'étamine, deux autres tabliers de toile mouchetée; une camisole de froc ras, de couleur écarlate, etc. Ailleurs, on inventorie un habit, une veste et une culotte de pinchinat brun, un gilet de ratine blanche, un chapeau et un bonnet, vingt chemises, ayant été portés par le défunt, etc. Ailleurs encore : huit couverts d'argent, marqués des lettres J. V. D., cinq tasses d'argent, dont quatre marquées des mêmes lettres, et une marquée M.-S. Brunet, le tout pesant six marcs trois quarts, un grand gobelet marqué Marie-Anne Verdier, à elle appartenant comme donné par son parent, le sieur Beauval. Il y a, dans la ferme, deux chevaux et deux cavales, quatre vaches, une génisse d'un an et un veau, vingt-six moutons, cinquante poules, des oies et canards, un chien pour la garde de la maison; aux champs, vingt-trois acres et demie sont chargées en blé, une en seigle, seize acres et une vergée en avoine, sept acres et demie en pois, dragée, vesce, orge ou lin, le reste en jachère apparemment, plus de vingt acres !

Par une convention sous seings privés du 12 décembre, les tuteurs consulaires consentirent à Marie-Susenne Brunet (1) un bail de la ferme. Celle-ci comprend soixante-neuf acres en labour et cinq acres et demie en masures; la cour de ferme, trois acres et

Mariesusenne Brunet

(1) Elle signe Marie-Susenne Brunet; elle avait signé son contrat de mariage Marie Brunet.

demie, contient, outre la maison d'habitation, « deux granges, une écurie, une étable à vaches, un pressoir, un fournil et autres bâtiments », et un jardin; l'inventaire a mentionné une laiterie, un cellier, un puits, une charreterie. Derrière la maison, et de l'autre côté du chemin de Belmesnil à Lintot, est une autre masure, plantée, vide de bâtiments, d'une contenance de deux acres. Le fermage annuel est fixé à 1.000 livres; la durée du bail est de neuf ans.

Une autre délibération des tuteurs consulaires, du 12 janvier 1764, fixa, pour trois années, à 300 livres par an la dépense de la pension et entretien des trois enfants, savoir : 250 livres par an au nom des deux plus jeunes, et 50 livres seulement pour l'aînée, Marie-Anne, âgée de seize ans : on suppose donc que celle-ci doit, par son travail, contribuer à sa subsistance; ce n'est pas sans cause que nous avons vu l'inventaire détailler trois rouets. « Au moyen de laquelle somme, dit-on, ladite veuve les nourira et entretiendra et leur fera donner l'éducation convenable à leur état ».

Il ne fut pas question, à ce moment, du règlement de la succession du père de famille : l'opération fut ajournée à la majorité du fils. Je ferai de même.

Parcourons le dossier et notons les principaux actes de la gestion de la tutrice.

Le 18 novembre 1763, elle baille à dame Suzanne Varin, veuve de M. Pyramus de Candolle, noble citoyen de la république de Genève, demeurant à Rouen, rue du Petit-Enfer, paroisse Saint-Eloi, fille et héritière de feu sieur Guillaume Varin, bourgeois de Rouen, une reconnaissance ou titre nouvel de la rente de 100 livres constituée en 1702 par Isaac Le Verdier, et dont sont débiteurs envers elle les enfants mineurs (1).

Elle consent ou renouvelle, pour neuf années, les locations des petites propriétés de ses enfants : en 1765, à la veuve Le Bled, les cinq acres et trois vergées en labour, assises au terroir du Quesnay, par 84 livres; en 1769, à François Rendu, par 60 livres, la maison à l'occident de la rue de Belmesnil, voisine du fonds de la confrérie du Rosaire de la même paroisse, maison avec « quatre étages y tenants » (2), le fournil et la masure plantée contenant une acre; la même année, à Pierre Selle, pour 42 livres, l'autre maison avec cinq étages y tenants, et une demi-acre de masure plantée; en 1744, à Louis Bataille, voiturier, demeurant à Saint-Mards, et par 174 livres, la terre au Quesnay que tenait la veuve Le Bled.

Et puis, au nom de ses enfants, nouveaux propriétaires, Marie-Susanne Brunet baille des aveux ou déclarations de leurs terres aux seigneuries dont elles sont mouvantes; je n'ai que quatre de ces actes. Ce sont ceux qu'elle présenta à M. Nepveu d'Epinay, en son fief de ce nom (23 novembre 1763) ; à l'abbaye de Jumièges, seigneur de Saint-Mards (15 octobre 1766) ; aux religieux de Longueville, en leur fief d'Epinay (29 novembre 1770) ; à M. de Becdelièvre, en sa seigneurie de Criquetot (30 novembre 1770). Il manque notamment ceux que l'on ne dut pas manquer de présenter aux seigneurs d'Omonville, de Dénestanville, de Belmesnil.

C'est pendant treize années d'active et courageuse administration que Marie-Suzanne Brunet remplaça son mari auprès de ses enfants et de leurs biens. A la ferme, elle était aidée, semble-t-il, d'une servante et de deux valets au moins dont l'inventaire a signalé les lits dans l'écurie (3). Par eux, elle faisait ensemencer

(1) Voyez sur dame Suzanne Varin et Pyramus de Candolle, son noble époux genevois, les notes que j'ai publiées dans *Bulletins de la Société de l'Histoire de Normandie*, t. XII, p. 418.

(2) Il faut entendre par étage un appartement.

(3) L'estimation du mobilier de ferme en vue de la cession par la mère à son fils (12 juillet 1766, ci-dessous) cite : la chambre de la servante, le lit du berger, le lit du valet de charrue, le lit du valet de cour; soit quatre domestiques à la ferme.

cinquante acres, sans compter les jachères; elle achetait, vendait, payait les impositions, les rentes seigneuriales, passait les baux, soutenait les aveux. Aux immeubles, elle préposait des ouvriers, ne négligeait rien, dit le compte de tutelle, « pour entretenir de toutes réparations tous les bâtiments, qui sont en nombre considérable; comme il est à la connaissance des siens parents tuteurs consulaires, elle a beaucoup fait travailler pendant le cours de la tutelle à tous les bâtiments de la ferme, consistant en une maison d'une étendue assez considérable, deux granges, un pressoir, une écurie, une étable, un four, un poulailler, une bergerie » (l'énumération est incomplète), « et aux maisons louées à divers ».

Jean-Jacques-Michel Le Verdier atteignit sa majorité de vingt ans au mois de juin 1776. Le moment était venu pour la mère de famille de se retirer et de faire place à son fils.

Le 12 juillet, des experts nommés à l'amiable par les deux parties estimaient « les grains, bestiaux, et generalement tous les ustensiles étant sur la ferme que lad. veuve Le Verdier occupe sur la paroisse de Belmesnil, et qui va être occupée par ledit Le Verdier, son fils, lesquels grains, meubles et bestiaux ladite veuve Le Verdier cède à son dit fils sur le prix de l'estimation ». Le procès-verbal fut clos le 19 août, et le montant de l'estimation arrêté à 7.460 livres 17 sols.

Quelques jours plus tard, le 26 août, et par une convention écrite à la suite même de l'estimation mobilière du 12 juillet, les mêmes parties réglèrent à l'amiable les droits de douaire, de conquêts et de reprise de dot de la veuve.

Il se trouva qu'il appartenait à celle-ci un revenu de 449 livres 2 sols 11 deniers. Ledit sieur Le Verdier, qui va rester en possession de tous les biens, s'engage à servir cette rente à sa mère, observant qu'après elle il reviendra à ses sœurs, pour leur part dans la dot de leur mère, un tiers de 48 livres 16 sols, dont il leur tiendra compte, les deux autres tiers étant pour lui, en revenu s'entend. Or, la mère et le fils conviennent qu'ils continueront à résider ensemble; à la mère sera réservée « la chambre planchéiée, qui est du côté de l'église et la cave au-dessous » : cette chambre, désignée ailleurs la chambre derrière la cheminée de la cuisine, avec cave par-dessous, on peut la reconnaître encore de nos jours dans la maison conservée. « Pour la nourriture, le chauffage, blanchissage, logement » de sa mère, Jacques-Jean-Michel retiendra 120 livres par an sur le revenu qu'il lui doit, et, si elle se retirait dans une demeure séparée, elle emporterait son mobilier, dont suit une énumération. Tous ces actes sont faits doubles et sous les signatures des parties.

Puis, à la date du 14 août, Marie-Suzanne Brunet rendit le compte de sa tutelle à son fils, assisté de ses deux tuteurs consulaires désignés à l'acte de 1763, Jacques-Philippe Blondel, cousin de « l'oyant-compte », et Jacques Brunet, son oncle. Le compte constate que les recettes se sont élevées à 21.167 livres 11 sols 2 deniers, et les dépenses à 16.245 livres 5 sols 9 deniers, de sorte qu'il reste un excédent actif de 4.922 livres 5 sols 5 deniers, qui se trouve porté à 6.176 livres 18 sols 1 denier, si l'on y comprend l'équivalent du revenu pendant treize ans de la part des mineurs dans la succession mobilière de leur père, dont la veuve est restée détentrice. A ce compte, dit le jeune héritier, « je n'ay aucuns blasmes ny contredits à apporter », après en avoir pris communication et de toutes les pièces justificatives; et les deux parties le signent.

Débitrice envers son fils de 6.176 livres 18 sols 1 denier, Marie-Suzanne Brunet les lui paie en lui abandonnant tous les grains, bestiaux, ustensiles existant sur la ferme, que les experts ont évalués à 7.460 livres 17 sols. Quant à l'excédent de cette somme, le fils en tient partiellement compte, mais partiellement aussi l'excellente mère en fait l'abandon à son fils, on le devine sous les formes discrètes employées dans l'accord final : « Ce fait, moy dite veuve Verdier ay cedé et abbandonné à mondit fils tous les grains excrus sur les terres de la ferme que je fais valloir, sur l'estimation qui en a été faite..., ensemble tous les chevaux, vaches, harnais et meubles meublants..., grains et effets-mobiliers, montant à la somme de 7.460 livres 17 sols ; et, comme je dois à mondit fils pour le reliquat du présent compte (de tutelle) 6.176 livres 18 sols 1 denier et 891 livres pour différentes sommes qu'il a payées pour moi cette presente année, les dites sommes faisant ensemble celle de 7.067 livres 18 sols 1 denier, il reste dû à moy dite veuve par mondit fils 402 livres 18 sols 11 deniers qu'il m'a presentement payées et dont je le tiens quitte » (sauf une somme de 100 livres qu'il paiera réellement pour elle), « et je consens qué mondit fils fasse valoir à son profit dès à présent lad. ferme dont je lui fais remise. Fait double à Belmesnil ce 19 août 1776 ». Et signé, comme les diverses conventions qui précèdent, « Marie Susenne Brunet, Jacques Le Verdier, Jacques Brunet, Jacques Blondel ».

Des abandons plus explicites encore sont formulés par la mère de famille au cours du compte. Les tuteurs consulaires avaient alloué 300 livres par an pour l'entretien des enfants pendant trois années ; on a négligé de faire renouveler cette pension, la tutrice serait en droit de la réclamer pour dix années, elle déclare y renoncer. L'article 67 du Règlement des tutelles accorde à la tutrice, pour l'indemniser de ses peines dans la régie des biens, un sol pour livre des revenus, de là un article de 811 livres 12 sols, que le rédacteur du compte a portés à son actif : la mère déclare n'en pas vouloir et elle efface l'article. Ces détails m'ont paru bons à recueillir, tant ils montrent l'harmonie qui régnait entre la mère et les enfants.

Voilà donc bien le fils installé chef de famille. Mais, dira-t-on, que deviennent les sœurs dans tout cela ? On va s'en occuper. Ce n'est pas que les parts des filles soient bien fortes, mais c'est qu'il reste à liquider la succession ouverte en 1763.

Cette liquidation fait l'objet d'un quatrième et dernier acte, amiable et sous seings privés, qui porte la date du 2 avril 1777.

D'abord, on liquide la succession mobilière. Il se trouve que l'actif mobilier s'élevait

au décès du père à........................	4.999 l.	1 s.	5 d.
et le passif à........................	1.307	3	10
d'où un reliquat net de........................	3.691 l.	17 s.	7 d.
Le tiers appartenant à la veuve, soit............	1.230	12	6 d.
Il restait donc pour les enfants..................	2.461 l.	5 s.	1 d.
dont il fallait encore déduire des charges leur incombant.	650	5	
En sorte qu'il restait net à partager...............	1.911 l.		1 d.

Or, dit l'acte, aux termes de l'article 269 de la Coutume, les filles prennent toutes ensemble le tiers, et les deux autres tiers sont pour le fils aîné : Marie-Anne et Marie-Rose recueillent donc ensemble 637 livres ou 318 livres 10 sols pour chacune, et leur frère prend 1.274 livres. Que serait leur part, si au lieu de deux elles étaient de nombreuses sœurs !

Puis on passe à la succession immobilière.

On évalue les droits, non en capital, mais en revenu : cela est plus sûr, en effet, puisque la ferme a été louée et qu'on en connaît le fermage.

Le prix du bail, que les tuteurs consulaires avaient consenti à la veuve, avait été fixé à 1.000 livres par an, mais ce prix pouvait avoir été adopté en considération de sa qualité, et l'on estime qu'il y a lieu d'évaluer le revenu de la ferme à 1.300 livres.

Deux maisons-masures et deux pièces de terre produisent ensemble. . 186 —

Une rente foncière pour fieffe consentie à Dorey, à Houdetot, donne 62 —

Ce qui fait un revenu total de.............................. 1.548 livres.

Mais l'article 295 de la Coutume donne à l'aîné, en Caux, par préciput, le manoir et son enclos ou pourpris; la valeur du revenu de la maison de ferme et son enclos est fixée à...................... 100 —

en sorte que le revenu à partager n'est plus que de.............. 1.448 livres.

L'article 269 de la Coutume réapparaît qui ne ne donne aux filles toutes ensemble que le tiers, soit 482 livres 13 sols 4 deniers; et, pour chacune des deux sœurs, la part tombe à 241 livres 6 sols 8 deniers en revenu.

Et cela va encore être diminué. Les filles doivent supporter dans la proportion d'un tiers les rentes foncières hypothécaires et même seigneuriales, et il y en a à payer annuellement pour 584 livres 1 sol 3 deniers. Quelle charge ! Voyez, le revenu total n'est que de 1.548 livres, beaucoup plus du tiers est absorbé. A qui donc doit-on tout cela ? A la nièce Beauval 401 livres, à Mme de Candolle 100 livres, à Michel Blondel 50 livres, dont Jacques-Jean Le Verdier s'est grevé; les rentes seigneuriales n'entrent au total que pour 33 livres 1 sol 3 deniers.

Quoi qu'il en soit, le tiers de ce passif, 181 livres 16 sols 4 deniers, est à la charge des sœurs, 90 livres 18 sols 2 deniers pour chacune. De sorte que la part est réduite pour chacune d'elles à 150 livres 8 sols 6 deniers.

Ce n'est pas encore tout. Tous les enfants doivent contribuer aux droits de leur mère, et ceux-ci comprennent le douaire, la moitié des conquêts et l'apport dotal.

On calcule tout cela, en revenu toujours.

1° Douaire. — C'est le tiers des propres du mari. Ils montent en revenu à 1.464 livres; charges déduites, ils tombent à 881 livres 2 sols 9 deniers.

La veuve prend le tiers pour son douaire, soit un revenu de 293 l. 14 s. 3 d.

2° Conquêts. — Ils consistent uniquement dans les deux pièces sises à Lamberville, qui sont louées 84 livres, mais le père de famille s'est grevé de 50 livres au profit de Blondel, qu'il faut déduire; il n'y a donc que 34 livres de revenu, la moitié est de 17

3° Dot. — Celle-ci était, en revenu, de............... 48 16

Voilà donc que ces trois articles donnent à la veuve un revenu de .... 359 l. 10 s. 3 d.

Les filles doivent en fournir le tiers. Pour une raison qui m'échappe, ce tiers est compté seulement à 113 livres 4 deniers, soit pour chacune 56 livres 4 sols 8 deniers, qu'il faut déduire de sa part, calculée plus haut à 150 livres, 8 sols 6 deniers : ainsi il ne reste à chaque sœur qu'une part en revenu de 94 livres 3 sols 10 deniers, mais cette part remontera à 150 livres 8 sols 6 deniers à la mort de leur mère.

Or, dès aujourd'hui, Jacques Le Verdier verse à chacune de ses deux sœurs le capital même, au denier vingt, des 94 livres 3 sols 10 deniers de revenu qui vient de leur être reconnu, ce qui produit une somme de 1.883 livres 16 sols 8 deniers, à quoi il faut ajouter la part dans la succession mobilière, fixée plus haut à 318 livres 10 sols, ensemble 2.202 livres 6 deniers 8 sols, que chacune des deux sœurs reçoit et emporte pour tous droits actuels. Et voilà Jacques Le Verdier libéré envers elles, sauf le petit supplément à leur revenir après leur mère.

L'une des sœurs, l'aînée, Marie-Anne, est déjà mariée : les intérêts de ce capital lui sont dus depuis la célébration de son mariage, quatre ans environ, c'est un compte à faire.

A la suite de cette liquidation, est libellé le texte d'une quittance que le mari de Marie-Anne n'a plus qu'à signer : « Je reconnais avoir reçu de Jacques Le Verdier, mon beau-frère, le mariage de Marie-Anne Le Verdier, ma femme, ce qui luy appartient de la succession de son père suivant la liquidation cy-dessus faite entre nous à l'amiable, qui monte aux sommes cy-après, pour les meubles 318 livres 10 sols, et pour les immeubles 1.883 livres 16 sols 8 deniers, en attendant la succession de la veuve notre mère, et, après son décès, il me reviendra 56 livres 4 sols 8 deniers de rente que mon beau-frère retient par ses mains, etc. Fait double ce jourd'huy, deux avril 1777 ».

Et les parties ont oublié de signer !

La conclusion qui nous intéresse surtout reste à tirer de tout ce qui précède, à savoir quelle était la fortune de Jacques-Jean Le Verdier. Brute, elle était en meubles de 3.691 livres environ, en immeubles de 1.548 livres de revenu qui, au denier vingt, font 30.960 livres, ensemble environ 35.000 livres. Mais nous avons vu qu'il y avait plus de 500 livres de charges annuelles; si on les évalue au même denier, cela fait 10.000 livres, et il ne reste plus qu'un capital bien net de 25.000 livres. Cela représente bien 120.000 francs de nos jours. Or, les conditions de la vie, les habitudes, les besoins sont de nos jours bien changés, et l'on peut dire hardiment qu'on était bien plus riche au milieu du XVIIIe siècle avec 25.000 livres qu'on ne l'est maintenant avec 120.000 francs (1).

Quoi qu'il en soit, Jacques Le Verdier n'eut qu'une fortune inférieure à celle dont avait disposé Isaac, son père.

Marie-Susanne Brunet est morte à Belmesnil le 9 mai 1782, à l'âge de soixante-huit ans; elle fut inhumée dans le cimetière (2).

On aimerait entrer dans la demeure de ces braves gens, les considérer dans leurs occupations, voir ce qu'ils font, ce qu'ils sont, ce qu'ils songent.

Le train de vie de Jacques Le Verdier et de Marie Brunet, certainement inférieur à celui d'Isaac, plus riche et peut-être plus cultivé, devait assez ressembler à celui que nous voyons aujourd'hui dans la maison des riches fermiers ou des propriétaires cultivateurs de notre pays cauchois. Assurément, pas de luxe, pas de salon; on habite la cuisine, la pièce commune, une « salle » à côté permet de s'isoler au besoin. Les pièces sont carrelées en principe, puisqu'on a désigné par planchéiée la chambre réservée à la mère de famille; il y a au moins deux pièces avec cheminées, mais c'est surtout auprès de l'âtre de la cuisine qu'on se tient.

Le mobilier est sévère : on note le traditionnel pâlier, dans la cuisine, chargé de vais-

(1) Ceci est écrit en 1918.

(2) On n'inhumait plus dans l'église, sauf le seigneur, sa famille et les prêtres de la paroisse.

selle d'étain; l'habituelle horloge, « pendule à réveil avec ses poids et boîte »; dans les chambres, les armoires et coffres d'usage, ou vieux bahuts; dans la chambre de la maîtresse, le mobilier comprend « une vieille chaise tapissée, six chaises à fond de paille et un fauteuil semblable », ce qui n'a rien de raffiné; il en est de même dans la chambre qui paraît être celle du mari décédé.

Les meubles ne sont pas faits pour la nonchalance. Aussi bien tout le monde travaille.

La maîtresse, avec une servante, subvient aux nécessités du ménage et de la basse-cour. Sa fille aide, elle doit même filer, peut-être tisser, peut-être faire d'autres métiers féminins : n'a-t-on pas inventorié trois rouets, un « trail » ? Et n'avons-nous pas vu les tuteurs consulaires n'allouer pour elle à sa mère que 50 livres de pension par an (elle a seize ans), tandis qu'ils accordent cinq fois plus à son frère et à sa sœur encore enfants ? Le père est aux champs ou dans les bâtiments de la ferme. Conduit-il les chevaux ? non, mais il assiste et au besoin prête la main.

La toilette est austère : si la garde-robe de l'épouse est abondante, elle est composée de costumes de drap et de couleurs sombres, pas de robe, jupe ou tablier de soie ou taffetas, comme nous avons rencontré chez Marie Blondel, au degré précédent.

Quelle peut être la vie intellectuelle ? Peu étendue, je le crains. Des livres ? Guère. Chacun sait écrire correctement.

Jacques Le Verdier écrit et rédige lui-même ses baux; l'orthographe est médiocre, quelquefois phonétique, mais, en la première moitié du XVIIIe siècle, même dans un monde supérieur au sien, on ne se pique pas de faire mieux. Tous possèdent une instruction élémentaire; aux générations qui ont précédé, les femmes ne savaient pas toujours écrire : ce temps est passé. Les tuteurs consulaires ont pris soin de motiver la pension qu'ils allouent aux enfants, « par laquelle ladite veuve les nourrira, entretiendra et fera donner l'éducation convenable à leur état ». A côté d'elle, il y a donc un maître qui instruit.

« Trois livres de piété » dans une chambre, un « livre de piété, in-4° », « un livre d'église avec garniture d'argent », « une image de la Sainte-Vierge », sous verre dans un cadre doré, inventoriés dans une autre chambre, attestent des sentiments religieux et une pratique du culte catholique. C'est tout ce que j'ai trouvé pour la nourriture de l'esprit. Dans aucun appartement n'est mentionné un christ.

Dira-t-on que le tableau n'est pas flatté ? Ce serait mal juger une peinture qui a voulu être sincère. Ayant un peu déchu de la condition de ceux qui l'ont précédé dans les degrés antérieurs, Jacques Le Verdier n'a qu'une fortune modeste : il est laboureur, il vit de la vie des champs, sans éclat, sans grands besoins. La simplicité de ses goûts et de ses habitudes lui est d'ailleurs imposée : avec les profits de sa culture, il doit vivre, lui et les siens, acquitter les capitaux ou rentes qu'il doit encore à ses cohéritiers, procurer l'éducation et un établissement à ses enfants. Il mène donc la vie du fermier riche, du propriétaire rural, aisé, mais plébéien, et, dans ce rang modeste, il sait faire largement honneur à ses affaires.

On a vu la contenance de la ferme s'arrondir depuis deux siècles. Je voudrais ajouter ici quelques détails sur la formation de la cour même de la ferme patrimoniale.

Celle-ci, et dès la fin du XVIIIe siècle (elle a été agrandie au XIXe), était déjà constituée par la réunion de plusieurs parcelles dont plusieurs seigneuries se partageaient la mouvance, et dont plusieurs paroisses, Longueville, Vaudreville, Crespeville, enclos de Belmesnil, auraient pu se disputer le dîmage. La chose, assez curieuse, vaut la peine d'être contée, et les derniers aveux, plus explicites que les précédents, jettent quelque clarté sur ces origines.

Au lieu d'être à peu près carrée comme aujourd'hui, la cour-masure était alors à peu près triangulaire. A l'ouest ou nord-ouest, le chemin de Belmesnil à Lintot la limitait sur la même longueur qu'aujourd'hui. Aux deux tiers environ de cette longueur, à compter en commençant du côté de Belmesnil, une ligne oblique allant rejoindre le chemin de Basqueville à Criquetot, vers le sud fermait un grand triangle; à la suite, le long du même chemin de Lintot, une partie rectangulaire formait un enhachement accolé à la partie supérieure du triangle. Or, cet ensemble, qui ne contenait que trois acres et demie, me paraît être la réunion d'au moins quatre parcelles primitives.

A. — A l'angle des deux chemins de Belmesnil à Lintot et de Basqueville à Criquetot, un triangle d'une superficie d'une demi-acre environ, en maison et masure, avait été achetée des héritiers de Jean Giffard par Isaac Le Verdier en 1697 (1); elle faisait partie de la vieille aînesse ou vavassorie de Bosrocourt, qui était passée à Madeleine Le Cler, dame de Quiefdeville, et était assise en la paroisse de Belmesnil. Il en fut fait aveu à la seigneurie de Belmesnil-Blainville, dite aussi Quiefdeville-Belmesnil, en 1686, 1749. 1755 (voy. Arch. L. V., n°s 118, 154, 191, 200).

B. et C. — En suivant le chemin de Belmesnil à Lintot, à l'autre extrémité, vers le nord ou nord-est, et le long de ce chemin pour l'une d'elles, on trouvait deux parcelles, l'une contenant une vergée et demie, assise en la paroisse de Vaudreville, et l'autre contenant une acre et demie, sous l'aînesse Bonté au droit de Pierre Paon, s^{r} du Perray, assise en la paroisse de Longueville, et toutes deux à « l'enclos de Belmesnil »; ces deux parcelles relevaient des religieux de Longueville en leur fief d'Epinay et il leur en fut donné aveu notamment en 1750 et 1770. (Arch. L. V., n°s 194 et 229.)

D. — Enfin, dans le centre, entre ces trois parcelles, une quatrième, contenant deux acres, sise en la paroisse de Criquetot, où se trouvaient les écuries, bergeries et autres bâtiments, relevait de la seigneurie de Criquetot, et il y en eut aveu notamment en 1706 et 1755 (Arch. L. V., n°s 138 et 199). A remarquer que je possède un ancien plan terrier de la « paroisse des Crespeville », sur laquelle la cour de ferme dont il s'agit est figurée tout entière. Le seigneur de Criquetot était alors en même temps seigneur de Crespeville : il confond ses seigneuries et paroisses, et n'en connaît pas les limites, apparemment, sans compter qu'il s'attribue tout ce qui peut en cette masure relever d'autres seigneuries !

E. — Il semble même qu'entre la parcelle A et la parcelle B se trouvait encore une faible partie sur laquelle était construite la maison d'habitation : de cette fraction, il n'y aurait pas d'aveux. Sur ce point, je suis pourtant hésitant; il se peut que la maison d'habitation fût bâtie sur la parcelle A, elle n'était sûrement pas dans B, C ni D.

Remarquons aussi que le clos ou masure, de l'autre côté du chemin de Lintot, et à l'ouest de celui-ci, et contenant deux acres, sis à Criquetot et Omonville, était lui-même « anciennement divisé en trois parcelles provenant des ancêtres de l'avouant », Jacques Le Verdier. La mouvance en était réclamée à la fois par les seigneurs d'Omonville et Belmesnil-Blainville, (Arch. L. V., n°s 104, 171, 191, 192 et 193.)

On voit par là, une fois de plus, combien la terre était morcelée en nos pays avant le XVIIIe siècle et au cours même de ce siècle.

(1) J'ai remarqué ci-dessus que cette maison-masure pouvait bien être située de l'autre côté du chemin de Criquetot : dans ce cas, elle n'aurait pas été réunie à la masure patrimoniale.

Encore un mot.

Une des pièces de terre de notre ferme est dite encore de nos jours « La Brunette ». C'est une pièce d'environ un hectare et trois quarts de superficie, ou deux acres et demie environ, bornée par le chemin de Belmesnil à Lintot qui la longe sur son côté ouest : d'où lui vient ce nom ? Il semblerait que l'origine devrait être rapportée à Marie-Suzanne Brunet. Cependant, rien dans nos pièces d'archives qui puisse l'expliquer, ni apport en mariage, ni acquisition en veuvage, ni affectation en garantie de dot ou de douaire, ni attribution par partage. La raison donc nous échappe.

De Jacques-Jean Le Verdier et Marie-Suzanne Brunet sont nés au moins quatre enfants.

A. — JACQUES-JEAN-MICHEL

Né le troisième ; sa notice suivra plus loin.

B. — MARIE-SUZANNE-MADELEINE

Elle naquit et fut baptisée à Belmesnil le 2 août 1742; elle y mourut et fut inhumée dans l'église du même lieu, le 12 octobre 1743, âgée de quatorze mois.

C. — MARIE-SUZANNE

Marie-Suzanne (1), dite ailleurs Marie-Anne, est née vers 1747, pas à Belmesnil toutefois, où ne se trouve pas son acte de baptême. Nous savons par l'acte de tutelle qu'elle avait « environ seize ans et demi » en juillet 1763.

Elle épousa, avant 1776, Pierre Hertel, d'une paroisse qui paraît être Vibeuf. Les rôles des tailles de cette paroisse font mention, à partir de l'année 1768, de deux laboureurs, Pierre et Jean Hertel, faisant valoir chacun une ferme de vingt à trente acres appartenant à leur père. La formule employée par les divers rédacteurs des rôles varie un peu :

« Pierre Hertel, laboureur, tient une ferme de son père de trente acres de terre par quatre cents livres (année 1770) ; — Occupe une ferme de son père en propre, de trente acres de terre par 400 livres (1775) ; — Occupe une ferme de son père de vingt-sept acres de terre par 400 livres (1784) ; — Tient une petite ferme en propre de vingt-sept acres, valeur 400 livres (1786) ; — Occupe une ferme en propre de vingt-sept acres, valeur 400 livres (1789). » A lire ces énonciations, on dirait qu'entre 1784 et 1786 Pierre Hertel a succédé à son père et est devenu propriétaire. En 1789, le collecteur lui

(1) Elle signe Marie-Suzanne Hertel, en 1785, au baptême de sa nièce Julie Le Verdier, dont elle est la marraine; l'acte de tutelle la nomme Marie-Anne. (Arch. L. V., n° 217.)

attribue trois chevaux et une charrue ; il l'impose à 133 livres 9 sols 9 deniers. dont 60 livres 10 sols pour la taille, 36 livres 9 sols 4 deniers pour les accessoires, et 39 livres 14 sols 4 deniers pour la capitation. Jean Hertel est inscrit aux mêmes rôles, avec des libellés exactement semblables. (Arch. S.-Inf., C 1945.)

Ainsi, avec ses vingt-sept ou trente acres de terre, laboureur et propriétaire, Pierre Hertel était, pour Marie Le Verdier, un très honorable parti.

En 1782, Pierre Hertel signe à Belmesnil l'acte d'inhumation de sa belle-mère, Marie-Susanne Brunet, veuve de Jacques Le Verdier, et la qualité qui lui est donnée est celle de « laboureur, de la paroisse de Vibeuf ».

En 1791 et 1793, il donne à son beau-frère, Jacques Le Verdier, des quittances de rentes ou de capitaux que celui-ci retenait pour contribution au douaire de leur mère, suivant l'arrangement de 1777. (Arch. L. V., n° 239). Et ces quittances sont datées d'Anglesqueville. Les époux ont-ils transporté leur domicile dans ce bourg ? C'est possible. Mais n'est-ce pas plutôt le lieu où l'on s'est donné rendez-vous, entre Belmesnil et Vibeuf ?

Des recherches faites aux archives de l'état-civil de Vibeuf m'ont donné ce qui suit :

Jean-Pierre HERTEL, † avant 1791.
= Marie-Anne HÜE, † à Vibeuf, le 26 février 1791, âgée de 74 ans.

Pierre Hertel, marchand, laboureur, = 28 juillet 1772, à Vibeuf, Marie-Anne Verdier.	Pierre-Robert Hertel, = N... ?, juillet 1789, en l'église Saint-Herbland de Rouen.	Jean.

Enfants de Pierre Hertel :

Marie-Suzanne-Angélique, bapt. 15 mai 1773.	Pierre-Jean-Baptiste, bapt. 7 juillet 1776.	Catherine-Félicité, bapt. 20 octobre 1778.	Marie-Rose-Félicité, bapt. 8 septembre 1781.

D'autre part, on trouve aux mêmes registres de Vibeuf :

Jean-Baptiste HERTEL, † à Vibeuf, = Marie-Rose BARBÉ, de Saint-Denis-d'Héricourt.

Jean-Baptiste-Denis-Emile HERTEL, né à Vibeuf, le 27 septembre 1789, † à Vibeuf, le 24 août 1874,
maire de Vibeuf de 1830 à 1870,
= le 18 août 1813, à Tocqueville-en-Caux, Marie-Victoire Savoye.

Jean-Baptiste-Jules, né le 2 juillet 1818.	Marie-Victoire, née le 27 mars 1815. = le 16 juin 1838. Joseph-Auguste Guérillon.

Ce groupe ne peut pas se rattacher au précédent; mais il se pourrait que ce Jean-Baptiste Hertel, marié à Marie-Rose Barbé, fût le troisième fils de Jean-Pierre Hertel et de Marie-Anne Hüe, on aurait ainsi les deux frères, Pierre et Jean, fermiers de leur père depuis 1768.

D. — MARIE-ROSE

Elle est née à Belmesnil le 22 octobre 1760, et y fut baptisée le lendemain. Elle signe l'acte de baptême de son neveu, Jacques Le Verdier, à Belmesnil, le 5 avril 1778; elle en est la marraine. Elle est alors célibataire. S'est-elle mariée ? A-t-elle laissé Belmesnil ? Je le crois, ne trouvant aux registres de cette paroisse aucun acte qui la concerne. A cette époque, à la campagne au moins, le mariage se célèbre souvent au domicile de l'époux et non en la paroisse du domicile de l'épouse.

Huitième degré :

JACQUES-JEAN-MICHEL LE VERDIER,
né en 1756, † en 1816.
= 1776, MARIE-CATHERINE MASSE, née vers 1751, † en 1835.

Neuvième degré ;

Marie-Catherine-Rose, 1776-1845, = J.-J. Burel.	Jacques-Isidore, 1778-1844, = M. J. M. Simon,	Pierre-Adrien-Arsène, né et † 1780.	Isaac-Jacques, né et † 1781.	Pierre-Jean, 1782-1842, = P.M. Le Pape.	M.-S. Julie, 1785-1865, = A. Saffray.	Joseph, 1787-1794.	Marie-Madeleine, 1790-1821, = J.-B. Dumanoir.	Denis-Isaac, 1792-1837, célibataire.

HUITIÈME DEGRÉ

Jacques-Jean-Michel Le Verdier

Il est né et a été baptisé à Belmesnil le 11 juin 1756.

Sa condition fut très sensiblement la même que celle de son père. Jacques-Jean-Michel Le Verdier fut, en effet, laboureur, un simple laboureur de ses terres. Je me les représente assez, lui et Jacques-Jean Le Verdier, son père, ressemblant aux riches fermiers cauchois de nos jours, ou aux moyens propriétaires et cultivateurs, en redingote, qui sont maintenant les notables de nos campagnes.

Jacques-Jean-Michel Le Verdier se maria, lui aussi, dans le monde agricole, mais j'incline à penser que sa femme fut d'une condition assez inférieure à la sienne. Marie-Catherine Masse était la fille d'un fermier du marquis de Mathan, seigneur de Beaunay et de Sainte-Geneviève, Adrien Masse, qui tenait de lui, depuis 1775 environ, à Draqueville (1), une ferme de quatre-vingt-dix acres de terre de labour, avec un fermage annuel de 1.400 livres (2).

Le mariage fut célébré à Belmesnil le 19 février 1776 : l'époux n'avait que dix-neuf ans et huit mois, tant on était pressé de reconstituer le foyer ! L'épouse avait vingt-quatre ans. A la campagne, de nos jours encore, la femme est souvent plus âgée que le mari. Je n'ai pas le contrat de mariage qui précéda l'union, et je ne connais pas les apports. Mais je sais que Marie-Catherine Masse avait une sœur, Marie-Anne-Rose, qui épousa, en 1784, François-Nicolas-Victor Evrard, laboureur au Long-Fresnay, et qu'à celle-ci Adrien Masse, son père, donna en dot 1.000 livres de capital et 100 livres de rente rachetables par 2.000 livres, avec sa chambre et un trousseau.

Or, les deux sœurs durent être traitées à peu près de même. A la fin du XVIIIe siècle, c'est un avoir modeste.

Adrien Masse, dit un acte, d'une famille originaire de Saint-Vaast-du-Val, était né à Sainte-Geneviève. Sa femme était Madeleine Pierre, native de Bertrimont. Avec les deux filles que je viens de citer, ils avaient encore trois enfants : une troisième fille, dont j'ignore le prénom, et deux fils, Adrien et Jean. L'un des témoins du mariage de Marie-

(1) Ancienne paroisse, réunie aujourd'hui à Saint-Pierre-Bénouville.

(2) Adrien Masse a deux charrues, cinq vaches et un troupeau de moutons ; il paie 489 livres 15 sols d'impôts, dont 222 livres pour la taille, en 1780 et années suivantes. (Arch. de la S.-Inf., rôles des tailles, C 1795.)

Catherine est un cousin, Jean Masse, laboureur à Tôtes (1). Nous ne sortons pas du canton qui a pris le nom de ce bourg, ni du monde agricole.

A défaut d'éducation très soignée et de façons affinées, Marie-Catherine Masse apportait des habitudes laborieuses et de parfaites qualités ménagères : c'est un avoir qui a son prix partout, et en particulier dans une exploitation rurale. La tradition lui attribue quelques mots, que j'ai recueillis; en voici deux, sont-ils authentiques ? Comme sa servante, un jour, lui semblait mettre trop de zèle à essuyer et à pousser la poussière dans les angles pour l'y recueillir, alors peut-être que l'on manquait de monde à la ferme, elle l'aurait envoyée travailler à la grange, avec ces mots : « Assez de balai, catin, assez, si les coins en veulent, ils se rapprocheront ». On lui prête encore cette réflexion : « Mes enfants, ils ne sont nobles que d'une... *moitié* »; le mot était cru. La boutade est intéressante, si l'histoire dit vrai; elle montrerait en effet que, si notre famille n'était pas noble, elle confinait à la petite noblesse rurale, en avait les apparences et passait quelque peu pour telle; mais elle montre aussi que Jacques-Jean-Michel s'était allié à une famille qui, certes, ne pouvait pas se prévaloir des mêmes égards !

Aidé d'une épouse aussi portée au travail et à la sage économie, prudent et laborieux lui-même, Jacques Le Verdier, malgré la charge d'une très nombreuse famille, fit amplement honneur à ses affaires.

A son tour, il a étendu les limites de son bien héréditaire. Par un contrat passé à Rouen le 3 mars 1785, il se rendit acquéreur d'une « petite ferme » à Belmesnil, que détachait de son patrimoine messire Pierre-Paul Landault, écuyer, s[r] de Saint-Autin, demeurant à Bourg-Achard, héritier de son frère, Alexandre-René Landault de Beaufort, chevalier de Saint-Louis, demeurant à Evreux, et qui était ainsi composée : une masure contenant une demi-acre et deux pièces de labour contenant ensemble quatre acres; le tout, situé vers le nord, ou nord-ouest (2) de la cour de ferme de l'acquéreur, lui convenait à merveille et était payé 7.000 livres.

Au mois de février 1788, un nommé Morel, demeurant à Belmesnil, lui fieffa, c'est-à-dire vendit à rente perpétuelle, deux pièces de terre, sises sur les territoires de Belmesnil, Crespeville et Criquetot, contenant ensemble trois acres et trois vergées, moyennant 100 livres de rente foncière.

En 1802, il achètera, des derniers représentants de la famille de Quiefdeville, cinq hectares ou huit acres environ de terres par 5.748 livres, et, en 1814, il acquerra encore une acre par 1.000 livres d'un Philippe Nepveu, de Sainte-Geneviève.

Voilà pour la ferme patrimoniale une nouvelle extension de près de seize acres et demie : nous l'avions laissée, en 1763, à soixante-quatorze acres et demie; aux mains le Jacques Le Verdier, elle est montée maintenant à quatre-vingt-onze acres.

Voyons aussi quelles ont été les sorties de capitaux effectuées par cet aïeul.

Dès l'année même où il était entré en jouissance de sa fortune, en novembre 1776, il avait acquitté par un remboursement de 1.000 livres la rente de 50 livres que son père avait créée en 1762 au profit de Michel Blondel.

Au mois de janvier 1779, il avait amorti, par le versement de 8.000 livres entre les

(1) Du côté de l'époux, les témoins de l'acte de mariage furent : Jacques Blondel, marchand cirier à Bacqueville, son tuteur consulaire, et François-Auguste Blondel des Noyers, chevalier de Saint-Louis, demeurant à Sainte-Foy, son cousin. (Registre de Belmesnil.)

(2) On n'a plus, aujourd'hui, aucune connaissance de cette masure ni de cette petite ferme; la petite masure fut supprimée, labourée, et le tout incorporé dans notre ferme patrimoniale.

mains du sieur Pierre-François-Louis Beauval, marchand à Dieppe, la rente de 401 livres qui avait été constituée autrefois pour représenter les droits successoraux de Marie-Madeleine Le Verdier, épouse Beauval, sœur de son père. Il est vrai qu'il avait emprunté 4.000 livres pour parfaire l'opération. Mais il remboursa ces 4.000 livres en 1794.

En 1793, il éteint par 2.000 livres la rente de 100 livres due jadis aux Varin, puis à la dame de Candolle, et maintenant au citoyen Le Borgne.

La même année, il consolide son acquisition Morel de 1762, en annulant la fieffe originaire au moyen du paiement d'un capital correspondant, soit 2.000 livres, qui sont fournies par voie de compte et compensation.

Ses acquisitions immobilières ont coûté environ 13.000 livres, ses remboursements une pareille somme, soit une sortie en capitaux de 26.000 livres, auxquels je ne découvre pas d'autre origine que les profits de son agriculture et les 1.000 ou 2.000 livres de l'apport de sa femme. Il est vrai que les deux amortissements de 1793 ont été faits en assignats. S'il fut habile ou heureux agriculteur, il ne fut pas moins loyal en affaires : je trouve de cette loyauté un assez curieux témoignage dans une lettre qu'un feudiste du nom de Deschamps écrivait, sous la date du 30 octobre 1789, à M. de Quiefdeville, dernier seigneur de Belmesnil. Ce praticien exposait que « si Le Verdier contestait le paiement de certaine rente seigneuriale dont on réclamait les arrérages passés et non payés (après la nuit du 4 août, il ne pouvait s'agir que du règlement d'un arriéré), c'était parce que, dans le silence de son titre, il ignorait s'il possédait bien la terre débitrice de la redevance alléguée, car à l'égard de la prescription « il lui répugnait de l'invoquer ».

La Révolution était venue : avec elle, la propriété foncière allait bénéficier d'un statut nouveau par l'abolition de l'antique régime féodal. A tant de siècles de distance de son origine, cette vieille organisation terrienne ne se justifiait plus; les causes qui l'avaient produite étaient oubliées, des devoirs seigneuriaux la plupart étaient tombés en désuétude, l'obligation des aveux, les procédures des pleds et des gages pleiges seigneuriaux étaient un embarras et une entrave pour les tenanciers; des armées de feudistes s'attelaient à la recherche des origines de propriété, au maintien des redevances et coutumes, rédigeaient d'abondants terriers (on n'en a jamais tant tracé qu'en ce déclin de XVIIIe siècle) (1), et pour quelle fin ? la conservation de rentes seigneuriales, le plus souvent minimes, qui ne valaient pas tant de soins, qu'on négligeait en bien des tenures et s'accumulaient jusqu'au jour où la somme d'arrérages échus méritait la peine d'un rappel, tant et si bien qu'en la célèbre nuit du 4 août les seigneurs, dans un élan de générosité, firent un abandon méritoire, mais moins coûteux qu'on pourrait croire, et sacrifièrent plutôt des honneurs que de l'argent.

Au moment où disparaît le régime, notons les aveux produits aux seigneuries dominantes par Jacques-Jean-Michel Le Verdier, ce sont les derniers :

7 juin 1777, à la seigneurie d'Omonville, treize pièces de terre, environ trente acres, avec reconnaissance de 7 livres 8 sols 8 deniers de rentes seigneuriales;

25 du même mois, à la sieurie de Saint-Mards, une maison-masure, une acre, 15 deniers;

8 mars 1779, à la châtellenie de Dénestanville, six pièces composant ensemble onze acres et demie environ, 4 livres 8 sols 4 deniers de rente;

10 septembre 1780, au fief d'Epinay, cinq vergées en labour, 18 sols;

(1) Ces terriers, et les plans qui les accompagnent, ont rendu et rendent encore des services inattendus de leurs auteurs : vrais cadastres et matrices cadastrales, ils sont précieux pour la topographie locale et l'origine des propriétés modernes.

13 juillet 1783, à la seigneurie de Lamberville, une demi-acre en labour, 2 sols;

18 octobre 1788, à la seigneurie de Belmesnil, une demi-acre en masure et quatre acres et demie en labour, payant 10 sols 1 denier.

Je n'ai pas tous les aveux de Jacques Le Verdier, puisque la liste qui précède ne réunit que quarante-neuf acres un quart : à six seigneuries, ce total payait 13 livres 8 sols 4 deniers ! Le législateur eût pu prescrire le rachat par une indemnité, qui eût été légitime, et peu onéreuse : l'abandon des seigneurs ne lui en laissa pas le temps. Et maintenant que la mouvance est détruite, la terre ne relève plus que de son propriétaire.

Voilà maintenant échus les temps nouveaux, Jacques-Jean-Michel Le Verdier y est transporté.

L'acte initial de la Révolution, ou, si l'on aime mieux, sa préface, fut la rédaction des cahiers de doléances des paroisses. Par lettres patentes données à Versailles le 24 janvier 1789, chaque paroisse du royaume fut invitée à rédiger son cahier, puis désigner des délégués qui, réunis au bailliage sous la présidence du lieutenant général, rédigeraient le cahier général du bailliage.

A Belmesnil, le 5 mars 1789, s'assemblèrent en conséquence les notables, avertis « tant par affiches que par publication au prône de la messe de paroisse ». La réunion se tint « au lieu accoutumé, en l'église ». Le procès-verbal a retenu les noms de neuf comparants seulement, tous âgés de plus de vingt-cinq ans, compris dans le rôle des taillables. C'étaient : Thomas Sanson, Jacques Verdier, Jacques Filleul, Pierre Rolland, Jean Haquet, Michel Morel, Pierre Verdier (1), Antoine Reaux, Antoine Dumanoir.

Thomas Sanson, fermier de M .de Quiefdeville, était le plus gros fermier de la paroisse; il en était même le syndic, fonction d'assez récente création qui n'avait pas abouti à grand'chose. Reaux, Dumanoir, Filleul, Rouland étaient des fermiers; Haquet, Pierre Verdier étaient des tisserands et petits propriétaires, le dernier était en outre garde-chasse de M. de Quiefdeville : c'était un digne homme qui deviendra officier municipal; Morel, un petit propriétaire et cultivateur, était en outre boursier, de métier (2). Est-ce par négligence, est-ce parce qu'ils n'approuvaient pas les vœux adoptés ? Jacques Le Verdier, Jacques Filleul, Jean Haquet et Morel n'ont pas signé le cahier. Par contre, on y voit les signatures de trois habitants qui ne sont pas inscrits au préambule : un fermier, Vaudé; un petit propriétaire, Berthelot; un journalier, Bataille.

Tous les cahiers des paroisses se ressemblent beaucoup (3). Celui de Belmesnil comprend dix articles. « Le Roy, en nous assemblant, nous demande des conseils sur les prompts remèdes à administrer aux maux de l'Etat et sur les abus à réformer, voicy le nombre de nos observations faittes à ce sujet ». On répond en demandant l'abolition de la gabelle, l'abolition de l'impôt du tabac, l'abolition des aides, la réparation des grandes routes par ceux qui en usent et non par les cultivateurs des campagnes traversées; la répression des abus dans l'exportation des grains, la diminution du nombre des cafés (que diraient-ils aujourd'hui ?), la destruction des colombiers « désastreux pour la moisson »; une réforme du code des lois civiles et criminelles, la diminution du nombre des charges et offices, la suppression de « tous les privilèges pécuniaires », « une juste

(1) Pierre Verdier était issu d'une des branches séparées du tronc avant le milieu du XVIe siècle, que j'ai signalées au chapitre préliminaire de ce livre.

(2) Ce terme désigne non un collecteur ou trésorier, mais un métier; ce doit être un fabricant de sacs ou bourses.

(3) On a publié les cahiers des paroisses du baillage de Cany (par C. Romain, Rouen, 1909, in-8°), et ceux du bailliage de Neufchâtel (par E. Le Parquier, Rouen, 1908, in-8°).

répartition de tous les impôts entre les trois ordres », enfin, « pour remplir le déficit de la France, la vente au profit de l'Etat de tout le noble des religieux », c'est-à-dire toutes leurs propriétés seigneuriales; c'est une chose curieuse que cette expropriation semblait alors toute naturelle : les ordres religieux étaient impopulaires, leurs richesses allaient à des commendataires inconnus, désignés par la faveur, au lieu de rester au couvent qui eût fait des largesses aux pauvres avec ces biens que, dans l'opinion populaire, leur nature affectait à cette destination; le cahier demandait encore que chaque paroisse, s'opposant à la mendicité, fût chargée du soin de ses pauvres. Réformes intéressant l'agriculture, vues générales concernant l'Etat, ce programme n'était déjà pas si banal.

Quelle que fût la raison, désapprobation, peut-être prudence, négligence plutôt, Jacques Le Verdier fut de ceux dont la signature manque.

Les événements se précipitant, la vague *communauté des habitants* de la paroisse se précisa et s'organisa en *commune* : c'est l'effet de la loi municipale du 14 décembre 1789. Un corps municipal lui fut donné, composé d'un maire et de deux officiers municipaux, avec un conseil général de la commune formé de six notables (1). Jacques Le Verdier fit-il partie de ce premier conseil ? des municipalités qui suivirent ? ou se tint-il à l'écart ? Nous n'en savons rien. A Belmesnil, comme dans l'immense majorité des petites communes rurales, les registres municipaux antérieurs à la Restauration n'ont pas été conservés. Pourquoi ce phénomène fréquent ? Crut-on sage, en 1815, de faire disparaître la trace des délibérations et des actes des administrations de la période révolutionnaire et de la période impériale non moins compromettante ? C'est possible. Quel que soit le motif, les registres n'existent plus et nous n'avons plus, pour reconnaître les administrateurs, que les registres de l'état civil où nous trouvons au moins les noms des magistrats municipaux qui les ont reçus.

Il n'est pas question de Jacques Le Verdier avant le mois de vendémiaire an VII (septembre 1798) : à cette date, il est qualifié agent de la commune; en frimaire an IX (novembre 1800), je le vois désigné maire de la commune de Belmesnil. N'oublions pas que, depuis la constitution de l'an VIII (novembre 1799), les maires ne sont plus électifs, et c'est le préfet même qui les nomme dans nos petites communes.

Que se passa-t-il en 1803 ? J'ai trouvé aux Archives de la Seine-Inférieure (2) un arrêté préfectoral du 28 floréal an XI (18 mai 1803) nommant le citoyen Jean-Baptiste Reaux maire de Belmesnil, « en remplacement du citoyen Leverdier, démissionnaire ». Y eut-il un projet de démission ? une démission demandée, refusée par le maire titulaire ? d'où un remplacement préparé et non appliqué ? Pendant cette période intermédiaire du Consulat à vie (août 1802) qui conduit à l'Empire (mai 1804), les préfets préparent-ils la docilité des communes en tenant prêtes des municipalités à leur dévotion, et la précaution fut-elle reconnue inutile ? Toujours est-il qu'à lire les énonciations des registres des actes de l'état-civil de Belmesnil, Jacques Le Verdier, maire de la commune depuis l'an VII, au moins, l'est sans interruption, en l'an XI, en l'an XII, en l'an XIII (1802, 1803, 1804), et le demeure sans arrêt, et Reaux n'apparaît nulle part (3).

Jacques Le Verdier garda la mairie jusqu'à 1815. Mais ce témoignage de la confiance impériale eut son revers : à la Restauration, il se vit déposséder par le gouvernement

(1) Le nombre des membres formant le corps municipal variait suivant l'importance de la commune, le Conseil général communal comprenait un nombre de membres double de celui du corps municipal.

(2) Série M, élections communales, dossier Belmesnil.

(3) Belmesnil avait eu pour maires, en 1793 et 1794, Jacques Vaudé, cultivateur, remplacé en décembre 1795 par Antoine Reaux.

nouveau, et, le 2 septembre 1815, Jean Berthelot fut nommé à sa place. On dit que le chagrin qu'il éprouva de cette disgrâce contribua à abréger ses jours; il les finit du reste l'année suivante.

Notre aïeul fut membre du collège électoral de l'arrondissement de Dieppe. J'ai trouvé son nom inscrit sur les tableaux des années 1811 et 1812; il n'est pas sur le tableau de 1809, je n'ai pu vérifier pour 1810 ni pour les années suivantes. Qu'était-ce ? Les membres du collège électoral de l'arrondissement et ceux du collège électoral du département étaient nommés pour cinq ans par les assemblées cantonales des électeurs. Le collège d'arrondissement avait pour mission de choisir les candidats pour le Corps législatif, et de présenter à l'Empereur une liste double de citoyens susceptibles d'être nommés par lui conseillers d'arrondissement. Le collège électoral de l'arrondissement de Dieppe ne comprenait, en 1811, que quatre-vingt-onze membres, et cent quatre-vingt-quatorze en 1812, pour une population dépassant 104.000 habitants. Le canton de Longueville n'avait au collège électoral de l'arrondissement que neuf représentants. Ce collège était ainsi une assemblée élective du premier degré, comprenant un très petit nombre d'élus. Le membre du collège électoral n'était donc pas seulement un électeur, à la façon des électeurs censitaires des deux monarchies constitutionnelles, c'était un élu, un représentant élu des électeurs.

Cette désignation était donc particulièrement honorable, et l'on y doit voir la preuve de la considération dont jouissait notre ancêtre, l'un des neuf représentants élus du canton.

En 1806, Jacques-Jean-Michel Le Verdier fut parrain de l'une des cloches de l'église de Belmesnil, de la plus petite, sur laquelle se lit l'inscription suivante :

« L'an de grâce 1806, j'ai été bénite par D^{te} P^{nc} M^{tre} J^{n} B^{te} Lemonnier, desservant la succursale de Belmesnil, et nommée Barbe par Jacques-Michel Leverdier, propriétaire et maire dudit lieu, et Barbe Duval, épouse de Jean Denis Brianchon, fabriquant et propriétaire à Rouen. — Antoine Reaux et Pierre Auger, administrateurs. — Maire et Cartenet, fondeurs. »

La marraine était la femme d'un ami de Pierre Le Verdier, fils du parrain.

Le nom de Jacques-Jean-Michel Le Verdier figure aussi sur l'autre cloche de l'église de Belmesnil, mais au titre de maire seulement :

« L'an 1806, j'ai été bénite par M^{tre} J^{n} B^{te} Lemonnier, desservant de Belmesnil, et nommée Félicité par J^{n} Amable Moulin, négociant à Rouen, propriétaire audit Belmesnil, et Félicité Guillot, son épouse. — Mr Jacques Leverdier, maire. — MM. Antoine Reaux et Pierre Auger, administrateurs. — Maire et Cartenet, fondeurs. »

Jacques-Jean-Michel Le Verdier est mort à Belmsenil le 13 novembre 1816; il n'avait que soivante ans. Sa femme lui survécut jusqu'au 6 avril 1835, et mourut aussi à Belmesnil.

Ils avaient eu de nombreux enfants :

Marie-Catherine-Rose, née en 1776;

Jacques-Isidore, 1778;

Pierre-Adrien-Arsène, 1780;

Isaac-Jacques, 1781;

Pierre-Jean, 1782;

Marie-Suzanne-Julie, 1785;

Joseph-Nicolas, 1787;

Marie-Madeleine, 1790;

Denis-Isaac, 1792.

Trois d'entre eux sont morts en bas âge, savoir : Pierre-Adrien-Arsène, le 19 août 1780, à l'âge d'un mois; Isaac-Jacques, le 26 décembre 1781, vingt-cinq jours après sa naissance; Joseph-Nicolas, le 2 avril 1794 (11 germinal an II), âgé de six ans et demi.

Je n'ai à parler ici que des six autres.

Les temps sont maintenant changés : les « aînés de Caux » ont disparu comme ceux de tout le royaume. Il semble donc que le partage va donner à tous les enfants de Jacques-Jean-Michel des conditions également amoindries. On va voir qu'il n'en fut rien. A cela plusieurs causes.

Alors, en effet, l'agriculture enrichissait. Malgré les conditions les plus défectueuses, mauvaises récoltes, procédés de culture arriérés, fermes mal aménagées, sans bétail, sans fumure, et partant peu productives, débouchés insuffisants en raison de leur éloignement et de la difficulté des communications, malgré tout, les cultivateurs faisaient fortune. Dans ses *Remarques générales sur le pays de Caux*, Lepecq de la Clôture, qui écrivait sous Louis XVI, s'exprimait ainsi : « Les deux tiers des Cauchois sont des laboureurs opulents en état d'acheter les terres qu'ils cultivent, ou de riches fabricants qui doivent leur aisance à l'industrie » (1). Dans mon *Histoire de la famille Le Bas*, n'ai-je pas donné, dans ma notice sur les familles Le Sauvage et autres, alliées à la précédente, des exemples de la vérité de l'assertion du savant médecin rouennais ? Ici même, n'avons-nous pas vu, au cours du XVIIIe siècle, Isaac Le Verdier, Jacques-Jean Le Verdier, Jacques-Jean-Michel Le Verdier, développer leurs ressources à l'aide des bénéfices de leur agriculture et peut-être de ceux qu'ils pouvaient tirer d'un commerce annexe de produits agricoles, « laboureur et marchand ». Sous la Révolution, sous l'Empire, leurs successeurs prospéreront avec les mêmes moyens. Mais il va s'en ajouter d'autres, et, dans ces temps nouveaux, le phénomène d'ascension va s'accentuer davantage, les causes étant multiples.

Aux jours où j'écris, pendant les années de la guerre qui a éclaté en 1914, nous assistons à une poussée d'accroissement de fortune chez quelques-uns, à ce point qu'il s'est créé une classe nouvelle, avec un mot nouveau pour les désigner, « les nouveaux riches ». Or, l'ironie, la défaveur qui s'attache à ces gens, méritée souvent, est quelquefois injuste : il en est, parmi ces nouveaux riches, qui, par leur énergie, leur hardiesse et leur initiative, ont su tenter, puis fixer la fortune. Il en fut de même, et en bien plus grand nombre, pendant l'époque de la transformation sociale née de 1789. Les besoins inaccoutumés et immenses d'une société qui se reconstituait, l'affranchissement du sol, la liberté politique et l'égalité sociale obtenues, les difficultés de la vie étendues à tous, alors que, sous l'ancien régime, en chaque foyer un aîné en était affranchi, l'application de la mécanique à l'industrie, toute timide qu'elle fût encore, les remplacements nécessités par les destructions de vingt-cinq années de guerres, tout cela, et bien d'autres causes encore, éveilla les activités et suscita l'essor des entreprises.

Ainsi, pendant que les cultivateurs, marchands souvent en même temps que laboureurs, vont continuer à grossir leurs patrimoines, leurs fils essaimeront, et se feront fabricants ou négociants : et ce renouveau créera, en ce temps-là aussi, de nouveaux riches. Cette progression, nous allons l'observer chez les enfants de Jacques-Jean-Michel Le Verdier et dans les familles qu'ils vont fonder.

(1) Lepecq de la Clôture, *Collections d'observations sur les maladies et constitutions épidémiques* (Rouen, 1778, in-4°), t. I, p. 189.

NEUVIÈME DEGRÉ

Au neuvième degré, deux branches masculines apparaissent, l'aînée, formée par Jacques-Isidore, la puînée, par Pierre-Jean.

Je décrirai d'abord la première; puis je consacrerai des notices aux sœurs de Jacques et de Pierre, à leurs postérités, et à un frère célibataire; je continuerai ensuite par la biographie de Pierre-Jean et l'historique de sa descendance, qui continue la lignée.

Neuvième degré :

A. — JACQUES-ISIDORE LE VERDIER, baptisé 4 avril 1778, † à Belmesnil, 11 novembre 1844,
= 1804, à Sainte-Geneviève, Marie-Marguerite-Jeanne Simon.

Jacques-Isidore.
né à Lintot, 22 septembre 1804, † à Belmesnil, 18 janvier 1863,
= 3 novembre 1840, à Saint-Pierre-Bénouville,
Clotilde-Félicité Lapierre.

- Jacques-Isidore-Jean-Baptiste,
4 juin 1842 — 18 juin 1903.
- Jules-Joseph,
19 mars 1848 - 27 avril 1889.

Marie-Joséphine,
née à Lintot, 25 août 1809,
= à Criquetot, 1er octobre 1827,
Pierre-Alexandre Paquet.
Elle † à Meulers, 29 novembre 1884.

- Postérité.

A

Jacques-Isidore Le Verdier.

(1778-1844)

Jacques-Isidore Le Verdier fut l'aîné des fils de Jacques-Jean-Michel. Il naquit à Belmesnil le 4 avril 1778. Il fut laboureur.

Il épousa à Sainte-Geneviève, canton de Tôtes, le 22 prairial an XII, Marie-Jeanne-Marguerite Simon. Le contrat de mariage fut passé devant Lampsin, notaire à Auffay, le 24 floréal précédent; les apports du mari étaient de 10.000 francs, ceux de l'épouse de 4.000, et, en outre, une rente viagère de 400 francs (1). La famille Simon était une famille de cultivateurs et propriétaires à Bennetot, commune de Sainte-Geneviève, fort honorée dans le pays. Elle aussi s'est grandie au cours des premières années du XIXe siècle, si bien que l'épouse de Jacques Le Verdier, dont on vient de voir la modeste dot, recueillit de ses parents un héritage immobilier qui s'élevait à 72.000 francs, consistant en fermes sises à Anglesqueville-sur-Saâne, à Biville-sur-Mer, à Floques, etc. Son frère, Pierre-Jean Simon, était propriétaire et cultivateur à Bennetot, dans une ferme où il succéda à son père. La famille y posséda d'assez grands biens, restés encore aujourd'hui dans les mains de ses héritiers. C'était un de ses membres qu'un vénérable M. Simon, qui fut juge de paix à Bacqueville de 1857 à 1861 environ, et qui est mort

(1) Je crois cette formule défectueuse; il faut entendre une rente de 400 francs fournie par ses parents, leur vie durant, jusqu'à leur succession.

en ce bourg en 1880; un Simon, ancien percepteur à Beauvais, et son frère, ancien fonctionnaire ou rentier à Paris, vieillards aujourd'hui, sont les neveux du précédent (1).

Au lieu de s'unir à son père dans son exploitation de Belmesnil, comme faisaient les aînés sous l'ancien régime, Jacques-Isidore Le Verdier prit une ferme distincte. Je le trouve établi d'abord à Lintot, sans doute comme fermier : c'est là que naissent ses enfants de 1804 à 1812.

Son père étant mort en 1816, et sa mère survivant, c'est grâce à cet héritage et à ses gains agricoles, et peut-être aussi avec le secours des ressources qui avaient pu échoir à sa femme, qu'il lui fut possible d'acheter, vers 1816, la ferme dans laquelle il s'est fixé à Criquetot-sur-Longueville. La ferme était importante : elle contenait soixante-quatorze hectares, il y joignit dans la suite quelques autres biens adjacents contenant une douzaine d'hectares. C'était l'une des anciennes fieffermes d'Epinay, domaine jadis de la famille Suzanne. La maison d'habitation, placée au milieu de la cour de la ferme, date du XVIIe siècle, je crois; elle est sans intérêt, quoique bâtie en pans de bois. Elle est attenante à un jardin entouré de murs que flanquent à leurs angles de petits pavillons carrés, ensemble qui révèle une demeure de « laboureur opulent », comme disait Lepecq de la Clôture. Une grange, aux très vastes proportions, bâtie en charpente et terrage, avec couverture en chaume, datant, à voir ses bois moulurés, du XVIe siècle, un pressoir à tour, ancien et massif, attirent l'attention. Dans le soubassement du mur de ce bâtiment, à l'extérieur, on lit l'inscription suivante, en lettres gothiques, qui paraît y avoir été apportée d'ailleurs :

Ce fut faict
en l'an 1616.

Un long bâtiment, comprenant écurie, bergerie, étable, fut construit par l'acquéreur pour remplacer de plus anciens, dont on reconnaît quelques vestiges maçonnés en moellon, conservés dans l'édifice nouveau. On y lit :

Jaq. Leverdier
Marg. Simon M. F. B. (2)
1817.
F. par Lebret.

C'est là que vécut Jacques Le Verdier avec sa famille. On était dans le voisinage immédiat de la ferme patrimoniale de Belmesnil, passée à son frère cadet Pierre-Jean. Les deux propriétés étaient placées chacune à l'extrémité du village dont elles dépendaient, les terres de l'une et de l'autre se touchaient. Un kilomètre au plus séparait les deux demeures; on se voyait beaucoup. J'ai recueilli la tradition que les enfants de Pierre Le Verdier ne connaissaient leur oncle que sous le nom de « mon oncle Criquetot ».

Jacques-Isidore Le Verdier fut adjoint au maire de Criquetot sous le premier Empire.

(1) J'ai recueilli ce tableau de la famille Simon :

SIMON.

- Marguerite Simon. = Jacques Le Verdier.
- Pierre Simon.
  - Alexandre, Juge de paix à Bacqueville.
  - Stanislas, né en 1810.
  - Demoiselle Simon, = Houdeville.
    - Demoiselle Houdeville, = Ernest Pimont, à Ouville-la-Rivière.

(2) M. F. B. : m'ont fait bâtir.

En 1815, le gouvernement le remplaça. Mais le même gouvernement le nomma maire en 1819, et il resta en fonctions jusqu'en 1843.

Jacques Le Verdier perdit sa femme le 24 mars 1835. Elle est décédée à Criquetot. Elle est inhumée dans le cimetière de cette commune, à côté du calvaire, sous une pierre en forme de dos d'âne ; l'inscription, qui se lit péniblement, est conçue en ces termes :

Ici repose
le corps de [Marguerite Simon]
épouse de M. Jacques-Isidore Le Verdier.
....
Priez Dieu pour le repos de son âme.

Sur l'autre face de la pierre, une seule ligne d'écriture, illisible.

Or, c'est dans ce temps-là même, en 1839, que le fils de Jacques Le Verdier, à son tour, acheta une nouvelle ferme à Belmesnil. Veuf, Jacques Le Verdier se transporta chez lui, et c'est là qu'il mourut le 11 novembre 1844, « vivant de son revenu », dit l'acte de décès. Il est inhumé dans le cimetière de Belmesnil, et sur sa tombe on peut lire :

Ici repose
le corps de Jacques-Isidore
Le Verdier
né le 4 avril 1778
décédé le 11 novembre 1844
à l'âge de 66 ans.
Priez Dieu pour lui.

Jacques Le Verdier me fournit une nouvelle vérification de l'exactitude des réflexions que j'ai exposées plus haut : si l'agriculture enrichissait au temps où écrivait Lepecq de la Clôture, elle enrichissait encore dans la suite. En effet, les actes que j'ai pu consulter m'ont appris que cet agriculteur avait hérité au total 39.000 francs de son père. Les reprises de son épouse s'élevèrent en 1835, au profit de leurs enfants, à 72.000 francs. Les bénéfices de communauté furent comptés alors à 99.000 francs. La fortune totale des deux époux montait à 209.000 francs.

Jacques-Isidore Le Verdier et Marie-Jeanne-Marguerite Simon ont eu trois enfants : Jacques-Isidore, deuxième de ces noms, Marie-Joséphine et Euphrasie-Achille ; cette dernière paraît être morte en bas âge, elle était née à Lintot le 14 mai 1812.

a) Jacques-Isidore LE VERDIER, deuxième de ces noms.

Il est né à Lintot, près Longueville, le 1er vendémiaire an XIII. Il épousa, le 3 novembre 1840, à Saint-Pierre-Bénouville, Clotilde-Félicité Lapierre, née à Calleville-les-Deux-Eglises le 5 mai 1816, qui était fille de Jean-Baptiste Lapierre, cultivateur, et de Henriette-Félicité Martel, domiciliés à Saint-Pierre-Bénouville. L'épouse passait pour fort économe et intéressée. je n'ose pas dire avare ; la même réputation est attachée à la mémoire de son père, avare, oserait-on dire cette fois.

Jacques-Isidore Le Verdier succéda à son père dans sa ferme de Criquetot en 1835, et devint son fermier pour le prix de 4.000 francs par an. Mais il abandonna bientôt cette exploitation pour revenir à Belmesnil.

En effet, il y devint propriétaire d'une belle ferme, qu'il acquit par devant Parent, notaire à Longueville, le 7 mai 1839, par le prix de 140.000 francs. Cette ferme, dite anciennement fief d'Epinay, avait appartenu à la famille de Quiefdeville, en dernier lieu à Nicolas de Quiefdeville, major d'infanterie, chevalier de Saint-Louis, sr d'Epinay, fils de M. de Quiefdeville, s[r] de Belmesnil, et demeurant à Dieppe, sur qui elle fut confisquée par la Révolution, pour cause d'émigration. La ferme possédait un colombier. Elle fut vendue par la Nation en messidor an II, moyennant 99.800 francs, à Jean-Baptiste Desétangs, demeurant à Dieppe, qui la céda quelques mois plus tard, pour 106.000 francs, à Jean-François Lemaignen et Isaac Lecaron, marchands à Rouen. Elle contenait alors cinquante-huit acres, dont dix en herbages ou masures. Par une acquisition postérieure, en l'an III, Lecaron en porta la contenance à soixante-neuf acres. Elle était passée à cinquante hectares, ou soixante-quinze acres environ, lorsque Isidore Le Verdier l'acquérait. Accrue par de nouveaux et successifs achats, elle est monté vers 1890 ou 1895 à plus de quatre vingts hectares.

C'est dans cette ferme que Jacques-Isidore Le Verdier, second de ces noms, passa dorénavant ses jours, la cultivant jusqu'à sa mort. A sa sœur, Mme Paquet, était échue la ferme de Criquetot.

Jacques-Isidore Le Verdier fut conseiller municipal de Belmesnil en 1846, adjoint au maire de 1848 à 1852; il n'en fut pas maire.

Il est mort à Belmesnil le 18 janvier 1863. Sa femme, Clotilde-Félicité Lapierre, était décédée le 8 juin 1859. Tous deux sont enterrés dans le cimetière de Belmesnil. Voici leurs épitaphes :

Ici repose
le corps de Clotilde Lapierre
épouse d'Isidore Leverdier
décédée à Belmesnil
le 8 juin 1859
munie des sacrements de l'Eglise.
Priez Dieu pour le repos de son âme.

A
la
mémoire
d'un père,
Jacques-Isidore
Leverdier
décédé
dans sa 59me année
le 18 janvier
1863.
Priez Dieu
pour le repos de son âme.

Ils ont eu pour successeurs deux fils :

Jacques-Isidore-Jean-Baptiste Le Verdier, né à Belmesnil le 4 juin 1842, et Jules-Joseph Le Verdier, né au même lieu le 19 mars 1848.

Tous deux célibataires, ils vécurent ensemble à Belmesnil, faisant valoir la ferme paternelle, possesseurs d'une belle fortune, qui resta toujours indivise entre eux, et qu'on pouvait évaluer, vers l'année 1875, à 30.000 francs de revenu environ.

A ce moment, ils ajoutèrent à leurs possessions foncières deux grandes fermes sises à Criquetot, au nord-est et à l'ouest de celle de leur grand-père, contenant ensemble plus de cent hectares. L'une d'elles, celle du nord-est, la plus grande de beaucoup, était l'une des antiques vavassories ou fieffermes dites de l'Epinay, ayant appartenu à l'une des branches de l'ancienne famille Suzanne, celle qui se désignait Suzanne de l'Epinay; l'autre, la plus petite, avait une autre origine. Réunies toutes les deux, en 1768, dans les mains de Pierre Huet, bourgeois de Dieppe, elles furent vendues en 1823 à François-Léonor Rouland, cultivateur au Bosc-Béranger, près Saint-Saëns; de celui-ci, elles passèrent à Jean Crépet. Enfin Narcisse Crépet, filateur à Rouen, les vendit en 1875 aux deux frères Isidore et Jules Le Verdier.

Les possessions des deux frères, dans les deux communes de Criquetot et de Belmesnil, dépassaient deux cents hectares.

Jules-Joseph Le Verdier est mort à Belmesnil le 27 avril 1889.

Jacques-Isidore-Jean-Baptiste Le Verdier a été maire de Belmesnil de 1886 jusqu'à sa mort. Il est décédé à Belmesnil le 28 juin 1903. Se livrant à l'intempérance dans ses dernières années, négligeant ses affaires, insouciant de sa culture, volé et pillé par tous, il est mort presque insolvable. L'année qui précéda sa mort, il avait vendu sa ferme de Belmesnil moyennant une faible rente viagère à M. Amédée Le Verdier, alors propriétaire de l'ancien domaine de Dénestanville.

b) Marie-Joséphine LE VERDIER est née à Lintot le 25 août 1809.

Elle épousa à Criquetot-sur-Longueville, le 1er octobre 1827, Pierre-Alexandre Paquet, cultivateur à Meulers, au canton d'Envermeu, fils de Pierre-Nicolas Paquet et de Marie-Catherine-Félicité-Perpétue Saffray, cultivateurs et propriétaires en cette commune.

Le contrat de mariage fut reçu, le 30 juillet 1827, par le notaire Parent, de Longueville; le futur époux apportait 30.000 francs; la future épouse recevait de ses parents une dot de 20.000 francs avec un trousseau de 4.000.

La famille Paquet était honorablement connue dans la région qu'elle habitait. Elle possédait une grande ferme au hameau d'Ecremesnil, commune de Meulers, et ce, depuis plusieurs générations, je crois : cette ferme est inscrite sur la carte de la Seine-Inférieure, dressée par le service vicinal, arrondissement de Dieppe, par Fouché, 1858, avec la mention « Ferme Paquet », ce qui semble l'indice d'une ancienne possession. Les apports de mariage, constatés tout à l'heure, révèlent une large aisance. Dans la suite, M. et Mme Paquet réunirent dans leurs mains la ferme de Meulers, la ferme paternelle de Criquetot, et d'autres propriétés.

Je trouve un Paquet, « ex-juge de paix, demeurant à Meulers », sur la liste des membres du collège électoral du département, et non pas seulement du collège de l'arrondissement, en 1809 (1). Pierre Paquet est adjoint à Meulers sous l'Empire et le gouvernement le confirme en juillet 1816; il est maire en 1821. Un autre Pierre Paquet, ce doit être le fils du précédent, celui qui a épousé Marie-Joséphine Le Verdier, est capitaine de la garde nationale en 1830, conseiller municipal à Meulers en 1831, puis maire en 1846.

Pendant toute son existence, Pierre Paquet fut agriculteur, exploitant sa ferme d'Ecremesnil, où il se livrait surtout à l'engraissement des bestiaux. On voit, par ce qui précède, que lui aussi fournit un exemple des profits que l'on pouvait trouver alors dans la profession agricole.

Mme Pierre Paquet est morte à Meulers le 29 novembre 1884, ayant survécu à son mari.

(1) *Annuaire statist. de la Seine-Inf., pour 1809*, page 4. J'ai dit, *supra*, p. 121, ce qu'était le collège électoral d'arrondissement; le collège électoral du département était une assemblée analogue, de degré et d'importance supérieurs, il comprenait cent quarante membres pour le département tout entier, élus par les assemblées de canton, à raison d'un membre par mille habitants et nommés à vie. Il avait pour principale attribution de présenter au gouvernement, qui les nommait, les candidats au conseil général du département et les candidats au Sénat. Comme le collège d'arrondissement, il désignait les candidats à la députation au Corps législatif, le choix appartenant au pouvoir exécutif.

De leur mariage étaient nés deux fils, Jules et Edmond, tous les deux cultivateurs et propriétaires, qui ont laissé des postérités.

Jules Paquet, beaucoup plus riche que son frère, demeurait à Saint-Germain-d'Etables, où il exploitait d'importantes bouveries, dont il n'était que le fermier, louant à d'autres ses diverses propriétés. Tandis que la ferme paternelle de Meulers était destinée à son frère cadet, il recueillit du chef de sa femme la ferme de Criquetot ; ses enfants possèdent encore celle-ci.

J'ai connu Mme Pierre Paquet, née Le Verdier ; je l'ai vue venir au château de Belmesnil chez ma grand'mère, puis chez mon père ; on était en relations. M. Paquet était un gros homme, court et trapu, toujours en redingote, avec peut-être une blouse par-dessus les jours de marchés (c'était l'usage alors), grand fumeur, plus silencieux que causeur, observateur comme étaient les Normands. Quant à Mme Pierre Paquet, elle était bien une des dernières cauchoises, quoique ayant répudié le traditionnel bonnet, mais ayant gardé la robe de soie noire, la longue chaine d'or en sautoir, et la broche au corsage, alerte et enjouée, causeuse, avec le fort grasseyement du terroir, forte et ronde (je ne l'ai connue que presque sexagénaire), conduisant son cabriolet, et commandant en maîtresse. De nos jours, la fermière cauchoise n'existe plus ; celle qui l'a remplacée est de mise citadine, s'habille à Rouen, même à Paris, a piano, automobile, mais elle a un accent, autre, qui la trahit et que n'avaient pas ses prédécesseurs. L'accent est resté le trait révélateur de l'homme des champs. L'agriculteur important, notable et riche propriétaire, n'a pas su s'en défaire ; j'en ai connu, ayant fait leurs études dans les lycées, même dans des institutions catholiques, de belle prestance, de bonne allure, à qui rien ne semblait manquer, jusqu'au moment où ils laissaient entendre expressions ou intonations révélatrices. Pour être juste, il faut dire que, sous le rapport du langage, la femme, en Caux, a plus profité des leçons du couvent que son mari de celles du collège.

B. — Pierre-Jean LE VERDIER
(1782-1842)

C'est lui qui continua notre lignée ; sa biographie viendra plus loin.

C. — Denis-Isaac LE VERDIER
(1792-1837)

Denis-Isaac Le Verdier est né à Belmesnil le 9 octobre 1792, baptisé le lendemain par le curé de Criquetot, qui desservait alors les deux paroisses.

Il fut cultivateur à Belmesnil, exploitant comme fermier de son frère Pierre-Jean, l'antique ferme de famille. Le dernier bail, afférent à la période 1833-1842, énonçait une contenance de cent dix acres (environ soixante-quinze hectares) ; le fermage annuel était de 5.000 francs.

Il resta célibataire.

Elu conseiller municipal à Belmesnil en 1821, il fut, comme tous les élus de ce temps-là, l'objet d'une enquête administrative, et la fiche qui le concerne porte : « cultivateur, sa fortune est évaluée à 3.000 francs de revenu » (1). Il fut nommé adjoint de la commune en février 1836, puis maire en août 1837 : cette fois, le dossier administratif n'évalue plus son revenu qu'à 1.800 francs, et, comme il ne s'était certainement pas appauvri, l'on voit quelle confiance l'on peut avoir dans les évaluations officielles de la condition des particuliers.

Denis Le Verdier décéda le 12 décembre 1837, à Belmesnil, et fut inhumé dans le cimetière; alors le cimetière entourait encore l'église.

Denis Le Verdier ne fit pas fortune (2). Il dut être un modeste, se contentant de vivre en cadet, comme il l'eût fait sous l'ancien régime. La tradition le représente comme un homme bon et affectionné des siens.

D. — Marie-Catherine-Rose LE VERDIER (1776-1845)

Elle fut l'aînée des enfants de Jacques-Jean-Michel Le Verdier, étant née à Belmesnil le 30 décembre 1776.

Elle « contracta mariage le 30 messidor an VII (18 juillet 1799), devant le citoyen Le Bourgeois, président de l'administration municipale du canton de Bacqueville » (3), avec Jean-Jacques Burel, cultivateur, né en la commune de Brametot le 23 janvier 1773, et demeurant à Hermanville, fils unique de feu Jacques Burel, en son vivant cultivateur, et de feue Marie-Madeleine Tallevast, ou Talvas.

Leur mariage fut précédé d'un contrat sous seings privés, en date du 25 messidor, même année, ou 13 juillet.

« Il n'y aura point de communauté entre les époux », dit-on : c'est le régime préféré par la Révolution, on le repousse; le mari sera seul maître et propriétaire de la fortune mobilière selon le droit normand. Tel est l'effet de la tradition que les conventions, avec des formules nouvelles, conservent les règles matrimoniales précédemment en usage.

Les père et mère de l'épouse promettent lui donner « 3.000 livres en écus », et un trousseau, dont voici l'intéressant détail : « douze habits complets, six mantelets, une commode de bois de chêne avec ses tiroirs, une bonnetière aussi en chêne, avec un tiroir et ses attributs, un rouet à pied avec ses têtes, tous les menus linges à son usage, seize paires de draps de lit, dont huit en toile de lin à deux lez, et huit autres paires de toile d'étoupe de bonne qualité, dont quatre sont aussi à deux lez, quatre douzaines de ser-

(1) Arch. S.-Inf., Dossier *Elections municipales. Belmesnil.*

(2) Il laissait une fortune liquidée à 60.985 francs.

(3) Actes de l'état civil de Belmesnil, publications de mariage. Belmesnil faisait alors partie du canton de Bacqueville.

viettes, de doublœuvre, et deux doubliers en doublœuvre, chacun de trois aunes de long au moins, deux douzaines de nappes de table, dont la moitié de toile de lin et le surplus en toile d'étoupe, une douzaine de taies d'oreiller, quatre douzaines de chemises à l'usage d'icelle, quatre douzaines d'essuie-mains ; un lit complet composé de deux matelas garnis de laine, un lit de coutil, un grand traversain et deux oreillers, le tout garni de plumes, une couverture « de laine de coton », avec une courte-pointe, ciel, dossier, pentes et rideaux d'indienne ; et une jument sous poil gris ; tous lesquels objets ont été estimés modérément entre les parties valoir 2.000 livres ». Quant au futur époux, il n'énonce aucuns apports. C'est un pur contrat de mariage de l'ancien temps.

Je n'ai pas su recueillir de renseignements sur l'origine de cette famille Burel. Je sais que le nouvel époux fut cultivateur et marchand de laines, et que, dans cette double profession, il devint fort riche. En effet, il acheta, à une date qui m'échappe, le château et la terre d'Aubermesnil (1), que lui vendit la famille Le Moyne d'Aubermesnil. C'était alors un domaine d'une centaine d'hectares.

Jacques Burel est mort à Aubermesnil le 17 mars 1822, et Catherine-Rose Le Verdier, sa femme, le 25 juillet 1845.

Ils laissaient neuf enfants. Le tableau qui suit résume leur postérité.

Jacques Burel, = Marie-Madeleine Tallevast.

Jean-Jacques Burel,
né à Brametot 23 janvier 1773,
† à Aubermesnil le 17 mars 1822,
= à Hermanville, 18 juillet 1799, Marie-Catherine-Rose Le Verdier,
née à Belmesnil, 30 décembre 1776,
† à Aubermesnil, 25 juillet 1845.
Neuf enfants :

- Jacques-Isidore-Sénateur, † à la Chapelle-du-Bourgay, avril 1850.
- Ferdinand-Aimé, né à Aubermesnil le 25 décembre 1807, † à Paris en 1880. = 5 juin 1832, à Rouen, Euphémie-Louise Le Verdier, sa cousine, † 10 janvier 1868, à Rouen
  - Gustave-Ferdinand, né en 1835, = 1868, à Rouen, Maria Burel. Il meurt à Rouen, 17 février 1913.
    - Paul, = à Dieppe, N... Delarue.
    - Marie = à Rouen, Emile Boissel-Dombreval, Juge à Dieppe, puis à Rouen, puis maire de Coutances et député de la Manche.
- Arsène, = Marie Quesnel, à Rouen.
  - Maria, = 1868, à Rouen, Gustave Burel, son cousin. Elle † à Rouen, en 1924.
- Amand.
- Joseph.
- Edouard.
- N., = Pierre Aroux, à Rouen.
- N
- N.

L'aîné, Jacques-Isidore-Sénateur, fut cultivateur à Aubermesnil, dont il fut maire de 1835 à 1848 environ ; puis il fut fermier de la grande ferme du château de la Chapelle, près Aubermesnil, et c'est là qu'il est mort en 1850. J'ai connu sa veuve, que je rencontrais au château d'Aubermesnil autour de 1865 ; c'était bien le type de l'ancienne propriétaire et cultivatrice cauchoise, en robe de soie, fichu de dentelle et sautoir d'or.

(1) Canton d'Offranville, sur le plateau entre les vallées d'Arques et de la Scie.

Un autre fils de Jacques Burel, Arsène, fut fabricant à Rouen, au quartier Saint-Gervais, et s'allia à une demoiselle Quesnel, d'une famille industrielle de ce lieu.

Un autre, Amand, fut filateur de coton à Maromme.

Edouard fut quelque temps associé de son frère Arsène. Nous n'avons pas gardé de relations avec ces parents.

Une fille épousa Pierre Aroux, de l'honorable et très notable famille rouennaise de ce nom; ils habitaient leur propriété d'Eslettes, petit château blanc, avec ferme à colombier. Ils n'ont pas eu de postérité.

Ferdinand-Aimé épousa, le 5 juin 1832, à Rouen, sa cousine germaine, Euphémie-Louise Le Verdier. Il était né le 25 décembre 1807. C'est lui qui continua la résidence à Aubermesnil : cette terre ayant été divisée entre lui et ses frères et sœurs, vers 1845, il prit le château dans son lot et racheta leurs parts à ses cohéritiers. Dans la suite, il rebâtit le château, en partie détruit par un incendie, et créa un parc nouveau (1).

Il fut négociant et industriel. En 1832, il était négociant à Paris, rue Saint-Martin, n° 93. Puis il revint à Rouen. Il acquit ou bâtit une importante filature de coton à Torcy-le-Grand, qu'il exploita un grand nombre d'années, et où il gagna une opulente fortune. Il habitait alors, en même temps qu'Aubermesnil, à Rouen, où il résida rue Saint-Maur, 36, puis rue Racine, 5, puis boulevard Cauchoise, 41. C'est en cette dernière demeure que sa femme est morte, le 10 janvier 1868. Il lui survécut jusqu'en 1880; il est mort à Paris, où il se fixa en ses dernières années.

Ferdinand Burel et Euphémie Le Verdier laissaient un fils unique, Gustave-Ferdinand, né en 1835, qui épousa en 1868 sa cousine germaine, Maria Burel, fille d'Arsène précité. Il vécut surtout à la campagne, en sa terre d'Aubermesnil, détestant la ville, original, sauvage, n'acceptant aucunes relations, n'exerçant aucune profession, amateur de gravures, et possesseur d'une très riche collection de numismatique (2). Il est mort à Rouen, en sa maison de la rue de l'Avalasse, le 17 février 1913. Il laissait un fils, Paul, marié à N... Delarue, fille de Charles Delarue, courtier maritime à Dieppe, et membre du Conseil général de la Seine-Inférieure, et une fille, mariée à Emile Boissel-Dombreval, alors juge à Dieppe, puis juge à Rouen et, depuis, maire de Coutances, député et conseiller général de la Manche.

C'est à Mme Boissel-Dombreval qu'est échue la terre d'Aubermesnil; par suite d'accroissements successifs, la contenance paraît monter aujourd'hui à près de deux cents hectares.

Le château d'Aubermesnil n'était distant de celui de Belmesnil que d'un peu plus de deux lieues. Aussi les relations entre les deux maisons étaient-elles fréquentes. Les enfants de Pierre-Jean Le Verdier, mon père et ses frères et sœurs, parlaient souvent devant moi de leur oncle et de leur tante Burel. Le mariage du fils de ceux-ci, Ferdinand, avec une fille de Pierre-Jean Le Verdier, redoubla les relations. On était en fréquents déplacements d'une maison à l'autre; on le fut encore plus quand Euphémie-Louise Le Verdier fut devenue châtelaine d'Aubermesnil. Entre 1840 et 1860, les deux familles réunies faisaient des hécatombes de gibier aux ouvertures de la chasse à Belmesnil et à Aubermesnil. Dans mon enfance, je voyais M. et Mme Ferdinand Burel venir à Belmesnil, chez ma grand'mère, tous les dimanches; ils arrivaient dans leur coupé ou leur omnibus à l'attelage de deux chevaux alezans. De Belmesnil, je suis allé plusieurs fois avec mes parents, avec ma grand'mère, séjourner à Aubermesnil, au temps des vacances. Ma tante

(1) Le château porte encore la date de sa première construction, 1726, gravée au-dessus de la porte principale.

(2) Cette collection fut, après sa mort, vendue à Paris et cataloguée par Feuardent.

Ferdinand Burel était petite, mignonne, aux yeux bleus, d'allures simples, très attachée aux siens, bornant ses goûts à des œuvres de dessin ou de broderie, aux soins de sa maison et aux rapports de famille. Ses descendants conservent d'elle un assez bon portrait à l'huile, peint au temps de son mariage. Tout différent était son mari, grand, portant beau, quelque peu vaniteux, ambitieux même; il aimait le luxe et un certain train. Maire d'Aubermesnil, industriel, il espérait, vers 1868, la croix de la Légion d'honneur. En 1869, j'assistai avec mes parents à une belle réception qu'il offrit au sous-préfet de Dieppe, M. de Revel du Perron, accompagné de toute sa famille. Mais vint la guerre de 1870, qui fit s'évanouir ces belles espérances. Ce fut aussi la fin de nos relations. Ma grand'mère mourait en 1871; Mme Burel, sa fille, était décédée depuis 1868; M. Ferdinand Burel s'en alla quelques années plus tard habiter à Paris. Alors il laissa son domaine d'Aubermesnil à son fils, Gustave, mon cousin germain. Celui-ci, de caractère sauvage, bornant le cercle de ses relations à sa femme et ses enfants, enfermant ses pas dans les limites de ses résidences d'Aubermesnil et de Rouen, s'éloigna nettement de sa famille. On cessa de se voir.

E. — Marie-Suzanne-Julie LE VERDIER
(1785-† vers 1865)

Marie-Suzanne-Julie Le Verdier est née à Belmesnil le 5 décembre 1785.

Elle épousa en 1804 (je n'ai pu trouver l'acte de mariage, qui ne fut pas célébré à Belmesnil) Amand Saffray, « propriétaire et cultivateur » à Saint-Denis-d'Aclon, qui était fils puîné de feu Pierre-Jean-Michel Saffray, « propriétaire et cultivateur » au même lieu, et de Monique-Ursule Le Breton, résidant alors à Avremesnil. Ces énonciations sont tirées de leur contrat de mariage, reçu par Niel, notaire au Bourg-Dun, le 29 floréal an XII (20 avril 1804).

Cet acte constate les apports de l'épouse qui consistent en une somme de 5.000 francs et un trousseau évalué à 350 francs, que lui donne son père en faveur du mariage. Quant à l'époux, ses apports ne sont pas énoncés, toujours suivant l'usage ancien; on apprend cependant, par voie indirecte et résultant d'une des clauses du contrat, que sa fortune mobilière seule est évaluée à 15.000 francs.

Les Saffray étaient une très bonne et ancienne famille de cultivateurs et propriétaires de cette commune de Saint-Denis-d'Aclon.

En 1695 et 1701, Pierre Saffray fait valoir environ trente acres de terre, dont dix lui appartiennent avec sa maison et masure; il a une charrue, trois chevaux et deux vaches.

En 1708, Pierre et Thomas, son fils, occupent ensemble leur maison-masure et douze acres, et font valoir une autre maison et masure avec vingt-cinq acres de terre.

En 1774, Pierre Saffray est syndic de la paroisse; il tient en propre dix-huit acres, et de divers quinze acres qu'il loue 700 livres. En 1782, il tient en propre une ferme de vingt acres, en 1789, de quarante acres; il est toujours syndic (1). La même année 1789, le rôle de la taille révèle un autre Pierre qui tient à loyer une petite ferme

(1) Arch. de la S.-Inf., C 1882 (*Rôles des tailles, Saint-Denis-d'Aclon*).

de huit acres : les rôles feraient croire qu'il y avait simultanément à Saint-Denis-d'Aclon deux familles de Saffray, ou tout au moins deux branches. La progression des chiffres énoncés ci-dessus justifie une fois de plus l'assertion de Lepecq de la Clôture : au XVIIIe siècle, les laboureurs cauchois s'enrichissent et achètent des terres.

Pierre Saffray est conseiller municipal à Saint-Denis-d'Aclon en 1803, et adjoint au maire en janvier 1816.

Amand Saffray (c'est évidemment celui qui a épousé Julie Le Verdier) fut maire de Saint-Denis-d'Aclon depuis 1826; il l'était encore en 1846. Je ne sais pas l'époque de sa mort; sa femme est décédée, veuve, vers 1867.

Mme Amand Saffray assistait au mariage de mes parents.

Ma mère m'a rapporté qu'elle l'avait trouvée gracieuse et distinguée. Elle lui avait dit, ou à peu près : « Vous pouvez entrer dans notre famille, nous sommes aussi d'ancienne race, vous n'êtes pas la première qui y soit venue de la noblesse », et ma mère ajoutait qu'elle avait bien compris la délicatesse de la pensée qui avait inspiré ce propos, tout exempt de vanité, exprimé en termes tout simples et aimables, comme un encouragement à celle qui pouvait hésiter et craindre d'être transportée dans un milieu différent de celui où elle avait vécu jusque-là. Du reste, je recueille cette anecdote, parce qu'elle est un témoignage de cet état d'esprit de notre famille qui, dans le dernier siècle, avait conservé la tradition d'une possession d'état supérieur et confinant à la noblesse.

Amand Saffray et Julie Le Verdier ont eu plusieurs enfants, Pierre, Amand, Ferdinand, Mme Tassel, qui ont tous fait souche, et dont il subsiste une abondante postérité, dispersée dans les communes de Saint-Denis-d'Aclon, le Bourg-Dun, Avremesnil, Saint-Pierre-le-Viger, Ouville-la-Rivière, où le plus grand nombre, honorablement connus, ont possédé ou possèdent encore des propriétés qu'ils font valoir.

Voici un tableau de cette famille :

Pierre-Jean-Michel SAFFRAY, = Monique-Ursule LE BRETON.

- Amand Saffray, = 20 avril 1804, Marie-Suzanne-Julie Le Verdier, † vers 1867, née à Belmesnil, 5 décembre 1785.
  - Pierre.
    - huit enfants.
  - Amand.
  - Ferdinand.
  - N... = Tassel.
    - Edouard Tassel, = N... Bidault.
    - N... Tassel, = Edgard Le Clerc

Les relations avec cette branche de notre famille se sont assez vite évanouies; l'éloignement, et une certaine disparité des conditions en ont été les causes. A la génération qui m'a précédé, déjà l'on n'en avait plus qu'avec les deux enfants de Mme Tassel, savoir : M. Edouard Tassel, marié à Mlle Bidault, d'une famille très honorable d'Evreux ou Bernay, qui était à la tête d'une importante filature de coton à Ouville-la-Rivière, et qui n'a pas laissé de postérité (1), et Mlle Tassel, mariée à M. Edgard Le Clerc, de Fécamp (2), dont est issu M. Adrien Le Clerc, marié à Mlle Lavoisier, vivants aujourd'hui, très honorablement connus à Rouen.

(1) Mme Ed. Tassel, veuve sans enfants, eut la bizarre idée d'adopter une enfant de l'assistance publique, qu'elle éleva et fit héritière de sa grande fortune. Celle-ci a épousé un M. Stéhélin, avec qui elle habite à Ouville-la-Rivière.

(2) M. Le Clerc, de Fécamp, avait une sœur qui fut la femme du général Robert, député, sénateur, conseiller général de la Seine-Inférieure.

F. — Marie-Madeleine LE VERDIER

(1790-1821)

Elle est née à Belmesnil le 11 octobre 1790, baptisée le lendemain par le curé du lieu.

Elle épousa à Belmesnil, le 24 novembre 1808, Jean-Baptiste Dumanoir, né en la même paroisse en 1786, cultivateur et voiturier, y demeurant, fils de Jean-Baptiste-Nicolas Dumanoir et de Marie-Madeleine-Félicité Le Roy, demeurants aussi à Besmesnil.

C'était, paraît-il, une très belle femme, intelligente, et de beau port. Elle faisait sensation, dit-on, quand elle arrivait sur la place de Bacqueville, au jour de marché, à cheval, en toilette élégante, avec le grand bonnet cauchois qu'elle avait conservé.

Elle est morte à Saint-Mards, enclos de Belmesnil, le 21 janvier 1821, âgée seulement de trente ans; elle fut inhumée à Saint-Mards.

La famille Dumanoir se rencontre soit à Belmesnil, soit dans la partie de son terroir qui dépendait de Saint-Mards, depuis le milieu du XVIIIe siècle. C'étaient des cultivateurs, fermiers, ou petits propriétaires, de modeste condition; ils commençaient à s'élever vers le temps de la Révolution.

En 1788, Antoine Dumanoir est laboureur, à Belmesnil, de trente-deux acres, qu'il tient de divers; il paie 91 livres de taille et 109 livres de capitation (1). Sa femme est Marie-Anne Hébert.

A la même date, Jean-Baptiste Dumanoir, son fils, demeure chez sa belle-mère, veuve de Nicolas Le Roy; ils tiennent ensemble de M. de Quiefdeville une maison et masure et quelques acres de terre; ils paient 8 livres de taille, avec 9 livres 12 sols 8 deniers de capitation.

Jean-Baptiste Dumanoir, précité, est né à Saint-Mards en 1761, et mort à Belmesnil, le 15 septembre 1821. Il fut laboureur dans cette paroisse. Il avait épousé, en 1786, Marie-Madeleine-Félicité Le Roy, fille d'un laboureur du même lieu. Il avait deux frères, Antoine, laboureur à Criquetot, et Pierre-Bonaventure, dont j'aurai à parler plus loin.

Jean-Baptiste Dumanoir, lui aussi, vérifie l'observation de Lepecq de la Clôture, car il s'est enrichi par le moyen de l'agriculture.

Le 27 messidor an II, devant Boisseau, notaire à Dieppe, il acquit d'un nommé Cannevelle une cour de ferme sise à Belmesnil, en face du château actuel, bornée au couchant par la grande route, au levant par la rue dite ancien chemin du roi, au nord par le chemin de Belmesnil à Criquetot. Le nommé Cannevelle avait acquis cette propriété de la Nation, le 29 prairial précédent, par le prix de 4.125 livres, après confiscation sur M. de Quiefdeville, ancien seigneur de Belmesnil, émigré. Comme le firent d'autres acquéreurs de biens nationaux à Belmesnil, Jean-Baptiste Dumanoir voulut purger le vice de son titre. A cet effet, intervinrent les actes suivants : 1° 18 thermidor an X, Jean-Baptiste Dumanoir vend cette même cour de ferme et le clos attenant à M. le chanoine de Quiefdeville et demoiselle Suzanne-Marguerite-Françoise de Quiefdeville, sa sœur, représentants des anciens propriétaires, par le prix de 1.500 francs; 2° le même jour, ceux-ci revendent le même bien au même Jean-Baptiste Dumanoir : malheureusement, plusieurs feuillets de l'acte manquent et notamment celui où se trouvait le prix de la revente. Il fut certainement supérieur à celui de la restitution (1.500 francs), qui n'était

(3) Arch. de la S.-Inf., C 1747, *Rôles des tailles* et *Rôles du sol, Belmesnil.*

que fictif, ainsi que je l'ai constaté dans les opérations analogues qui furent traitées à Belmesnil avec la famille de Quiefdeville : de cette façon, celle-ci, qui n'avait plus aucun droit légalement, recevait des acquéreurs un supplément de prix, bénévole, inspiré par leur conscience, et ces derniers devenaient les ayants cause des légitimes propriétaires.

Cette cour de ferme contenait divers bâtiments d'exploitation, avec une maison d'habitation aux poutres moulurées, construite en pans de bois, reste de petit manoir du XVIe siècle, qui subsiste encore.

Par d'autres actes, dont quelques-uns seulement sont venus à ma connaissance, et conclus avec des membres de la famille de Quiefdeville et notamment avec la veuve de Nicolas de Quiefdeville, le dernier seigneur, déjà cité, Jean-Baptiste Dumanoir acquit les terres qui formaient le complément de ce corps de ferme, et d'autres encore. Toujours est-il qu'à sa mort, arrivée en 1821, il laissait à Belmesnil et communes voisines, à Crosville, à Manéhouville, à Crespeville, plus de soixante hectares de propriétés, dont huit seulement étaient des propres, le reste ayant été acquis en communauté pendant le mariage. C'est ce qui résulte d'un accord conclu entre sa veuve et leurs enfants, devant Lemareschal, notaire à Bacqueville, 24 avril 1824 : Marie-Madeleine-Félicité Le Roy, ne gardant que sa maison de Belmesnil où elle demeurait, avec le mobilier la garnissant, faisait remise à ses enfants de tous ses autres droits mobiliers et immobiliers, et ceux-ci s'engageaient à lui servir conjointement une rente viagère de 1.650 francs.

De son mariage avec demoiselle Le Roy, Jean-Baptiste Dumanoir eut deux fils : autre Jean Baptiste et Victorin, et une fille, Théodore-Félicité-Madeleine.

a) Victorin Dumanoir, le cadet, fut un riche marchand, épicier, à Bacqueville, célibataire; il est mort en ce bourg, en 1878, âgé d'environ quatre-vingt-cinq ans, vivant depuis longtemps de son revenu. C'est lui qui hérita de la ferme possédée par son père, que je viens de décrire, et qui contenait alors près de quarante hectares; il l'agrandit par de notables acquisitions.

b) Félicité-Madeleine Dumanoir épousa un cultivateur et propriétaire, du nom de Guilbert, dont la famille existe encore à Bacqueville ou aux environs.

c) Le fils aîné, Jean-Baptiste Dumanoir, deuxième de ce nom, est celui qui épousa Marie-Madeleine Le Verdier. L'acte de mariage le qualifie laboureur et voiturier. Il fut, en effet, un des principaux cultivateurs de Belmesnil; il a été, notamment, fermier de la ferme du château, qu'il tenait de 1828 à 1837 par le fermage de 7.000 francs. En même temps qu'agriculteur, il était entrepreneur de messagerie, d'où sa profession de voiturier. Alors, la contrée comptait un grand nombre de tisserands à la main, travaillant chez eux comme les canuts de Lyon. Des « fabricants » leur fournissaient la matière première et payaient la façon. Le voiturier transportait la marchandise pour le compte des fabricants : à l'aller, il portait à Rouen les produits fabriqués, toiles de coton, ou même de lin; au retour, il rapportait les chaînes, « les filés », fils de lin ou de coton. Pendant cent ans, cette industrie du tissage à domicile fut une providentielle source de richesse pour le pays de Caux : elle procurait du travail en hiver à l'ouvrier des champs, toute l'année à la mère, confinée chez elle par le soin de ses enfants, et ainsi elle retenait la population des campagnes. L'industrie mécanique l'a tuée; l'ouvrier agricole manquant d'ouvrage pendant la mauvaise saison s'en va, le vide se fait dans nos villages et la crise de la main-d'œuvre rurale s'aggrave de jour en jour. Autour de 1885, il y avait encore à Belmesnil une ouvrière tisserande. Quelques-uns se rencontrent encore aujourd'hui dans l'arrondissement d'Yvetot. Mais ce qu'il en reste tend à se grouper en ateliers, dans les bourgs, à Doudeville, par exemple. Les « fabricants de Luneray » ont disparu jusqu'au dernier voilà trente ans. Au temps de Jean-Baptiste Dumanoir, les fabricants étaient légion, et les métiers claquaient dans toutes les chaumières de nos communes cauchoises. A ce double métier de voiturier et de cultivateur, Jean-Baptiste Dumanoir augmenta grandement sa fortune puisqu'il put acheter une ferme d'une cinquantaine d'acres de terre, sise aussi à Belmesnil. La cour-masure en était située immédiatement à côté et au sud de celle de son père, entre la grande route nationale, à l'ouest, et l'ancien chemin du roi, à l'est. On y trouvait maison d'habitation, bâtiments d'exploitation et un colombier, ou plutôt une simple volière à pied, construite en charpente et galandage. Cette cour était une des anciennes vavassories de Belmesnil, appartenant à M. de Quiefdeville. J'ignore et la date de l'acquisition et le nom du vendeur. L'opération n'a pu se placer avant les dernières années de la Restauration, semble-t-il. Peu après son acquisition, Jean-Baptiste Dumanoir construisit une nouvelle maison, à simple rez-de-chaussée avec mansardes, d'un bon style et de bon aspect (1). Une partie de la cour, au voisinage de l'habitation, fut transformée en jardin. Mais la ferme subsistait aux environs avec ses bâtiments. De nouveaux changements se sont produits vers 1865. Une maison de confort moderne, à étage, a remplacé celle dont je viens de parler; la ferme n'existe plus, les terres ont été morcelées et vendues à divers par les enfants ou petits-enfants de Jean-Baptiste Dumanoir. Le même sort a été réservé à la ferme paternelle échue à Victorin Dumanoir, son frère. La dispersion, tel fut le sort des deux fermes Dumanoir, résultat des partages.

En 1837, Jean-Baptiste Dumanoir cessa d'exploiter la ferme du château, et se retira dans sa propriété. C'est là qu'il est mort le 29 septembre 1845.

De son mariage avec Marie-Madeleine Le Verdier, il avait eu quatre enfants (2) : Jean-Baptiste, né à Belmesnil en 1809, et mort en bas âge; Jean-Baptiste-Amable, né au même lieu le 4 mai 1811; Hippolyte-Narcisse, né à Belmesnil en 1813, mort célibataire en la même commune en 1847 (3), et qui avait été commerçant à Rouen; Héloïse, née en 1814.

a') Jean-Baptiste-Amable Dumanoir alla se fixer à Roubaix, où il commença à s'initier aux affaires du négoce et de l'industrie; il s'associa bientôt avec M. Legrip, dont il semble avoir été d'abord l'employé, développa ses affaires et se trouva assez rapidement de condition à faire un beau mariage, s'alliant à une famille considérée en la personne de Clémentine-Marie-Josèphe Delattre (1838, le 31 décembre).

Il fit fortune, et ses deux enfants contractèrent à leur tour de brillants mariages. Il est mort à Roubaix le 7 août 1869.

a'') Clémence Dumanoir, née en juillet 1841, épousa en 1862, à Tourcoing, Jules Desurmont, notable industriel, à la tête d'un important tissage de laine. Jules Desurmont

(1) J'ai entendu dire qu'il avait utilisé des matériaux provenant du château de Longueville, démoli par les acquéreurs de la Nation.

(2) D'un second mariage, contracté à Belmesnil, avec Marie-Désirée Boutrolle, cultivatrice, il eut un fils, Léon-Victorin Dumanoir, célibataire, cultivateur au Mesnil-Sauval, près d'Auffay, décédé en 1883 dans sa propriété de Bennetot, à Heugleville, et inhumé à Belmesnil.

(3)

Ici repose
Narcisse-Hippolyte
Dumanoir
décédé le 13 mars
1847,
à l'âge de 34 ans.
Il fut bon et probe
par excellence.
Priez Dieu pour lui.

(*Cimetière de Belmesnil.*)

vit encore (1918) (1). Sa femme, qui avait hérité de la beauté de sa grand'mère, n'existe plus depuis plusieurs années. Leurs enfants, Jules (2), Georges et Mme Wattine, sont eux-mêmes grands-pères et grand'mères. Ils sont devenus de grands industriels, puissamment riches, alliés aux meilleures familles.

b") Alfred Dumanoir, né en 1843, épousa une demoiselle Bossut, de Roubaix, de famille industrielle et notable aussi. Après s'être occupé quelque temps d'affaires, il est demeuré sans profession. Il vit encore, ainsi que sa femme; ils ont des enfants, petits-enfants et arrière-petits-enfants.

Pendant la guerre, toute cette famille fut exilée de Tourcoing et de Roubaix. Fixés provisoirement en diverses villes, ils s'étaient remis au travail, afin de refaire, comme ils comptaient et comme ils réussirent, les fortunes détruites, peut-être, à la suite des pillages, des confiscations, des incendies même, de leurs établissements et de leurs marchandises.

Malgré l'éloignement, nous avons toujours conservé des relations avec nos parents de Roubaix et de Tourcoing, qui, très attachés à la Normandie, demeurés jusqu'en ces derniers temps propriétaires de quelques biens à Belmesnil, y sont plusieurs fois revenus.

b') Marie-Héloïse-Eugénie Dumanoir est née à Belmesnil le 2 décembre 1814.

Elle épousa M. Edmond Lemaitre, qui faisait à Rouen le commerce des cotons. C'est elle qui recueillit la propriété paternelle à Belmesnil. A l'instigation peut-être de son mari, elle laissa abattre et remplacer la vieille maison bâtie par son père. Une nouvelle habitation s'éleva, sur le même emplacement, de construction, style et goût modernes, entourée d'un jardin anglais, avec pelouses, plantations, s'étendant de la grande route jusqu'à l'ancien chemin en arrière.

Mme Lemaitre est morte à Rouen le 3 décembre 1864. Le mariage n'eut pas d'enfants.

Notre cousine avait hérité de la beauté de sa mère; elle était admirablement douée, elle était intelligente, cultivée, dévouée, aimable à tous, recherchée de ses amies et affectionnée de toute sa famille.

Je ne puis décrire cette famille Dumanoir sans parler de la seconde branche, issue de cet Antoine Dumanoir, le premier auteur, que j'ai cité en commençant, marié à Marie-Anne Hébert.

De cette union, en effet, était issu Pierre-Bonaventure Dumanoir, à qui ne nous joint, d'ailleurs, aucun lien de parenté, né en 1763. Il fut cultivateur et « fabricant » à Belmesnil; par là, il faut entendre l'un de ces entrepreneurs de fabrication de toiles à la main, dont j'ai parlé précédemment.

Marié à Dorothée-Félicité Reaux, de Belmesnil, le 20 septembre 1793, il eut deux enfants : Just-Isidore Dumanoir, né à Belmesnil le 15 juin 1804, et Félicité-Marthe. Tous deux furent célibataires.

(1) Il a passé tout le temps de la guerre dans sa propriété de Roncq, près Roubaix, et n'a pas été trop molesté des ennemis. Il est mort en 1919, à l'âge de quatre-vingts ans. Il avait été président du Tribunal de Commerce de Tourcoing.

(2) Jules Desurmont a épousé Mlle Thérèse Motte, sœur du célèbre industriel, député et maire de Roubaix. Il est mort en 1919. L'un de ses fils, Jacques, sergent aviateur, est tombé à Moreuil (Somme), en mai 1916, et son gendre, Paul Lefebvre, fut tué près Dinant (Belgique) en août 1914. Georges Desurmont, comme son frère, très notable industriel, a été conseiller municipal et adjoint au maire de Tourcoing; il est chevalier de la Légion d'honneur. Il a épousé Mlle Descamps, de Roubaix. Très attaché à la Normandie, il a acheté le château et la terre de la Pommeraye à Berville-sur-Mer, près Honfleur.

Antoine DUMANOIR = Marie-Anne HÉBERT.

Antoine, né vers 1758, laboureur à Criquetot.

Jean-Baptiste, né à Saint-Mards, 12 avril 1761, † à Belmesnil, 15 sept. 1821, = 18 février 1786, à Belmesnil, Marie-Madeleine-Félicité Le Roy, née vers 1760, † 1833.

Pierre Bonaventure, né vers 1763, † à Belmesnil, 20 septembre 1793, = à Belmesnil, Dorothée-Félicité Reaux.

Enfants de Jean-Baptiste :

Jean-Baptiste, né à Belmesnil, 25 mars 1786, † à Belmesnil, 29 sept. 1845, = à Belmesnil, 24 nov. 1808, Marie-Madeleine Le Verdier, † à Saint-Mards, 21 janv. 1821.

Victorin-Pierre, né vers 1792, † 1878, célibataire.

N... (fille), = Guilbert.

Enfants de Pierre Bonaventure :

Félicité-Marthe, célibataire.

Just-Isidore, né à Belmesnil, 15 juin 1804, † à Rouen, 27 avril 1859, célibataire.

Enfants de Jean-Baptiste (1786-1845) :

Jean-Baptiste, 1809-1810, laboureur à Criquetot.

Jean-Baptiste-Amable, né à Belmesnil, 4 mai 1811, † à Roubaix, 9 août 1869 ; = 1839, à Roubaix, Clémentine Delattre, † à Tourcoing, 1882.

Hippolyte-Narcisse, né à Belmesnil, 24 juin 1813, † à Belmesnil, 15 mars 1847, célibataire.

Marie-Héloïse-Eugénie, née à Belmesnil, 2 décembre 1814, † à Rouen, 3 décembre 1864, = Edmond Lemaître, sans postérité.

Enfants de Jean-Baptiste-Amable :

Clémence, née à Roubaix, juillet 1841, † à Tourcoing, février 1909, = 1862, Jules Desurmont.

Alfred, né 1er janvier 1843, = 2 sept. 1867, à Roubaix, N. . Bossut. (Vivent tous les deux en 1925).

Just-Isidore Dumanoir fut commerçant et fabricant de rouenneries à Rouen (1), et fit une grande fortune. Il est mort à Rouen le 27 avril 1859. Or ses libéralités testamentaires lui ont valu une certaine célébrité. C'est lui, en effet, qui donna aux hospices de Rouen la propriété dans laquelle il demeurait en cette ville, au quartier Saint-Gervais, 1, rue des Forgettes, où est établi l'asile Dumanoir. Il laissa au Bureau de Bienfaisance de la paroisse Saint-Gervais 6.000 francs; à celui de Belmesnil, 6.000 francs, etc. C'est encore lui qui légua à l'Académie des Sciences, Belles-Lettres et Arts de Rouen une somme de 20.000 francs, dont le revenu est décerné tous les ans en un prix de huit cents francs, sous le nom de prix Dumanoir, à l'auteur d'une belle action accomplie dans la Seine-Inférieure. Il légua pareille somme à la Société libre d'Emulation du Commerce et de l'Industrie, à Rouen, pour distribuer pareillement deux prix de 400 francs à un ouvrier et à un domestique s'étant signalés, l'un par sa belle conduite, et l'autre par son dévouement à ses maîtres, et leurs longs services dans la même usine ou dans la même famille. Ces prix sont solennellement proclamés chaque année, et, chaque année, valent au fondateur un périodique éloge. Cependant Just-Isidore Dumanoir n'eut pas, de son temps, auprès de ceux qui le connaissaient bien, la belle réputation que lui font les rapporteurs des prix de vertu : c'était un avare et un égoïste; on lui avait donné le sobriquet de « Dumanoir la ferraille », peut-être parce qu'il faisait entre temps le commerce de vieux matériel industriel; il fit le malheur de sa sœur, qu'il frustra de la plus grande partie de l'héritage de leurs parents et laissa dans le besoin. Elle est morte avant lui. Il répandit ses bienfaits surtout après qu'il fut mort. Il partagea le surplus de sa fortune entre trois légataires, ses cousins, à raison de 200.000 francs à chacun : savoir, Jean-

(1) *Tableau des négociants, manufacturiers, marchands de la ville de Rouen* (Périaux, 1808), p. 119; *idem* (Périaux, 1817), p. 92.

Baptiste Dumanoir, de Roubaix, Léon Dumanoir et Jean-Baptiste Reaux, de Belmesnil.

On lui a élevé, conformément à ses dernières volontés, un somptueux tombeau au Cimetière Monumental de Rouen.

Le Bulletin de la Société libre d'Emulation du Commerce et de l'Industrie de la Seine-Inférieure, pour l'année 1891-1892, contient une notice biographique sur J.-J. Dumanoir, par Noury, journaliste rouennais, insignifiante, erronée, écrite par un auteur qui ne connaissait rien de son sujet.

Neuvième degré :

n. — PIERRE-JEAN LE VERDIER, né en 1782, † en 1842,
= 1807, MADELEINE-EUPHROSINE-PRUDENCE LE PAPE, née le 5 avril 1789, † 5 décembre 1871.

Dixième degré :

Euphémie-Louise,	Pierre-Thomas-Narcisse,	Eugène-Isidore,	Edouard,	Jules,	Denis-Ferdinand,	Clémence,	Alfred,	Léon,
1810-1863, = 1832, Ferdinand-Aimé Burel.	1812-1887, = 1851, Mélanie de Pipercy.	1814-1855.	1816-1880, = 1846, Clara Ferry.	1819-1894, = 1850, Emma Decaux.	1820-1865.	1823-1892, = 1844, Gustave Assire.	1825-1885.	1826.

B

NEUVIÈME DEGRÉ

Pierre-Jean Le Verdier.

I. — *Naissance, éducation, mariage.* — Mon grand-père est mort quelques années seulement avant ma naissance; j'ai connu ma grand'mère jusqu'à mon adolescence : il semblerait donc que je n'eusse qu'à interroger mes souvenirs pour écrire la biographie de mon aïeul, et pourtant j'éprouve, en reprenant ma plume, un sincère embarras. Où l'on attendrait des récits de choses vécues, s'agissant d'un ascendant si proche, je me vois dans le cas de ne pouvoir composer cette notice que sur de sèches pièces d'archives, comme lorsqu'il s'agissait de générations plus reculées. Des souvenirs personnels, des traditions entendues, j'en ai bien peu, en effet. Il semble qu'il y avait, autour de ma grand'mère et de ses enfants, comme une conspiration du silence pour ne pas parler de celui qui n'était plus, dans la crainte, semble-t-il, de réveiller la douleur : ainsi ma mémoire n'a guère moissonné. Il ne m'est resté non plus ni lettres, ni correspondances, ni écrits intimes, ni livres de comptes domestiques, pas même des livres de commerce, à l'exception d'un unique cahier de balances du grand livre, aux inventaires de 1826 à 1834. Les actes notariés ne manqueront pas, ni les actes sous seings privés, c'est en les scrutant dans tous les détails qu'une reconstitution pourra être essayée.

Pierre-Jean Le Verdier est né à Belmesnil le 20 décembre 1782, et y fut baptisé le même jour. Où fit-il ses études ? Je l'ignore. Quoique apparemment il ne les ait pas poussées bien loin, j'observe que son écriture élégante et son orthographe absolument pure ne sont pas de celles qui s'acquéraient à l'école du village, ni même à celle du canton, si tant est qu'elles eussent été ouvertes à l'époque où nous nous plaçons, les premières années de la Révolution. Les ressources qu'offrait Dieppe sous l'ancien régime avaient assurément disparu; elles firent place à une école secondaire communale qui remplaça notamment l'ancien collège de l'Oratoire. Rouen posséda une école centrale, devenue plus tard le lycée, et surtout des pensionnats privés. On doit supposer que c'est là, ou bien à Dieppe, que Pierre Le Verdier et ses frères reçurent leur formation scolaire. Le temps de leur jeunesse, que ne prit point le collège ou l'école, se passa à Belmesnil, où ils s'initièrent à l'agriculture. Mais, tandis que ses deux frères, continuant la tradition paternelle et ancestrale, adoptaient cette carrière, Pierre résolut de tenter la fortune par le commerce, et il alla se fixer à Rouen.

En 1807, il était « fabricant » en cette ville; il demeurait rue Eau-de-Robec, n° 151, et il se maria. Il épousa, le 23 novembre 1807, en l'église Saint-Vivien, demoiselle Madeleine-Euphrosine-Prudence Le Pape, âgée de dix-huit ans, née à Rouen, le 5 avril 1789, qui était fille de Thomas Le Pape, fabricant, lui aussi, et de dame Rose-Prudence Fautreau (1), demeurants à Rouen, grande rue des Capucins, n° 62. Certes, les deux époux n'étaient pas riches. Le mari ne pouvait espérer que le sixième de l'avoir paternel, en grande partie constitué par l'unique ferme de Belmesnil; l'épouse était fille d'un très modeste fabricant, fils, lui aussi, de ses œuvres. Le contrat de mariage, reçu par Symon, notaire à Rouen, le 3 novembre 1807, nous fait connaître les apports : Pierre Le Verdier possédait 2.000 livres tournois en marchandises et meubles; Madeleine-Prudence Le Pape recevait de ses parents, en avancemnt d'hoirie, 8.500 livres tournois, ou 8.395 fr. 08, et un trousseau de 3.500 livres tournois, ou 3.456 fr. 79, soit une dot de 12.000 livres tournois, et elle y joignait ses vêtements et économies pour 500 livres tournois ou 493 fr. 82. Ainsi, l'on se mettait en ménage avec environ 14.000 livres, mais l'on était jeunes, riches d'espérances et désireux de travailler.

Il n'existe aucun portrait de Pierre Le Verdier. Je sais qu'il était de taille à peine moyenne, et de complexion plutôt délicate. Il était blond ou légèrement châtain, le front haut, l'air intelligent. Sa carrière a donné la preuve de son activité et de ses capacités. De sa femme, au temps de sa jeunesse, il ne reste non plus aucun portrait. On possède seulement une médiocre photographie, prise dans son extrême vieillesse, ressemblante alors, et fidèlement traduite, sous ma direction, dans un assez bon dessin au crayon par Edouard de Bergevin. Ma grand'mère était petite, blonde, aux yeux bleus, marquée par la petite vérole. Elle aussi fut très active, très soigneuse, très méthodique, très exacte en tout ce qu'elle faisait. Avec une certaine sévérité et rigidité qu'elle apportait dans tous ses actes (2), elle était pourtant bonne, aimable, aimante, enjouée même, quand il convenait de l'être. Son mari, dit-on, avait plus de douceur, il eût été faible au besoin avec ses enfants. Pieuse et très pieuse avant son mariage, ma grand'mère s'écarta dans la suite des pratiques religieuses, qu'elle paraît avoir bornées à la pratique régulière de la messe du dimanche. Peut-être faut-il attribuer ce revirement à l'influence de son époux, je ne sais : élevé, en effet, à l'époque révolutionnaire, transplanté à la ville tout jeune, il lui arriva de perdre l'empreinte religieuse de la famille et se ranger à l'indifférence philosophique du temps.

Au ménage les enfants vinrent nombreux : il en naquit neuf, le même nombre qu'avait eus Jacques-Jean-Michel, père de Pierre. Et l'on travailla.

II. — *Carrière commerciale.* — Donc son contrat de mariage qualifie Pierre-Jean Le Verdier, fabricant, demeurant à Rouen, rue Eau-de-Robec, 151. L'année suivante, en 1808, le *Tableau des négociants, manufacturiers, fabricants et marchands de la ville de Rouen*, imprimé chez Périaux, in-12, à la page 126, l'inscrit sur la liste des « fabricants de rouenneries, draps et autres tissus », et lui donne pour adresse le n° 178 de la même rue Eau-de-Robec. Quelle sorte d'industriel pouvait bien être alors un « fabricant » qui ne possédait que 2.000 francs de marchandises? Travaillait-il à façon pour des négociants qui lui fournissaient la matière ? Dans ce cas, le bénéfice ne s'accumule pas, il suffit à grand'peine à la subsistance de chaque jour. Sûrement, Pierre Le Verdier

(1) Voy. mon *Histoire* des familles Le Pape et Fautreau.

(2) On la voyait plus souvent prendre une chaise qu'un fauteuil. Octogénaire, et presque jusqu'en ses derniers jours, elle était debout et sa toilette achevée à huit heures du matin, en toute saison.

ne possède qu'un bien petit atelier avec quelques ouvriers travaillant à la main, avec ou auprès de lui. Ou bien encore était-il l'un de ces entrepreneurs de tissage, dont nous avons vu disparaître les derniers dans nos campagnes cauchoises au cours de la seconde moitié du XIXe siècle, et que l'on appelait des « fabricants » ? Faisait-il donc travailler des tisserands à la main, à Belmesnil, dans les villages voisins, ou ailleurs, leur fournissant la trame et le fil, comme encore naguère, les payant aux pièces, et vendant pour son compte la rouennerie ainsi obtenue ? Thomas Le Pape, son beau-père, qualifié lui aussi fabricant par l'acte de mariage, est désigné « fabricant passementier » (1) au *Tableau de Rouen* de 1788 (2). Quoique sa profession de fabricant soit encore mentionnée dans des actes de l'état-civil en 1807 et 1812, il ne figure nulle part dans le *Tableau des négociants et manufacturiers de Rouen*, en 1808, que j'ai déjà cité. Thomas Le Pape se serait-il associé à son gendre ? L'aurait-il pris pour successeur ? On peut en douter. Quoi qu'il en soit, Pierre Le Verdier se mariait à vingt-cinq ans ; il n'est pas étonnant qu'il n'eût pas encore fait de sérieux gains. Constatons donc que ses apports ne consistaient qu'en 2.000 francs de marchandises, humble point de départ de sa fortune, et ne construisons pas d'hypothèses.

Cette époque de l'épopée impériale est un temps de rénovation économique et sociale, tout favorable à celui qu'anime l'énergie du travail, l'esprit d'initiative, le désir, la volonté et aussi le besoin du succès. Alors le commerce abandonne ses anciens errements ; de timide, limité aux besoins immédiats qu'il était, il devient entreprenant, il prend des allures de spéculation ; le coton et la machine révolutionnent l'industrie. Pierre Le Verdier entre dans le mouvement et se livre à de hardies opérations.

J'en ai la preuve en un curieux acte sous seings privés de 1818 : c'est l'arrêté d'un compte d'achats et de ventes de cotons, en participation, qui a été alimenté pendant cinq années avec un certain Vivien Duclos. Voilà une rencontre assez curieuse, car ce Vivien Duclos n'était autre que le grand-père de MM. Eugène et Auguste Dutuit, les deux frères que leurs collections d'objets d'art, leurs richesses, et leur originalité ont rendus célèbres à Rouen (3).

En 1813, Vivien Duclos et Pierre Le Verdier conclurent donc ensemble une association. L'acte, écrit de la main même de ce dernier, commence ainsi : « En 1813, le sieur Vivien Duclos, résidant à Paris, et Le Verdier, résidant à Rouen, furent convenus ensemble d'amitié et de bonne foi de faire un commerce de cotons en laine et filés de compte en participation ; il fut convenu que les cotons seraient achetés tant par le sieur Vivien Duclos que par Leverdier, aux endroits qui leur paraîtraient le mieux de convenance à leurs interest, et que les fonds pour l'achat serait fournis a fure et mesure des besoins par le sieur Ven Duclos, et qu'il lui serait tenu compte à raison de six pour cent l'an pour ces avances, et que les cotons seraient envoyez a fur et mesure des besoins au sieur Leverdier pour en faire la vente a son propre nom ». On convint aussi qu'il ne serait prélevé aucune commission ni frais, chacun gardant ceux qu'il ferait, à l'exception d'un commis qui fut payé par moitié par les deux intéressés, et qui fut, peu de temps après, intéressé lui-même.

En 1816, « les affaires ayant augmenté, et Paris ne présentant plus les mêmes avan-

(1) « Passementiers, fabricants de toutes sortes d'étoffes de soie, pure ou mélangée, coton, poil de chèvre, rubanniers, boutonniers. »

(2) Rouen, de l'impr. de la veuve Machuel, in-16, page 272.

(3) On peut lire, dans le *Journal de Rouen* du 26 janvier 1905, un résumé du procès fameux auquel donna lieu le testament d'Auguste, dernier mourant.

tages pour l'achat », Le Verdier fit lui-même la majeure partie des achats, et l'on convint que sur les bénéfices, la maison de Rouen ou Le Verdier se dédommagerait en prélevant la somme de 7.000 francs par an, tandis que la maison de Paris prélèverait 2.000 francs pour ses frais, et que le surplus des bénéfices se partagerait par moitié.

En 1818, Duclos désira se retirer des affaires, et Le Verdier accepta, mais, celui-ci étant dans l'intention de continuer, on convint qu'il se chargerait de toutes les marchandises en magasin sur leur prix d'achat pour celles qui seraient payées déjà, et des autres il ferait sa propre affaire. Moyennant 22.000 francs environ, et à forfait, Le Verdier se charge de la rentrée de ce qui est dû, prenant pour lui et à ses risques toutes les créances, même les douteuses, mêmes les mauvaises, même celles pour lesquelles il y a faillite déclarée. Et, la liquidation opérée, part de bénéfices comprise, il se trouve que Vivien Duclos aura à recevoir 275.000 francs. Comment son associé les lui paiera-t-il ? Le Verdier fournira 100.000 francs d'hypothèques sur ses immeubles, qui seront remboursables dans quinze ans, et, pour les 175.000 francs de surplus, il remet à son ex-associé, sept billets à échéances échelonnées de 1819 à 1824, qui, avec les intérêts calculés à cinq pour cent et ajoutés au principal, forment un total de 203.802 francs. L'acte est signé à Paris le 1er juin 1818, et, à côté de la signature Le Verdier, se lit une formule d'approuvé de comptes, signée de Duclos, laquelle fait nettement apercevoir que ce riche aïeul des deux millionnaires rouennais était bien illettré. Donc six ans et quinze ans pour s'acquitter, avec évidente faculté d'anticiper les paiements.

Or, voilà que je trouve deux nouveaux écrits, signés aussi à Paris sous la date 5 novembre de la même année 1818. L'un est une quittance de 100.000 francs donnée par Vivien Duclos : au lieu de fournir l'hypothèque qui a été promise au mois de juin, Le Verdier lui verse le capital, savoir 50.000 francs présentement payés avec les intérêts, et un billet de pareille somme de 50.000 francs à l'échéance du 31 décembre suivant. L'autre est un acte du même jour, aux termes duquel Le Verdier prend l'obligation de payer les 50.000 francs, formant le solde, au 31 décembre, et Vivien Duclos consent d'avance, et moyennant intérêts à cinq pour cent, la prorogation de cette échéance d'une ou deux années, à la volonté de Le Verdier. Au bas se trouve enfin l'acquit de Duclos, daté du 28 décembre 1821 : le paiement avait été retardé de trois années.

Il reste maintenant à tirer de ces actes des conclusions qui vont permettre de reconstituer la vie commerciale de Le Verdier pendant les années où s'édifia le début de sa fortune : or son histoire a la valeur d'un document social, car elle est celle de quantité de personnages, par qui leurs familles surgirent en ce temps-là même.

Il vient à Rouen vers sa vingtième année, même peut-être un peu plus tôt, soit autour de l'année 1800; il s'initie au commerce ou à l'industrie chez quelques patrons dont il est apprécié; il fait quelques affaires pour son compte, et s'installe tout petit fabricant sur l'Eau-de-Robec, l'un des sièges alors les plus actifs de l'industrie rouennaise. En la même paroisse Saint-Vivien, un fabricant qui a quelque avoir, Thomas Le Pape, l'a remarqué, intelligent et travailleur. Thomas Le Pape s'y connaît, ayant eu les mêmes débuts (1). Il lui donne sa fille. Pierre Le Verdier a vingt-cinq ans; il ne possède encore à peu près rien. Il est évident qu'il tente alors quelques opérations de commerce. Elles réussissent. Il les renouvelle. Il s'enrichit. En 1813, un négociant qui a des accointances avec le quartier Saint-Vivien, Vivien Duclos (2), illettré, mais opulent, s'associe avec lui pour des achats et ventes de cotons. Les affaires prospèrent, s'étendent et s'enflent

(1) Voy. mon *Histoire* des familles Le Pape et Fautreau.
(2) C'est sur cette paroisse que sont nés ses deux petits-fils, les frères Dutuit.

rapidement. En 1812, Pierre Le Verdier demeure encore, fabricant, à l'Eau-de-Robec, n° 34. Mais en 1814 il habite rue Malpalu ; on le qualifie encore fabricant, et c'est le moment de la transition. On ne fabrique pas dans la maison de la rue Malpalu ; il se livre au négoce depuis 1813, et maintenant tous les actes (depuis 1816 aucun n'y manque) vont lui donner la seule qualité de négociant, commerçant ou marchand de cotons. Il a trouvé sa voie et le chemin de la fortune.

Quelque neuf ans après ses débuts, en 1816, à la mort de son père, Le Verdier s'est déjà assez enrichi pour pouvoir se charger de la ferme patrimoniale, et en payer les cinq sixièmes à ses frères et sœurs, soit 80.000 francs, sinon même 120.000 francs (1). Et cette sortie de fonds ne paraît pas gêner son commerce. Il continue. On vient de voir qu'en juin 1818 il s'engage à rembourser sa part à son ex-associé : c'est un capital de 275.000 francs auquel s'ajouteront les intérêts ; un délai de quinze ans est prévu. Au mois d'août qui suit, conformément à la convention, il fait le premier versement, 25.000 francs ; en novembre, un nouveau versement, de 50.000 francs cette fois : soit 75.000 francs pour ce semestre. Reprenons les engagements échelonnés, souscrits dans la convention de 1818, analysée ci-dessus : il paie, intérêts compris, plus de 26.000 francs en 1819, plus de 27.000 francs en 1820, plus de 29.000 francs en 1821, et cette même année, 50.000 francs pour un solde, ensemble 79.000 francs cette année-là, et ainsi de suite jusqu'en 1824, où l'annuité est de 33.502 francs. On devine l'extension du commerce et des bénéfices du commerçant, son intelligence des affaires, sa puissance de travail, car tout en faisant honneur à ses opérations journalières, et élevant une famille de huit enfants qui lui sont nés de 1810 à 1825, il peut prélever tous les ans sur ses gains des sommes qui varient de 25.000 francs à 80.000 francs. Et ce n'est pas tout, car en 1820 il achetait sa maison de la rue Malpalu, et il acquérait à Belmesnil divers biens dont il grossissait annuellement l'héritage paternel. C'est le premier million, dit-on, qui est pénible à gagner ; les autres viennent tout seuls. De même, la difficulté est d'atteindre aux premiers dix mille francs, aux premiers cent mille, toutes proportions gardées, suivant l'échelle du travailleur. En 1815, au bout de huit années seulement, Pierre Le Verdier était arrivé, ou si l'on veut, il était lancé et n'avait plus qu'à entretenir l'impulsion donnée.

Quel était à cette époque son chiffre d'affaires ? Quels étaient ses gains annuels ? Je les ignore, aucun document ne m'étant resté. Mais passons encore une dizaine d'années, et nous allons obtenir quelques renseignements. Un registre, contenant les relevés des balances des comptes du grand livre, a été conservé pour les années 1826 à 1834.

En 1826, l'inventaire se balance, à l'actif et au passif, par la somme de 1.760.256 fr. 76, au 31 décembre, mais cela semble l'inventaire du second semestre seulement.

Au 30 juin 1827,	l'inventaire se balance par	1.817.279 fr.	40
Au 31 décembre 1827,	—	1.731.852	49
Au 30 juin 1828,	—	2.079.980	18
Au 31 décembre 1828,	—	2.046.641	07
Au 30 juin 1829,	—	2.000.034	20
Au 31 décembre 1829,	—	1.921.058	07
Au 30 juin 1830,	—	1.940.038	31
Au 31 décembre 1830,	—	1.965.975	98

(1) La licitation amiable mit à sa charge une soulte de 80.000 francs ; il semble même qu'une contre-lettre l'ait portée à 120.000 francs. voyez *infra*, p. 149.

Au 30 juin 1831,	l'inventaire se balance par	2.132.549 fr.	01
Au 31 décembre 1831,	—	2.018.535	72
Au 30 juin 1832,	—	2.153.753	67
Au 31 décembre 1832,	—	1.943.084	52
Au 30 juin 1833,	—	2.248.839	74
Au 31 décembre 1833,	—	2.062 189	24
Au 30 juin 1834,	—	2.184.102	83
Au 31 décembre 1834,	—	2.125.080	64

C'est le compte « marchandises » qui peut être considéré comme le criterium du mouvement d'affaires d'un négociant en cotons filés ou en laine. Interrogeons-le.

Pendant les semestres inscrits ci-dessous, ce compte a été :

		Débité de :		crédité de :		le débit se balance par :	
2e semestre	de 1826	18.132.825 fr.	99	18.132.312 fr.	85	+ 540 fr.	14
1er —	1827	19.333.378	05	19.407.635	71	— 74.257	66
2e —	1827	20.558.532	02	20.602.110	99	— 43.578	91
1er —	1828	22.133.517	77	22.079.858	60	+ 53.659	17
2e —	1828	23.212.880	21	23.213.387	69	— 507	48
1er —	1829	822.483	86	753.306	94	+ 69.176	92
2e —	1829	733.086	49	»	»	+ 33.086	49
1er —	1830	1.330.250	52	1.267.988	71	+ 62.261	81
2e —	1830	2.476.048	12	2.442.327	80	+ 33.720	32
1er —	1831	1.225.865	58	1.193.215	19	+ 32.650	39
2e —	1831	2.367.681	35	2.328.837	»	+ 38.844	35
1er —	1832	1.485.907	48	1.465.438	87	+ 20.468	61
2e —	1832	34.073	73	»	»	+ 34.073	73
1er —	1833	2.195.227	77	2.104.785	61	+ 90.442	16
2e —	1833	105.037	95	»	»	+ 105.037	95
1er —	1834	2.128.230	53	2.068.589	05	+ 59.641	48
2e —	1834	4.256.616	95	4.149.633	69	+ 106.983	26

Il n'y a pas lieu d'être surpris des gros chiffres de ce compte aux années 1826 à 1828 : si l'on observe que le compte est chaque année en progression, on conclura facilement que le total est reporté d'année en année; c'est la différence d'un chiffre à l'autre qui donne la valeur des affaires traitées pendant le semestre écoulé. On voit ainsi que le chiffre annuel des affaires varie de 2.400.000 francs environ à 2.700.000 environ. Dans la suite, on ne reporte plus que la balance, et l'on peut se rendre compte que le chiffre des affaires, de 1829 à 1833, varie de un million à près de 4 millions par an; en 1834, il semble avoir dépassé 6 millions (exactement 6.384.000 francs).

Le commerçant avait un compte ouvert à lui-même sur son grand livre; cela aussi est instructif, et permet de juger de l'ampleur des ressources.

Au 31 décembre 1826,	son compte courant est créditeur de	768.819 fr.	98
Au 31 décembre 1827,	—	864.359	56
Au 31 décembre 1828,	—	959.278	91
Au 31 décembre 1829,	—	999.810	28
Au 31 décembre 1830,	—	1.149.085	74
Au 31 décembre 1831,	—	1.173.309	»
Au 31 décembre 1832,	—	1.231.139	82
Au 31 décembre 1833,	—	1.415.059	13
Au 31 décembre 1834,	—	1.671.315	92

A remarquer que ce compte courant, qui est inscrit comme « compte Leverdier » jusqu'en 1829, figure à partir de cette date sous le titre « Capital », et qu'il est à peu près exclusivement alimenté au crédit, sans inscription au débit, signe évident d'une constante propérité, signe aussi que d'autres ressources permettent d'entretenir le ménage sans prélèvement sur les fonds engagés dans le commerce. Il en est du moins ainsi depuis 1827 : en 1826, des mouvements ont été opérés dans les deux sens. Mais aussi, à partir de 1827, est ouvert, à côté du compte capital, le compte particulier, « Leverdier, compte particulier ». C'est là que les besoins du ménage, les acquisitions de menus immeubles et autres trouveront leurs ressources. Et voilà que ce compte disparaît en 1829. Mais il pourrait bien être fusionné avec un compte de Profits et Pertes qui apparaît, pour la première fois, en cette même année 1829. De ce compte de Profits et Pertes, voici les fluctuations; il ne figure d'ailleurs qu'aux inventaires au 30 juin, et point à ceux au 31 décembre :

30 juin 1829,	le compte est	débiteur de	16.075 fr.	30
30 juin 1830,	—	créditeur	44.897	53
30 juin 1831,	—	—	34.208	77
30 juin 1832,	—	—	66.230	87
30 juin 1833,	—	—	91.153	26
30 juin 1834,	—	—	95.283	20

Le compte doit être balancé et passé à un autre au 31 décembre de chaque année.

Ce registre serait encore intéressant à feuilleter, si l'on voulait étudier comment se faisaient les affaires. On y verrait, par exemple, les arrêtés des comptes annuels et semestriels d'une demi-douzaine de filatures dont P. Le Verdier était le fournisseur de matières premières ou le consignataire de leurs filés; on y observerait le très gros chiffre du portefeuille, qui se balance par 73.000 francs environ, chiffre le plus bas, au 31 décembre 1831, ou par 183.000 francs, chiffre le plus haut, au 30 juin 1828, et qui dépasse presque toujours 100.000 francs; etc. Pour finir, notons les comptes ouverts aux enfants du commerçant, ce sont les produits de leurs économies, de leurs bons points, de leurs étrennes et cadeaux. On veut les habituer de bonne heure à compter. Prenons les chiffres au compte du 31 décmbre 1826 :

« Mlle Le Verdier », c'est Euphémie, la future Mme Burel; elle a seize ans, et son compte est créditeur de 300 francs;

« Le Verdier fils aîné », c'est Pierre-Narcisse, 14 ans, il possède 260 francs;

« Eugène Leverdier », 12 ans, il possède 115 francs;

« Edouard Leverdier », 10 ans, il possède 70 francs;

Le compte n'inscrit que ces quatre créanciers; mais leur nombre va s'accroître : en 1830, par exemple, nous trouvons :

« Mlle Leverdier », 550 francs à son crédit, elle est âgée de 20 ans;

« Leverdier fils aîné », 400 francs à son crédit, 18 ans;

« Eugène Leverdier », 135 francs à son crédit, 16 ans, il prépare Saint-Cyr;

« Edouard Leverdier », 210 francs à son crédit, 14 ans;

« Jules Leverdier », 80 francs à son crédit, 11 ans;

« Ferdinand Leverdier, 65 francs à son crédit, 10 ans;

il manque encore Clémence et Alfred, mais ils sont si jeunes !

Il ne faut pas oublier non plus de mentionner la complaisance avec laquelle Pierre Le Verdier se fait l'obligeant banquier de tous ses parents, pour leur faciliter leurs encaissements ou faire fructifier leurs épargnes. On voit aussi dans ce même compte du 31 décembre 1830 : Denis Leverdier son frère, créditeur de 15.303 francs; Jacques Leverdier ou Leverdier aîné, son frère aîné, créditeur de 13.972 francs; Lepape, son beau-père, créditeur de 31.350 francs. Ou bien il fait des avances à ses parents, pour les aider dans leurs acquisitions : à « veuve Burel », sa sœur aînée, il a avancé 11.750 francs; à « Pierre Paquet », son cousin germain, il a avancé 10.000 francs (inventaire au 31 décembre 1833) ; « Fotréau » (sans doute l'un des deux prêtres de ce nom, oncles de Mme Le Verdier), est débiteur au même compte de 109 fr. 47 : ce doit être un reliquat de compte successoral.

Mais revenons à la maison de commerce, dont ces détails nous ont éloignés.

Le registre que nous venons d'étudier nous a conduits jusqu'en 1834. Les années suivantes furent également prospères; à défaut de livres, les grosses acquisitions immobilières de 1835 et les forces de la succession de notre aïeul, en 1846, en témoigneraient.

Comme tout négociant ou commissionnaire en cotons, Pierre Le Verdier subventionnait ou commanditait des filateurs, pour s'en faire le fournisseur ou le vendeur; l'ouverture de crédits est de l'essence de ce genre de commerce. Les noms des correspondants qui réussirent et lui rapportèrent des bénéfices nous échappent, mais ceux qui périclitèrent ou faillirent nous sont plus connus, par suite des arrangements que l'on dut prendre avec eux. C'est ainsi que quelques conventions ont été conservées, en vue de meilleures fortunes qui ne vinrent sans doute jamais, simples chiffons de papier qui grossissent inutilement nos archives. C'est par des causes semblables que Pierre Le Verdier devint propriétaire d'une usine de teinture à Saint-Léger-du-Bourg-Denis, près Darnétal, qu'il donnait à bail, bâtiment et matériel, en 1842 et 1844, moyennant un loyer annuel de 1.200 francs; qu'il se rendait acquéreur en 1845, moyennant 100.000 francs, de tout le matériel industriel garnissant trois filatures de coton, dites, l'une de Saint-Martin, sise à Saint-Martin-du-Vivier, les autres, dites de Fontaine et Roncherolles, sises dans les communes de ces noms, appartenant aux époux La Roche-Barré, ses débiteurs insolvables; qu'il était devenu propriétaire indivis pour moitié, avec un autre créancier, d'une autre filature, sise à Limetz, près Mantes : mauvaises propriétés qui n'étaient pas encore réalisées, je veux dire Limetz et Saint-Léger-du-Bourg-Denis, en 1871. Ce sont les accidents du métier. Du reste, à sa mort, on inscrivait, en l'acte de la liquidation successorale, 158.000 francs de valeurs douteuses et 123.000 francs de valeurs désespérées, ensemble plus de 282.000 francs.

Vers 1839, la santé de Pierre-Jean Le Verdier fléchissait : il se décida alors à céder sa maison de commerce à ses deux fils aînés, Pierre-Narcisse et Edouard, qui n'avaient encore que vingt-sept et vingt-trois ans, mais qui déjà, et depuis longtemps, étaient initiés aux affaires par une collaboration aux côtés de leur père. Ce fut, par un acte sous seings privés, en date du 28 décembre 1839, que fut constituée entre eux une société en commandite. Le capital social était fixé à 300.000 francs, fourni par le père, commanditaire, pour 200.000 francs, par les deux frères, à raison de 50.000 francs chacun. Ceux-ci étaient associés en nom collectif, et la maison prenait la raison sociale « Leverdier frères et Cie ». Les bénéfices devaient se partager dans la proportion de un tiers au profit du père, deux tiers au profit des deux fils. La société était constituée pour six ans, qui devaient échoir au 31 décembre 1845; à cette date, elle fut prorogée pour une nouvelle période de six années. Il était convenu qu'à côté de ce capital insuffisant (1) le père de famille laisserait dans la maison des capitaux en compte courant : à sa mort, ce compte courant s'élevait à 478.900 francs.

La maison Leverdier frères et Cie eut une durée de cinquante années; elle s'est

(1) Dans une société de ce genre, on fixe d'ordinaire au capital un chiffre réduit, afin d'abaisser autant que possible les droits perçus par le Trésor; on supplée ensuite par l'apport de fonds libres.

dissoute à la mort des deux associés, Pierre-Narcisse, décédé en 1887, et Edouard, décédé en 1889.

Vers 1838, en raison de sa santé, M. Le Verdier avait donné une procuration générale à M. Pierre-Sénateur Bobée, son comptable, en qui il avait une grande confiance. Ce personnage, qui fut maire provisoire de Rouen en 1848, géra la mairie du 4 mai au 16 août de cette année. J'ai eu l'occasion de constater que mon père supportait mal le rôle de ce fondé de pouvoir, qui prenait un peu trop de place dans la maison.

Pierre Le Verdier, dont la droiture et l'honorabilité sont hautement certaines, a laissé une succession de plus de deux millions, tant en valeurs qu'en immeubles; il s'était marié avec un apport de 2.000 francs. Un tel succès atteste son intelligence, son activité, un labeur persévérant, un sens des affaires et une prudence qui ne se sont pas démentis. Son esprit était évidemment ouvert aux entreprises hardies et au progrès : j'en trouve un nouveau témoignage dans sa participation, en 1818, à une intéressante création rouennaise, je veux dire la fondation d'une société d'assurance contre l'incendie, par le moyen de la mutualité, l' « Ancienne Mutuelle », dont il fut l'un des vingt-cinq fondateurs (1), et qui répondait si bien à un besoin social qu'elle prit rapidement un magnifique essor. Et c'était une idée nouvelle : on ne cite qu'une seule société de ce genre fondée antérieurement, la « Mutuelle de la Ville de Paris », instituée en 1817. Notre aïeul apportait à l'assurance 50.000 francs de propriétés immobilières : c'étaient les bâtiments de sa ferme de Belmesnil et sa maison de Rouen.

En cette ville, Pierre Le Verdier habita d'abord rue Eau-de-Robec, ainsi qu'on l'a vu plus haut : d'abord au n° 151, en 1807, puis au n° 178, en 1808, enfin, au n° 34, en 1812. Je suis porté à croire que c'est la numérotation des maisons qui varia, plutôt que de supposer tant de déménagements en si peu d'années.

Il est en 1814 rue Malpalu, au n° 98, et vers 1818 au n° 54, où il demeura jusqu'en 1842. Là encore, j'incline à penser que les numéros de la rue subirent une revision. C'est là qu'il transporta, avec sa demeure, le siège de sa maison de commerce (2). Cette maison de la rue Malpalu, il s'en rendit acquéreur par contrat passé devant Petit, notaire à Rouen, le 15 avril 1820. Le prix était de 16.000 francs payés comptant et une rente viagère et annuelle de 1.800 francs sur la double tête des vendeurs; ceux-ci étaient M. Trugard de Maromme, fils de Jean-Claude Trugard de Maromme, ancien lieutenant général de police au bailliage de Rouen, et Anne-Armande Loyer, son épouse.

Enfin, en 1842, Pierre Le Verdier acheta le bel hôtel du boulevard Cauchoise, n° 47, au coin de la rue du Contrat-Social, par le prix de 80.000 francs : hôtel au large escalier de pierre accompagné d'une riche rampe en fer forgé, au somptueux salon environné de colonnes corinthiennes et parqueté de bois divers en façon de marqueterie (3), aux nombreux appartements répartis en cinq étages, aux vastes communs. Au moment de l'achat, l'hôtel avait pour occupant, locataire, M. Jean Rondeaux, alors président de la Chambre de Commerce de Rouen, du Conseil général, etc., personnage de premier plan. Pierre Le Verdier s'y fixa peu après son acquisition. C'est là qu'il finit ses jours, que continua à habiter sa veuve, notre grand'mère, que nous avons fréquenté dans notre jeunesse, et jusqu'en 1872, époque où cet hôtel fut vendu par mon père et ses frères et sœurs, à la mort de leur mère.

(1) Acte passé devant Me Le Fèvre, notaire à Rouen, le 26 mai 1818, voy. le *Journal de Rouen* du 15 juin 1918.

(2) Le siège de la maison de commerce est resté, rue Malpalu, n° 54, au moins jusqu'en 1846. Ce n'est qu'après la mort de Pierre-Jean Le Verdier que ses fils le portèrent ailleurs.

(3) Chêne, érable et acajou, ou autre bois rouge.

III. — *Propriétés à Belmesnil.* — Passons maintenant à Belmesnil.

L'héritage paternel devait, dans les mains de Pierre Le Verdier, subir un accroissement exceptionnel; le bien patrimonial, que nous avons vu se monter à une trentaine d'acres au temps d'Etienne Le Verdier, vers le milieu du XVIe siècle, à quarante-cinq acres environ au temps d'Antoine, le troisième, à soixante-dix acres environ au temps d'Isaac, à soixante-quinze ou quatre-vingts au temps du premier Jacques, à cent une acres à la mort de Jacques-Jean-Michel, en 1816, devait passer avec Pierre, fils de ce dernier, à cent cinquante acres, et se doubler encore du château et de ses dépendances. Et voilà le domaine porté à deux cents hectares ou trois cents acres, triplé par notre aïeul.

La première possession foncière de Pierre Le Verdier fut le bien de famille, la ferme, qu'il recueillit à la mort de son père. Il en devint propriétaire en vertu d'un accord, daté du 3 janvier 1817, conclu avec ses frères et sœurs, et reçu par le notaire de Longueville, Parent. C'est « une grande ferme, située à Belmesnil, et par extension à Longueville, Crespeville, Omonville, Criquetot et Vaudreville, composée d'une masure et clos tenants, contenants cinq hectares, édifiée de maison de fermier, granges, écurie, bergerie, charreterie, four, etc., et 69 hectares ou 101 acres de terre en labour et bois taillis ». A cela s'ajoutent une petite masure limitrophe de celle de la ferme, contenant cinquante et un ares, avec maison, et deux autres petites maisons-masures contenant, l'une, trente-quatre ares, et l'autre quatre-vingt-cinq; toutes les trois sont occupées par des locataires. L'acquéreur étant héritier pour un sixième, il est chargé d'une soulte de 80.000 francs à payer à ses cohéritiers, soit 16.000 francs pour chacun d'eux. Mais au dossier se trouvent trois billets de 24.000 francs chacun, souscrits par Pierre Le Verdier au profit de ses trois beaux-frères, et apparemment revenus dans ses mains après paiement, ce qui fait supposer qu'en vertu de quelque contre-lettre, la soulte fut de cinq fois vingt-quatre mille francs, ou 120.000 francs, tandis que l'acte notarié ne fait voir que 80.000 francs.

A la convention est intervenue la mère de famille, Marie-Catherine Masse, qui déclare l'avoir pour agréable. On ne s'étonne pas que Pierre, un cadet, ait succédé à la ferme paternelle : il était bien plus riche que ses frères et sœurs, et, d'ailleurs, son frère aîné, Jacques, qui eût pu y prétendre, était déjà marié et propriétaire d'une ferme importante à Criquetot, sur laquelle il était établi cultivateur.

Pour finir ce qui concerne les partages et accords des représentants de Jacques-Jean-Michel Le Verdier, notons que, suivant un acte sous seings privés, fait à Belmesnil, le même jour, 3 janvier 1817, on convint de laisser au plus jeune fils, Denis Le Verdier, tout le matériel, grains, bestiaux, garnissant la ferme, estimés 21.500 francs, dont un tiers, ou 7.000 francs, revertira à leur mère pour la payer de ses droits mobiliers. Chacun, d'ailleurs, n'ayant droit qu'à une part de 10.000 francs dans la succession mobilière, des arrangements sont pris pour que chacun en soit saisi. Denis gardera les 7.000 francs revenant à sa mère et lui en paiera le revenu annuel, mais « la bonne mère, voulant le récompenser de l'amitié qu'il lui porte, elle n'exigera pas de lui la faisance de cette rente, avant son mariage, si elle continue à recevoir de lui les devoirs de bon fils ». En d'autres termes, la mère de famille ne demande qu'à demeurer avec son fils, entretenue en tout par lui, sans rien prétendre de plus; et c'est ce qui arriva, car Denis resta célibataire, et sa mère vécut avec lui jusqu'à son dernier soupir. Quant à lui, on se souvient qu'il fut toute sa vie le fermier de son frère, tenant à bail la ferme de famille (1).

(1) *Supra*, p. 128.

Cet intéressant accord porte à la fois les signatures des trois fils et des trois gendres de Jacques-Jean-Michel Le Verdier. Observons, enfin, que la part héréditaire de chacun de ceux-ci s'éleva en immeubles à 16.000 francs (ou 24.000, s'il y eut une contre-lettre), et à 10.000 francs en meubles, ensemble 26.000 ou 34.000 francs. C'est le second chiffre qui paraît le vrai; si l'on multiplie par six, on obtient le montant de la succession laissée par Jacques-Jean-Michel Le Verdier, soit un peu plus de 200.000 francs.

C'est en 1835, en vertu d'un acte passé le 26 septembre devant Moinet, notaire à Rouen, que Pierre Le Verdier devint propriétaire du château de Belmesnil et de la ferme en dépendant. Les vendeurs étaient, conjointement, M. Jean-Amable Moulin, ancien négociant, vivant de ses revenus, et Mme Félicité Guillost, son épouse, demeurant ensemble à Rouen, rampe Bouvreuil, n° 30, et Jean-Amable Moulin fils, vivant de ses revenus, demeurant à Belmesnil (1). D'après les termes de l'acte, la propriété consistait :

« 1° En une grande et belle maison de maître, avec écurie, remise, hangar, bûcher, étable et autres dépendances, jardins d'agrément, potagers et fruitiers, en vergers, cour d'honneur, avenues, massifs d'arbres d'agrément et de haute futaie, arbustes, maison, jardins, diverses masures, et notamment celles occupées par les sieurs Jacques Marie, Antoine Aupais, Mathieu Aupais, Mathieu Auger et la veuve Thirel; en bois taillis et joncs marins, et en herbages ou cours en herbe, tous ces objets contenant environ vingt acres, ou 13 h. 73 a. 27 c.;

« 2° En une grande et belle ferme, occupée et fait valoir par le sieur Dumanoir, composée de cours ou masures, édifiées d'une maison de fermier, d'écuries, bergeries, étables, pressoir, granges, et d'autres bâtiments nécessaires à l'exploitation; en terres labourables, futaies et bois taillis, le tout contenant environ 86 h. 51 a. 59 c., ou cent vingt-six acres; total de la contenance, cent quarante-six acres, ou 100 h. 24 a. 86 c., tout et autant qu'il en a appartenu et qu'il peut en appartenir aux vendeurs dans les communes de Belmesnil, St-Mards, Lamberville, Criquetot, et Osmonville, au droit des actes et contrats ci-après énoncés, sauf une pièce de terre nommée le champ Bosde (2), contenant environ deux acres, ou 1 h. 37 a. 33 c., qu'ils ont vendue au sieur Dumanoir, et un vieux four, une petite portion de terrain qu'ils ont également vendue au sieur Thirel..... »

Le prix était de 275.000 francs, payables seulement le jour de la Saint-Michel 1838, et productifs jusque-là d'intérêts à cinq pour cent. Mais il y eut un « pot-de-vin » de 100.000 francs, représenté par des billets souscrits par l'acquéreur en sus du prix porté à l'acte, ce qui élève le prix réel de la vente à 375.000 francs. L'aveu en est tout au long inséré dans la quittance notariée.

Une clause, peu ordinaire, mais qu'expliquent des circonstances qui nous échappent, stipula que les vendeurs auraient le droit de réclamer le paiement en tout ou en partie avant l'époque de l'exigibilité, mais avec un préavis d'un mois s'ils ne demandaient que 100.000 francs ou moins, un préavis de deux mois, s'ils demandaient 200.000 francs. On peut conclure de là que l'acquéreur disposait d'une large liberté de fonds.

En réalité, la vente fut consentie à un sieur Pierre-Mathieu Laurent, vivant de ses

(1) M. Moulin fils demeura dans la suite en sa terre, « dite de l'Abbaye », commune de Friardel (Calvados), dans le canton d'Orbec, comprenant maison d'habitation, etc., et quatre-vingt-neuf hectares de terres. Il avait une sœur, Mlle Moulin, dont le souvenir charitable s'est gardé quelque temps à Belmesnil; elle épousa, en 1838, M. Thomas-Pierre Duhamel, qui habitait une terre en la commune de Saint-André-d'Hébertot (Calvados).

(2) Ou peut-être Rosde; ce nom m'est inconnu.

revenus, demeurant à Rouen, rue du Petit-Bouvreuil, n° 14, prête-nom qui m'est tout à fait inconnu. Celui-ci se réservait le droit de command, et le jour même, par un second acte, transcrit à la suite de l'acte de vente, il déclarait ce command en faveur de M. Pierre-Jean Le Verdier.

L'acte explique l'origine de la propriété; elle est intéressante. On n'oublie pas qu'il s'agit de l'ancienne seigneurie de Belmesnil, possédée pendant plus de deux siècles par la famille de Quiefdeville.

L'acte s'exprime ainsi :

« Les immeubles, sauf la dernière des quatre petites masures..., appartiennent indivisément à Mr et Mme Moulin, père et mère, à chacun pour moitié, Mr Moulin de son chef, et Mme Moulin, de son chef pour les deux masures... et pour le surplus à la représentation de Mr Nicolas Guillost, son père, ancien négociant, demeurant à Rouen, rampe Bouvreuil, n° 12, dont elle est seule et unique héritière...

« M. Moulin père et mondit feu sr Guillost, son beau-père, avaient acquis lesd. immeubles de Mr Charles Adrien Quiefdeville, prêtre, chanoine de la Cathédrale de Rouen, y demeurant, rue des Quatre-Vents, n° 7, et de Mlle Marguerite-Françoise Quiefdeville, sa sœur, fille majeure, demeurant à Dieppe, suivant contrat passé devant Mes Lequesne et son collègue, notaires à Rouen, le 18 thermidor an X... Cette vente fut faite en premier lieu moyennant le prix de 29.500 francs; sur cette somme, 21.500 francs furent payés comptant, et les 8.000 francs de surplus furent payés suivant quittance devant Me Lequesne le 20 thermidor an XI; en deuxième lieu, moyennant 1.580 francs de rente annuelle et viagère, au profit et sur la tête desdits sieur et demoiselle Quiefdeville et du survivant d'eux (1); en troisième lieu, moyennant 395 francs de rente annuelle aussi, viagère, au profit et sur la tête de lad. demoiselle Quiefdeville. Ces deux rentes sont maintenant éteintes par les décès desd. sieur et demoiselle Quiefdeville, arrivés depuis longtemps » (2).

L'acte continue encore :

« Les dits immeubles faisaient partie de ceux que Mrs Moulin père et Guillost avaient vendus auxdits sieur et demoiselle Quiefdeville moyennant le prix de 40.000 francs, payé comptant, suivant acte sous signatures privées, en date à Rouen du 12 prairial an X, enregistré le 18 thermidor an X, et déposé pour minute audit Me Lequesne, et reconnu suivant acte dressé par ce notaire en présence de son collègue led. jour 18 thermidor an X.

« Lesd. sr Moulin père et Guillost étaient propriétaires alors desd. immeubles au moyen de l'adjudication qui en fut prononcée à leur profit par les administrateurs du Directoire du district de Dieppe le 29 prairial an II, moyennant un prix réglé et soldé ainsi qu'il résulte d'un quitus délivré par M. Lebon, directeur des Domaines à Rouen, le 20 janvier 1823. »

En réalité, la terre de Belmesnil avait été un bien national, confisqué sur l'émigré Quiefdeville, et vendu par la Nation à MM. Moulin et Guillost. Après la Terreur et l'émigration, ceux-ci avaient voulu purger la tare de leur titre; ils s'étaient mis en rapport avec les représentants du légitime propriétaire, alors décédé, leur avaient remis les biens moyennant dédommagement ou prix fictif, et les leur avaient rachetés, séance tenante, en consentant un supplément de prix. Reprenons l'opération en détail.

(1) Le chanoine, né en 1734, avait bien près de soixante-huit ans; sa sœur, née en 1725, était âgée de soixante-dix-sept ans.

(2) Le chanoine est mort en 1822; Mlle de Quiefdeville, sa sœur, était alors décédée depuis plusieurs années.

A Dieppe, le 29 prairial an II, les administrateurs du district avaient mis en adjudication les biens de Nicolas de Quiefdeville, émigré. Le procès-verbal les décrivait ainsi :

« Un bien situé en lesdites communes (Belmesnil, Saint-Mards, Lamberville, Criquetot, Omonville), donnant sur la grande route de Dieppe à Rouen, ayant appartenu à l'émigré Nicolas Dequiefdeville, ex-major d'infanterie, demeurant lors à Belmesnil, borné au levant par la grande route de Dieppe à Rouen, au midi, au nord et au couchant par les avenues occupées par le fermier et le pâturage seulement; et consiste led. bien : 1° en la masure contenant 5 acres et demie, plantée d'arbres fruitiers, close de murs et fossés, plantée d'arbres de haute futaie, édifiée de deux maisons, dont une ancienne à usage de propriétaire, et l'autre à usage de fermier, cinq granges, écuries, bergeries, étables, charteries, puits et autres nécessaires à l'exploitation; — 2° environ 165 acres de terre en labour, plantées de plusieurs rangées de pommiers; — 3° le clos de la place (1), contenant viron trois acres, plantées d'arbres fruitiers et d'un bout en arbres de haute futaie, et en un fournil à l'usage de la ferme, édifié sur un enhachement adjacent audit clos; — 4° plus une autre petite masure, plantée d'arbres fruitiers, contenant trois vergées; — le tout occupé par le citoyen Thomas Sanson par bail sousseing, qui doit expirer au 8 vendémiaire de la troisième année républicaine, moyennant 5.042 livres et 450 livres pour soumission, 1.060 livres pour indemnité de la dîme, et 704 livres pour les impositions à la charge du fermier, ce qui porte le fermage à 7.256 livres, — observant que la grange occupée par le dit citoyen Thomas Sanson, édifiée sur une masure occupée par le citoyen Fosse n'est point du compris des objets ci-dessus.

« Plus est joint aux dits objets, le superbe ci-devant château à quatre faces, nouvellement bâti, ayant quatre étages, compris les souterrains, ayant 83 pieds de longueur sur 45 de largeur; — une vieille maison à usage de propriétaire, et un autre bâtiment nouvellement édifié, et un jardin de cinq vergées enceint de murs et bâtiments, lesquels ci-devant château et bâtiments sont enclavés dans la masure du fermier, et le bâtiment nouvellement édifié enclavé dans le jardin; — plus environ 15 acres en avenues, futaies et bois taillis enclavé dans les terres de la ferme; — le dit bien exploité par le propriétaire, estimé valoir de revenu 500 livres; — et le tout estimé valoir de fermage par chacun an 7.756 livres; — et de prix principal, suivant procès-verbal du 12 floréal dernier, 180.000 livres. »

L'adjudication fut prononcée au profit de Nicolas Guillost, fabricant à Rouen, rue du Mont-Blanc, n° 12, et Jean-Amable Moulin, marchand à Rouen, rue de la Régénération (2), moyennant le prix de 260.000 francs, qui furent payés en assignats. J.-A. Moulin était le gendre de Nicolas Guillost.

En l'an X, Nicolas de Quiefdeville était mort; il était décédé en émigration, sans laisser de postérité (3).

Les ayants droit à sa succession étaient d'abord sa veuve, Marie-Anne-Charlotte du Val de Lescaude, d'une famille parlementaire de Rouen, demeurant en cette ville, rue Porte-aux-Rats, n° 6; mais la Nation liquida ses droits sur les biens de son mari, et les lui paya, en l'an XII, au moyen d'une certaine quantité de menues propriétés et petites fermes provenant de cette succession et sises à Belmesnil. Il ne sera donc pas parlé d'elle.

Au 10 thermidor an X, les seuls héritiers, tant de Nicolas de Quiefdeville que de

(1) C'est le clos qu'on appelle aujourd'hui des *Quatre-Maisons.*

(2) Noms révolutionnaires du boulevard Bouvreuil et de la rue de la Vicomté.

(3) Il est mort à Lisbonne en 1799, ancien capitaine de grenadiers.

Charles-Adrien de Quiefdeville, son père, mort en 1786, étaient les frères et sœurs de Nicolas, savoir : 1° Charles-Adrien de Quiefdeville, né en 1734, chanoine de la Cathédrale de Rouen, avant la Révolution, émigré, lui aussi, mais rentré à Rouen, qui obtint, le 27 floréal an X, du Conseil de Préfecture de la Seine-Inférieure, un arrêté portant amnistie pour le fait de son émigration, et qui reprit son canonicat, pour le conserver jusqu'à sa mort (1) ; 2° Suzanne-Marguerite-Françoise de Quiefdeville, née en 1725, qui passa à Dieppe le temps de la Révolution, et vint à Rouen habiter avec le chanoine, son frère, quand celui-ci revint de l'émigration ; 3° François-Charles de Quiefdeville, ancien capitaine d'artillerie, alors encore émigré en Portugal. Aux actes dont je vais parler comparurent seulement le chanoine et sa sœur ; François-Charles leur remit d'avance sa procuration, et dans la suite ratifia leurs opérations (2). Procuration et ratification furent données devant le « chancelier du commissariat général des relations commerciales de la République française à Lisbonne », la première le 13 prairial an X, la seconde le 13 frimaire an XI.

Or donc, « à l'effet de patrimonialiser les biens étant dans leurs mains », ainsi que s'exprime la procuration envoyée de Lisbonne, les citoyens Guillost et Moulin se mirent en rapport avec les représentants de Quiefdeville, et, étant tombés d'accord, ils se rendirent avec le chanoine et Mlle de Quiefdeville, sa sœur, le 18 thermidor an X, devant Lequesne, notaire à Rouen, et l'on procéda le même jour à la passation de tous les actes authentiques dont suit l'énumération :

a) D'abord les citoyens Guillost et Moulin déposèrent au rang des minutes de ce notaire le procès-verbal de la vente que leur ont faite les administrateurs du district de Dieppe le 3 prairial an II ; ils justifient ainsi leur détention légale du château et de la terre de Belmesnil.

b) Les citoyens Nicolas Guillost et Jean-Amable Moulin, d'une part, le citoyen Charles-Adrien Quiefdeville, prêtre, chanoine de la Cathédrale de Rouen, et demoiselle Suzanne-Marguerite-Françoise Quiefdeville, d'autre part, déposent au rang des mêmes minutes un acte sous seings privés qu'ils ont conclu le mois précédent (le 12 prairial an X), aux termes duquel les premiers ont vendu au chanoine et à sa sœur, tous les biens immeubles assis à Belmesnil, qu'ils avaient acquis le 3 prairial an II des administrateurs du district de Dieppe, et ce par le prix de 40.000 livres. On doit s'étonner de ce prix déprécié. Or on peut supposer que ce fut la valeur à laquelle on arbitra les 260.000 francs payés en assignats en l'an II, et les acquéreurs de la Nation, en ce cas, auraient opéré la restitution moyennant l'équivalent de leurs débours. Ou bien encore, n'est-ce pas un prix fictif, très bas, pour éviter des droits fiscaux onéreux, les consorts

(1) Il est mort à Rouen, le 11 mars 1822, à l'âge de quatre-vingt-huit ans, dernier survivant de sa famille. Il institua pour son légataire universel, M. Moulin. Et, à ce titre, c'est M. Moulin, l'acquéreur de ses biens nationalisés, qui toucha en 1827 l'indemnité dite des émigrés (loi du 27 avril 1825), revenant à la famille de Quiefdeville, en compensation des confiscations dont elle avait été victime : résultat bizarre et paradoxal. M. Moulin s'était dignement conduit ; la vertu est toujours récompensée, pourrait-on dire.

Outre ces trois survivants, cinq autres enfants étaient nés du mariage de Charles-Adrien de Quiefdeville, lieutenant général au bailliage de Caux, siège d'Arques, mort en 1786, et de demoiselle Nepveu d'Imbleval : Marguerite-Suzanne, morte célibataire en 1759 ; Marie, morte célibataire à Dieppe en 1796 ; César-Meriadec, officier d'artillerie, né en décembre 1735 et mort avant la Révolution, célibataire, et deux filles mortes en bas âge.

(2) François-Charles de Quiefdeville prit du service dans l'armée portugaise ; il est mort, sans postérité, maréchal des camps et armées de Sa Majesté très fidèle, et inspecteur d'artillerie, le 19 décembre 1806.

Quiefdeville rentrant en possession sans rien débourser, en raison de la revente à prix très modéré à laquelle il va être procédé aussitôt.

c) Séance tenante, par un nouvel acte, les mêmes citoyens Charles-Adrien Quiefdeville, prêtre, chanoine, etc., et demoiselle Suzanne-Marguerite-Françoise Quiefdeville vendent aux citoyens Nicolas Guillost et Jean-Amable Moulin les biens qu'ils ont acquis de ces derniers par l'acte du 12 prairial, à l'exception, toutefois, d'une masure et labour contenant 2 h. 69 a. 32 c., sis à Criquetot et Belmesnil, et 5 h. 82 a., sis à Lamberville, que les mêmes citoyen et demoiselle Quiefdeville ont vendu ce même jour au citoyen Jean-Baptiste Dumanoir, demeurant à Belmesnil, et 5 vergées de terre, sises à Omonville, qu'ils ont vendues aussi ce jour au citoyen Jacques-Jean-Michel Le Verdier. Le prix de cette revente est assez complexe; je l'ai déjà fait connaître. Il consiste d'abord en un capital de 29.500 francs, puis en une rente viagère de 1.580 francs sur les deux têtes des vendeurs (ils sont âgés de soixante-huit et soixante-dix-sept ans), et en une autre rente viagère de 395 francs sur la tête seule de Mlle de Quiefdeville, âgée de soixante-dix-sept ans. Sur le capital de 29.500 francs, une somme de 8.000 francs est mise en réserve pour constituer une rente perpétuelle de 400 francs en faveur de François-Charles, l'officier résidant en Portugal. On remarquera que ces évaluations en francs correspondent à des chiffres arrondis en livres : 29.500 francs pour 30.000 livres, 1.580 et 395 francs pour 1.600 et 400 livres.

Ainsi voilà le château et la terre de Belmesnil patrimonialisés. Guillost et Moulin ont purgé leur titre; ils ne tiennent plus de la Nation, mais des légitimes propriétaires.

Dans la suite, ils ajoutèrent quelques acquisitions nouvelles. Mais aussi ils en divertirent quelques pièces de terre. Enfin, pendant leur éphémère possession, le chanoine et Mlle de Quiefdeville avaient aliéné quelques portions au profit de Jean-Baptiste Dumanoir et de Jacques-Jean-Michel Le Verdier; c'est ainsi que le domaine, dont la contenance se montait à cent soixante-cinq acres environ en l'an II, suivant le procès-verbal de la vente nationale, ne se composait plus que de cent hectares, ou un peu moins de cent cinquante acres, quand Pierre Le Verdier l'achetait en 1835.

Une différence plus remarquable s'observe entre les deux désignations, en l'an II et en 1835, elle est relative à la description du château. Le procès-verbal du Directoire de Dieppe s'exprime ainsi : « le superbe ci-devant château... ayant quatre étages y compris les souterrains », c'est-à-dire composé d'un sous-sol, d'un rez-de-chaussée, d'un premier étage et d'un second étage sous toiture ou mansardé. En 1835, l'acte ne décrit pas l'édifice, mais on sait que celui-ci ne comprenait plus que trois étages: avait disparu l'étage intermédiaire entre le rez-de-chaussée et l'étage sous toiture, et c'est ainsi que le château demeura jusqu'en 1884, époque de la reconstruction effectuée par mon père. En effet, à l'étage des combles, sur les refends qui séparaient les différents appartements, on voyait très nettement les restes des décorations des anciennes pièces d'habitation disparues, ces refends apparaissaient rescindés obliquement pour recevoir les pentes d'une toiture abaissée et descendue sur eux. Pourquoi donc MM. Moulin et Guillost avaient-ils démoli un étage? Pour diminuer leurs frais d'entretien et leur train de vie ? Pour réduire les impôts grevant le château ? Mais les frais de démolition, d'enlèvement et de rétablissement eussent coûté bien plus cher que n'aurait rapporté l'opération. Un incendie aurait-il détruit l'étage et le comble, si bien qu'on aurait dû se contenter d'un vaste rez-de-chaussée, couvert d'un nouveau toit mansardé ? A ma connaissance, il n'est resté aucun souvenir d'un incendie; aucune trace de feu n'existait sur les murailles intérieures, sur les refends conservés dans les combles. La cause donc de cette démolition partielle demeure mystérieuse.

Pierre-Jean Le Verdier conserva le château tel que le lui remettaient les vendeurs : un sous-sol régnant sous toute la construction, partagé en deux tranches pareilles par un corridor longitudinal, et comprenant cinq subdivisions dans chaque tranche, le tout voûté, en briques; un rez-de-chaussée élevé d'environ 1 m. 50 au-dessus du sol, avec un perron central, à deux rampes, de neuf marches, pour donner accès au vestibule; derrière celui-ci, un vaste salon, carré, de 8 mètres de côté, richement décoré en plâtre ou stuc dans le goût grec de la fin du règne de Louis XVI, et un certain nombre d'autres appartements; tout ce rez-de-chaussée ayant de hauteur environ 4 m. 90 sous plafond. Dans la partie nord, trois pièces étaient entresolées, divisées par suite en deux étages superposés dans un seul, et à plafonds très bas. Au-dessus du tout régnait un vaste comble, subdivisé en plusieurs chambres ou greniers, éclairés par des fenêtres en mansardes. La mesure de l'édifice est de 28 mètres sur 14 environ, avec neuf fenêtres aux façades et trois aux pignons. La partie centrale était et est restée construite en pierres, le reste est bâti en briques. Le tout était, avant 1884, blanchi à la chaux. La reconstruction opérée à cette dernière date a conservé le plan ancien, et s'est bornée à intercaler un étage entre le rez-de-chaussée et l'étage des mansardes; c'est la restitution du premier état. La division des appartements du rez-de-chaussée est restée à peu près la même : le salon, avec son ancienne décoration, a été intégralement conservé; la chapelle, la salle à manger, la chambre d'honneur, tout le quartier entresolé sont restés sans changement. La seule modification a consisté dans la création d'une pièce à usage de billard sur l'emplacement d'une chambre et de deux corridors supprimés, l'installation d'un office de salle à manger et d'un accès à un escalier de service, là où se trouvait précédemment un tout petit salon.

La ferme jointe au château était louée 7.000 francs par an au moment de l'achat par Pierre Le Verdier : le fermier était son beau-frère, Jean-Baptiste Dumanoir, qui la laissa deux ans après, en 1837. Le prix de location resta le même, à quelques centaines de francs près, jusqu'en 1864, et fut porté cette année-là à 8.000 francs, sans que la contenance eût été sensiblement modifiée, mais on venait de dépenser une quinzaine de mille francs pour la construction de nouvelles étables et bergeries.

Notons, pour finir, que l'acquisition de la terre de Belmesnil avait été faite en société d'acquêts.

Pierre Le Verdier acheta bien d'autres immeubles à Belmesnil et communes voisines, dont il grossissait annuellement son domaine.

Voici une liste d'acquisitions dont j'ai trouvé les actes :

1° Novembre 1813, une pièce de terre, sise à Criquetot, contenant 34 ares, rétrocédée par Jacques Le Verdier, frère aîné, qui venait de l'acheter, par le prix de 887 francs, frais compris;

2° 2 mars 1817, devant Parent, notaire à Longueville, maison, masures, labours, ensemble 2 h. 39 a., sis à Belmesnil; prix :: 5.000 francs;

3° 29 octobre 1821, devant le même notaire, une maison, et masure, sise à Belmesnil, 17 a. 15 c.; prix 1.000 francs; vendeur, Pierre-Bonaventure Dumanoir, fabricant à Rouen;

4° 21 août 1826, devant le même notaire, labour, 2 h. 74 a. 47 c., à Criquetot; prix, 6.000 francs; vendeur, François-Sénateur Vaudé;

5° 29 octobre 1833, devant Chandru, notaire à Paris, six pièces en labour, ensemble 3 h. 59 a. 48 c., toutes situées à Criquetot; prix, 8.500 livres; vendeurs, les époux Neveux-Vaudé, demeurants à Paris;

6° 11 novembre 1833, sous seings privés, échange, mesure pour mesure et sans soulte, environ 3 acres et demie, avec la veuve Jean Berthelot, née Vaudé. Pierre Le Verdier cède la pièce achetée *supra* sous le n° 4, et acquiert la même contenance à Criquetot;

7° 22 décembre 1833, devant Parent, notaire à Longueville : une pièce en labour, 68 a. 62 c., à Criquetot; prix, 2.040 francs; vendeurs, les héritiers Brunet, demeurant en diverses communes des cantons d'Envermeu et de Blangy, cousins issus de germain de Pierre Le Verdier, comme descendants de Jacques Brunet qui avait épousé Marie-Marguerite Le Verdier en 1732, ceux-ci frère et sœur de Jacques-Jean Le Verdier et de sa femme Marie-Suzanne Brunet, mariés en 1741, grand-père et grand'mère de Pierre. Une pièce de terre de la ferme, contenant environ un hectare et demi, est encore connue sous le nom « La Brunette », et doit être formée en partie de celle dont il s'agit ici. N'aura-t-elle pas servi de garantie soit à la dot de Marie-Marguerite Le Verdier, soit au douaire de Marie-Suzanne Brunet ?

8° 3 février 1834, devant le même notaire, labour, 1 h. 40 a., à Criquetot; prix, 4.000 francs; vendeurs, les mêmes époux Neveux-Vaudé, déjà nommés;

9° 14 octobre 1834, devant le même notaire, trois pièces de terre en labour, ensemble 3 h. 96 a. 30 c., à Belmesnil; prix, 12.675 francs; vendeurs, les enfants de Jean-Baptiste Dumanoir, beau-frère de Pierre Le Verdier;

10° 15 octobre 1834, devant le même notaire, échange pur et simple, sans soulte, avec Jean-François Prevel, cultivateur à Beaunay. Celui-ci cède des pièces de terre, sises à Omonville, qu'il a acquises de Mme de Quiefdeville, née du Val de Lescaude; Pierre Le Verdier lui donne en contre échange partie des terres qu'il a acquises des enfants Dumanoir, *supra*, n° 9;

11° 10 janvier 1835. Par adjudication devant le tribunal de Dieppe, acquisition d'un bois taillis, sis à Omonville, contenant 8 h. 23 a. 44 c.; prix, 25.000 francs; vendeurs, Mme Jean-Baptiste-Ferdinand de Batailler d'Omonville et ses enfants;

12° 22 février 1836, devant Parent, notaire à Longueville; labour, 43 a. 35 c., à Criquetot; prix, 1.500 francs; vendeurs, les mêmes consorts de Batailler d'Omonville;

13° 26 juillet 1836, devant le même notaire, échange avec Jean-Baptiste Dumanoir, beau-frère de Pierre Le Verdier, sans soulte ni retour. Le premier cède 1 h. 26 a. 98 c., en labour, sis à Omonville; et Le Verdier abandonne 1 h. 21 a. 89 c., en labour, à Belmesnil, dont partie lui provient de l'acquisition inscrite, *supra*, sous le n° 9;

14° 16 août 1836, devant le même notaire, labour, 83 a. 23 c., à Belmesnil; prix, 2.500 francs; vendeur, le même Jean-Baptiste Dumanoir;

15° 13 septembre 1838. Sous seings privés, échanges avec les veuves Gruel et Berthelot, nées toutes deux Vaudé, pour le redressement du chemin de Lintot à Belmesnil;

16° 18 mars 1839. Sous seings privés, échange avec François-Frédéric Trevet, mesure pour mesure, sans soulte. Pierre Le Verdier acquiert 61 a. 59 c., en labour, à Criquetot, au voisinage de sa cour de ferme;

17° 14 avril 1840, devant Parent, notaire à Longueville, deux pièces en labour, à Saint-Mards, ensemble 2 h. 87 a. 32 c.; prix, 11.500 francs; vendeur, Jean-Dominique Berthelot, d'une famille notable de Belmesnil, tout comme les Vaudé et les Dumanoir précités;

18° 23 avril 1840, devant Legras, notaire à Longueville, échange avec Pierre Dumont, sans soulte. Pierre Le Verdier cède l'une des pièces de terre qu'il vient d'acquérir de Berthelot, *supra*, n° 17, et reçoit 1 h. 37 a., en labour, à Omonville;

19° 14 juin 1841, devant le même notaire, masure, maison et divers bâtiments, 13 ares, à Belmesnil, en face du château; prix, 3.000 francs;

20° 11 avril 1844, devant Lemaréchal, notaire à Bacqueville, plusieurs pièces en labour, ensemble, 5 h. 30 a. 30 c., à Belmesnil; prix, 13.300 francs; venderesse, la veuve Berthelot, née Vaudé.

J'ajoute ici, pour n'avoir pas à en parler plus tard, deux acquisitions faites par ma grand'mère, au temps de son veuvage;

21° 30 juillet 1852. Sous seings privés, échange par Mme Le Verdier et ses enfants avec M. Cappon, ancien sous-préfet de Dieppe, demeurant à Omonville, sans soulte ni retour. On lui abandonne le « Champ-Crochu », à Omonville, 53 a. 81 c., et M. Cappon cède la même superficie dans une pièce de labour contiguë aux possessions de ses coéchangistes;

22° 13 août 1857, devant Legras, notaire à Longueville, autre échange : Mme Le Verdier cède 40 a. 36 c., provenant de l'acquisition, *supra*, n° 20, et reçoit du sieur Gruel, héritier de Vaudé, 62 a. 20 c., sis à Saint-Mards. Mme Le Verdier paie une soulte de 600 francs.

Au total, on a acquis par ces divers contrats une contenance d'environ 33 h. 31 a. 50 c., et l'on a déboursé 97.502 francs en prix principaux, indépendamment des frais et accessoires. Et voilà qu'en comptant le château et ses dépendances, c'étaient 134 hectares ou environ 200 acres ajoutées aux 101 acres laissées par Jacques Jean-Michel Le Verdier. Le domaine de Belmesnil avait coûté, pour son accomplissement, 452.000 francs de prix apparents, 592.000 francs, si l'on tient compte de la contre-lettre qui paraît avoir accompagné le partage du 3 janvier 1817, et du pot-de-vin ajouté au prix du château (1). Pierre Le Verdier avait hérité, pour sa part, de un sixième des 101 acres paternelles, évalué à 24.000 francs. Son domaine entier lui ressortissait ainsi à 616.000 francs, somme supérieure à la valeur, même en ce temps-là. C'était un prix d'affection.

Pierre Le Verdier adorait, en effet, son Belmesnil, non pas seulement ce Belmesnil nouveau, son œuvre, fait de l'union du Belmesnil patrimonial avec le Belmesnil seigneurial. Il aimait le vieux Belmesnil, le Belmesnil paternel, le village de sa naissance et de ses ancêtres. C'est là qu'il se plaisait prendre du repos, accourir dès qu'il en avait le loisir, et il n'avait pas attendu, pour ce faire, qu'il possédât le château du pays. C'est en novembre 1816 que Jacques-Jean-Michel Le Verdier, son père, est mort; c'est en janvier 1817 que l'arrangement de famille le constitue propriétaire, et que Denis Le Verdier, son frère, devient son fermier, prend domicile dans la maison familiale, y habite avec la vieille mère qui survivra jusqu'en 1835. L'humble demeure, avec sa cuisine et ses quelques chambres, est bien petite; comment pourrait-elle recevoir par surcroît le propriétaire, abriter sa femme et les quatre enfants qui sont déjà nés ? Or, tout de suite, il étendit l'ancienne maison, lui accolant une nouvelle construction, « un pavillon », comme on disait, très modeste bâtiment, à trois fenêtres de façade, avec un étage et un grenier au-dessus, deux pièces en bas et trois en haut, le tout en briques, avec soubassement en grès. C'était peu de chose, mais on y serait heureux, et cette joie de vivre ne s'annonçait-elle pas par l'inscription qui se lit au centre du petit édifice, sur un grès de quarante centimètres environ sur trente :

Pre Leverdier
et Pce Lepape
monts fait bâtir en 1817.

Dès que l'heure des vacances sonnait, on gagnait Belmesnil par la patache, une

(1) Arch. L. V., G, I, 3 *b*, et III, 1 *b*.

patache qui avait Longueville pour terminus (1), ou bien dans le cabriolet, que conduisait le père, flanqué souvent de ses deux aînés, Pierre et Eugène, et étourdi de leur bavardage, ainsi qu'il m'a été raconté, ou bien à pied même, paraît-il, et plus d'une fois, quand les fils furent de force à faire une étape de 40 kilomètres, et que l'on n'avait pas pu à temps retenir sa place à la voiture publique. Et le « pavillon » devint trop petit, avec la multiplication des enfants : le huitième naissait en 1825. Alors, les plus âgés débordaient un temps chez l'oncle de Criquetot, dont les terres touchaient celles de leur père, chez leur oncle et leur tante Burel, au château d'Aubermesnil, ou bien encore à Meulers chez leur cousine germaine, Mme Pierre Paquet, née Le Verdier, fille de Jacques, plus âgée qu'eux et mariée depuis 1827. Du reste, dans leurs jeux, leurs congés, leurs habitations, les fils étaient ordinairement associés par paires; deux frères du même âge occupant la même chambre, voyageant ensemble, plus tard disposant d'un cheval pour deux; ce consortium avait notamment uni les deux aînés, Pierre et Eugène, m'a raconté mon père, l'un d'eux.

Lorsque fut acheté le château, la place ne manqua plus. Si plusieurs des fils atteignaient ou même dépassaient l'âge de vingt ans, les autres étaient encore étudiants ou écoliers : ils occupaient les petits appartements entresolés, que nous connaissons, et que leurs hôtes avaient fait baptiser le « quartier latin ».

Plus tard, les fils devenus hommes, entrés ou à la veille d'entrer dans leur carrière, les filles, mariées ou près de l'être, commencèrent à connaître la dispersion. Mais le château, malgré les ressources de logement restreintes qu'il présenta jusqu'à l'année 1884, voyait se réunir autour des parents leur nombreuse postérité, surtout au temps de l'ouverture de la chasse, et c'étaient, voilà soixante-dix ou quatre-vingts ans, à Belmesnil, et à Aubermesnil, pendant quelques jours, de joyeuses et bruyantes assemblées; aux côtés des mères commençaient à trotter quelques petits enfants, pendant que les messieurs s'en allaient faire des hécatombes de gibier, qu'on m'a contées, et dont nous n'avons plus l'idée depuis bien longtemps.

Soit dans son humble « pavillon », soit dans son château, M. Le Verdier, se reposant de son négoce, s'attachait sans relâche à l'amélioration de son domaine; pour agglomérer le bien, on l'a vu acheter, échanger des terres, redresser les chemins, et il y réussit admirablement. Il agrandissait la vieille cour de ferme et en doublait l'étendue par l'incorporation de plusieurs acres de terre. Il renouvelait les bâtiments, remplaçant par des constructions en briques les vieilles bâtisses en terre et charpente : en 1831, s'élèvent dans l'antique ferme des écuries et bergeries nouvelles; en 1833, une étable (2). Vers 1840 est édifiée une vaste grange, vrai monument, susceptible de recevoir vingt mille gerbes, que la tendance actuelle condamne pour lui préférer de simples hangars ouverts à l'air, mais qui en ce temps-là recueillit l'admiration et valut au propriétaire une médaille décernée par une société d'agriculture. Devenu possesseur du château et de la ferme adjacente, notre aïeul n'y construisit guère, car M. Moulin avait rajeuni le domaine et laissé peu de chose à faire à son successeur.

Au mois d'août 1840, M. Le Verdier devint maire de Belmesnil, au lieu de Denis, son frère, qui venait de mourir. A cette époque, les maires ruraux étaient choisis et

(1) C'était une longue voiture à deux roues, dans laquelle on était assis face à face, comme dans un omnibus, et dont la forme rappelait un peu celle d'un haquet de marchand de vin. Lorsqu'on descendait une côte rapide, l'arrière touchait le sol, mais solidement garni de fer, il faisait frein par l'effet de ce frottement; on peut ainsi juger des cahots.

(2) Ces dates sont inscrites sur les bâtiments.

nommés par le préfet. Le sous-préfet de Dieppe l'avait proposé à celui-ci en ces termes assez curieux : « M. Le Verdier, de Rouen, actuellement fixé à la campagne (1), acceptera cette mairie. Les habitants seront flattés de ce choix. L'ancien maire est décédé « (2). Sa nomination fut renouvelée en 1843 (3).

IV. — *Mort et succession.* — M. Le Verdier est mort en sa maison, à Rouen, 47, boulevard Cauchoise, le 21 août 1846. Il avait succombé à une crise d'asthme. Son corps fut inhumé dans le cimetière de Belmesnil; son épitaphe, surmontée d'une croix, est gravée ainsi :

Ci-gît
Pierre-Jean Leverdier
maire de cette commune
décédé le 21 août 1846
dans sa 64me année.
Requiescat in pace.

Ma grand'mère survécut à son mari jusqu'au 5 décembre 1871.

Prudente et sage, intelligente et active, ne s'ennuyant jamais parce qu'elle était toujours occupée, disait-elle, occupée de son ménage, habile aux travaux de l'aiguille (4), bonne et charitable, d'aspect un peu froid, sévère, autoritaire même quelque peu, cette excellente aïeule tint dignement son rôle de chef de famille au milieu de ses nombreux enfants et petits-enfants. Avec elle habitait son plus jeune fils, Alfred, resté célibataire. Elle partageait son temps entre ses deux demeures, Belmesnil et Rouen, où la ramenait l'hiver (5). A Rouen, on se réunissait chez elle le dimanche; à Belmesnil, les visites s'espaçaient, mais on se groupait nombreux au mois d'août. Issue d'un rang bien modeste, et montée à la fortune, elle jouissait de sa condition sans qu'il y parût. Et pourtant, lorsque ses pas la conduisaient vers Omonville, à travers les terres du domaine, et que elle, la châtelaine du lieu, pouvait apercevoir par-dessus quelques kilomètres de plaine, les avenues et futaies entourant un autre château, celui de sa fille à Aubermesnil, lorsque son cœur maternel se réjouissait des succès de ses fils, continuateurs de la maison de son mari, ou à l'armée, ou au barreau, n'aurait-elle pas eu quelque excuse, si, faisant un retour vers ses débuts dans la vie, elle avait laissé paraître un peu de satisfaction ? Mais non; simple d'allures, soignée dans sa toilette et ses manières, réservée, elle vivait retirée, uniquement entourée des siens, éprouvée enfin dans sa vieillesse par la mort de plusieurs de ses enfants.

Elle est morte, après avoir reçu tous les sacrements, dans ce même hôtel du boule-

(1) Il venait, en effet, de céder sa maison de commerce à ses deux fils.

(2) Arch. S.-Inf., *Elections municipales, de 1834 à nos jours. Dossier Belmesnil.* Il avait été élu conseiller municipal de Belmesnil, pour la première fois, le 21 juillet 1840, à la place de Denis Le Verdier, son frère. Nommé maire le 27 août 1840, installé le 8 septembre; nommé de nouveau le 28 août 1843, et installé le 12 septembre.

(3) Pierre-Jean Leverdier figure, à Rouen, sur la liste des électeurs composant le collège électoral de la Seine-Inférieure, pour l'année 1829 notamment. Les électeurs de département étaient au nombre de 976. D'après les calculs administratifs, leur « cote contributive » devait être au moins de 1.003 fr. 78; celle de Pierre Leverdier était de 1.674 fr. 95.

(4) Elle fut l'une des ouvrières de ce fameux tapis en tapisserie qui décorait le chœur de Sainte-Madeleine, œuvre des dames de la paroisse.

(5) La domesticité se composait d'un valet de chambre et cocher, qui conduisait la calèche, garnie d'une étoffe de soie blanche, à un cheval; une cuisinière, une femme de chambre; à Belmesnil, il y avait, en outre, une femme de basse-cour, aide de cuisine, un jardinier, un garde-chasse, en même temps second jardinier et homme à toutes mains.

vard Cauchoise, à Rouen, et elle fut inhumée auprès de son mari, dans le cimetière de Belmesnil. On lit sur sa dalle tumulaire cette inscription, précédée d'une croix :

Ci-gît
Madeleine-Euphrosine-
Prudence Le Pape
épouse de Pierre-Jean Leverdier
décédée le 5 décembre 1871
dans sa 83me année.
Requiescat in pace.

Son testament ne contenait que deux dispositions : par l'une, elle léguait 5.000 francs au Bureau de Bienfaisance de Belmesnil, quelques sommes à ses domestiques ou à des œuvres; par l'autre, elle recommandait que son fils Alfred prît dans sa succession toute l'argenterie, tous les meubles, tous les linges, etc., qui allaient lui être nécessaires pour monter sa maison, donnant ainsi un ultime témoignage autant de son esprit d'ordre attentif que d'amitié envers le fils qui lui avait consacré sa vie.

Voici des fac-simile des signatures des deux époux :

De leur mariage, M. et Mme Pierre-Jean Le Verdier laissaient huit enfants vivants, entre qui se liquidèrent leurs successions. De celles-ci, voici les principaux chiffres et attributions.

La succession de Pierre-Jean Le Verdier et la société d'acquêts entre lui et sa femme furent liquidées et partagées suivant un acte du 15 février 1847, dressé par Me Moinet, notaire à Rouen.

La masse à partager comprend :

1° Les biens propres de M. Le Verdier, pour	215.000	francs.
2° Les biens immeubles acquis pendant le mariage, pour	850.000	—
3° Les valeurs mobilières, pour	751.663	—
4° Les rapports à effectuer par les cohéritiers, pour	275.000	—
ce qui donne un total égal à	2.091.663	francs.

Le tout, net de passif.

On inscrivit, en outre, et pour ordre seulement, des créances douteuses, pour	158.527	francs
et des créances désespérées, pour	123.343	—
Ensemble	281.870	francs.

valeur qui fut laissée en dehors du partage.

Cinq des enfants avaient été dotés, savoir : Pierre-Narcisse, Edouard, Jules, Mme Burel, Mme Assire, qui avaient reçu chacun 55.000 francs, ensemble les

275.000 francs signalés ci-dessus. Ils effectuent le rapport. Les autres n'avaient reçu que la rente annuelle d'un même capital.

Si l'on passe au détail des immeubles, dont la valeur est ci-dessus indiquée, on voit qu'ils se composaient de :

1° La ferme patrimoniale, qui contenait à la mort de Jacques-Jean-Michel Le Verdier, en 1816, 65 h. 22 a. 70 c., et qu'on eut le tort, dit l'acte, d'évaluer dans l'arrangement de famille du 3 janvier 1817, à un chiffre autre que celui réellement payé (1) ;

2° Le château de Belmesnil et ses dépendances, contenant 104 h. 39 a. 62 c.;

3° Une petite maison et masure, à Belmesnil, achetée de Gamelin, pour mémoire;

4° La maison de la rue Malpalu, n° 54, acquise de M. et de Mme Trugard de Maromme, le 15 avril 1820, ainsi que je l'ai rapporté plus haut, et augmentée d'une partie d'immeuble, même rue, au n° 58, achetée vers 1826 pour 16.000 francs, en vue de l'extension du magasin nécessaire à la maison de commerce;

5° Une maison, rue des Avirons, achetée en 1827, pour 3.600 francs, et acquise pour le même motif;

6° Une petite ferme maraîchère, avec maisons et chantier, au n° 140 de l'avenue du Mont-Riboudet, achetée en 1823 et 1830, le tout contenant 1 h. 38 a. 92 c., par 3.000 francs de capital et 1.400 francs de rente viagère sur la tête des deux vendeurs;

7° L'hôtel du boulevard Cauchoise, n° 47, acquis de M. Letellier, juge au tribunal de commerce de la Seine, et de dame Delafosse, son épouse, en 1843, par 80.000 francs;

8° L'établissement de teinture, à Saint-Léger-du-Bourg-Denis, acquis le 12 mai 1840 de Davin, fabricant à Rouen, par 15.000 francs;

9° La moitié d'une filature de coton à Limetz, canton de Bonnières, arrondissement de Mantes, indivise avec M. Quillou, constructeur de mécaniques à Rouen, acquise par adjudication devant le tribunal de Mantes, le 4 novembre 1831, par 55.100 francs.

Parmi les valeurs mobilières, on trouve la commandite de 200.000 francs dans la maison Le Verdier frères et Cie, et un compte courant ouvert au père dans la maison de ses fils, qui se balance au jour de sa mort par 243.940 francs.

L'acte passe ensuite au calcul des droits de la veuve, Mme Le Verdier. Ils consistent :

D'abord en toute propriété, en valeurs mobilières, pour......	51.259	francs.
En valeurs immobilières, pour environ....................	425 000	—
Ensemble............	476.259	—
Puis, en usufruit, savoir, en valeurs mobilières, pour un total qui se monte à	468.365	—
et en valeurs immobilières, environ à.......................	320.000	—
Ensemble............	788.365	francs.

Il résulte de là que l'ensemble des droits de Mme Le Verdier atteint le chiffre précis de 1.264.894 francs.

Or, en faveur de ses enfants, Mme Le Verdier abandonne une partie de son usufruit, soit sur 213.365 francs, de sorte que ses droits demeurent fixés à 1.051.429 francs.

Et voici ce qu'il advint des immeubles.

A Mme Le Verdier on attribua la pleine propriété du château de Belmesnil, ferme et dépendances, le tout évalué à 420.000 francs, ou 425.000 francs, en y comprenant

(1) Arch. L. V., G, 1, 3 *b*.

la petite propriété Gamelin : c'était un petit immeuble en face du château et de son entrée. Ainsi étaient couverts les droits immobiliers, fixés tout à l'heure à ce chiffre.

En usufruit, on lui remit : la ferme patrimoniale de Belmesnil, avec tous ses accroissements; la maison de la rue Malpalu, celle du boulevard Cauchoise, la teinturerie de Saint-Léger-du-Bourg-Denis, et la part indivise dans la filature de Limetz.

Il ne restait plus que la petite propriété maraîchère du Mont-Riboudet; elle demeura indivise entre les huit frères et sœurs (1).

Enfin, Mme Le Verdier reçut, en capitaux ou en valeurs mobilières, le solde de ses droits, pour atteindre le chiffre de 1.051.429 francs.

Après l'abandon partiel consenti par leur mère, la part des enfants, tous réunis, se montait à 1.040.233 francs en toute propriété. Sauf l'immeuble du Mont-Riboudet, elle ne comprenait que des capitaux mobiliers. Attributions leur furent faites sous déduction des rapports, à l'égard de ceux qui en devaient. Ainsi, on retrouve la masse successorale, savoir : 2.091.662 francs.

Mme Le Verdier étant morte le 4 décembre 1871, ses enfants (2) procédèrent à un nouveau partage, suivant un acte qui fut reçu par Me Thommeret, notaire à Rouen, les 20-22 juillet 1872.

La masse à partager comprenait tant la succession proprement dite de la mère de famille que les immeubles dont elle avait joui seulement à titre d'usufruit. Le tout se montait à un total de 1.072.174 francs. On remarquera que les immeubles, qui représentaient au partage de 1846 un ensemble de 1.065.000 francs, ne vont plus s'additionner que pour une valeur inscrite à l'acte de 953.000 francs, étant les mêmes, bien entendu.

Après la mort de leur mère, les cohéritiers vendirent :

1° L'hôtel du boulevard Cauchoise à M. Cordier, sénateur, pour 110.000 francs; 2° la maison de la rue Malpalu et ses dépendances, pour 35.000 francs; 3° la propriété maraîchère du Mont-Riboudet, pour 42.000 francs, et 4° la mauvaise fabrique de Saint-Léger-du-Bourg-Denis, pour 12.000 francs. La propriété indivise de la filature de Limetz ne fut réalisée que plus tard; valeur négligeable.

D'autre part, ils accordèrent à leur aîné, Pierre-Narcisse-Thomas, tout le domaine de Belmesnil, comprenant deux cent un hectares trente-trois ares quarante centiares, savoir: le château et toutes ses dépendances pour 420.000 francs, et la ferme patrimoniale pour 300.000 francs, ensemble 720.000 francs. C'était encore un prix d'affection; même en ce temps-là, où la valeur des propriétés rurales avait été fortement poussée, ce chiffre pouvait bien excéder la vérité de plus de 100.000 francs (3). Au reste, on en avait si bien le sentiment que, dans l'acte notarié que j'analyse, la valeur fut ramenée à 660.000 francs.

C'est en inscrivant ces sommes, ou payées, ou dues par les acquéreurs, que la masse partageable s'éleva à 1.072.174 francs, somme accusée par l'acte notarié, en réalité à 1.132.174 francs, puisque l'attributaire de Belmesnil avait consenti 60.000 francs de plus.

(1) C'étaient Pierre-Narcisse, Eugène, Edouard, Jules, Ferdinand, Alfred, Euphémie, dame Burel, Clémence, dame Assire.

(2) C'étaient alors Pierre-Narcisse, Edouard, Jules, Alfred, Clémence veuve Assire, Gustave Burel représentant Euphémie dame Burel, sa mère, décédée. Eugène et Ferdinand étaient morts.

(3) La propriété produisait de revenu 17.000 francs, à quoi il faut ajouter la jouissance en nature du château, ses jardins, et réserves, et la valeur des bois de haut jet.

Les copartageants étant au nombre de six, chacun n'avait droit qu'au sixième de 1.132.174 francs, soit 178.695 francs. M. Pierre-Narcisse paya une soulte à ses frères et sœurs pour acquitter son prix de 720.000 francs. Ceux-ci prirent leurs parts en capitaux et en prix d'immeubles.

A la dissolution du mariage, en 1846, la masse à partager était de 2.100.000 francs. environ, à la mort de la veuve, en 1871, elle dépasse 1.100.000 francs. Or, on se rappelle les débuts du ménage en 1807 : haute faveur de la divine Providence, certes, mais aussi travail, intelligente et habile administration.

Pendant son veuvage, Mme Le Verdier avait recueilli et partagé avec ses autres enfants les successions de deux de ses fils, morts célibataires : Eugène, tué à l'assaut de la tour de Malakoff, le 18 juin 1855 ; Ferdinand, ancien négociant au Havre, mort à Rouen, le 7 février 1865.

Antérieurement, et du vivant de son mari, elle avait succédé à ses père et mère. La double succession de ceux-ci avait été liquidée lorsqu'était mort, le 31 mars 1834, à Rouen, le survivant d'eux, M. Thomas Le Pape, ancien fabricant. Mme Le Verdier avait eu une sœur, Geneviève-Victoire Le Pape, qui, mariée à M. Edouard Enot, fabricant à Rouen (1), était prédécédée et avait laissé deux filles mineures. L'ensemble à partager s'élevait à 150.000 francs : la moitié seulement vertissait au profit de notre aïeule. Dans ce chiffre, on pouvait distinguer la maison paternelle, au n° 53 de la rue des Capucins, un jardin avec « pavillon » au n° 32 de la rue ou route de Darnétal, et une petite ferme à Quèvreville-la-Milon, tous lesquels immeubles furent estimés à 26.600 francs. Le reste de la succession était formé de valeurs mobilières.

Enfin, notre grand'mère avait hérité, pour moitié aussi, et cela ne l'avait pas enrichie, de deux oncles, frères de sa mère, tous deux prêtres, savoir : Jean-Pierre Fotreau, un confesseur de la Foi, un des rares martyrs revenus des pontons de La Rochelle, qui décéda à Saint-Wandrille, modeste curé de Rançon, le 26 février 1821 ; et Guillaume-François Fotreau, mort curé de Saint-Germain-des-Essourts, vers juin 1843 (2).

Les neuf enfants issus du mariage de Pierre-Jean Le Verdier et de Madeleine Le Pape se nommèrent :

A. — Euphémie-Louise ;
B. — Pierre-Thomas-Narcisse ;
C. — Eugène-Isidore ;
D. — Edouard ;
E. — Jules ;
F. — Denis-Ferdinand ;
G. — Clémence ;
H. — Alfred ;
I. — Léon.

Je ne donnerai que quelques lignes à ceux qui ont laissé une postérité : c'est à leurs enfants qu'il appartient d'écrire leur biographie.

(1) Il demeurait alors à Rouen, rue Chassemarée, n° 3.
(2) Voir mon *Histoire* manuscrite des familles Le Pape et Fotreau.

A. — Euphémie-Louise LE VERDIER

(1810-1868)

Euphémie-Louise Le Verdier naquit à Rouen le 18 septembre 1810, au premier domicile de ses parents, rue Eau-de-Robec, n° 34, et fut baptisée à Saint-Vivien.

Le 5 juin 1832, elle épousa, en l'église Saint-Maclou, Ferdinand-Aimé Burel, son cousin germain, né à Aubermesnil, le 25 décembre 1807, fils de Jacques-Jean Burel, cultivateur, propriétaire du château et de la terre d'Aubermesnil, alors décédé, et de Marie-Catherine-Rose Le Verdier (1).

A ce moment, l'époux était « négociant », demeurant à Paris, rue Saint-Martin, n° 93, ainsi que s'exprime l'acte de leur mariage. Il revint et s'établit à Rouen; dans ce même temps, il se fit industriel, filateur de coton, et exploita une importante usine, sise à Torcy-le-Grand, qu'il semble avoir construite lui-même, tout au moins acquise, et qu'il dirigea pendant une trentaine d'années.

M. et Mme Ferdinand Burel habitaient à Rouen, où ils eurent plusieurs résidences; la dernière fut au n° 41 du boulevard Cauchoise. En même temps, ils demeuraient en leur château d'Aubermesnil, hérité de ses parents par M. Burel, vers 1845.

Mme Ferdinand Burel, née Euphémie Le Verdier, est morte à Rouen, en sa maison, boulevard Cauchoise, le 10 janvier 1868.

Ci-dessus, pages 131 et suivantes, au cours de la notice consacrée à la famille Burel, issue du mariage de Marie-Catherine-Rose Le Verdier avec Jean-Jacques Burel, j'ai fourni une biographie de Euphémie-Louise Le Verdier et de Ferdinand-Aimé Burel, son mari; on voudra bien s'y reporter, sans qu'il soit nécessaire de reproduire ici les mêmes renseignements.

B. — Pierre-Thomas-Narcisse LE VERDIER

(1812-1887)

Il continua la lignée; sa biographie viendra plus loin, après les notices concernant ses frères et sœurs (2).

(1) Euphémie-Louise Le Verdier, comme tous ses frères ou sœurs établis ou mariés avant 1847, date de la mort de Pierre-Jean Le Verdier, reçut de ses père et mère une dot de 55.000 francs. Le contrat de mariage fut passé devant Me Moinet, notaire à Rouen, le 14 avril 1832; il stipulait seulement 40.000 francs de dot; un supplément de 15.000 francs fut donné en 1844.

(2) Déférant à la demande que m'en fit, en 1913, mon ami et confrère de l'Académie de Rouen, le Dr M. Delabost, président de l' « Association des Anciens Elèves du Lycée de Rouen », je lui ai remis une courte notice sur mon père et ses cinq frères, tous élèves de cet établissement. Ces notices étaient destinées à un « Livre d'or du Lycée », composé par le Docteur et qui doit être conservé manuscrit dans la bibliothèque de ce Lycée.

C. — Eugène-Isidore LE VERDIER

(1814-1855)

Eugène Le Verdier est né à Rouen, en la maison de ses parents, rue Malpalu, 98 (1), le 22 août 1814. Il fut tué à l'assaut de la tour de Malakoff, devant Sébastopol, le 18 juin 1855; il était célibataire.

Il avait fait ses études au lycée de Rouen, et suivit la carrière militaire. Voici ses états de service d'après le registre matricule déposé aux Archives de la guerre :

« Elève à l'Ecole spéciale militaire (Saint-Cyr), le 20 novembre 1832;
« Nommé sous-lieutenant au 6e Régiment d'Infanterie légère, le 20 avril 1835;
« Lieutenant le 25 mai 1840;
« Passé au 7e Bataillon de Chasseurs à pied le 8 novembre 1840;
« Capitaine le 19 mai 1846;
« Passé au 14e Bataillon de Chasseurs à pied le 15 janvier 1854;
« Chef de bataillon au 16e Régiment d'Infanterie légère le 10 août 1854;
« Passé au 91e Régiment d'Infanterie légère le 1er janvier 1855;
« Tué à l'attaque de Sébastopol le 18 juin 1855.
« Campagnes : 1853 et 1854, Afrique; 1855, Orient. »

Chevalier de la Légion d'honneur sur le champ de bataille le 29 avril 1855 (2), il avait, quand il fut tué, vingt-deux ans de services, trois campagnes, une blessure.

En 1853, Eugène Le Verdier fut, avec le 7e Bataillon de Chasseurs à pied, affecté à l'armée d'Afrique. Le bataillon, institué « bataillon de guerre », prit la mer à Civita-Vecchia le 28 février 1853, débarqua le 3 mars à Philippeville, et de là se rendit à Bône. Eugène Le Verdier commandait alors la 7e compagnie, forte à ce moment de deux cent quatre-vingt-dix-neuf hommes.

Quoique l'Algérie fut conquise, elle était loin d'être pacifiée. Le bataillon partit bientôt pour Constantine où se préparait une expédition (3). On devait opérer, notamment, contre les régions insoumises orientales. Le corps d'armée organisé pour cette affaire était commandé par le général comte Randon, plus tard maréchal de France. La première division avait pour chef le général Mac-Mahon; la seconde, le général de brigade Bosquet, futur maréchal lui aussi. Le 7e Bataillon de Chasseurs faisait partie de la seconde division, à la première brigade, sous les ordres du colonel Vinoy, qui devait jouer un rôle brillant à l'armée de Paris, en 1870. Or cette armée fut divisée en deux colonnes, et, tandis que plusieurs compagnies du 7e Bataillon guerroyaient dans les pays montagneux entre la mer et la ligne Sétif à Constantine, la 7e compagnie, forte de trois officiers et deux cent quatre-vingt-quatorze hommes, sous le commandement du capitaine Le Verdier, partait de Bône le 21 mai pour faire partie de la colonne expéditionnaire de l'est, et elle rentrait à Bône le 20 juillet.

Au mois d'octobre suivant, à la suite d'un complot arabe, une nouvelle action de police fut résolue. Une colonne, forte de deux brigades, qui porta le nom de « colonne expéditionnaire des Béni-Ider », sous le commandement du général de division Mac-Mahon,

(1) Numéro ancien.

(2) Le décret confirmatif est du 26 mai 1855.

(3) Pour ce qui suit, cf. *Historique du 7e Bataillon de Chasseurs à pied* (Paris, Charles Lavauzelle, 1889, in-32), t. I, pp. 14 et suiv.

comprenait, parmi ses éléments, le 7e Bataillon de Chasseurs, affecté à la première brigade aux ordres du général de brigade de Serre. Le bataillon, fort de treize officiers et six cent six hommes, partit de Bône et rejoignit la colonne à l'Oued-Eudja. La colonne était à Fedj-el-Arba le 31 octobre; elle campait le 1er novembre à Bezzerga. Là, toutes les tribus se rendirent au camp et firent leur soumission. Des remontrances, des amendes, la déposition de quelques chefs suffirent, et la colonne rentra dans ses garnisons. Le 7e Bataillon alla camper à l'Oued-Kébir, aux environs de Bône. L'expédition n'avait duré que dix jours (1).

Trois mois plus tard, en janvier 1854, plusieurs compagnies du 7e Bataillon, et parmi elles la 7e, furent rappelées en France, à l'effet de former les noyaux de nouveaux bataillons. A ce moment, Eugène Leverdier était à Philippeville. C'est là qu'il reçut la nouvelle de sa nomination au 14e Bataillon et de son retour en France. Il écrivait à sa mère :

Philippeville, 23 janvier 1854.

J'ai une bonne nouvelle à vous annoncer, ma bonne mère, bonne du moins en ce sens que j'aurai le plaisir de vous revoir, mais mauvaise pour mon avancement et mes espérances d'avenir. Les nouveaux dix bataillons de chasseurs que l'on forme ont fait dédoubler les bataillons anciens, et je pars avec quatre compagnies pour former le noyau du 14e Bataillon, à Auxonne.

J'ai reçu cet ordre étant toujours au camp, dans la montagne, et ne m'occupant qu'à chasser, ce qui veut dire que je jouis d'une santé à faire envie. Je vais passer d'une température de 30° de chaleur à, dit Narcisse dans sa lettre, 15° de froid. A la grâce de Dieu.

Les capitaines des compagnies qui partent pour la France sont, l'un, en permission, l'autre à l'hôpital, de manière que je suis forcé, étant seul capitaine, de conduire mon détachement moi-même, d'étape en étape, jusqu'à Auxonne, ce qui ne laisse pas d'être peu agréable.

Quant à mon avancement, j'ai, d'après information, été porté sur le tableau à Paris, et, comme la loi défend d'accumuler les propositions, j'ai dû me faire rayer de la demande pour la croix, ayant parfaitement le temps de penser à obtenir ce que cinquante-sept mille personnes portent en France. J'ai donc abandonné l'un pour peut-être rater l'autre.

Il allait donc à Auxonne. A une autre époque, il tint garnison à Besançon. Au temps de ses garnisons en France, il avait occupé ses loisirs en se livrant à ses goûts pour les lettres et les arts; il était collectionneur dans un temps où on ne l'était pas par mode, comme de nos jours : livres, gravures, bijoux, émaux, ivoires, armes blanches, il avait de toutes ces œuvres anciennes recueilli d'assez nombreux specimen; sa bibliothèque, notamment, était bien fournie de poètes et prosateurs en éditions des XVIIe et XVIIIe siècles, curieuse et distinguée compagnie d'un militaire.

A son retour en France, Eugène Le Verdier allait avoir quarante ans et songeait à se marier; un projet même s'ébauchait, ai-je entendu dire, à l'instigation de son frère aîné et de sa belle-sœur. Il pensait même à démissionner, préliminaire du foyer à créer. Mais il renonça bientôt à ces projets, car des bruits de guerre étaient dans l'air.

Il partit, en effet, pour la Crimée au mois de janvier 1855. Trois de ses lettres seulement ont été conservées; elles vont être transcrites ici, au cours de mon récit et comme son meilleur témoignage.

Le 25 avril 1855, il tenait la tranchée et y reçut une blessure. Il en raconte lui-même les circonstances dans une lettre du 10, écrite à sa mère.

(1) Ouvrage cité, pp. 19 et suiv.

Devant Sébastopol, 30 avril 1855.

Ma bonne mère,

Je vous écris avec la main droite, le bras droit, c'est vous dire que, si, le 25 de ce mois, j'ai été blessé d'un coup de feu au bras droit dans les tranchées, ma blessure n'est pas grave et qu'elle me fait seulement un peu souffrir. J'accompagnais le général de Wimpfen pour lui montrer un endroit dangereux et où mes hommes avaient trop à craindre les balles; je demandais que l'on fît un travail indispensable pour nous mettre à l'abri du feu; lorsque j'ai joint l'exemple en expliquant le principe, une balle me frappait dans l'avant-bras, à la partie forte, et était arrêtée par l'os. C'est donc une blessure heureuse, et, comme la douleur n'était pas trop forte, je me suis fait panser dans les tranchées et n'en suis parti que mon service fini, c'est-à-dire le lendemain.

Le général de Wimpfen a rendu compte de ma conduite à mon général de division, celui-là au général en chef, et j'ai été porté pour la croix. J'ignore quelle sera la décision ; mais j'arrête ma lettre, car mon bras bien posé à plat commence à se faire sentir.

Aujourd'hui, 30 avril, ma blessure est fermée, et il ne reste qu'un très faible creux qui se bouchera bientôt. J'apprends à l'instant que le général Canrobert vient de me décorer et a signé mon brevet le 29, hier. J'en suis fort content à cause de la circonstance.

Nous n'avançons pas ici, et le métier nous semble peu agréable. A la grâce de Dieu.

J'espère, ma bonne mère, que votre santé est toujours bonne et que vous pouvez maintenant jouir de la belle verdure de Belmesnil (1).

Au mois de juin 1855, le commandant Le Verdier fut, avec son régiment, le 91e d'Infanterie, à la terrible affaire du Mamelon-Vert. L'attaque fut déclanchée le 7; elle dura plusieurs journées et se termina par la prise de la redoute.

L'affaire coûta deux cent soixante-seize officiers et cinq mille hommes hors de combat, dont soixante-trois officiers tués et dix-sept cents hommes tués ou disparus. Notre oncle rapporte ainsi ses impressions dans une lettre à sa sœur, Mme Assire :

Devant Sébastopol, 11 et 12 juin 1855.

Chère Clémence, j'ai la naïveté, malgré mon âge vénérable, de penser que l'on peut s'intéresser à moi et que je dois donner de mes nouvelles presque aussi souvent que font, dit-on, les amants. Du reste, je ne sais si ma comparaison est exacte, vu mon état de garçon et les suites, vu surtout la vie d'ici avec cent cinquante ou deux cent mille hommes.

Je suppose, chère enfant, que tu t'es informée de moi et que l'on t'a communiqué mes lettres : lettres du reste fort insignifiantes, si ce n'est que leur présence atteste que je suis toujours au nombre des vivants : et je puis dire que je suis en effet vivant aujourd'hui, car de ma vie je n'ai vu et ne pourrai voir la boucherie d'où je sors, les milliers de projectiles lancés contre nous, et les effets d'une tuerie semblable.

Quelle affreuse chose : quatre jours de suite à combattre ou se défiler des bombes et obus, occuper le *Mamelon-Vert* pris par notre colonne d'attaque et y travailler pour nous mettre à l'abri des feux, toujours sans repos pour les chefs, sans eau pour se laver, presque rien à manger, et le cœur soulevé de dégoût par les mauvaises odeurs, les cadavres..., et les affreuses blessures qui constamment tuaient nos hommes.

Trois mille hommes de moins, soit par la mort, soit par les blessures, et malgré cela rester quand même dans un endroit mortel, mais qui par notre travail peut nous donner la ville dans quelques jours. C'était honorable, mais bien triste.

Cependant, avant-hier, 9, de une heure à cinq heures, il y a eu armistice, c'est-à-dire que, extérieurement aux travaux, les Russes et les Français enlevaient leurs morts et les échangeaient à moitié distance de *Malakoff* et du *Mamelon-Vert*. Affreux spectacle, plus affreux encore par suite de la chaleur, et, chose bien triste, quelques blessés soumis à la douleur, aux

(1) Je n'ai de cette lettre et de la précédente que des copies : les originaux ne m'ont pas été remis à la mort de mon père.

ardeurs de la fièvre et du soleil, et attendant depuis quarante-six heures le moment de la délivrance, l'heure où le drapeau blanc hissé permettrait aux Russes et Français d'échanger leurs victimes. J'ai causé avec des officiers russes, qui généralement parlent bien français, sont gentlemen, et avouent que, plus que nous encore, ils désirent la fin de ce siège, unique, je crois, en égard aux moyens formidables d'attaque et de défense. L'un d'eux m'a dit que plusieurs de nos hommes égarés par leur ardeur, n'écoutant pas des ordres formels (qui étaient, je crois, timides et insuffisants), que ces hommes avaient été ramassés, morts, dans Malakoff, à cinq cents mètres en avant, et jusqu'au pont de la ville, sur le flanc gauche du combat, à mille quatre cents mètres. Malgré les nombreuses fatigues et privations de quatre jours et trois nuits consécutifs, je suis resté en parfaite santé, et, pour en finir, je recommencerais volontiers de suite.

J'ai reçu, l'autre jour, une lettre de notre bonne mère : j'ai vu avec plaisir que tous, dans la famille, se portaient bien. J'espère qu'il en est de même dans ta deuxième famille, que M. et Mme Assire sont en bonne santé.

Adieu, ma bonne sœur, fais part de ma lettre à Jules (1), je l'adresse du reste à Rouen, afin que notre excellente mère puisse en prendre connaissance, si elle le désire.

Mes amitiés, je te prie, à Assire, à qui je serre la main de tout cœur, ainsi qu'à Monsieur mon neveu.

A toi, de cœur, ton frère et ami,

E. LEVERDIER (2).

Ce n'est pas notre oncle, hélas ! qui devait envoyer le récit de la dernière bataille à laquelle il prit part, l'assaut donné le 18 juin à la tour de Malakoff, où il trouva la mort.

C'est un de ses camarades, chef de bataillon comme lui au 91e d'Infanterie, M. de Gouyon, qui donna la nouvelle de sa fin à son frère aîné, Pierre-Narcisse, en des termes dont on remarquera la délicatesse et l'émotion, la simplicité et la distinction :

A l'hôpital de l'ambassade russe, Constantinople, 22 juin 1855.

Monsieur,

Le 91e régiment est sous le coup d'une bien pénible émotion ; moi-même, quoique n'étant plus sur les lieux du combat, je suis très vivement affecté.

Ma première pensée, en apprenant le résultat de l'affaire du 18 juin, a été pour la mère et la famille de mon bon et parfait ami ; il m'en parlait souvent avec attendrissement et j'ai pu juger combien étaient grandes ses affections de famille. Employez, Monsieur, tout votre courage à préparer une bonne mère à recevoir le coup affreux qui va la frapper dans la personne de son fils bien-aimé.

Mon bon camarade s'est fait remarquer pendant tout le cours de cette campagne par son courage héroïque, et, dans le combat du 18, il vient de trouver une mort glorieuse, hélas ! bien cruelle pour toute sa famille et ses amis. Quoique n'ayant pas l'honneur d'être connu de vous, je fais pour la famille de mon ami ce que j'eus voulu qu'on fît pour la mienne si pareil sort m'eût été réservé : j'ai craint que la nouvelle de la mort de votre pauvre frère ne vous parvînt par la voie des journaux ; ses amis restés en Crimée peuvent ne pas avoir le temps de vous écrire de suite, mais je ne doute pas que, lorsqu'ils seront revenus de l'émotion du

(1) Mme Assire et Jules Le Verdier, son frère, habitaient alors à Elbeuf. Je ne sais pas en quelles mains se trouve aujourd'hui l'original de cette lettre ; j'en pris la copie autrefois sur la communication que m'en fit ma tante, Mme Assire.

(2) On peut lire un récit, assez succinct, de l'affaire du Mamelon-Vert dans *Souvenirs des guerre de Crimée et d'Italie, par le général Lebrun*. Paris, E. Dentu, 1890, pp. 49 et suiv. — Un récit très détaillé, ainsi que le rapport du général Pélissier au maréchal Canrobert sur l'affaire du 6 juin et jours suivants se trouvent dans l'*Illustration*, année 1855, 1er semestre, pp. 401 et 415, avec plans et figures aux pp. 397 et 417.

sanglant combat du 18 et de ceux qui vont suivre, ils ne vous donnent les détails que je ne connais encore que trop imparfaitement.

On m'écrit à la hâte, à la date du 19, que le régiment a perdu la moitié au moins de son effectif, que le colonel est blessé gravement, l'autre chef de bataillon, M. Hardouin, blessé à la main, que nous avons trente officiers hors de combat. Le régiment a été superbe d'élan, mais, écrasé par l'artillerie russe et non soutenu, il a été forcé de se retirer des ouvrages de Malakoff ; notre drapeau est criblé, déchiré, brûlé (1).

Si je n'allais en Bretagne avant de me rendre en Normandie, où je dois terminer le congé qui m'est accordé, je me fusse arrêté à Rouen pour causer avec vous de monsieur votre frère et de ses affaires. Si, quoique loin du théâtre de la guerre, vous jugez que je puisse vous être de quelque utilité, ne craignez pas de m'employer.

Mon adresse sera : M. de Gouyon, au château de Clinchamps, par May-sur-Orne, près Caen.

Agréez, Monsieur, l'expression de mes sentiments affectueux et dévoués.

DE GOUYON.
Chef de Bataillon au 91e.

M. Leverdier aîné, Rouen (2).

La lettre suivante, adressée au chef d'escadron Robert, celui qui devait devenir le général Robert, sénateur de la Seine-Inférieure, par le major Vilhermain, commandant le dépôt du 91e Régiment, fournit de nouveaux détails sur la mort d'Eugène Le Verdier :

91e DE LIGNE — DEPOT — N° 611

Alais, le 22 septembre 1885.

A Monsieur Robert, chef d'Escadrons,
Chef d'Etat-Major de la 2e Division Mre à Rouen.

Mon cher camarade,

En réponse à votre lettre du 19 de ce mois, j'ai l'honneur de vous donner tous les détails qui sont parvenus à ma connaissance sur la mort de notre brave camarade, le commandant Leverdier, tué le 18 juin, lors de l'assaut donné à la tour Malakoff ; ces détails ne sont pas officiels, je les ai recueillis de la bouche des blessés qui rentrent au Dépôt.

Vous savez sans doute que le 91e a eu dans cette affaire, en quelques instants, quarante officiers et près de onze cents hommes hors de combat. Lancé à la tête de son bataillon, le commandant Leverdier n'aurait pas tardé à recevoir une blessure grave. A deux reprises différentes, on essaya de l'enlever, et c'est dans ce dernier moment qu'il fut tué, ainsi que les deux hommes qui l'emportaient ; le lendemain, son corps fut retrouvé sur le champ de bataille, mais il avait totalement été dépouillé par les Russes.

Après cette nuit si fatale, le colonel (M. Méri de Bellefon, lieutenant-colonel, M. Landry de Saint-Aubin) désigna une Commission pour prendre connaissance et régler les affaires des officiers décédés ou faits prisonniers ; cette Commission a été présidée par le commandant Teillier, auquel je vais adresser votre lettre, afin qu'il puisse vous donner le détail des opérations de la Commission.

Aussitôt que j'ai reçu l'avis de ce qui se faisait aux Bataillons de guerre, j'ai également

(1) Sur la désastreuse affaire du 18 juin 1855, l'assaut donné à la Tour Malakoff, voyez le rapport du général en chef Pélissier dans l'*Illustration*, année 1855, 2e sem., pp. 6 et 29, fig. — Voy. aussi l'ouvrage précité du général Lebrun, ch. XI, p. 133 et suiv.

Au Salon de 1888, à Paris, figurait un tableau de Moreau de Tours, ainsi présenté par le catalogue : « M. G. Moreau de Tours. *Le Drapeau.* Le lieutenant-colonel Becquet salue le porte-drapeau du 91e de Ligne retrouvé mort sous les débris de la courtine à Sébastopol ».

(2) L'original de cette lettre et celui de la suivante ne m'ont pas été remis à la mort de mon père. De toutes les lettres, qui sont transcrites au cours de cette biographie, j'avais pris heureusement des copies dans ma première jeunesse, peu d'années après 1870.

désigné une Commission de trois officiers pour faire procéder à l'ouverture des malles et caisses qui étaient au dépôt et dresser l'inventaire de ce qu'elles contenaient.

Il y avait à M. Leverdier deux malles, un porte-manteau et une caisse. Ces colis renfermaient, outre des effets d'habillement et de lingerie, de l'argenterie, bijouterie et sellerie.

Veuillez, mon cher camarade, avoir la bonté de me faire connaître la demeure des héritiers de notre pauvre camarade, et je donnerai immédiatement l'ordre au capitaine d'habillement d'expédier les quatre colis qui sont ici.

Soyez aussi assez bon, je vous prie, pour faire connaître à sa famille toute la part qui a été prise par les officiers du dépôt à la perte cruelle qu'elle vient de faire, car le commandant Leverdier a été regretté de tous ceux qui l'ont connu.

Recevez, mon cher Camarade, l'assurance de mes sentiments les plus dévoués.

Le major commandant le dépôt du 91e de ligne.

F. VILHERMAIN (1).

Je n'ai pas le texte de la lettre que mon père dut écrire au commandant de Gouyon après sa douloureuse communication. Il dut le remercier et lui demander de nouveaux renseignements sur la fin de son frère. M. de Gouyon lui écrivit de nouveau, et de sa lettre, sans date, je ne pris autrefois que les extraits qui suivent :

1° Je crois pouvoir vous dire que votre frère a été tué sur le coup, sans pouvoir articuler ses dernières volontés;

2° Je suis porté à croire qu'il n'a pas été enseveli dans une fosse commune. Comme cela se fait en pareil cas, l'uniforme qu'il portait lui sert de linceul;

3° Suivant toutes les probabilités, il ne sera rien vendu de ce qui a appartenu à M. votre frère, sans que vous ayez été consulté, sauf ses chevaux qui seront vendus avantageusement;

4° Je crois que vous devez renoncer à faire venir en France les restes de votre frère; il serait trop tard maintenant pour les exhumer. Ils reposent sur le lieu qui a été témoin de son courage, et près de ses frères d'armes tués dans la malheureuse affaire du 18 juin. Ce sol arrosé du sang de tant de braves lui sera aussi léger que le pays de France.

DE GOUYON.

Enfin, voici le texte d'une lettre restée en la possession de M. Jules Le Verdier, mon oncle, et dont copie m'a été remise après sa mort avec l'indication suivante : « Lettre écrite à l'un de MM. Le Verdier; trouvée dans les papiers de M. Jules Leverdier; en 1894 ».

Cette lettre fait allusion à une autre écrite par le destinataire lui-même dès le 5 juillet. La date du 5 juillet est bien voisine de celle à laquelle dut parvenir à Rouen la lettre du 22 juin écrite à mon père par le commandant de Gouyon, de Constantinople. Il n'est pas douteux que mon père était l'auteur de la lettre du 5 juillet, et que c'est à lui qu'on répond; il aura communiqué cette réponse à son frère Jules qui a omis de la lui rendre :

16e LÉGER — *Sébastopol, 11 octobre 1855.*

—

LE COLONEL

—

Monsieur,

En faisant l'inventaire des effets du lieutenant-colonel de Saint-Aubin, on a trouvé votre lettre ci-jointe du 5 juillet, qui m'a été remise.

J'ignore si le lieutenant-colonel vous a répondu avant sa mort; en tout cas, je crois devoir

(1) Je n'ai, de cette lettre, que la copie prise anciennement.

vous adresser quelques détails dont votre douleur est naturellement avide. Je vous les aurais envoyés beaucoup plus tôt sans les blessures que j'ai reçues, d'abord à l'assaut du 18 juin, puis à l'assaut dernier du 8 septembre.

Votre malheureux frère a reçu dans la poitrine, pour sa part d'une volée de mitraille, deux biscayens qui ont entraîné la mort presque instantanée.

Son corps a été relevé et enterré chrétiennement le lendemain de la bataille. Aujourd'hui, toute translation est impossible.

Son nom est inscrit sur une tombe modeste élevée par les officiers survivants du régiment sur les restes de leurs camarades morts au champ d'honneur. Ses frères d'armes ont enseveli sa mémoire dans un linceul de gloire.

Le Conseil d'administration du 91e aura l'honneur, dans quelques jours, d'adresser à la famille : 1° une somme de 4.067 frans, je crois ; 2° quelques effets jugés précieux comme ou par souvenir.

Je regrette que, parmi toutes les lettres que vous avez écrites ou fait écrire, la pensée ne vous soit jamais venue d'en envoyer une au Colonel commandant le régiment. Connaissant votre adresse, je saisis avec un triste empressement cette occasion de vous faire connaître que le brave commandant Leverdier était mon ancien et bon camarade de l'école militaire ; qu'il était un des officiers les plus aimés, les plus dignes, les plus honorables, les plus vaillants de mon régiment.

Je n'entreprends pas de consoler sa pauvre mère et vous d'un malheur aussi grand, mais daignez me permettre de verser une larme silencieuse sur la tombe d'un ami et d'associer ma douleur à la vôtre.

L'ex-Colonel du 91e,

Le général A. PICARD,

commandant la 2e Brigade de la 2e Division de Réserve de l'Armée d'Orient.

Le brave colonel s'étonne qu'on ne lui ait pas écrit : peut-être pourrait-on s'étonner qu'il n'ait pas pris les devants auprès de la famille d'un officier supérieur de son régiment. On correspondait avec qui avait eu, à son défaut, la délicatesse de se mettre en rapports avec elle.

On a vu que le 91e de Ligne avait, en quelques minutes, perdu la moitié de son effectif ; il ne fut pas le seul dans l'affaire du 18 juin. Il ne m'appartient pas de juger les moyens militaires employés par le général Pélissier pour s'emparer de la fameuse redoute de Sébastopol. On s'accorde à considérer, semble-t-il, que lancer des divisions à l'assaut d'une haute tour, hérissée de bouches à feu, et conduire des troupes à un épouvantable massacre est une opération inhumaine qui pèse sur la mémoire du maréchal.

La douleur fut grande de la mort du fils et du frère, chéri de tous, et si digne de l'être. Nul n'en ressentit une plus profonde que son aîné immédiat, Pierre-Narcisse. Tous deux, en effet, Narcisse et Eugène, avaient été des compagnons ou camarades de jeunesse et d'amitié. Dans cette famille nombreuse, l'éducation s'était souvent faite par couple de deux garçons ; chambre, jeux, distractions, exercices, vacances ou voyages chez un oncle, à Criquetot, à Aubermesnil, réunissaient d'ordinaire ces deux aînés ; jeunes gens, leur père leur avait donné un cheval en commun pour tous deux : de là était né entre Narcisse et Eugène une particulière intimité, qui s'augmentait encore de la parité de leur âge, de leurs goûts, de leurs dispositions naturelles. Je tiens tous ces détails de mon père.

Dans la distribution qui se fit des collections laissées par Eugène, Narcisse recueillit la plus grande partie de ses gravures, ses armes, rapportées d'Algérie (1), sa collection d'agates et de pierres gravées. Jules et Alfred se partagèrent sa bibliothèque, qui comprenait notamment plusieurs centaines de petits volumes de l'édition dite Cazin. Gustave Assire, son beau-frère, eut sa panoplie d'armes anciennes.

(1) Les armes arabes, rapportées d'Algérie, ont été enlevées à mon père par les Prussiens, lorsqu'ils ont occupé Rouen en décembre 1870.

On possède d'Eugène Le Verdier une miniature, peinte à l'huile; il est en tenue de capitaine; ce portrait passait pour incomplètement ressemblant. Après la mort de ma grand'mère, en 1871, un tirage de lots fit échoir le portrait, la croix, le brevet de la Légion d'honneur, à son frère cadet Edouard. A ce moment, Alfred, son plus jeune frère, qui s'était trouvé détenteur anciennement de son sabre de capitaine de chasseurs, fit don de celui-ci à mon père, leur frère aîné. J'ai eu communication de la miniature, et j'en ai fait exécuter une copie, un peu agrandie, avec les insignes du grade de commandant.

Je possède de cet oncle une photographie, en bien pâle épreuve, vulgairement traitée, comme on savait faire il y a trois quarts de siècle. La ressemblance y semble meilleure qu'en la miniature. J'observe une très vive ressemblance avec mon père : même regard clair et vif, même visage ovale et régulier, même front haut et dégagé.

Il est de tradition qu'au moment de sa mort Eugène Le Verdier était proposé pour le grade de lieutenant-colonel.

ACTE DE DÉCÈS d'Eugène Le Verdier, inscrit au registre de l'état civil de la mairie de la Ville de Rouen :

« Du 4 février 1856, à midi et demi, Nous adjoint au Maire de Rouen avons reçu et transcrit un acte dont la teneur suit :

« *Extrait d'un acte de mort :*

« *Nous soussignés François Klein, officier payeur au 91e Régiment de Ligne, remplissant les fonctions de l'état civil, certifions qu'il résulte du registre destiné à l'inscription des actes de l'état civil faite hors du territoire français pour le 91e Régiment d'Infanterie de ligne, que M. Leverdier, Eugène, chef de bataillon dudit régiment, fils de Pierre-Jean, et de Marie-Euphrosine-Prudence Le Pape, natif de Rouen, départ. de la Seine-Inférieure..., est décédé le 18 juin 1855 à 4 heures du matin, par suite d'un coup de feu reçu dans la poitrine dans une attaque devant Sébastopol, d'après la déclaration à nous faite le 20 juin 1855 par les trois témoins mâles et majeurs voulus par la loi, lesquels ont signé au registre avec nous, au camp, devant Sébastopol, lesdits jours, mois et an que dessus. — Au camp, devant Sébastopol le 10 décembre 1855, signé Klein.*

« *Pour extrait conforme, les membres du Conseil d'administration du 91e de Ligne, Le capitaine faisant fonctions de major, signature illisible, L'officier payeur, signé Klein, L'officier d'habillement, signé Martin, Le lieutenant colonel, signé de Louray, Le colonel président, signé de Bellefoy. Vu par nous, sous-intendant militaire, signature illisible.* »

« Le présent acte a été transcrit les jour, mois et an susdits, conformément à l'article 80 du Code Napoléon : Savalle, adjoint. »

On peut trouver quelques notes biographiques concernant Eugène Le Verdier dans les imprimés énumérés ci-après :

Moniteur du 2 juin 1855. — « Décret du 26 mai 1855 confirmant les nominations dans l'ordre de la Légion d'honneur faites à titre provisoire par le général commandant en chef l'armée d'Orient, en vertu des pouvoirs à lui conférés par le décret du 22 novembre 1854 : *Leverdier, Eugène-Isidore, chef de bataillon au 91e Régiment de Ligne : vingt-deux ans de services, trois campagnes. S'est particulièrement distingué le 24 avril. Est resté à son poste quoique blessé.* »

Journal de Rouen du 7 juillet 1855. — « En même temps que nous constatons l'honorable récompense (la Légion d'honneur) reçue par M. ..., nous avons le regret d'inscrire le nom d'un enfant de notre ville qui a succombé, le 18 juin, à l'attaque de la tour Malakoff. Ce brave, dont la perte glorieuse causera à Rouen de vifs et nombreux regrets, est M. Eugène-Isidore Leverdier, chef de bataillon au 91e de Ligne, chevalier de la Légion d'honneur. M. Leverdier était âgé de quarante ans. »

Mon ami, le Dr Merry Delabost, eut connaissance des lettres d'Eugène Le Verdier. Sous son nom, une partie des lettres transcrites ci-dessus a paru dans la revue « *Notre Vieux Lycée, bulletin de l'Association des anciens Elèves du Lycée de Rouen* », janvier-mars 1913, pp. 33-36, avec portrait.

Almanach populaire de la ville de Rouen et de la Seine-Inférieure, etc., 1856, Rouen, A. Aillaud, éditeur, in-16, p. 189 : « Nécrologie normande de 1855..., Eugène Leverdier (de Rouen), chef de bataillon au 91e de Ligne, chevalier de la Légion d'honneur, tué devant Sébastopol le 18 juin, à l'attaque de la tour Malakoff. »

Biographie normande, etc., par Théodore Lebreton (Rouen, A. Le Brument, 1858, in-8°). « Leverdier (Eugène-Isidore), chef de bataillon au 91e de Ligne et chevalier de la Légion d'honneur, naquit à Rouen en 1815. Il prit une part très active à la guerre de Crimée et fut tué à l'attaque de la tour Malakoff, le 18 juin 1855. Voy. *Journal de Rouen* du 7 juillet 1855, *Almanach populaire de la ville de Rouen* publié par M. A. Aillaud, même année, et le *Moniteur*. »

D. — Edouard LE VERDIER

(1816-1889)

Edouard est né en la maison paternelle de la rue Malpalu, à Rouen, le 3 novembre 1816. Lui aussi fit ses études au Lycée de Rouen, où il fut un bon élève, car il figure aux palmarès de 1830 à 1832, dans les classes de sixième, cinquième, quatrième, et à ceux de 1833 et 1834, dans les classes dites « Cours spéciaux d'instruction commerciale ».

Il épousa le 8 août 1846, à Rouen, demoiselle Clara Ferry, qui était née à Rouen le 3 novembre 1827. Elle était fille de Guillaume-Emmanuel Ferry, négociant à Rouen, qui fut conseiller municipal et adjoint au maire de cette ville, chevalier de la Légion d'honneur, et de Clémence Tallon.

Edouard Leverdier fut négociant à Rouen. Narcisse, son frère aîné, et lui succédèrent en effet à leur père, dont ils prirent la maison de commission en cotons filés ou en laine, en 1839. D'abord associés, commandités par leur père, ils continuèrent les affaires sous la raison sociale Leverdier frères et Cie, jusqu'à leur mort. Le siège fut transféré rue de Buffon d'abord, puis au domicile d'Edouard, rue de Lenostre, n° 27. Edouard Leverdier eut à un haut degré l'esprit du négoce ; sous l'impulsion des deux frères, la maison connut un nouvel essor, que facilita l'intérêt qu'elle prit à titre de commanditaire dans divers établissements industriels, notamment dans celui qui est dénommé « La Filature d'Oissel », et dans d'autres. Elle adjoignit aux cotons, pendant un temps, l'importation des indigos de l'Inde ; il lui arriva aussi d'occuper ses capitaux au moyen d'opérations sur des marchandises diverses, cuivres, blés exotiques, etc.

Edouard Leverdier fut administrateur de la succursale de la Banque de France à Rouen; il n'a rempli aucune autre fonction publique.

Issu de famille agricole, en relation avec des parents cultivateurs, il adorait la campagne et les choses de l'agriculture. Il fit, vers 1860, l'acquisition d'un domaine important, le château et la terre du Vaudichon, en la commune de Saint-Saëns. Il en rebâtit le château en 1867, en améliora les cultures et les fermes, et se livra lui-même quelque peu à l'élevage. D'autres propriétés encore lui appartenaient à Ardouval, à Notre-Dame-de-Gravenchon.

Il est mort dans son château de Vaudichon, succombant à une congestion cérébrale, le 31 juillet 1889. Sa femme l'avait précédé dans la tombe en 1874. Ils reposent ensemble au Cimetière Monumental, à Rouen. Ils laissaient trois enfants : Claire, mariée à Gaston Le Breton; Louise, mariée à André Le Breton, et Georges, le plus jeune, marié alors à Thérèse Lainé-Condé, et une postérité issue de chacun d'eux.

E. — Jules LE VERDIER
(1819-1894)

Jules est né à Rouen, dans la même maison de la rue Malpalu, le 11 avril 1819. Lui aussi fut, au Lycée de Rouen, un bon élève, car il figure aux palmarès de 1832 à 1837, depuis la classe de sixième jusqu'à celle de philosophie.

Licencié en droit, il fut admis au stage, au Barreau de Rouen, en 1841. Puis il se prépara au notariat dans une étude de Paris, profession qu'il ne poursuivit pas. Il fut inscrit au Barreau de Paris depuis l'année 1843 environ jusqu'à 1847; puis il revint à Rouen et s'inscrivit au Barreau de cette ville en 1848, et s'en retira en 1858; il n'avait pas ou fort peu exercé.

Il s'était marié, le 29 octobre 1850, à Elbeuf, avec demoiselle Emma Decaux, née en la même ville le 28 janvier 1829. Celle-ci était fille de Philippe Decaux, manufacturier à Elbeuf (1), et de Clémentine-Emma Dabancourt.

Jules Leverdier, qui n'exerçait pas de profession, a demeuré à Rouen, rue de Lenostre, puis au n° 6 du boulevard Cauchoise. Lorsque furent créées les rues Jeanne-d'Arc et de l'Hôtel-de-Ville (aujourd'hui rue Thiers), il acheta un vaste terrain et y fit construire, vers 1865, un joli hôtel, qui porte le n° 34 de cette dernière rue. L'été, M. et Mme Jules Leverdier faisaient leur résidence dans leur terre d'Auzouville, près Ry,

(1) Il fut un « habile fabricant de drap » (*Histoire d'Elbeuf*, par H. Saint-Denis, t. IX, pp. 97 et 514). Il se tint à l'écart des fonctions publiques, et ne remplit que celles de président du Conseil des Prud'hommes de la ville d'Elbeuf, à laquelle il fut élu en 1838. L'ouvrage susvisé, par H. Saint-Denis, mentionne son nom aux pages 223, 229, 247, 259, 267; ailleurs, il cite des médailles obtenues aux expositions.

Etait certainement de la même famille, François-Philippe Decaux, guillotiné à Paris le 2 floréal an II, prêtre titulaire de la Chapelle Brestot, paroisse contiguë à celle de Rougemontiers, où se trouvait la maison de campagne de M. Philippe Decaux, qui semble avoir été originaire de ce lieu (L. Prudhomme, *Dictionnaire des individus envoyés à la mort*, etc., Paris, an V, in-8°, t. I, p. 276; et Charpillon, v° Brestot). *Adde* : Boivin-Champeaux, *Notices historiques sur la Révolution dans le département de l'Eure*, t. II, p. 160.

terre que M. Jules Leverdier acheta en 1872, lorsqu'il dut renoncer à la possession de la terre de Belmesnil, qu'il avait vivement ambitionnée.

M. Jules Leverdier est mort en sa demeure, à Rouen, le 31 mars 1894; sa femme lui survécut et décéda au château d'Auzouville, dit aussi château des Lesques, le 15 mai 1907. Ils ont reçu la sépulture au Cimetière Monumental, à Rouen. (Tombeau en pierre, en forme de sarcophage, précédé de deux marches; *carré M, 2e partie.*)

Ils n'ont pas laissé de postérité.

F. — Denis-Ferdinand LE VERDIER

(1820-1865)

Ferdinand Le Verdier est né aussi à Rouen, rue Malpalu, le 19 avril 1820. Elève, comme ses frères, au Lycée de Rouen, il y fit de bonnes études, car l'on voit son nom aux palmarès de 1833 à 1835, pour les classes de sixième, cinquième et quatrième, et à ceux de 1836 et 1837 pour les mêmes « cours spéciaux d'instruction commerciale », qu'avait suivis son frères Edouard.

Il demeura célibataire.

La carrière commerciale fut la sienne. Il entra d'abord dans la célèbre maison Quesnel frères, au Hâvre, tant pour y apprendre le commerce que pour y occuper un poste d'employé. Puis il fut envoyé par ses patrons aux Etats-Unis pour y remplir une mission. Il y fit en même temps des affaires pour son propre compte, et il revint au Hâvre, où il s'établit négociant. Commerçant d'une grande activité, d'une intelligence très ouverte, il procédait, ai-je entendu dire, avec hardiesse, suivant la façon de faire assez habituelle au Hâvre. Il prospéra et avait réuni une belle fortune, quand il fut frappé, vers 1860, d'une congestion cérébrale qui le laissa paralysé et affecta gravement ses facultés intellectuelles. Ramené à Rouen auprès des siens, il fut installé dans un pavillon au milieu d'un vaste jardin, loué pour lui par sa mère, rue aux Anglais, au coin de la place Bonne-Nouvelle. C'est là que, soigné par des sœurs de la Compassion de Rouen, pendant plusieurs années, il acheva sa vie, y recevant les visites quotidiennes de ses proches. Il y mourut le 7 février 1865. Il est inhumé à Rouen, au Cimetière Monumental; sa sépulture est couverte d'une pierre posée à plat et entourée d'une grille en fer. (*Carré B, 19e rang.*)

G. — Clémence LE VERDIER

(1823-1892)

Clémence Le Verdier, ma tante Assire, avec qui nous fûmes très liés, est née à Rouen, en la maison de la rue Malpalu, le 7 mai 1823. Elle épousa à Rouen, le 9 septembre 1844, après contrat de mariage passé le 15 juillet précédent devant Follin, notaire à Rouen, Gustave-Edmond Assire, alors « marchand de cotons » à Rouen, rue aux Ours, 24, qui était né le 23 octobre 1816 au Gros-Theil (Eure), et était fils de Pierre-Edmond Assire et de Marie-Aline Clavier.

M. Assire laissa bientôt les affaires, et s'en fut habiter à Elbeuf, en une villa, au quartier de la Cerisaie; puis les époux revinrent à Rouen, où ils demeurèrent rue de Lémery, à l'angle est de cette rue avec le boulevard. C'est là que M. Assire est mort le 1er novembre 1863. C'était un homme aimable, mais plus ami de la vie facile que du travail; l'équitation, la chasse, la chasse à courre furent au nombre de ses habituelles distractions. Au Gros-Theil, berceau de sa famille, près de la demeure de son père, il créa pour lui-même une habitation de campagne; les soins de son jardin, l'exploitation de ses bois furent à peu près ses seules occupations. Veuve, Mme Assire construisit le bel hôtel, situé rue Jeanne-d'Arc, au n° 59, où elle passa ses jours dans la compagnie de son fils, et que possède encore sa descendance (1). L'été la voyait revenir dans leur résidence du Gros-Theil. Mme Assire est morte à Rouen le 1er décembre 1892. Les deux époux reposent dans un caveau, au cimetière de la commune du Gros-Theil.

Mme Assire était une personne de petite taille, mince, mignonne, pourrait-on dire, aux yeux bleus, aux cheveux légèrement roux. Instruite, cultivée, un peu philosophe, elle s'était faite légèrement libre penseuse au voisinage de ses deux frères et contemporains, Jules et Alfred. Cependant elle prit l'habitude assez fréquente de la messe du dimanche dans la dernière période de sa vie. Elle excellait dans tous les ouvrages féminins, de même que sa sœur, Mme Burel, et l'on disait des « dames Le Verdier », qu'elles étaient fort adroites dans tous les travaux à l'aiguille (2).

Mme Assire n'eut qu'un fils, Edmond, né en juin 1845, mort à Rouen le 31 octobre 1894, pour qui elle eut des yeux de mère, au point d'en excuser toutes les fautes.

Edmond Assire, de son mariage avec Henriette Lavoisier, fille de M. Lavoisier, manufacturier à Saint-Léger-du-Bourg-Denis, ancien président du Tribunal de Commerce de Rouen et chevalier de la Légion d'honneur, ne laissa que deux fils, Jean, l'aîné, qui continue la lignée à Rouen, et Guillaume, qui est mort pour la France, à l'âge de vingt ans environ, en 1916.

J'ai développé cette notice un peu plus que les précédentes, et je vais continuer encore, car je veux mettre mes enfants en garde contre les folies nobiliaires de mon cousin Edmond Assire, prétentions qui furent, comme c'est naturel, accueillies par sa femme et transmises à leurs enfants.

La famille Assire était une très honorable famille de propriétaires fonciers du Gros-Theil, et j'en donnerai tout à l'heure la généalogie remontant au début du XVIIe siècle. Mais cela ne suffit pas à Edmond Assire. Il voulut être noble, remonter aux Croisades, plus haut encore : je l'ai entendu parler d'un Assiriacus, l'un des compagnons de la conquête d'Angleterre, mais celui-là paraît avoir été abandonné depuis.

Après s'être mis dans les mains d'un faussaire, dont la plus célèbre victime fut l'honorable archéologue Amédée du Buisson de Courson, le sieur Garet ou Garet de Sainte-

(1) Ceci est écrit en 1920.

(2) Une estampe assez rare, gravée vers 1845 par Garnier, d'après un tableau peint par Parelle, représente des écolières qui barbouillent de peinture les lunettes de leur professeur de dessin endormi. L'élève qui peint les lunettes est devenue une dame Roger Le Breton, à Rouen; l'élève, au premier plan, qui travaille consciencieusement est Mlle d'Aguillon; l'élève qui, à genoux, regarde son espiègle camarade est Clémence Le Verdier.

Catherine, demeurant à Caudebec (1), qui avait pourtant, dans un album passé sous mes yeux, trouvé et exposé l'étymologie d'Assire venue d'Assur, fondateur des Assyriens; après cet artisan, Edmond se confia à un autre fabricant, le vicomte Oscar de Poli, qui s'intitulait président du Conseil héraldique de France, société privée qui, sous un titre fait pour jeter la poudre aux yeux, groupait, à côté de braves gens, des professionnels à la disposition des familles en quête d'ancêtres.

Le vicomte Oscar de Poli écrivit donc un livre : *Robert Assire, Etude historique et biographique*; Paris, Conseil héraldique de France, 21, avenue Carnot, 1887, in-18, 278 pages et deux planches d'armoiries. « J'ai à cœur, dit l'auteur dans son *Avis au lecteur*, de remercier M. Edmond Assire du très courtois empressement qu'il a mis à me communiquer ses titres de famille, qui m'ont permis de rendre moins incomplète cette modeste étude ». Voilà qui est osé !

Robert Assire a existé. L'historien de Rouen, Farin, au tome III, p. 285, cite parmi les sépultures et épitaphes qui se voient de son temps dans l'église des religieux cordeliers de cette ville, celle de Robert Assire, trésorier de France et maître des eaux et forêts, qui mourut l'an 1393. Voilà trouvé l'ancêtre.

Il lui faut des armoiries. On a rencontré aux Archives Nationales et au Cabinet des titres de la Bibliothèque nationale des actes émanés de Robert Assire, maître des eaux et forêts de Normandie, presque toutes ont perdu leur sceau; heureusement, l'une d'elles a gardé le sien, et ce sceau a été recueilli dans l'ouvrage savant de Demay : *Sceaux de la collection Clairambault* (Collection des *Documents inédits concernant l'histoire de France*) ; le sceau porte un écu qui semble chargé de trois hures sous un chef et est supporté par deux aigles, au-dessus se voit une banderolle sur laquelle on lit *S. Robert As... 1377* (2). Et l'acte émane bien de ce Robert : ce sont ses armes.

On a pris l'ancêtre; il n'y a plus qu'à prendre ses armoiries. On fera tout à l'heure l'histoire du personnage, prétexte et pavillon du livre, mais auparavant, et avant d'imaginer ses ancêtres, ses alliés, ses descendants, il faut déterminer l'origine du nom. *Assire*, c'est la même chose que *Ascire*, que *Aux Sires* ou *Au Sire*, parce que *aux* se prononce, en vieux langage, *âs*, et donc l'on pouvait bien descendre d'un *Sire*, probablement d'un personnage ayant dans son fief son nom et une fontaine, et l'on tire le nom du lieu où était la *fontaine du sire*, lieu qui de là se serait appelé *Cirfontaine*, paroisse voisine de Lisieux. Ainsi, il se pourrait bien que la famille Assire eût pour berceau la paroisse de Cirfontaine, ainsi on serait apparenté aux sieurs de Cirfontaine, que l'auteur écrit d'ailleurs *Sirfontaine* (page 9 et suiv.). Ce n'est pas plus difficile que cela.

Mais il y a plus. Comme le droit de chasse était réservé au seigneur, au Sire, les trois hures des armoiries de la famille, empruntées à Robert, se transforment en armes parlantes

(1) L'un des procédés de ce Garet, qui se disait de Sainte-Catherine, était le suivant : il fabriquait un document en vieille écriture sur papier ancien ou parchemin, il parvenait à l'intercaler dans un manuscrit de la bibliothèque de Rouen, puis il délivrait à ses victimes des copies de la pièce, « d'après le ms n°... de la Bibl. de Rouen ». Il en a envoyé ainsi à M. du Buisson de Courson, qui les a insérées dans ses livres comme authentiques. Il allait même jusqu'à délivrer des copies « d'après d'original appartenant à M. Du Buisson », « original » confectionné par lui. C'est ce qui est arrivé pour la pièce n° 3, page 89, d'un livre dont je parlerai tout à l'heure. Ce Garet, qui se moquait vraiment par trop de ses clients, faisait enregistrer au Bureau d'enregistrement de Caudebec les produits de son officine, avant de les délivrer. Le receveur ne demandait qu'à enregistrer et encaisser, et le client naïf voyait, Garet l'espérait, une garantie d'authenticité dans la formule d'enregistrement inscrite sur le papier.

(2) Tome I, p. 37, n° 344.

des *As-sires*, ancienne prononciation de *aux sires* (page 14). Est-ce assez puéril, et comme le rédacteur de ces inepties devait rire de la naïveté du client !

Puis les étymologies, analogies, origines se multiplient : Assire ou Asire, ou Azire, ou Asistre, peut devenir Massire, ou Mascire, ou Masire, ou Malsire, ou Mausire (*malus dominus*, ce n'est pas beau), ou même Mensire et Mansire : heureuse variété qui va permettre de ramasser dans les archives publiques tous les documents moyennâgeux faisant mention d'un personnage désigné par l'un quelconque de ces noms. On ne s'arrêtera même pas en chemin : comme sire est la traduction de *Dominus*, on recueillera tous les actes latins où seraient cités des individus dénommés Domine; on en a trouvé un au XIVe siècle, Jacobus et Robertus Domine. Et toute cette collection d'actes va fournir une belle réunion de « pièces justificatives », à l'appui des ancêtres, collatéraux, alliés et représentants divers du nom et de la famille que l'on aura imaginés. On écrira une abondante biographie de Robert Assire, l'illustre, et sur pièces authentiques celles-là ; c'est le gros morceau ; et puis, après les personnages anciens aux noms divers ci-dessus, on descendra à Robert, pour de lui faire venir des personnages plus ou moins problématiques ayant porté le nom d'Assire, ce qui n'a rien d'impossible après tout, par exemple un Guillaume Assire, s[r] d'Eauplet, près Rouen ; un Gervais ou Guillaume Assire, s[r] de Bihorel, ou de Boisguillaume, près Rouen, fort problématiques. On les soudera les uns aux autres, en intercalant bien entendu le Robert, et l'on aura fabriqué un arbre généalogique qui remonte à l'an 1180, et descend à Edmond Assire en 1887, à travers sept siècles et dix-neuf générations. On est d'abord prudent : aux premiers degrés, le titulaire est seulement « présumé » père du suivant. Au quatrième, on change de ton, et le représentant est franchement déclaré père de celui qui suit, et ainsi jusqu'au dixième degré, Gervais, écuyer, s[r] de Bihorel, lieutenant en la juridiction du taillon des gens de guerre de Rouen, qui aurait vécut en 1585, et dont l'office me paraît inventé de toutes pièces.

Cependant, une ascendance ancienne d'Edmond Assire est constante, elle commence à Marguerin Assire, dont arbitrairement on fixe le mariage à 1630, sans doute parce que son fils, prénommé comme lui, se marie en 1667 ; mais il faut l'accrocher à ce Gervais, qui représente le dixième degré de l'échelle prétendue. Comment faire ? Tout simplement on fait Gervais père de Marguerin, sans aucune preuve, acte d'état civil, contrat de mariage, ou pièce quelconque. On l'écrit, la chose est faite, et ce n'est pas plus difficile que cela.

Enfin, et dans l'espoir d'authentiquer et de conserver la généalogie ainsi ouvrée, elle est déposée le 15 mars 1883 au rang des minutes de Me Leheu, notaire à Tourville-la-Campagne, près Le Gros-Theil, qui ne demande pas mieux qu'encaisser un acte de plus. Mais ce qui est bien plus grave, c'est qu'on fait écrire à la suite, par ce brave notaire, que le présent acte (il commence modestement à Guillaume Assire, sieur d'Eauplet, 1480, et supprime les six premiers degrés de l'arbre qu'on vient d'établir) a été dressé et appuyé d'une copie d'un extrait des anciens registres de la Chambre des Comptes de Normandie, certifiée véritable. Qu'est-ce que cela veut insinuer ? Que la filiation résulte des registres de la Chambre des Comptes ? Le mensonge est par trop gros ; c'est un faux de plus.

En voilà assez.

J'étais intimement lié avec mon cousin germain Edmond Assire, qui m'a souvent parlé de ses ancêtres du Gros-Theil, les vrais ; il s'est bien gardé de me communiquer le livre intitulé *Robert Assire*. Je n'en ai eu connaissance, par hasard, qu'après sa mort, l'ayant rencontré en librairie.

Pourquoi, dira-t-on, ai-je écrit ces trois pages? Parce que je considère que c'est un devoir de dévoiler tout mensonge historique dont on a connaissance.

Voici maintenant le véritable arbre généalogique dont Edmond Assire était le rejeton : il commence au onzième degré de la lignée établie par l'habile Oscar de Poli, à la page 38 de son livre et suivantes, au septième de la lignée, amendée et réduite, imprimée à sa page 237 et suivantes. Tout ce qui est antérieur doit être supprimé comme imaginaire. Et il reste, mon cousin Edmond compris, neuf degrés, c'est honorable. Les voici :

Marguerin Assire, demeurant à la Haye-du-Theil,
= Barbe Le Sage, fille de h. h. Jean Le Sage.

|

Honorable homme Marguerin Assire, demeurant au Gros-Theil,
= 1667, Barbe Le Sage, fille de Nicolas et de Marie Le Noble.

|

H. h. Pierre Assire,
= 1691, honneste fille Françoise Rogerey, fille de Philippe et de Françoise de Morainville.

|

Honneste personne Jean-Pierre Assire,
= 1722, honneste femme Anne Querville, fille de Nicolas et de Renée Sevaistre.

|

Jean-Pierre Assire, demeurant au Gros-Theil, = 1758, Marie-Catherine Querville, de la paroisse de Tourville, fille de Jean, officier aux monnaies de Rouen, et de Marie Querville, veuve de Nicolas-Martin Le Sage, bourgeois de Rouen.
Jean-Pierre a été député du Tiers-Etat à l'Assemblée provinciale de la Haute-Normandie pour le département de Pont-Audemer, de 1788 à 1790; syndic du Gros-Theil depuis 1787, maire en 1790.

Louis-Edmond	Gabriel-Amand
Louis-Edmond, demeurant au Gros-Theil, conseiller général de l'Eure, 1833, = 1792, Marie-Geneviève Lambert, fille de Jean-Baptiste et de Marie-Marguerite Loiseleur, de la paroisse Saint-Nicolas-de-Fourques.	Gabriel-Amand, bourgeois de Rouen, = 1791, Marie-Julie Amelot.

|

Pierre-Edmond, demeurant au Gros-Theil,
= 1813, Marie-Aline Clavier,
fille de Mr Clavier, me en chirurgie
au Neubourg.

|

Gustave-Edmond,
= 9 septembre 1844, Clémence Le Verdier.

|

Pierre-Edmond, 1845-1894,
= delle Henriette Lavoisier.

Edmond Assire possédait une bonne série de contrats de mariage des XVIIe et XVIIIe siècles; il les communiqua à M. de Poli, c'est avec leur secours que fut composée cette généalogie; il n'y a pas lieu de la suspecter.

On voit dans ce tableau une alliance, en 1792, entre un Assire et une Lambert. Je tiens de ma tante, Mme Gustave Assire, (et c'est exact) qu'il y avait parenté entre la famille de son mari et Juliette Lamber (Mme Adam), la femme de lettres assez célèbre au temps du second Empire et plus tard encore. Si l'on s'en rapportait aux noms Lamber et Lambert, inscrit dans la généalogie qui précède, pour expliquer la parenté, on se tromperait : Juliette Lamber était originaire de l'Oise. C'est son mari, Edmond Adam, né au Bec-Hellouin, le journaliste et homme politique, d'opinions républicaines, qui eut quelque célébrité entre 1870 et 1875, c'est Edmond Adam qui était parent de la famille Assire.

Ajoutons, enfin, que Pierre-Edmond Assire, l'aïeul du dernier Edmond, eut un frère prénommé Amand, à qui échut la maison de famille, ancien manoir ou gentilhommière, sise au Gros-Theil; cet Amand Assire n'a pas laissé de postérité masculine. Pierre-Edmond se fit bâtir une nouvelle maison dans la même commune; elle est restée aux mains de ses descendants (1).

(1) Cf. Heullant, *Monographie de la paroisse Saint-Georges-du-Theil* (s. d., in-8°), ch. IX; l'auteur s'est laissé partiellement prendre aux supercheries du vicomte de Poli. — *Le Gros-Theil pendant la Révolution*, par Ch. Leroy (Neubourg, 1901, in-12).

H. — Alfred LE VERDIER

(1825-1885)

Cinquième fils, Alfred est né rue Malpalu, à Rouen, le 4 juin 1825.

A la différence de ses frères, il ne figure pas aux palmarès du Lycée. Esprit indépendant, énergique, il fit cependant de bonnes études, mais à sa manière et suivant son goût. Particulièrement épris des choses réelles et tangibles, les sciences mathématiques, physiques et mécaniques l'attiraient : il fut, après sa sortie des classes, l'un des élèves et amis de l'éminent professeur Girardin, de Rouen.

Demeuré célibataire, il garda sa résidence chez sa mère, tant à Rouen qu'à Belmesnil, jusqu'à la mort de celle-ci, en 1871, et géra ses propriétés.

Il se livrait à l'agriculture, et il acheta, en 1859, le domaine de Charlemesnil, sis à Manéhouville et Anneville-sur-Scie, pour le cultiver lui-même, tout en demeurant à Belmesnil. Il s'y rendait chaque jour, y passait la journée entière, occupé non seulement de la surveillance de son exploitation, mais encore de la direction des travaux considérables qu'il y exécuta, et qui remplirent sa vie jusqu'à ses derniers jours.

Véritable architecte, sans diplôme, il ne cessa, pendant vingt-cinq ans, de se livrer à la construction, aux travaux d'eau, aux terrassements. La vieille ferme de Charlemesnil, établie au voisinage des ruines de l'ancien château-fort du lieu, réclamait d'importantes restaurations : il la supprima et en créa une nouvelle sur le coteau voisin. Le marécage, reste des eaux qui baignaient et enveloppaient le château féodal, fut comblé. Le moulin à huile, disposant d'une faible force hydraulique, fut remplacé par un vaste bâtiment à destination industrielle, muni d'une remarquable chute d'eau, qui n'attendait plus qu'une turbine. Les chemins étaient redressés, les terrains nivelés, des ponts étaient élevés sur la rivière ou élargis. Enfin, il se prépara une habitation nouvelle en ce domaine de Charlemesnil ; c'est l'élégante construction de pur style Louis XIII, que l'on voit dans la prairie, face au chemin de fer, et dont il fut, comme de tous ses autres travaux, l'unique architecte et entrepreneur, concevant et dessinant les plans et modèles, procurant les matériaux, et dirigeant leur emploi comme un chef de chantier. N'était-il pas, du reste, habile dans tous les arts manuels, dont il savait manier l'outil avec adresse, qu'il s'agît de celui du serrurier ou mécanicien, de celui du charpentier, du menuisier, de l'artisan du fer ou du bois. Entreprendre, exécuter des travaux, c'était, comme il disait, sa manière d'employer un revenu qui dépassait ses besoins ; donner du travail aux ouvriers de son pays, c'était, disait-il, s'acquitter d'un devoir que lui imposait sa fortune, et sa manière de faire l'aumône.

Brun, le visage coloré, le front haut, portant la barbe entière, Alfred Le Verdier était un homme de petite taille, trapu, vigoureux, d'une rare force musculaire, ne craignant ni la fatigue, ni les longues marches, ni les exercices physiques, du moins jusqu'autour de sa cinquantième année. Au moral, il était non moins énergique, volontaire, sûr de lui-même, d'opinions fermes et arrêtées ; républicain de 1848, il avait donné sa voix à Cavaignac contre le prince Louis-Napoléon, et se vantait de n'avoir plus jamais pris part à aucun scrutin, n'ayant plus rencontré de candidats qui lui convinssent, et répudiant d'ailleurs le suffrage universel mal éclairé et fâcheusement introduit dans notre Constitution. Libre penseur, il bornait son *credo* à la croyance en l'existence d'un Dieu. Et cet homme, d'un naturel plutôt rude, fut, dans sa vie et ses mœurs, le plus simple du monde, dans les relations, parfaitement affable.

Il fut le fils le plus dévoué et le plus aimant de sa mère, le frère le plus affectueux, le meilleur des oncles. Retiré dans sa maison d'Anneville, son bonheur était d'y recevoir les siens, en particulier sa sœur, Mme Assire, qui y faisait de longs séjours, ou ses neveux qui y accouraient pendant leurs vacances, tant ils s'y trouvaient gâtés et bien accueillis. Je ne veux pas manquer d'écrire ici combien nous avons aimé notre oncle Alfred, et combien il a été bon pour nous.

Sa vie s'écoula pendant vingt-cinq ans dans cette propriété de Charlemesnil qu'il avait transformée et qu'il adorait. A la mort de sa mère, en 1872, il ne voulut garder sa résidence à Belmesnil que pendant le temps qu'il lui fallut pour approprier et se faire une demeure dans l'ancienne maison de sa ferme, et il habita celle-ci près de dix ans, jusqu'à ce qu'il eût achevé, à petites journées, la construction de la maison que tout autre que lui eût qualifiée château, considérant ses proportions et la richesse de ses matériaux extérieurs et intérieurs (1).

Rigide et régulier dans ses habitudes, naturellement austère et sans besoins, d'une frugalité exemplaire, je crois bien que son cigare ou sa pipe furent la seule jouissance qu'il s'accorda. La lecture d'un journal républicain, quelques livres d'architecture, quelques volumes de la collection Cazin, qu'il avait héritée de son frère Eugène, remplissaient ses soirées, qui étaient courtes, d'ailleurs, parce que pour lui la journée commençait tôt. Un cheval, une voiture, deux domestiques, furent tout son train de maison. Des voyages de Charlemesnil à Dieppe, à Rouen, ou à Belmesnil furent presque ses uniques déplacements.

Au printemps de 1885, il fut frappé d'une congestion cérébrale. Aucun de ses membres ne fut paralysé; ses facultés intellectuelles seules furent atteintes. Privé de la parole, ayant perdu le sens et la compréhension des mots, il était isolé auprès de ceux qui l'entouraient; malgré des efforts pour communiquer sa pensée qui s'était comme retirée en lui, n'exprimant plus que des sons dépourvus de sens, sourd aux signes qu'on tentait de lui faire comprendre, essayant vainement de former des caractères d'écriture, n'ayant plus la notion des actes de la vie journalière, agité dès qu'on l'approchait, l'air triste, pensif, absorbé, quand il était ou se croyait seul, il subissait le plus affreux supplice moral. On eût dit que cette intelligence, cette raison humaine qu'il avait portée si haut, dont il avait fait sa foi, avait seule été ébranlée comme pour lui en montrer la fragilité. Après six mois passés dans ce douloureux état, notre pauvre oncle succomba le 25 décembre 1885, terrassé en quelques heures par une seconde congestion. Son corps fut porté à l'église d'Anneville, où fut célébré le service religieux, et de là au cimetière de Belmesnil, où il repose dans la sépulture de famille.

I. — Léon LE VERDIER
(1826)

Neuvième et dernier des enfants de Pierre-Jean Le Verdier et de Madeleine-Euphrosine-Prudence Le Pape, Léon Le Verdier naquit aussi en leur demeure de la rue Malpalu; il est mort en bas âge.

Belmesnil, octobre 1920.

(1) Outre le riche appareil en pierre et briques de la construction extérieure, on peut noter que les murs sont entièrement couverts à l'intérieur de lambris en chêne au rez-de-chaussée, en sapin au premier étage. L'escalier, droit, est orné d'une rampe à balustres en bois de noyer, etc.

Dixième degré :

Pierre-Thomas-Narcisse Le Verdier, né en 1812, † en 1887,
= 1851, Mélanie de Piperey de Marolles, née en 1830, † en 1874.

Onzième degré :

1	2	3	4	5	6	7
Elisabeth-Marie, née et † en 1852.	Jacques-Pierre, né 1854, = 1881, Marguerite Rondeaux, † en 1909.	Elisabeth-Marie, née 1855.	Eugène, né 1856, † 1872.	Amédée, né 1859. = 1888.	Marthe, née 1867, = 1886, Henri Hebert de Beauvoir.	Mélanie, née 1872, = 1891, Adrien Bézuel Le Roux d'Esneval.

DIXIÈME DEGRÉ

Pierre-Thomas-Narcisse Le Verdier.

Mon père est né à Rouen, le 29 octobre 1812, au domicile de ses parents, alors rue Eau-de-Robec, n° 34; il fut baptisé le 1er novembre suivant, en l'église Saint-Vivien; il eut pour parrain et marraine Thomas Le Pape, son aïeul maternel, et Marie-Catherine Masse, son aïeule paternelle.

Il fit ses études au Lycée de Rouen, alors appelé collège royal. En ce temps-là, chaque classe comptait quatre-vingts et cent élèves : occuper le premier rang n'était guère aisé; il arriva à mon père une fois d'être le premier dans une composition. En 1827, il était dans la classe de cinquième, et il figure au palmarès pour le premier accessit de thème latin; en 1829, en quatrième, il obtient le quatrième accessit de thème. Il était, en 1827, conduit par la pension Vallée; en 1829, il est pensionnaire au collège. Parmi ses camarades de classe, je rencontre Louis de Beauvoir, qui deviendra son cousin, Armand Le Bourgeois, le futur député de Dieppe, Victor Toussaint, l'avocat et bibliophile havrais, Eugène Izarn, Auguste Davranche, Emard Baudry, bien connus à Evreux ou à Rouen, etc. Tout près de lui était Eugène, son frère, d'un an plus jeune, qui fut toujours son camarade, ainsi que je l'ai dit déjà : réunis dans la même chambre chez leurs parents, associés dans les mêmes jeux, dans les mêmes vacances chez leurs cousins Paquet, chez leur tante Burel à Aubermesnil, dotés ensemble par leur père d'un commun cheval quand ils furent adolescents; tous les deux, d'ailleurs, doués des mêmes goûts sportifs, réputés également au collège pour leur agilité, furent élevés et vécurent dans une particulière intimité.

Pierre-Narcisse Le Verdier ne conduisit pas ses études au delà de la classe de seconde. C'est en 1829 ou 1830, il était alors dans sa dix-huitième année, que ses parents jugèrent bon de le mettre aux affaires. La santé de son père s'était altérée, il était temps de préparer à celui-ci un auxiliaire, et le fils entra dans le bureau paternel. La carrière commerciale devint ainsi la sienne, et ce ne fut pas, au cours de sa vie, sans jeter un coup d'œil du côté des lettres et des arts. Son frère Edouard le rejoignit quelques années plus tard dans la maison de commerce de leur père; quand celui-ci vint à décliner, un acte sous seings privés du 26 décembre 1839 constitua entre eux et leur père la société en commandite « Le Verdier frères et Cie. J'ai donné *supra*, p. 147, l'économie de l'acte. Après la mort de leur père, en 1842, les deux frères prirent la maison à leur compte en nom collectif, sous la même raison sociale, et ils la gérèrent ainsi jusqu'à leurs derniers jours. Il est inutile de dire qu'avec eux la maison prit un grand développement. Vers 1875, par exemple, on faisait un et plusieurs millions d'affaires par mois; les cotons en laine ou filés en étaient le principal objet, mais, plus d'une fois aussi, on occupa des capitaux en opérations sur les indigos, les cuivres, et même les blés étrangers. Suivant l'exemple paternel, on commanditait des industriels, filateurs de coton, et la maison devenait le consignataire de leurs produits : Octave Fauquet, à Oissel, dont on prit l'établissement à l'expiration de la Société, Cléry Fauquet, dans la vallée d'Andelle, Guillou, à Rouen, Cléris et précédemment Quesnel à Torcy, etc.

La vie commerciale n'empêcha pas mon père de se répandre dans le monde. Jeune et célibataire, il se livrait volontiers aux exercices du cheval et de la chasse; il était excellent cavalier et médiocre tireur. Adhérent à l'aristocratique cercle rouennais qu'on appelait le cercle Saint-André, il y noua de nombreuses relations. Je ne l'ai connu que déjà avancé en âge, encore svelte et distingué, mais je sais que plus jeune il était aimable, gai, causeur, sachant recevoir, toujours distingué avec une certaine sévérité dans sa tenue.

Mon père approchait de la quarantaine et n'était pas encore marié. Il avait rencontré dans le monde Mlle de Piperey, dont la beauté et le charme et les belles qualités de cœur et d'esprit le séduisirent : il la demanda en mariage et fut agréé. L'union fut célébrée en l'église Saint-Godard de Rouen, le 12 août 1851 : le consécrateur fut l'abbé Marc, chanoine honoraire de Bayeux, ami de la famille de Piperey. L'épouse, orpheline de père, fut conduite à l'autel par Gabriel de Piperey, son frère, et l'époux par sa mère.

Le mariage avait été précédé d'un contrat reçu par M[e] d'Eté, notaire à Rouen, le 26 juillet. Les époux adoptaient le régime dotal pur, sans société d'acquêts, ce qui explique qu'il n'y est fait aucune mention des apports de l'époux, mais seulement de ceux de l'épouse. De celle-ci les apports consistaient, outre son trousseau, en une rente de 3.000 francs annuelle que lui constituait sa mère, rachetable par un capital de 60.000 francs. C'est par un sentiment de délicatesse, je le sais, que ma grand'mère voulut ce régime un peu exceptionnel; l'époux était beaucoup plus riche que l'épouse, il était vraisemblable que son négoce devait l'enrichir encore : Mme de Piperey crut que son gendre devait garder pour lui seul les produits de son travail (1).

Mlle de Piperey de Marolles, née à Marolles le 29 juillet 1830, était une personne accomplie, belle femme, aux jolis traits, je l'ai dit déjà, modèle de distinction et en même temps de simplicité, femme du monde, musicienne et d'une belle éducation. Elle était âgée de vingt et un ans, son mari avait près de dix-huit ans de plus qu'elle; aucun ménage ne fut jamais plus uni et plus parfaitement heureux. Et pourtant, indépendamment de leurs âges, que de différences ! Ma mère était d'une très grande piété; mon père, comme l'étaient souvent les hommes de son temps, comme on l'était dans sa famille, avait été un indifférent en matière religieuse. Ma mère était d'une race ancienne et noble, avec l'éducation, les sentiments, les relations de la noblesse légitimiste, avec quelques préjugés, si l'on veut, de l'ancien régime; mon père était d'une famille nouvellement grandie, douée sans doute d'une longue lignée, mais d'une lignée roturière. Mais tous deux avaient la même élévation de sentiments et d'esprit, si bien que, partis de deux points différents, ils se rencontrèrent, pourrait-on dire, comme à mi-chemin, et confondirent dans une unité absolue leurs goûts, leurs pensées, leurs aspirations, leurs opinions, ma mère adoptant

(1) J'ai raconté, dans mon *Histoire* manuscrite de la famille de Piperey, la catastrophe financière qui s'abattit peu d'années après ce mariage sur ma grand'mère, catastrophe vers laquelle celle-ci, avec un extraordinaire aveuglement, s'acheminait depuis longtemps, sans s'en être jamais rendu compte.

dans tout ce qu'elles ont de légitime les idées modernes, mon père se rapprochant de la religion et venant insensiblement à la pratiquer et, dans l'ordre civil, s'attachant aux traditions monarchiques. Il est superflu de constater que la société qu'ils fréquentèrent fut la meilleure de Rouen, celle d'ancien régime, celle aussi de régime nouveau, la première davantage peut-être.

Le Verdier   Me Leverdier née de Piperey

Ma mère entrait toute jeune dans un monde un peu nouveau pour elle, bien accueillie sans doute de ses beaux-frères et belles-sœurs; il y eut pourtant au premier moment quelques réserves; l'un de ses beaux-frères, d'esprit froid et de cœur sec, ne craignit pas de lui dire : « Nous vous avons reçue, mais nous n'avons pas reçu votre famille ». Que faire ? S'imposer par ses vertus. Ma mère, avec un tact parfait, avec une bonté exquise, se fit à tout, si bien qu'elle ne tarda pas à se faire chérir de sa belle famille et sut « apprivoiser les moins bien disposés ». J'ai recueilli ce propos dans ma famille même.

Les nouveaux époux fixèrent leur domicile rue Alain-Blanchard, au n° 10, à l'angle du boulevard, non loin de cette rue du Coquet, où demeurait Mme de Piperey, rue supprimée aujourd'hui, aboutissant au portail de l'église Saint-Godard, dont il ne reste que quelques maisons sises à l'alignement nord de la moderne rue Restout. Les mois d'été se passèrent à la campagne, dans l'intérêt des maternités. L'été de 1856 vit la jeune famille installée dans une humble maison environnée d'un jardinet, à Notre-Dame-de-Franqueville, au delà de Bonsecours. Ensuite, ce fut au Boisguillaume, sur la route de Neufchâtel, vis-à-vis de la vieille ferme ou gentilhommière des seigneurs du lieu, qu'on s'établit en une propriété qui possédait une bonne maison avec un très vaste jardin entouré de prés : mais ces lieux se sont, depuis, couverts de villas. Les enfants étant venus en effet, et nombreux, il sembla qu'on dût toute l'année laisser la ville : en 1859, M. et Mme Le Verdier allèrent habiter, *extra muros*, la maison qu'on connaît sous le nom de château Campuley, à l'intersection des rues dites rue de Campuley et rue Bouquet, grande maison bizarrement conçue, formée de l'assemblage de quatre larges tourelles, éloignée alors de l'agglomération urbaine, située en ce temps-là presque à la campagne, accompagnée devant et surtout par derrière d'une belle étendue de jardins où les babys pouvaient s'ébattre et remplir leurs poumons d'air sain. On y resta jusqu'en 1880 (1).

Mais, en 1865, mes parents avaient reconnu que le jardin du château Campuley, si grand qu'il fût, ne suffisait plus pour récréer des enfants, des garçons, dont l'aîné avait dépassé sa onzième année, et mon père acheta au Boisguillaume, dans la partie dite le hameau des Cottes, sur le bord de la route dite de Maromme à Darnétal, une propriété d'une contenance d'environ cinq hectares, comprenant, avec une maison d'assez grande dimension, des jardins et des herbages; deux jardiniers produisaient des fleurs, des légumes, des fruits en abondance; on avait vaches et basse-cour. On allait bien tous les ans passer quelques jours à Belmesnil, chez l'aïeule, au temps notamment de l'ouverture

(1) En cette année, mon père transporta sa résidence de ville au boulevard Cauchoise, n° 8.

de la chasse, mais c'est dans ce Boisguillaume que les enfants grandirent et passèrent leurs vacances. Ajoutons ce détail, à l'appui du système d'éducation adopté pour eux : on était assez près de la ville pour que tous les deux jours un professeur vint donner ses leçons et corriger des devoirs dits de vacances. Mon père vendit cette propriété en 1872, dès qu'il eut recueilli, à la mort de ma grand'mère, le château et la terre de Belmesnil.

Quel bonheur ce fut pour lui de posséder ce cher Belmesnil, le domaine paternel auquel l'attachaient la vieille tradition familiale (cela est vrai au moins pour la ferme venue des aïeux), les souvenirs de son enfance, ceux de toute sa vie ! Et quel bonheur ce dût être pour lui de donner une terre à sa femme, de refaire châtelaine la fille des anciens seigneurs de Marolles ou de Thibouville, qui avait vu, dans les malheurs des temps, s'évanouir tous les domaines de ses ancêtres. Hélas ! les jours heureux durèrent peu.

En cette même année 1872, le 20 janvier, un deuil cruel s'abattit sur nos parents. Ils perdirent un fils, âgé de quinze ans, mon frère Eugène, et ce fut une douleur dont mon père ne s'est jamais relevé. Deux ans après décédait ma mère, âgée seulement de quarante-trois ans. Ses nombreuses maternités avaient déterminé chez elle des accidents ; à plusieurs reprises, en 1863, en 1873, elle avait éprouvé de graves péritonites ; la même maladie l'enleva le 19 mars 1874, après plusieurs semaines d'affreuses souffrances. Mon père en demeura atterré et inconsolable.

Accablé de ces deux chagrins, il se confina dans sa maison de Rouen et sa résidence de Belmesnil, renonçant à toutes ses relations, s'éloignant même de toute réunion de famille. Cependant, il reprit le cours de ses occupations commerciales, mais désormais sa visite quotidienne à sa maison de commerce, l'administration de ses propriétés, l'éducation de ses enfants de ses tout jeunes enfants, qu'aidèrent ses deux aînés, remplirent exclusivement sa vie.

Mon père n'a rempli aucune fonction publique ; il n'eut même pas la tentation d'être maire de Belmesnil. Ses jours se sont écoulés dans la paix du foyer domestique, uniformes, loin du bruit, loin des honneurs. Il a servi, comme tout Rouennais, dans la garde nationale ; il a appartenu à la garde à cheval et il faisait partie de ce peloton qui, lors des émeutes de Rouen en 1848, envoyé en reconnaissance à Petit-Quevilly, passa un mauvais quart d'heure, se voyant enveloppé par la multitude des ouvriers insurgés, et ne dut son salut qu'à l'intervention de M. Malétra, le directeur populaire des grands établissements de ce nom. Il accepta de faire partie du Conseil des Directeurs de la Caisse d'épargne de Rouen, fonction à laquelle l'appela une délibération du Conseil municipal de la ville en date du 25 janvier 1856 et il se retira en 1878. Je l'ai vu plusieurs fois délégué au jury criminel de Rouen. Il siégea aussi pendant un bon nombre de semaines, vers 1861, au jury d'expropriation convoqué en vue de l'ouverture des rues de l'Impératrice et de l'Hôtel-de-Ville, dites maintenant rues Jeanne-d'Arc et Thiers. Voilà toute sa participation aux affaires publiques.

C'est en 1872, par l'effet du partage de la succession de Mme Le Verdier, sa mère, morte le 4 décembre 1871, que mon père fut mis en possession de la terre de Belmesnil. La masse à partager entre les six enfants survivants atteignait presque onze cents mille francs. Belmesnil comprenait le château, ses réserves et la ferme en dépendant, pour une contenance ensemble de cent quatre hectares et demi environ, et la vieille ferme patrimoniale, d'une superficie de quatre-vingt-dix-sept hectares environ. L'attribution du tout fut faite à Pierre-Narcisse par le prix de 660.000 francs (acte reçu le 22 juillet 1872 par Thommeret, notaire à Rouen). Un accord verbal avec ses cohéritiers porta ce prix à 720.000 francs.

Mon père n'a fait à Belmesnil qu'une seule acquisition immobilière, celle d'un petit bois taillis contigu aux futaies du château, ne contenant que soixante-trois ares et qui lui fut adjugé le 13 mai 1873 par le prix de 2.650 francs.

Le château, ainsi que je l'ai exposé ci-dessus, page 154, ne comprenait qu'un rez-de-chaussée, sur caves, coupé d'un entresol dans la partie nord, et surmonté d'un étage mansardé. Depuis longtemps, il y avait des projets d'agrandissement; on prévoyait la construction d'un étage au-dessus duquel aurait été reporté l'étage mansardé; des plans furent préparés en 1873, la mort de ma mère les fit abandonner. Plus tard on y revint : j'étais marié, mes sœurs pouvaient d'un jour à l'autre se marier à leur tour; le château devenait trop petit. Mon père se résolut à construire. Les travaux furent entrepris en 1884; ils furent continués et s'achevèrent au cours des années 1885 et 1886. La dépense s'éleva à 118.000 francs, en ce compris, pour 6.000 francs, les honoraires de l'architecte. Les gros travaux, maçonnerie, charpente, couverture, menuiserie, peinture, coûtèrent la somme de .... 91.000 francs environ.

La serrurerie	2.350	—	—
La fumisterie	2.500	—	—
Les glaces et tentures........................	3.600	—	—
Les marbres et pavages........................	3.700	—	—
La zinguerie et plomberie (épis)..............	2.500	—	—
La réfection des perrons......................	5.300	—	—

J'ai donné quelques détails sur la distribution intérieure, la primitive et la nouvelle, dans mon cahier manuscrit d'éphémérides, intitulé *Journal commencé en août 1898.*

La possession de Belmesnil, les séjours dans ce pays des ancêtres furent une des consolations de mon père durant sa vieillesse. Il y résidait l'été et y faisait aux autres saisons de fréquents voyages. Pourtant, il n'y prenait d'autres soins que ceux de l'administration du domaine; les visites aux fermiers, la contemplation des travaux agricoles, la surveillance de quelques ouvriers occupaient ses loisirs. Il ne fit pas valoir. Mais, en 1886, après la mort du fermier Pierre Susmets, dans un temps de crise agricole où la recherche d'un nouveau fermier pouvait être malaisée, et peut-être un peu d'atavisme aidant, malgré son âge, malgré une santé chancelante, il entreprit de cultiver les quatre-vingt-dix-sept hectares de la ferme Verdier. La mort ne lui permit de voir que la première récolte.

A l'église paroissiale, mes parents ont fait quelques dons : en 1872, à l'occasion de leur arrivée, quelques ornements; en 1878, la restauration des deux anciennes verrières du chœur; en 1882, le renouvellement complet de la peinture du chœur. Je ne saurais dire quelles furent les charités de mon père; à Rouen, il souscrivait à la plupart des œuvres; à Belmesnil, il faisait à l'automne des distributions aux indigents, bois, vêtements, chaussures, etc., et, toute l'année, du pain aux plus pauvres.

Mon père est mort à Belmesnil, à l'âge de soixante-quinze ans, le 4 novembre 1887. Depuis un long temps, il était atteint d'une grave maladie chronique, qui lui donnait depuis une dizaine d'années de fréquentes crises. Avec la vieillesse le mal s'aggrava; c'est à une crise plus violente qu'il succomba, malgré le secours d'un chirurgien appelé de Paris. Ses obsèques furent célébrées à Belmesnil le 7 novembre, puis le lendemain à Rouen, en l'église Sainte-Madeleine. Il est inhumé au Cimetière Monumental de cette ville.

Ne voulant pas que des compétitions (et certes elles n'étaient pas à craindre) pussent se produire à Belmesnil comme celles qui l'affligèrent au temps de la mort de sa mère, il voulut en assurer la transmission. Dans un testament olographe du 27 novembre 1884, déposé après sa mort, au rang des minutes de M^e^ Le Cointe, notaire à Rouen, il exprima la volonté que ce domaine passât à son fils aîné; ce fut sa seule disposition. Sa succession fut liquidée par les soins de Me Courcelle, notaire à Rouen (1) ; la liquidation s'opéra en justice, car mon père laissait une enfant mineure. La masse partageable s'élevait à 4.922.868 fr. 83, en ce compris le château de Belmesnil, ses réserves et la ferme en dépendant, évalués à 426.809 par experts, mais non compris la ferme patrimoniale attribuée au fils aîné par un préciput testamentaire.

Ma mère était prédécédée le 19 mars 1874, enlevée par une péritonite, la seconde ou la troisième dont elle fut atteinte après la naissance de son dernier enfant, né en 1872. Elle repose au Cimetière Monumental, à Rouen, auprès de son mari et du fils qu'ils perdirent cette même année 1872. Cette sépulture est située dans le carré E.

De grande taille, un peu forte, ma mère était une jolie et distinguée personne. Des yeux bruns, le nez bourbonien, la bouche petite, un teint éclatant de fraîcheur, lui composaient un beau visage; un doux regard, une bouche prête au sourire donnaient à sa physionomie un air de gracieuse bienveillance. A ce portrait, il faut ajouter qu'elle avait des mains de madone. Jolie au temps de son mariage, j'ai entendu dire qu'elle ne fût jamais plus belle qu'à l'époque de sa trente ou trente-cinquième année.

Cette beauté serait peu si ne s'y étaient jointes les plus belles vertus : la bonté affable, la bienveillance, le dévouement à tous, aux siens, aux pauvres femmes qu'elle visitait dans les quartiers les plus déshérités de Rouen (2), la soumission active et ferme aux soins de son ménage, à la tenue de sa maison, une grande piété dont elle savait allier les exercices avec ses obligations mondaines. Malgré la naissance et l'éducation de sept enfants, elle savait, sans que rien en pâtît, s'acquitter de ses devoirs de société; j'ai souvenir des visites nombreuses qu'elle recevait à son jour de réception, de ses nombreuses relations, et c'est un signe de l'estime et de l'affection qu'elle inspirait. Ses amies les plus intimes furent Mmes de Civille, de Lestang, de Roubin, de Suzanne; je ne parle pas de sa famille, où tous l'affectionnaient, ses sœurs, son frère, ses nièces et contemporaines d'âge, Alix de Couespel, née de Varin, et Léonie de Petiville, née de Couespel, ses cousines Antoinette Dulong, Juliette de Grieu, nées de Boishébert, de Neuville, née Le Bas de Bultot, et bien d'autres.

Que dirais-je de l'épouse ? Mes parents s'adoraient. De la mère ? Y eut-il mère plus attentive aux soins et à l'éducation de ses enfants ? Vous qui me lirez et pour qui j'écris, mes enfants, ne croyez pas que mon affection de fils m'inspire une peinture flattée de votre grand'mère. Je vous aurai prouvé ma sincérité en vous disant qu'elle fut en toutes choses l'égale de votre mère bénie. Et je terminerais volontiers ces pages, écrites à la mémoire de mon père et de ma mère, en empruntant ces lignes de Pasteur : « ..... J'ai repassé dans ma mémoire toutes les marques d'affection de mes parents..... ; leurs enfants ont été leur constante préoccupation. Je leur dois tout; ils m'ont donné l'habitude du travail et l'exemple de la vie loyale..... Je suis heureux de penser que j'ai pu leur donner quelques satisfactions..... » (3)

(1) Les actes reçus par ce notaire portent les dates du 24 novembre 1887 (inventaire), 31 mai 1888 (procès-verbal d'ouverture de liquidation), 27 juillet (état liquidatif), 25 octobre (dépôt des pièces pour homologation). Le tribunal civil de Rouen homologua la liquidation le 1er août 1888.

(2) Elle fut élue dame de la *Société de charité maternelle* en 1854, au lieu de Mme de Piperey, sa mère, qui avait appartenu à cette Société de 1849 à 1854, et on lui affecta le quartier Saint-Hilaire, qu'elle garda jusqu'à sa mort.

(3) Lettre à sa femme, juin 1865 (R. Vallery-Radot, *La Vie de Pasteur*, Hachette, 1907, pp. 146-147).

M. et Mme Pierre-Narcisse Le Verdier ont eu de leur mariage sept enfants :

Onzième degré :

1° Elisabeth-Marie-Madeleine Le Verdier, née à Rouen, le 8 juin 1852, et morte le 2 août suivant. Elle fut inhumée dans le cimetière dit de Lille, à Rouen, cimetière supprimé et disparu aujourd'hui;

2° Jacques-Pierre-Gabriel Le Verdier, né à Rouen le 8 mars 1854, docteur en droit, etc. Marié le 19 juillet 1881, en l'église Sainte-Madeleine de Rouen, à Joséphine-Marie-Marguerite Rondeaux, née à Bolbec (Seine-Inférieure), le 7 juin 1857, fille de Edouard-Henry Rondeaux et de Joséphine-Marie-Lucile Keittinger, et décédée à Rouen le 16 novembre 1909;

3° Elisabeth-Marie-Madeleine-Mélanie Le Verdier, née à Rouen le 30 juillet 1855, célibataire;

4° Eugène-Narcisse-Louis Le Verdier, né à Rouen le 15 novembre 1856, décédé à Rouen le 20 janvier 1872; inhumé au Cimetière Monumental de Rouen, auprès de ses parents;

5° Thomas-Amédée-Ernest-Emile Le Verdier, né à Rouen le 25 mars 1859. Marié en 1888, il a postérité;

6° Marthe-Françoise-Mélanie Le Verdier, née à Rouen le 7 janvier 1867. Mariée à Rouen le 27 juillet 1886, en l'église Saint-Godard, à Marie-Charles-Louis-Henri Hébert de Beauvoir du Boscol, né à Héricourt-en-Caux le 15 janvier 1861, alors sous-lieutenant au 23e Régiment de Dragons, fils de Charles-Augustin-Louis Hébert, comte de Beauvoir du Boscol, et de Marie-Caroline-Amélie Desponty de Sainte-Avoye. De leur mariage sont nées quatre filles : Elisabeth, Amélie, Marie-Thérèse, Hedwige. L'aînée seule est mariée, la quatrième est morte à l'âge de dix-sept ans, à Belfort, le 7 avril 1910;

7° Mélanie-Marie-Pauline Le Verdier, née à Rouen, le 6 mars 1872. Mariée à Rouen, en l'église Saint-Maclou, le 26 octobre 1891, à Adrien-Marie-Antoine-Alexandre Bezuel Le Roux d'Esneval, baron d'Esneval, né à Rouen le 15 juin 1863, fils de Adrien-Marie-Roger Bezuel Le Roux d'Esneval et de Marie-Caroline Dumesnil. De leur mariage sont nés quatre enfants : Aurée, Roger, Pierre et Françoise; Aurée est décédée, le 8 août 1907, à l'âge de quatorze ans.

Les cinq premiers sont nés rue Alain-Blanchard n° 10; les deux derniers au château Campuley (25, rue Bouquet).

Jacques-Pierre-Gabriel Le Verdier et Joséphine-Marie-Marguerite Rondeaux ont eu six enfants :

Douzième degré :

1° Marie-Mélanie-Joséphine Le Verdier, née à Rouen le 29 janvier 1883; célibataire;

2° Jeanne-Marie-Marguerite-Magdeleine Le Verdier, née à Rouen le 28 novembre 1884; morte à Pau le 24 décembre 1899; inhumée au Cimetière Monumental, à Rouen, dans le caveau de ses parents;

3° Madeleine-Françoise-Marie Le Verdier, née à Rouen le 25 mai 1886. Elle a épousé, le 9 août 1921, en l'église de Belmesnil, Ernest-Armand Le Liepvre, né à Paris le 15 janvier 1885, fils de feu Maurice-Charles Le Liepvre et de feu Marie-Victorine Liégeard;

4° Henriette-Marie-Elisabeth Le Verdier, née à Belmesnil le 15 juillet 1888. Elle a épousé, le 3 décembre 1910, en l'église de Belmesnil, Jacques-Firmin-François-Louis de Chastenet d'Esterre, fils de Gabriel-François-Louis, comte de Chastenet d'Esterre, et de Marie-Berthe Rocher; né à Paris le 1er octobre 1879.

5° Pierre-Henri-Marie Le Verdier, ingénieur civil (Facultés catholiques de Lille), est né au Houlme le 7 juillet 1892. Il a épousé, le 27 avril 1921, en l'église Saint-Jean-Baptiste à Roubaix, Yvonne-Léonie-Victorine-Marie-Joseph Motte, née le 24 mars 1898, fille de Léon Motte et d'Yvonne Scrépel, de Roubaix;

6° Marie-Hedwige-Agnès Le Verdier, née à Rouen le 26 janvier 1898. Elle a épousé, le 18 octobre 1919, en l'église de Belmesnil, Maurice Thillaye du Boullay, ingénieur civil des mines, décoré de la croix de guerre, fils de Raymond Thillaye du Boullay et de Marie-Louise Véron-Duverger, né à Rouen le 23 juillet 1897.

Rouen, décembre 1923.

Jean-Pierre FOTREAU

Confesseur de la Foi.

Jean-Pierre Fotreau.

Confesseur de la Foi.

*Mme Le Verdier, ma grand'mère, était fille de Thomas Le Pape et de Prudence Fotreau, ainsi qu'on l'a vu au cours de l'*Histoire *qui précède. On a lu aussi que deux frères de sa mère, ses oncles, furent prêtres : François-Guillaume Fotreau, décédé curé de Saint-Germain des Essourts en 1843, et Jean-Pierre Fotreau, décédé curé de Rançon en 1821.*

Celui-ci avait été carme déchaussé; il fut déporté à Rochefort en 1794 et survécut aux souffrances des sinistres pontons. La mémoire de ce confesseur de la Foi mérite d'être gardée, et j'extrais la notice qui suit de l'histoire que j'ai écrite des familles Le Pape et Fotreau.

JEAN-PIERRE FOTREAU

en religion : Frère Laurent de Saint-Dominique,
carme déchaussé,
Confesseur de la Foi,
1753-1821.

Fils de Pierre-Michel Fotreau, maître toilier, bourgeois de Rouen, et de Marie-Prudence Pinel, Jean-Pierre Fotreau est né en leur maison de la rue des Canettes, le second de onze enfants, le 10 mars 1753. Il fut baptisé le surlendemain en l'église Saint-Maclou. Son parrain fut Jean-Louis Le Bouteiller, maître toilier, son oncle maternel, marié à Marie-Rose Fotreau, et sa marraine, Marie-Anne Le Maistre, veuve de Denis Pinel, maître toilier, sa grand'mère maternelle.

Né d'un toilier, Jean-Pierre Fotreau fut d'abord toilier, travaillant comme ouvrier chez et avec son père au métier à la main que ces petits artisans possédaient chez eux. En 1782, il est témoin au mariage de sa sœur, Rose-Prudence Fotreau, avec Thomas Le Pape, et l'acte indique ainsi sa profession, « maitre toilier, demeurant rue des Canettes » : maître, soit parce qu'il en a obtenu le brevet à la suite de son compagnonnage, soit en vertu du privilège que possédaient les fils de maîtres d'obtenir le brevet sans justifier de leur apprentissage.

Cependant, la vocation religieuse le guettait. Il entra comme novice ou postulant au couvent des Carmes déchaussés de Rouen; puis il fut reçu profés et prit le nom de frère Laurent de Saint-Dominique. En 1788, il fut promu aux ordres mineurs par l'archevêque de Rouen. En voici l'attestation d'après une copie conservée aux archives de la Seine-Inférieure, et tout entière écrite de la main de Jean-Pierre Fotreau lui-même :

Dominicus de La Rochefoucauld, miseratione divina sanctæ romanæ ecclesiæ presbyter cardinalis, archiepiscopus rothomagensis, Normanniæ primas, abbas, caput, superior generalis et administrator perpetuus sacræ abbatiæ et totius ordinis cluniacensis, nec non regii ordinis sancti Spiritus commendator, etc., Universis præsentes litteras inspecturis salutem et benedictionem in Domino.

Notum facimus quod, anno Domini millesimo septingentesimo octogesimo octavo, sabbato ante dominicam Passionis octava mensis martii, in sacello palatii nostri archiepiscopalis rothomagensis, sacros ordines et missam in pontificalibus celebrantes,

Dilectum nostrum fratrem Laurentium, alias Joannem Petrum Fotréau clericum expresse professum ordinis fratrum carmelitorum discalceatorum, debite præsentatum, capacem et idoneum in examine repertum, ad acolytatum cæterosque minores ordines, rite et canonice, Deo juvante, promovendum duximus ac promovimus. Datum Rothomagi in palatio nostro archiepiscopali, die et anno supra dictis.

+ D. Cardlis De La Rochefoucauld, archiepiscopus rothomagensis.

De mandato, Baroche.

Registré au greffe et contrôle des insinuations ecclésiastiques du diocèse de Rouen, le 8ème jour du mois de mars 1788.

Je certifie que ledit extrait est conforme à l'original. Fait à Rouen ce 15 janvier 1791.
Jean Pierre Fotreau, minoré.

Cette copie fut écrite par le religieux et par lui remise à la municipalité en vertu du décret qui obligea les ecclésiastiques à déposer leurs titres de prêtrise ou d'ordres.

Il ne parviendra à la prêtrise qu'après la Révolution et le Concordat.

Nous avons d'abord à le suivre sur la voie douloureuse à travers la période révolutionnaire.

La loi du 13 février 1790 a prohibé les vœux monastiques; elle donne aux religieux la faculté, on pourrait dire la faculté impérative, de sortir des monastères et leur promet une pension alimentaire. Celle du 20 du même mois fixe le taux des pensions, qui ne furent d'ailleurs jamais payées (1). Puis survinrent la loi du 12 juillet de la même année, qui créa la constitution civile du clergé, et celle du 27 novembre suivant qui institua le serment obligatoire prévu par cette constitution.

Or, comme l'immense majorité refuse de se soumettre à la constitution et au serment, la persécution commence. Les lois, les décrets s'accumulent, parmi lesquels j'en retiens seulement quelques-uns. C'est le décret du 27 mai 1792, qui voue à la déportation les prêtres insermentés, non appliqué à cause de sa brutalité, mais remplacé par le décret du 15 août 1792, qui supprime toutes les maisons religieuses, fixe les pensions aux religieux, et leur impose à nouveau l'obligation du serment; décret suivi de celui du 26 août, qui porte que les ecclésiastiques qui n'auront pas juré ou se seront rétractés seront tenus de sortir dans les huit jours du district et du département de leur résidence, et, dans la quinzaine, du royaume; passé ce délai, ils seraient déportés à la Guyane. C'est le moment où tous en masse demandent leurs passe-ports.

La législation se complète avec le décret du 18 mars 1793, qui punit de mort les ecclésiastiques susceptibles d'être déportés et qui seraient restés sur le territoire de la République, et avec celui du 23 avril de la même année, qui renouvelle la peine de la déportation contre tous ecclésiastiques, réguliers, séculiers, frères convers et lais non assermentés, ainsi que contre tous ceux qui seraient dénoncés pour cause d'incivisme. A ce moment commenceront la chasse aux suspects, les délations, les arrestations. Telles sont les principales lois qui vont encercler les malheureux ecclésiastiques et religieux.

A la promulgation de la première d'entre elles, celle du 13 février 1790, la plupart

(1) Cependant elles le furent généralement aux ex-religieux assermentés, surtout lorsqu'ils s'enrôlèrent dans le clergé constitutionnel.

des religieux, à l'exception des infirmes, sortirent de leurs couvents. Frère Laurent de Saint-Dominique s'y résolut, et il en passa la déclaration à l'Hôtel de Ville, en ces termes :

« Ce jourd'hui 20 octobre 1790, en l'hôtel commun de la ville de Rouen, devant « nous officiers municipaux soussignés :

« S'est présenté le frère Laurent de Saint-Dominique, apelé au monde Jean Pierre « Fautreau, religieux coriste des carmes déchaussés de cette ville, âgé de trente-six ans « accomplis, lequel nous a déclaré que, pour se conformer aux décrets de l'Assemblée « constituante sanctionnés par le Roy, et voulant profiter de la liberté accordée par celui « du 13 février dernier sanctionné le 19 du même mois, il entend quitter l'état monas- « tique à l'époque où les pensions auront lieu, pour se retirer où il avisera bien; de « laquelle déclaration il nous a demandé acte, ce que nous lui avons accordé et a signé « avec nous lecture faite. Signé f. Laurent de Saint-Dominique, P. Bournisien, Auvray, « Curé et Havard » (1).

En attendant la pension qui ne vint jamais, Jean-Pierre Fotreau réintégra la maison familiale où il reprit le métier du toilier, et il s'abstint de prêter le serment à la constitution civile du clergé.

Quand cette abstention devint un crime puni de l'exil, et de la déportation si l'on restait sur le territoire national, l'ex-religieux demanda son passeport, conformément au décret du 26 août 1792, et il quitta la France le 21 septembre (2). Il se rendit en Angleterre, où il ne fit qu'aborder, et de là il gagna la Belgique et la ville de Bruges, où il savait trouver établie une maison de son ordre. Il entra dans ce couvent et il y demeura trois mois.

Mais les armées françaises ayant occupé la Belgique et la ville de Bruges, il reçut du commandant militaire l'ordre d'évacuer, et, le mal du pays le gagnant, il commit l'imprudence de rentrer en France, à Rouen même, dans la maison paternelle, ou plutôt dans celle de sa sœur et de son beau-frère, M. et Mme Le Pape, qui l'accueillirent chez eux. Et il se mit au travail dans l'atelier de ce beau-frère, fabricant passementier, rue des Capucins. C'était au début de l'année 1793.

Quoique la ville de Rouen ait été l'une des plus calmes pendant la Révolution, au point que ses administrateurs aient été dénoncés à la Convention pour leur modérantisme, les chasseurs de prêtres ne s'endormaient pas. De ceux-ci l'on fit une recherche générale dans la ville au mois d'avril 1793. Jean-Pierre Fotreau fut arrêté, le 28, par plusieurs citoyens dont on ne dit pas les noms; les clubistes se chargaient de cette besogne. Le chroniqueur Horcholle raconte comme se fit la recherche des prêtres ce 28 avril 1793 : on perquisitionnait dans les maisons, et par la même occasion on ramassait les armes qu'on y trouvait :

« Sur les huit heures du matin, les rues ont été gardées à chaque coin par un garde « national, le sabre nu à la main, et pendant toute la matinée d'autres entraient dans « les maisons, où ils ont fait des perquisitions d'ecclésiastiques, et se sont emparés des « armes qu'ils ont encore trouvées. Le public n'avait été prévenu par aucune affiche. »

Au regard de Fotreau la recherche était facile; vivant et demeurant ostensiblement

(1) Copie collationnée, extraite du *Registre des déclarations des religieux quittant l'état monastique*. Archives Seine-Inférieure, L 1200.

(2) Sa demande de passeport, pour l'Angleterre, fut reçue par la municipalité le 16 septembre 1792 : elle est inscrite sous le n° 613 au registre consacré, aux Archives de la Seine-Inférieure sous la cote L 1260.

dans sa famille, connu dans son quartier, il ne pouvait échapper à la dénonciation et à l'arrestation. Les policiers volontaires le conduisirent au Comité de surveillance, tenu ce jour-là par le misérable Gaillon, un membre du corps municipal et l'un des clubistes, qui devait se signaler dans la suite au Comité de salut public et révolutionnaire de la ville.

Et voici le texte du procès-verbal de l'interrogatoire (1) :

« Aujourd'huy 28 avril 1793, l'an II de la République française, a été amené par « plusieurs citoyens un particulier, que nous, Membre du Conseil général de la Com- « mune de Rouen et de son Comité de surveillance, avons interpellé de déclarer ses « noms, prénoms, âge, profession et domicile actuel. A répondu :

« Qu'il s'appelle Jean Pierre Fotreau, âgé de 41 ans, ex-frère choriste, et actuellement « ouvrier toillier, demeurant rue Coquereaumont n° 52 depuis plus de trois mois.

« Interrogé s'il a presté le serment prescrit par la loy du 15 août 1792, a répondu :

« Que n'étant point fonctionnaire public ny prêtre il n'a pu être obligé à prêter aucun « serment, que d'ailleurs on ne lui en a demandé aucuns.

« A lui demandé s'il n'a pas renoncé à son traitement, pourquoi il a fait cette renon- « ciation volontaire, qui prouve qu'il avoit connoissance de la loy précitée, a répondu :

« Qu'il a préféré travailler à prêter aucun serment.

« Interrogé pourquoi il n'a point prêté le serment civique, a répondu :

« Qu'il a profité de la liberté des opinions et que ne voulant prendre aucune enga- « gement qui pût le compromettre, il a préféré se résigner à la fonction de simple ouvrier « à prêter aucuns serments.

« N'ayant plus d'interrogats à lui faire, et ayant reçu des citoyens qui l'ont amené « la certitude que le résultat de la visite faite en son domicile n'a rien produit de défa- « vorable audit sieur, nous l'avons interpellé de nous déclarer si ses réponses contiennent « vérité, s'il n'a rien à y changer, diminuer ou augmenter, et, sur ce qu'il nous a affirmé « que ses réponses contiennent vérité, qu'il n'entendoit y rien changer, diminuer ou « augmenter, nous avons clos le présent interrogatoire, qu'il a signé avec nous après « lecture faite.

« J. P. Fotreau. Gaillon.

« Nous, Membres du Comité de surveillance soussignés, vu qu'il résulte de l'inter- « rogatoire ci-dessus que ledit J. P. Fotreau n'a point prêté le serment civique prescrit « par la loy du 15 août dernier; Vu que ledit sieur a un métier qui lui procure la subsis- « tance, et sur la caution du citoyen Thomas Lepape, son beau-frère, fabricant, demeu- « rant rue Coquereaumont n° 52 (2), Avons arrêté que led. Fotreau restera provisoirement « à la charge et garde de sondit beau-frère, jusqu'à ce qu'il ait été statué ultérieurement « par qui il appartiendra, auquel cas ledit citoyen Le Pape s'oblige le représenter, ce « qu'il a signé avec nous, après lecture, lesdits jour et an que dessus.

Lepape. Gaillon.»

On remarquera la correcte et courageuse conduite de Jean-Pierre Fotreau. La loi du 15 août 1792 supprime les communautés religieuses, fixe et promet des pensions aux

(1) Bibliothèque de Rouen, Archives municipales, carton I 3, E. F. « *Personnes mises en détention, 1793-1794* ». — Une expédition authentique se trouve aux Archives de la Seine-Inférieure.

(2) Nom sous lequel était souvent désignée la rue des Capucins.

religieux mis dehors, et leur impose le serment : le frère Fotreau sort de son monastère, repousse le serment, renonce à la pension, et se fait ouvrier pour vivre.

Il est donc élargi après ce premier interrogatoire, mais cette mise en liberté avec assignation de résidence ne pouvait être que provisoire. Or, le Comité de surveillance, qui certes méritait bien son nom, surveillait et manda de nouveau l'ex-religieux, qui comparut le 2 juin 1793, accompagné de son beau-frère, Thomas Le Pape :

« Ce jourd'huy 2 juin 1793, l'an II de la République française, devant nous « Membres du Comité de surveillance soussignés, est comparu le citoyen Thomas Le « Pape, accompagné de Jean Pierre Fotreau, ex-frère choriste, et son beau-frère, qu'il « nous a représenté au désir du proceds verbal cy-dessus, et ce dont il nous a demandé « acte qui lui a été accordé pour luy valloir de decharge et lui servir ce que de droit.

« A l'instant ledit J. P. Fotreau, ex-frère choriste, nous a déclaré volontairement et « sans être requis, qu'il avait quitté la France à l'époque du 21 septembre, époque à « laquelle les ecclésiastiques avoient la liberté de sortir de la République, après en avoir « fait préalablement leurs déclarations et s'être munis d'un passeport aux termes de la « loy; observé que le motif de sa sortie de la République française, qui s'est prolongée « en Angleterre l'espace de trois jours et le surplus dans la communauté des Carmes « des chaux *(sic)* établie à Bruges, parmi lesquels il est resté trois mois, a été de se « procurer du travail, ce que n'ayant pu obtenir en Angleterre ny à Bruges, l'aurait « déterminé à se renfermer dans le monastère pendant le temps indiqué.

« A lui demandé qu'il nous désigne l'époque de sa rentrée sur le territoire de la Répu- « bliques, les différents endroits et villes dans lesquelles il a séjourné avant de se rendre « à Rouen, et l'époque fixe de son arrivée en ladite ville de Rouen. A répondu :

« Qu'il est rentré sur le territoire de la République au commencement de février, « présente année, qu'il a successivement séjourné dans l'isle d'Amiens l'espace de deux « jours, et ce dans l'espoir d'y trouver de l'ouvrage, qu'il s'est rendu à Rouen viron « quinze jours après.

« A lui demandé pourquoi il n'est pas resté dans le monastère de Bruges et quels « motifs l'ont déterminé à rentrer en France. A répondu :

« Qu'il a quitté ledit couvent par ordre du commandant militaire en ladite ville qui « a enjoint à tous les Français moines ou prêtres, d'évacuer lad. ville, ce qu'il a executé, « et en cet effet rentré en France.

« A lui demandé sous quel motif et en quelle qualité il a obtenu la délivrance du « passeport, que nous l'interpellons de nous représenter. A répondu :

« Qu'il ignore ce qu'est devenu le passeport dont il étoit muni, qu'il déclare l'avoir « obtenu en qualité de frère choriste, et pour s'esjouir de la faculté accordée par un « décret du 26 août 1792.

« A lui demandé qu'elle étoit son but en quittant la France. A répondu :

« Qu'il n'en avoit d'autre que celui d'être plus tranquille.

« Interpellé de déclarer si ces réponses contiennent vérité, s'il y persiste et s'il ne veut « rien y changer, augmenter ny diminuer. A dit que ses réponses contiennent vérité, qu'il « persiste et ne veut y rien changer, augmenter ny diminuer, et a signé ainsi qu'au bas « des pages qui ont été cottées.

« J. P. Fotreau. Gaillon.

« Nous, Membres du Comité de surveillance soussignés, vu qu'il résulte de la « déclaration et de l'interrogatoire dudit J. P. Fotreau qu'il est sorti de la République,

« française, en profitant du décret du 26 aout dernier, auquel il n'étoit point assujetti,
« Vu qu'il est rentré en ladite République quelque temps après sa sortie, et que sous
« ce rapport il seroit tombé dans le cas prévu par l'article 5 dudit décret, Avons délibéré
« que ledit J. P. Fotreau se rendra à l'instant à la maison de Reclusion ditte St-Vivien,
« et y restera detenu provisoirement, jusqu'à ce que le Bureau central, auquel sera de
« suite expédié coppie du présent interrogatoire, ait statué en résultance d'icelui ce qu'il
« appartiendra.

« Délibéré audit Comité les jour et an que dessus.

« Signé Poret fils, Gaillon, Eudeline le jeune.

« Collationné F. M. Pinel l'ainé. » (1)

Le crime était, s'étant soumis au décret du 26 août 1792 qui obligeait les ecclésiastiques à sortir du royaume, quoique n'y étant pas assujetti, d'être rentré sur le territoire de la République, et la peine était de dix ans de détention.

Aussi, après cet interrogatoire, est-ce pour le malheureux l'incarcération provisoire dans l'ancien séminaire de Saint-Vivien, transformé alors en prison pour les ecclésiastiques. La procédure devait suivre son cours. Après le Comité de surveillance, c'était au Bureau central de police à se prononcer. Le prévenu, comme on vient de le voir, lui était renvoyé. La comparution devant ce tribunal eut lieu quelques jours plus tard. En voici le procès-verbal :

« Le vendredy sept juin mil sept cent quatre vingt treize, l'an II de la République
« française,

« Devant nous Charles François Andrieu Juge de paix, en fonctions au Bureau
« central de la police de sûreté à Rouen,

« A été amené le citoyen Jean Pierre Fotreau, âgé de quarante un ans, ex-frère
« coriste, et ouvrier toillier, demeurant rue Cauquereaumont, n° 52, et actuellement en
« arrestation en la maison de réclusion ditte Saint-Vivien.

« Lecture à luy faite des procès verbaux dressés les 28 avril et 2 juin dernier par les
« citoyens Poret fils, Gaillion, et Eudeline le jeune, membres du Conseil général de la
« Commune de Rouen et du Bureau de surveilliance, et de l'ordonnance qui renvoye
« devant nous, interpellé d'y répondre,

« A dit qu'il persiste aux réponses qu'il a faites aux citoyens du Commité de Surveil-
« liance de cette ville les 28 avril et 2 juin, qu'elles contiennent vérité.

« A luy demandé s'il pouroit nous representer le passeport en vertu duquel il est
« sorty du territoire de la République,

« A dit qu'il l'a porté avec luy dans le pays étranger qu'il a parcouru, qu'il l'a même
« raporté en France, mais qu'il ne sçait ce qu'il est devenu.

« A luy demandé s'il a pris un passeport en partant de Bruges pour rentrer sur le
« territoire de la République.

« A dit qu'il en a pris un de la commune de Bruges, mais qu'il ne l'a pas gardé ne
« croyant point que cela fût nécessaire.

« A luy demandé sous quelle qualité il a pris un passeport en la commune de Rouen
« vers la fin de septembre.

« A dit qu'il l'a pris sous la qualité de religieux.

(1) Ce procès-verbal est donné ici d'après une expédition authentique conservée aux Archives de la Seine-Inférieure. Le procès-verbal original se trouve à la Bibliothèque de Rouen, Archives municipales, carton I 3, E. F. *Personnes mises en détention, 1793-1794*.

« A luy demandé dans quel port de la République il s'est embarqué pour l'Angle-
« terre.

« A dit qu'il s'est embarqué au port de Dieppe, sur un bateau pescheur.

« Lecture faite, et a signé. J. P. Fotreau. Andrieu.

« Et de suitte a luy demandé s'il a connu la loy du 21 et 23 avril 1793, portant « que les ecclésiastiques, séculiers et réguliers, frères converts et lais, qui n'ont pas presté « le serment de la liberté et de l'égalité conformément à la loy du 15 août 1792, seront « embarqués et transférés à la Guyane française.

« A dit que ne fréquentant personne et ne lisant point les papiers publics, il n'a point « eu connaissance de cette loi.

« Lecture faitte, et a signé.

« J.-P. Fotreau. Andrieu.

« Vu qu'il résulte des réponses faittes les 28 avril et 2 juin derniers aux interrogats « qui ont été faits à la Commune de Rouen, au Bureau de surveilliance, par Jean Pierre « Fotreau, ex-frère choriste et depuis ouvrier toillier.

« Des réponses à nous faittes par ledit Fotreau, lors de notre interrogatoire du 7 de « ce mois, en conséquence du renvoy fait au Bureau central le susdit jour 2 juin par « lesdits citoyens du Bureau de surveilliance, — que le dit citoyen Jean Pierre Fotreau « est dans le cas de l'article 1er du décret des 21 et 23 avril dernier concernant tous les « ecclésiastiques, séculiers, réguliers, frères convers et lais, qui n'ont pas presté le serment « de maintenir la liberté et l'égalité, conformément à la loy du 15 août 1792;

« Pourquoy nous ordonnons qu'il restera provisoirement en arrestation en la maison « ditte de Saint-Vivien, et que l'instruction sera renvoyée aux citoyens composant le « Directoire du district de Rouen, aux termes de l'article 3 de la loy du 26 août 1792.

« Rouen, le 9 juin 1793, l'an II de la République française.

« Andrieu. »

« Rouen le 15 juin 1793, l'an II de la République française, Le Conseil général « du District de Rouen au Département de la Seine-Inférieure.

« Nous vous adressons l'instruction faite tant par le Bureau de surveillance de la « Commune de Rouen que par le Bureau central du Tribunal de police correctionnelle « dans l'affaire de Jean Pierre Fotreau, ex-frère choriste;

« Vous verrez, citoyens, par cette instruction que ce particulier, après être sorti du « territoire de la République au mois de septembre 1792, en vertu d'un passeport, confor- « mément à la loy du 26 aoust précédent, à laquelle cependant il n'étoit pas assujetty, « est rentré bientôt après, et qu'il n'a pas presté le serment prescrit par la loy du 13 aoust;

« Nous croyons, d'après cela, citoyens, que le sr Fotreau doit être transféré et embarqué « pour la Guyane française, conformément à l'article 1er du décret des 21 et 23 avril « dernier; et nous attendrons votre décision pour donner à cet égard les ordres conve- « nables, sy toutefois elle est conforme à notre avis.

« Bademer. Dumey, secrétaire. » (1)

Ce Bademer était alors Président du District de Rouen. Je ne crois pas qu'il soit jamais devenu clubiste fougueux. Il n'en propose pas moins la déportation. Il résulte de sa lettre qu'à son avis Jean-Pierre Fotreau n'était pas dans le cas de s'exiler et de demander

(1) L'interrogatoire qui précède, et la lettre du district qui lui est jointe, sont conservés en originaux aux Archives de la Seine-Inférieure.

un passeport suivant la loi du 26 août 1792, sans doute parce qu'il n'était que frère convers; mais maintenant, il tombe sous le coup du décret des 21 et 23 avril 1793, qui ne fait plus de distinction entre les ecclésiastiques et les simples frères convers et lais, mais les oblige tous au serment prévu par la loi du 15 août 1792, sous peine de déportation à la Guyane.

L'arrestation est donc maintenue, et il appartient à l'administration du Département d'ordonner la déportation encourue et proposée. Cette administration était modérée; elle ne prenait pas les devants, elle attendait les ordres. Saint-Vivien garda ses ecclésiastiques pendant dix mois. Du reste, il en fut de même dans toute la France. On ne procédait que lentement et rarement aux déportations de la loi.

Ce n'est qu'au mois de février ou mars 1794 que les ordres arrivèrent.

Prisonnier depuis le 2 juin 1793 avec la foule des prêtres enfermés comme lui dans l'ancien séminaire, Jean-Pierre Fotreau y passait, dans une sécurité relative, les longs mois de la Terreur. Pourtant l'esprit révolutionnaire se développait peu à peu même à Rouen : au mois d'août 1793, les Conventionnels en mission, Legendre et Louchet, avaient remplacé le Comité de Surveillance, trop pâle sans doute, par un Comité de Salut public, où l'on trouve les Poret, Eudeline et Gaillon, avec qui nous venons de faire connaissance, et ce nouveau Comité renouvela aussitôt la recherche et l'arrestation de quantité de suspects dans la ville, système de gouvernement qu'il ne cessa pas d'appliquer jusqu'au mois de juillet 1794. Au mois d'octobre 1793, les mêmes représentants du peuple destituèrent le corps municipal de Rouen et en nommèrent eux-mêmes un nouveau, susceptible de leur donner plus de satisfaction et d'obéissance. Au mois de décembre 1793, le maire de cette municipalité nouvelle est à son tour remplacé d'office par un clubiste, Lamine, puis par un autre, Pillon, et toutes les autorités constituées dans le département sont réorganisées par les députés Legendre, Louchet et Lacroix sur le mode révolutionnaire. Les visites domiciliaires se multiplient, les prisons se remplissent. Le séminaire de Saint-Vivien et ses hôtes ne peuvent être toujours oubliés. L'ordre arriva de déporter les ecclésiastiques détenus : quatre-vingt-un furent choisis pour les pontons de Rochefort, neuf seulement devaient en revenir (1). Dans toute la France les mêmes mesures s'exécutaient au même temps.

Frère Laurent de Saint-Dominique, devenu Pierre-Jean Fotreau, partit de Rouen le 22 ventôse an II (12 mars 1794), avec ses compagnons d'infortune. On devait gagner à pied Brest ou Lorient et s'y embarquer pour la Guyane. Le programme ayant été changé en cours de route, les malheureux furent entassés dans des charrettes et conduits à Rochefort. Tout le voyage fut une voie douloureuse, accomplie sous les intempéries, au milieu des privations, des injures et des menaces aussi bien des conducteurs que des populations rencontrées, avec l'escorte de la gendarmerie, à l'instar des pires malfaiteurs (2).

(1) La liste des déportés de Rouen a été donnée par l'abbé Langlois à l'annexe 1, page 116, de son livre, *Essai historique sur le Chapitre de Rouen pendant la Révolution* (Fleury, 1856, in-8°). La liste de ceux qui sont morts en déportation avec les interrogatoires sommaires qu'ils avaient subis avant leur condamnation, enfin la liste des survivants ont été insérées dans l'*Almanach liturgique du Diocèse de Rouen pour 1867* (Rouen, Fleury, 1867, in-12), sous la signature de l'abbé Loth. Les mêmes listes se trouvent dans : *Les Prêtres du diocèse de Rouen pendant la Terreur, 1790-1801*, par l'abbé Decorde (*Magasin normand*, 15 août 1868, p. 49) ; et dans : *Le Clergé normand au temps de la Révolution* (*Revue cathol. de Norm.*, 1892, p. 61).

(2) Dans le livre, *Les prêtres et religieux déportés sur les côtes et dans les îles de la Charente-Inférieure*, par l'abbé Manseau (Imprimé par la *Société de Saint-Augustin*, Bruges et Lille, s. d., 2 vol. in-8°), voyez, au tome I, le chapitre intitulé *La Voie douloureuse*, puis les

Comme il y avait impossibilité de loger à Rochefort cette multitude de prêtres qui arrivait de toutes les parties de la France, on les dirigea sur de vieux vaisseaux à l'ancre, dont le souvenir est resté cruellement célèbre sous le nom de pontons de Rochefort, ou bien encore dans des baraquements élevés à l'île de Ré, à l'île d'Aix, à l'île d'Oléron, à l'île Madame, toutes îles ou presqu'îles en rade de Rochefort et de La Rochelle.

A leur arrivée, les détenus furent fouillés à fond, même déshabillés ; on leur enleva rasoirs, couteaux, ciseaux, fourchettes, leurs montres, objets d'or ou d'argent, livres, la monnaie ou assignats qu'ils pouvaient posséder. Voici le détail de la perquisition qui fut faite sur notre infortuné grand'oncle, d'après le procès-verbal du district, conservé aux Archives départementales de la Charente-Inférieure (district de Rochefort, 4e registre, 7e liasse) :

« Jean Pierre Frottrau, de Rouen, Seine-Inférieure, âge de 41 ans ; visite faite de « sa personne, avons trouvé ce qui suit, savoir :

« neuf volumes relatifs à la ci-devant religion,				
« 2	assignats	de cinquante livres,		100 livres.
« 12	—	de dix livres,		120 —
« 4	—	de cinq livres,		20 —
« 6	—	de cinquante sols,		15 —
« 4	—	de vingt cinq sols,		5 —
« 1	—	de quinze,		15 s.
«				260 l. 15 s.
«			monnaie	19 l. 14 s.
«				280 l. 9 s.

« s'élevant à deux cent quatre vingts livres neuf sol. » (1).

Voilà donc en quel dénûment on jeta tous ces malheureux, les uns à fond de cale, cachot noir et infect, les autres à l'entrepont, où l'on ne pouvait se tenir que couché ou assis. Frère Laurent de Saint-Dominique fut embarqué sur le vaisseau *Les Deux Associés*, de sinistre mémoire, stationnant en face l'île de Madame. C'est là que, dévorés de vermine, sans linge, en haillons, au milieu de leurs déjections et de la pourriture, dans un air infect, avec une nourriture peut-être suffisante en volume, ont écrit plusieurs, mais avariée, ignoble, repoussante de saleté, ils succombèrent peu à peu à la maladie ou à la misère, dans la proportion de dix contre un. Tandis que périssaient tous ces confesseurs de la foi, quelques-uns de robuste et solide constitution résistèrent : Jean-Pierre Fotreau fut l'un des rares survivants.

La mort de Robespierre et la réaction thermidorienne n'eurent aucune influence sur le sort des prêtres déportés. Pourtant, le peuple se lassait du régime de la terreur, et, à la fin de l'année 1794, les déportés, ou ce qu'il en restait, commencèrent à concevoir

chapitres suivants, intitulés : *Rochefort, Les Prisons flottantes, Le Pont, L'Entrepont, L'Ile d'Aix, L'Ile Madame*, etc. On lira aussi, dans l'*Essai historique sur le Chapitre de Rouen, par* l'abbé Langlois, signalé tout à l'heure, les pages 71 à 74. On consultera enfin : *Les notes particulières sur les prêtres et religieux déportés de Rouen*, dans la *Semaine religieuse de Rouen*, année 1892, pp. 317, 342, 510, 558, 578, 725, 1250, 1279. Le principal de ces ouvrages, celui de l'abbé Manseau, se termine par une liste générale de tous les déportés à Rochefort.

(1) Ainsi publié par la *Semaine religieuse de Rouen*, 1892, p. 342.

quelques espérances d'un retour à la liberté (1). Sur les ordres de Blutel, représentant du peuple en mission à Rochefort (et, comme par hasard, c'était un Conventionnel modéré, député de la Seine-Inférieure), un régime un peu moins rigoureux s'établissait peu à peu sur les pontons. C'est grâce à son intervention que le Comité de Sûreté générale de la Convention décida, dans les premiers jours de janvier 1795, que les pontons de Rochefort seraient évacués et que les prisonniers seraient conduits en la ville de Saintes pour y être internés. Un certain mauvais vouloir de l'administration départementale, l'encombrement des prisons de Saintes, les glaces qui s'opposaient au déplacement des vaisseaux et à leur montée à Rochefort, retardèrent l'exécution de l'ordre nouveau. Ce n'est que le 6 février que, débarqués à Rochefort, ces confesseurs de la Foi (2) « quittèrent les vaisseaux témoins de tant de souffrances ». Alors commença pour ces malheureux une nouvelle et douloureuse odyssée (3).

Pourtant, les temps étaient bien changés. « Ils traversent le port de Rochefort, où une « foule empressée, écrit l'abbé Manseau, accueille dans un silence respectueux les vic- « times du devoir, restes glorieux de l'illustre phalange qu'on insultait en ce même endroit « dix mois auparavant, mais que l'opinion, si versatile en France, traitait maintenant de « saints et de martyrs ». Et l'on se mit en route pour Saintes, où, par des chemins fangeux, sous la pluie, à pied, et ils ne savaient plus marcher, écrit l'un d'eux, ou en charrettes, sans vivres, sans vêtements, peu ou pas nourris, accompagnés de gendarmes, ils arrivèrent enfin le 8 février. Une multitude innombrable se porta au-devant d'eux, mais ne put rien faire que témoigner sa sympathie « à ces hommes vénérables, couverts de « haillons, détrempés par la pluie, et dont le teint livide, les joues creuses, les corps « décharnés attestaient l'extrême misère à laquelle ils avaient été réduits ». La prison les attendait, mais les prisons de Saintes, après des années de révolution, étaient devenues inhabitables, et c'est dans l'ancien couvent des bénédictines de cette ville, dites « Filles de Notre-Dame de la Ville de Saintes », que les prêtres furent enfermés.

De la Seine-Inférieure, les quatre-vingt-un déportés étaient réduits à neuf vivants (4). Jean-Pierre Fotreau entra dans sa nouvelle prison le 20 pluviôse (8 février 1795). Les cellules y avaient été préparées confortables, c'est-à-dire garnies de lits et de meubles dont ces malheureux n'avaient plus l'habitude.

C'est le représentant du peuple Blutel, lui-même, qui avait invité la municipalité à solliciter les habitants « de fournir des couchettes dans la maison ci-devant Notre Dame « pour y loger les trois cent soixante-six prêtres non sermentés attendus ». Après l'arrivée de ceux-ci, la municipalité invita encore la population, « au nom de l'humanité, à secourir « ces malheureux ». « Ce fut, a écrit l'un des détenus, une émulation de charité et de « générosité dont il ne vit jamais d'exemple ». Malgré ses bonnes dispositions, la municipalité laissa s'écouler quinze jours sans assurer le ravitaillement de ses hôtes, et c'est l'initiative des habitants qui assura pendant tout ce temps leur nourriture et leur entretien; elle s'était bornée, mais elle le fit amplement, à organiser le service médical et infirmier que réclamait l'état de santé d'un grand nombre. L'excellent concierge de la prison,

(1) L'abbé Manseau, ouvrage cité, tome I, p. 283.

(2) Au nombre de trois cent soixante-six sur cinq mille environ déportés dix mois auparavant. Voy. l'abbé Manseau, au tome II, pp. 223 à 397, la liste générale des détenus; à la page 358, « Jean-Pierre Fottrau, Père Laurent de Saint-Dominique, carme déchaussé, Rouen, Deux Associés ».

(3) L'abbé Manseau, au chapitre intitulé : « Saintes », tome I, p. 352.

(4) *Semaine religieuse du diocèse de Rouen*, 1892, p. 1253.

Massieu, avait laissé plusieurs des nouveaux détenus prendre leur logement chez des habitants compatissants, mais c'était trop, et l'administration du district ordonna leur réintégration. Pourtant, par application d'un décret du 21 février 1795, ils furent autorisés à dire la messe dont ils étaient privés depuis deux ans, et même à l'aller célébrer dans les églises de la ville ou des campagnes environnantes, à la demande des populations heureuses d'assister enfin au Saint-Sacrifice offert par des prêtres non schismatiques. C'était le prélude de l'élargissement. A partir du 5 avril, des décrets de mise en liberté arrivèrent peu à peu, individuels ou collectifs, au fur et à mesure des réclamations des familles ou des interventions procurées auprès de la Convention. Le 12 avril parvint enfin à Saintes le décret ordonnant la mise en liberté de tous les détenus. C'est ce jour que Jean-Pierre Fotreau obtint sa libération après deux années moins seize jours de détention et treize mois de déportation (1).

Il restait à gagner Rouen, la route était longue, et les ressources, en dehors de celles de la charité, nulles. La municipalité cherchait le moyen de venir en aide aux prêtres empêchés par leur pauvreté de rejoindre leurs foyers, et il paraît bien probable que Fotreau était de ceux-là. Le représentant du peuple en mission dans la Charente-Inférieure, Blutel, y pourvut par son arrêté du 19 germinal an III (8 avril 1795) : il autorisait « l'administration du district de Rochefort à faire remettre à chacun des prêtres « destinés à la déportation, qui, par arrêté du Comité de Sûreté générale ou des repré- « sentant du peuple en mission, ont obtenu ou obtiendraient la liberté de retourner dans « leur commune, les sommes qui leur avaient été ôtées avant ou depuis leur embarquement, « pourvu que ces sommes fussent liquides, constatées par procès-verbaux et qu'elles ne « s'élevassent pas au-dessus de 300 livres (2). En exécution de cet arrêté, et avant même d'avoir recours aux procès-verbaux de 1794, on remit à chaque prêtre une livre en assignat par lieue qu'il avait à parcourir pour rentrer dans sa commune. La charité privée, qui s'employait largement auprès des anciens déportés, fit le reste.

Jean-Pierre Fotreau se mit donc en route vers le 12 avril et se dirigea sur Rouen. Je laisse à penser la joie du retour, aux humbles maisons de la rue des Capucins et de la rue des Canettes. Quelles paroles pourraient dire les sentiments du martyrisé revenu à la vie, à la lumière, à sa famille, ou ceux qu'éprouvèrent ses proches à l'arrivée de celui que deux années d'absence sans nouvelles, en pleine Terreur, pouvaient faire présumer mort ?

La situation légale de Jean-Pierre Fotreau n'était cependant pas encore régularisée. En Seine-Inférieure, il était porté sur les listes des suspects, des insermentés, des émigrés rentrés en France. Mais les temps étaient changés, et, la tolérance s'exerçant, il n'eut, non plus que ses semblables, rien à redouter des pouvoirs publics. Je sais bien que la persécution contre les prêtres insermentés se ralluma dans l'automne de 1795. La loi de brumaire an IV (29 septembre 1795) remit en vigueur l'obligation du serment et la recherche des non-jureurs. Dans une grande partie de la France, les prisons se remplirent de nouveau de prêtres. La loi du 18 fructidor an V (4 septembre 1797) institua un nouveau serment, celui de la haine à la royauté; on fit la chasse aux prêtres, on arrêta, on déporta à Cayenne. Mais le peuple était las de cette persécution. Dans la Seine-Inférieure. il y eut des recherches, des investigations, on obéit mollement et, somme toute, le gouvernement ne fut pas obéi. Fotreau ne paraît pas avoir été inquiété. Peu à peu l'apaisement se fit, les amnisties s'accordèrent, les démarches s'enhardirent, et les

(1) *Almanach liturg.*, 1867, p. 128. L'abbé Manseau, ouvrage cité, tome II, p. 358.
(2) Ce document est emprunté à l'ouvrage cité de l'abbé Manseau.

radiations se réclamèrent. Un certificat d'amnistie fut enfin délivré par la préfecture de la Seine-Inférieure à Jean-Pierre Fautreau, ex-religieux, à Rouen, sous la date du 23 prairial an XI (12 juin 1803) (1).

Rentré dans sa famille en 1795, l'ancien religieux avait à assurer son existence. Jean-Pierre Fotreau se mit au travail. On l'a entendu, au début de cette histoire, déclarer aux magistrats municipaux qu'à son retour d'émigration il avait repris pour vivre le métier de toilier de sa jeunesse. Rentré de la déportation, il fit de même, semble-t-il, et demeura chez son beau-frère, M. Le Pape. Mais, en même temps, fidèle à sa vocation religieuse, il se préparait à la réception des ordres majeurs.

Frère choriste aux Carmes avant la Révolution, clerc minoré, il s'attacha à son retour à la paroisse de Saint-Maclou comme acolyte.

Le 26 mai 1804, il fut ordonné sous-diacre par l'archevêque Cambacérès. Le 13 mai 1805, il fut promu en même temps diacre et prêtre par le même archevêque : il avait alors cinquante-deux ans.

En 1807, il était vicaire à Boos; c'est la qualité que lui donne l'acte de mariage de sa nièce, Magdeleine-Euphrosine-Prudence Le Pape avec Pierre-Jean Le Verdier, célébré à Rouen le 23 novembre 1807, dont il est l'un des témoins.

Il occupait encore le même poste en 1810.

Au commencement de mai 1814 (2), il prit possession de la petite paroisse de Rançon, dont il venait d'être nommé desservant, en remplacement de l'abbé Grégoire Vasselin, décédé le 29 avril précédent.

Rançon, qui ne fut réuni à Saint-Wandrille qu'en 1825, était alors une paroisse de deux cent trente habitants. L'on voit que l'autorité ecclésiastique montrait peu de générosité envers le prêtre, âgé de cinquante-sept ans, qui avait confessé la foi en refusant le serment et subissant les tortures des pontons.

Jean-Pierre Fotreau est mort à Saint-Wandrille le 26 février 1821, toujours titulaire de la cure de Rançon, et fut inhumé le lendemain dans le cimetière de sa paroisse.

Voici les actes de son décès et de son inhumation; dans le dernier, ses prénoms ont été altérés.

Commune de Saint-Wandrille, acte de décès :

« L'an 1821, le 26ème jour du mois de février, cinq heures du soir, Par devant « nous, Catelain, maire et officier de l'état civil de la commune de Saint-Wandrille, « arrondissement d'Yvetot, département de la Seine-Inférieure,

« Sont comparus Pierre Masurier, âgé de 36 ans, marchand, et Pierre Gabriel « Laurent, instituteur primaire, tous deux demeurant en ce lieu de Saint-Wandrille et « voisins du décédé dont va être ci-après parlé,

« lesquels nous ont déclaré que Mr Jean Pierre Fotreau, prêtre, desservant de la « commune de Rençon, domicilié en ce lieu, originaire de la ville de Rouen, chef-lieu « de ce département, fils de feu Pierre Michel Fotreau et de demoiselle Marie Prudence « Pinel, est décédé ce jourd'huy sur les onze heures du matin, en sa demeure, sise hameau « dit du bourg, ce que les déclarants ont signé avec nous, après lecture faite.

« Dont acte.

« Masurier. Laurent. Catelain. »

(1) A. Martin, *Le Clergé normand au temps de la Révolution* (*Revue cathol. de Normandie*, 1892, p. 61). — *Mémorial des corps administr. de la Seine-Inf.*, tome V, an XI, p. 200.

(2) Le premier acte du registre paroissial signé par lui est du 9 mai 1814.

Paroisse de Rençon, acte d'inhumation :

« Ce jourd'huy 27 février 1821, a été inhumé dans le cimetière de cette paroisse
« par nous, prêtre, desservant de Saint-Wandrille, soussigné, le corps de l'honorable et
« discrète personne Monsieur Jean Baptiste Fotreau, prêtre, desservant de la paroisse
« de Rençon, âgé de soixante sept ans, décédé de hier, muni des sacrements de l'Eglise,
« dans la commune de Saint-Wandrille, et transporté à Rençon avec la permission de
« M[rs] les Maires de Saint-Wandrille et de Rençon, et enterré en présence de M[rs] l'abbé
« Gaillard, curé de Sainte-Marguerite-sur-Duclair, de l'abbé Bénard, prêtre, chapelain
« de l'hospice de Caudebec.

« Clerot, prêtre, desservant de Saint-Wandrille. »

Le curé de Rençon laissait pour héritiers son frère, le curé de Saint-Germain-des-Essourts, et ses trois sœurs. La succession n'était pas opulente : elle s'élevait nette, en mobilier et argent comptant, à 2.650 francs 75 centimes, pour 3.061 fr. 70 d'actif et 410 fr. 95 de passif. On trouvait en outre l'argenterie indispensable au presbytère, douze couverts, six cuillers à café et deux cuillers à ragoût, plus une tabatière du même métal! le tout valant 459 fr. 50; les couverts n'ont pas été vendus, car ils se trouvent en mes mains. Il y avait en outre quelques minces immeubles, et l'on n'en dit pas le prix. La fortune immobilière devait correspondre à la fortune mobilière.

Ne peut-on pas dire que toute la vie du saint prêtre n'a été que pauvreté et humilité? Il était né dans une condition bien modeste, ouvrière presque; lui-même avait travaillé, ouvrier en l'atelier de son père. Entrainé vers l'état religieux, la Révolution le trouva simple frère choriste, et il avait quarante ans, car ou sa vocation fut tardive, ou la modicité des ressources n'avait pas permis d'atteindre l'instruction requise pour les ordres majeurs. Comme s'il avait été prêtre, la Terreur le voua au martyre. Sa robuste santé résista. Il revint. Il reprit son métier d'ouvrier toilier. En même temps sa piété le conduisit au chœur de Saint-Maclou, où il faisait office d'acolyte. Mais il se mit à l'étude pour gagner la prêtrise, et fut enfin ordonné à l'âge de cinquante-deux ans. On fit de lui un vicaire dans une bourgade rurale, puis un curé du plus petit des villages. Il y vécut, à la porte de l'illustre abbaye, interdite au clergé; il y est mort seul. Le cimetière de Rençon a reçu sa dépouille : de sa sépulture, que j'ai recherchée, il n'est resté aucune trace. En sa paroisse, ne s'est même pas conservée la mémoire de l'humble confesseur de la Foi.

Rouen, mars 1920.

INDEX ONOMASTIQUE

On a omis dans la présente table les noms qui se rencontrent à toutes les pages de ce livre, tels que Verdier ou Le Verdier, Belmesnil, Criquetot, Longueville, Dénestanville, Omonville, Saint-Mards, Crespeville, Lintot, Bacqueville, etc. L'un ou l'autre de ces noms a pu être noté à titre exceptionnel pour quelque motif particulier.

II

INDEX DES TABLEAUX GÉNÉALOGIQUES

III

INDEX GÉNÉRAL

A MES ENFANTS

JE DÉDIE LES OUVRAGES SUIVANTS, MANUSCRITS, FORMAT IN-4.

Une famille rurale. Histoire de la famille LE VERDIER, tome I, 366 pages. (*Le présent imprimé, avec un appendice tiré du manuscrit qui suit.*)

Histoire de la famille LE VERDIER, tome II, familles alliées (LE CLER, DU CHEMIN, DE LA MARE, LE NEPVEU, SUSANNE, LE PAPE, FOTREAU) ; un volume, 378 pages.

Histoire de la famille DE PIPEREY DE MAROLLES, sieurs de Monthérault et Marolles, sieurs de la Villaye, Canteloup et Saint-Germain ; deux volumes, ensemble 806 pages.

Histoire de la famille LE BAS DE PRÉAUX, sieurs de Préaux, Fryhardel, Bultot, et branches des sieurs du Coudray et de Longparc, suivie de notices concernant les familles alliées, BÉGAULT DE LA GÉRARDIÈRE, LE VASSEUR, LE SAUVAGE, GONFRAY ; un volume, 316 pages.

Mémoires concernant la famille KEITTINGER, suivis de notices concernant les familles alliées LE BLOND et VASSE ; un volume, 199 pages.

Histoire de la famille RONDEAUX, tome I (clos avec la biographie de Rondeaux de Sétry) ; un volume, 290 pages.

Histoire de la famille RONDEAUX, tome II (commençant avec la biographie de Rondeaux de Montbray) : *en cours d'achèvement.*

En préparation :

Histoire de la famille CARREL, sieurs de Mésonval et de Thibouville.

Mai 1926.

www.ingramcontent.com/pod-product-compliance
Ingram Content Group UK Ltd.
Pitfield, Milton Keynes, MK11 3LW, UK
UKHW022057260726
13993UKWH00001B/163

9 782329 204727